U0558270

1848 革命之年

[美] 迈克·拉波特 著

郭东波 杜利敏 译

1848

YEAR OF REVOLUTION

MIKE RAPPORT

上海社会科学院出版社
SHANGHAI ACADEMY OF SOCIAL SCIENCES PRESS

图书在版编目(CIP)数据

1848：革命之年/(美)迈克·拉波特(Mike Rapport)著；郭东波，杜利敏译.——上海：上海社会科学院出版社，2019
书名原文：1848: Year of Revolution
ISBN 978-7-5520-2685-6

Ⅰ.①1… Ⅱ.①迈…②郭…③杜… Ⅲ.①欧洲一八四八年革命 Ⅳ.①K504

中国版本图书馆CIP数据核字(2019)第019231号

上海市版权局著作权合同登记号：09-2018-1272

1848: YEAR OF REVOLUTION
Copyright © Mike Rapport, 2009
First published in Great Britain in 2009 by Little, Brown, an imprint of Little, Brown Book Group, Ltd.
This Chinese Language edition is published by arrangement with Little, Brown Book Group, London.
Simplified Chinese edition copyright ©
2019 Beijing Paper Jump Cultural Development Co., Ltd.
All rights reserved.

1848：革命之年
1848: YEAR OF REVOLUTION

著　　者：［美］迈克·拉波特（Mike Rapport）
译　　者：郭东波　杜利敏
总 策 划：纸间悦动　刘科
策 划 人：唐云松　朱莹琳
责任编辑：董汉玲
特约编辑：朱莹琳
封面设计：左左工作室
出版发行：上海社会科学院出版社
　　　　　上海顺昌路622号　　邮编200025
　　　　　电话总机021-63315900　销售热线021-53063735
　　　　　http://www.sassp.org.cn　　E-mail: sassp@sass.org.cn
印　　刷：鑫艺佳利（天津）印刷有限公司
开　　本：880mm×1230mm　1/32
印　　张：15.5
插　　页：4
字　　数：345千字
版　　次：2019年7月第1版　2019年7月第1次印刷

ISBN 978-7-5520-2685-6/K·505　　　　　定价：92.00元

版权所有　侵权必究

目录

前 言 *i*

第一章 刺刀森林 001
    Ⅰ 梅特涅体系 003
    Ⅱ 保守秩序下的躁动 016

第二章 烽烟四起 049
    Ⅰ 意大利的先声 051
    Ⅱ 巴黎二月革命 056
    Ⅲ 德意志"三月要求"与维也纳三月革命 067
    Ⅳ 匈牙利、捷克的民族诉求 076
    Ⅴ 柏林 3 月 18 日起义 083
    Ⅵ 米兰五日与威尼斯起义 090
    Ⅶ 欧洲边缘地区的骚动 104

第三章 民族之春 125
    Ⅰ 德意志的自由与民族问题 131

Ⅱ　多民族帝国奥地利　144

　　Ⅲ　自由匈牙利中的少数民族　156

　　Ⅳ　意大利民族事业　168

　　Ⅴ　1848年的边缘群体　189

　　Ⅵ　民族主义的困境　201

第四章　血色夏日　209

　　Ⅰ　巴黎六月起义　215

　　Ⅱ　德意志的社会问题　235

　　Ⅲ　维也纳起义与捷克民族主义的惨败　252

　　Ⅳ　匈牙利边境的动荡　264

　　Ⅴ　库斯托扎战役　278

第五章　反革命之秋　293

　　Ⅰ　废除农奴制　299

　　Ⅱ　维也纳的陷落　309

　　Ⅲ　普鲁士保守势力的胜利　319

  Ⅳ 奥匈冲突 331
  Ⅴ 意大利城市的抵抗 345
  Ⅵ 路易-拿破仑·波拿巴上台 357

第六章 1849：大势已去 365
  Ⅰ 法兰克福国民议会的解散 367
  Ⅱ 自由城市的陷落 379
  Ⅲ 围剿匈牙利 398
  Ⅳ 第二共和国的终结 413

总结 431
注释 449
致谢 483

前言

1848年,一场革命风暴横扫欧洲。暴力革命发展速度惊人,很快就席卷了巴黎、米兰、威尼斯、那不勒斯、巴勒莫、维也纳、布拉格、布达佩斯、克拉科夫和柏林。激进的工人阶级和中产阶级自由主义人士推翻旧政权,着手建立新的自由秩序。从欧洲范围来看,如此大规模的政治事件自1789年法国大革命以来尚属首次,也是1917年布尔什维克革命乃至1989年东欧剧变之前欧洲规模最大的革命运动。1815年拿破仑战争后的很长时间以来,保守统治秩序虽然维持了欧洲的稳定,但也压制了一些国家实现民族独立和组建立宪政府的梦想。革命袭来后,保守秩序遭受巨大冲击。在起义的重压下,压迫了近两代欧洲人的专制大山出现裂痕。

1848年的革命故事已见诸多本著作。[1]这段故事颇为复杂,讲好这个故事并非易事。有历史学家说它是个"历史同步性"问题,[2]相较而言,意大利人的描述更显生动:"*un vero quarantotto*"——"一个真正的1848",亦即"应时而生的王朝困境"。[3]本书旨在用更加喜闻乐见的手法呈现这个故事。笔者相信,今天的世界依旧回荡着1848—1849年革命的余音,因而那段革命故事仍然值得我们回顾。总的来讲，笔者会让读者根据书中所列的证据或所做的描述得出自己的结论、构建自己的联系。同时，笔者也会时常给出一些引导，希望对读者有所帮助。摆在1848年的革命者面前的问题是如何构建自由秩序，如何建立宪政体制，这与我们现在面临的问题惊人地相似。对德意志人、意大利人、匈牙利人、罗马尼亚人、波兰人、捷克人、克罗地亚人和塞尔维亚人来讲，革命带来了"民族之春"，因为他们获得了思考民族认同和政治认同的机会。在德意志和意大利，人们迎来了实现自由秩序，甚至民主秩序下的民族统一的机会。因此，民族主义成为1848革命中欧洲政治领域浮现的重要问题。这种民族主义植根于宪政主义和公民权利之中，不幸的是，它对其他族群争取自身权益呼声的正当合法性并没有多大益处。在很多地方，这种狭隘性导致了激烈的种族冲突。最后，这些冲突也成了中欧和东欧革命中政权毁灭的一大原因。

另一个问题是立宪和民主。革命所到之处，无不充斥着愤怒与仇恨，以暴力为表现形式的政治两极分化时有发生。温和派希望建立议会制政府，但他们认为没有必要将选举权赋予每个人。激进派向温和派发起挑战，他们不接受任何搪塞推托，想要立刻实现民主，而且这种民主常常与激烈的社会改革相伴。自由派和民主派的革命联盟曾轻而易举地推翻了保守的统治秩序，但两个派别之间政见的分歧割裂了革命联盟，导致政治两极分化，进而带来悲剧性的结果。这种问题不是1848年所特有的，今天欧洲很多自由政府和民主政权仍旧被这个问题所困扰。

1848年浮现的第三个问题是"社会问题"，这个政治议题一直困扰着日后的欧洲。拿破仑战争后的30多年，城乡人民一直笼罩在悲惨生活的阴影中。人口极速增长，经济发展缓慢，贫困随之而来。很大程度上，是政府置民生于不顾的做法导致了1848年新的政治呼声——社会主义的出现。革命者把矛头坚定地指向了"社会问题"，进而不可避免地指向政治事务。随后产生的所有政权，保守也好，专制也罢，都忽视了这一点，这种忽视是很可怕的。在1848年，如何解决贫困问题是自由革命政权必须面对的问题，也是上天给予他们的惩罚。

确切地说，这场革命属于欧洲，因为革命运动横跨了整个欧洲大陆。就连英国和俄国这些没有发生动乱的国家也受到了革命的影响。这个全欧洲范围的运动引出了一个人们关心的问题：历史发展进程里的欧洲在何种程度上仅仅是不同国家的集合，这些国家又在何种程度上拥有共同的经验、面临相同的问题、怀有相似的理想和诉求。这个问题也有很重要的现实意义。

本书将对1848—1849年间发生的各种事件进行叙述，进而对上述重要问题进行探索。对所选事件的叙述均来自亲历者的目击实录、回忆及大量二手资料。除学术研究者外，很少有作者探索这段欧洲历史，但这段历史本身确实饱含戏剧性：欧洲革命的众多画面——街垒前的工人和学生、红色的旗帜、三色旗——无不出现在1848年。历史舞台上上演着一幕幕起义与镇压的剧目，其中的很多角色让人印象深刻，包括：保守旧秩序的缔造者克莱门斯·冯·梅特涅（Klemens von Metternich）；利用自己伯父的名字，使法兰西第二共和国招致厄运的路易-拿破仑·波拿巴（Louis-Napoleon Bonaparte，后称拿破仑三世）；红衫披身，为意大利统一而奋斗的英雄朱塞佩·加里波第（Giuseppe Garibaldi）；意大利民主共和主义者所虔信的精神领袖朱塞佩·马志尼（Giuseppe Mazzini）；德意志历史上的马基雅维利主义（Machiavellianism）黑马奥托·冯·俾斯麦（Otto von Bismarck）；老谋深算的八旬老人、奥地利战地将军、当之无愧的哈布斯堡王朝救世主约瑟夫·拉德茨基（Joseph Radetzky）。还有一些人的名字在英语世界里可能不算家喻户晓，但他们也是这场革命剧目中的重要演员，他们是：克罗地亚指挥官约西普·耶拉契奇（Josip Jelačić）；充满激情的匈牙利革命者科苏特·拉约什（Kossuth Lajos）*；戴着眼镜的威尼斯共和派人物达尼埃莱·马宁（Daniele Manin）；法国历史学家、诗人阿尔封斯·德·拉马丁（Alphonse de Lamartine），他的主张也与这场戏剧般的运动不谋而合。1848年革命很复杂，但革命的情节却引人入胜。这里有高超的政治手腕，有国家的建立，还有宪法的制定。同时又糅合了人类的革命悲剧、战争和悲惨的社会景象。与此同时，它也有鼓舞人心、催人奋进的瞬间。1848年革命既是满载希望的革命，又是充满失望的革命。

---

* 匈牙利语人名顺序为先姓后名，本书中匈牙利人的名字照此顺序。——译者注

第一章

刺刀森林

1月的一天，天色向晚，重雪覆盖的平原上银光融融，几架马拉雪橇疾驰而过，留下串串辙迹。俄普边境，一道路障拦住了雪橇的去路：路障旁是一名军士和一位头发灰白、身穿油布衫的老兵；老兵脖子上挂了一支沉重的步枪，枪口外翘，抵着路障——接受检查后，雪橇队伍重新驶向雪野，入境普鲁士，踏上欧洲大地。雪橇上的亚历山大·赫尔岑（Alexander Herzen）是一行人的核心。循声回望，他看到一匹健硕的宝马，马上坐着一名哥萨克骑兵，骑兵执缰迎风，蓬乱的大衣上挂着冰柱，随风摇摆，骑兵在祝他旅途愉快。[1] 这是1847年1月，赫尔岑带着妻子娜塔莉（Natalie）、母亲、三个孩子及两个保姆开始了欧洲之旅。他还不知道，这将是他与俄国的诀别。赫尔岑生活在俄国上流社会，却是一名社会主义者。俄国沙皇尼古拉一世（Nicholas Ⅰ）的统治令人窒息，重压之下他选择了逃离；他想尽快了解"西方世界"，想对比西方世界和俄国的不同，并打算在充分了解西方后带着自己的收获重回祖国——然而这个希望最终没能实现。[2]

I 梅特涅体系

即将出现在赫尔岑面前的欧洲也处在危机边缘，前途难料。政治上，欧洲由保守秩序统治。奥地利、普鲁士、俄国、法国和英国5个主要国家中，只有法国和英国有议会，可以对王权进行制衡，但两国远非民主国家。伴随着流血事件和政治冲突，英国的议会体系已经走过了几代人的时间，并在1832年进行了首次现代意义的伟大改革，赋予城市有产者投票权，使得城市有权选举他们在众议院的代表，但目前为止多数城市在威斯敏斯特的代表权十分有限，有的城市根本无权选派代表。但这种形式并非真正意义上的民主，因为只有1/5的英格兰和威尔士成年男性（女性理所当然地被排除在外）拥有公民权，苏格兰拥有公民权的公民比例只有1/8，议会成员依旧是社会上层人士和贵族地主，成员构成并未发生实质改变。

1814年，法国成为君主立宪制国家。同年，法国人对拿破仑从轻发落，让他略带体面地去了厄尔巴岛（Elba）。一年后，法国人又将这位落魄的皇帝放逐到遥远的圣赫勒拿岛（Saint Helena），之后直到1821年辞世，拿破仑一直住在此地。波旁王朝重新掌权，首先上位的是曾被送上断头台的国王路易十六（Louis XVI）的弟弟路易十八（Louis XVII）。路易十八身宽体胖，1824年离世。随后，年轻的弟弟查理十世（Charles X）上台。查理十世身量修长，是个极端保守主义者。法国《1814年宪法》规定众议院须由11万位最富有的纳税人选举产生。查理十世当局对自由选举产生的代表不予承认，态度坚定，不肯妥协，结果波旁王朝在1830年惨遭颠覆。据说，查理十世曾表示自己宁做樵夫也不愿像英国国王那样统治国家。于是有了一个奇巧的讽刺故事：在赶赴放逐地爱丁堡荷里路德宫（Holyrood Palace）的途中，查理十世一行人停靠在一个补给站，补给站的餐厅很小，为了让随行朝臣正常用餐，他们不得不像樵夫一样挥刀弄斧，锯短了桌子。回到巴黎后，查理十世得到新政权"七月王朝"（王朝始于七月革命，故而得名）的接纳，当时的国王是波旁王朝的对手，奥尔良王朝的后裔路易-菲利普（Louis-Philippe）。这时的宪法已经稍有修改，选民范围有所扩大，拥有选举权的人数量增加到了17万人，但同样由法国最富有的人构成。这些人仅占法国人口的0.5%，是英国1832年后享有选举权人数的1/6。[3]

其他三个较大的欧洲政权实行绝对君主制，其中奥地利又是欧洲保守制度体系的中心国家。那时的奥地利由哈布斯堡帝国（Habsburg Empire）统治，整个国家由11个讲不同语言的民族组成，包括德意志人、马扎尔人（Magyars）*、罗马尼亚人、意大利人，以及斯拉夫民族——捷克人、斯洛伐克人、波兰人、乌克兰人［当时他们被称为鲁塞尼亚人（Ruthenians）］、斯洛文尼亚人、塞尔维亚人和克罗地亚人。这个不折不扣的巴别塔由哈布斯堡王朝统治，王朝首都设在维也纳。从1815年拿破仑战争结束到1848年期间，奥地利政坛一直由欧洲19世纪的巨人克莱门斯·冯·梅特涅掌控。梅特涅是奥地利资深外交人士，1809年起

---

* 匈牙利的主体民族。——编者注

担任哈布斯堡王朝外交大臣，1821年开始担任奥地利首相。他聪明、傲慢、冷漠，一位英国外交家评论说："他对待女性轻浮至极，让人难以忍受。"⁴ 梅特涅不是奥地利人，他1773年出生在科布伦茨（Koblenz），那里当时是特里尔（Trier）教区所辖莱茵地区（Rhineland）的一个小镇。特里尔教区和其他德意志小邦国一样，在神圣罗马帝国（Holy Roman Empire）的庇护下安枕无忧地存在着。神圣罗马帝国体制的顶端是皇帝，皇帝由选帝候（prince-elector）选出，而他毫无疑问来自哈布斯堡家族。几个世纪以来，哈布斯堡王朝一直是最强大的力量，因而也成为德意志最佳的守卫力量。1794年秋，法国大革命军横扫莱茵地区，身着蓝色外衣的人群获得胜利，随后，共和派对当地贵族势力实施了惩罚。梅特涅家的地产被没收，梅特涅则逃亡维也纳，依靠王室保障金及其在波希米亚（Bohemia）仅存的土地收入维持生活。梅特涅1801年担任奥地利驻萨克森（Saxony）大使，随后在奥地利外交界扶摇直上。1806年，拿破仑灭亡了统治欧洲千年之久的神圣罗马帝国。伴随着拿破仑对中欧的狂暴扫荡，梅特涅萌生了这样的想法：由多个民族组成、在维也纳拥有强大帝国政府的哈布斯堡王朝能够成为新的"欧洲政治体系的基石"。⁵

1815年，基于自己的成长背景和直接经验，梅特涅强烈地意识到，哈布斯堡王朝不但对于德意志是不可或缺的，甚至对整个欧洲来说都是不可或缺的。从积极的角度来看，梅特涅相信欧洲中部的一个强大国家有机会肩负起保护弱小的德意志各邦的使命，同时可以扮演领导角色，维持整个欧洲大陆的社会秩序和政治秩序。从消极的角度来看，如果哈布斯堡王朝失败了，欧洲中部这个由多个民族共同组成的王朝便将分裂，曾经的秩序井然将由内部斗争和革命冲突所取代，恐怖氛围将会蔓延，欧洲所有国家都将受到影响。梅特涅是整个保守秩序的总建筑师。他最大的成功或许应该是1815年在维也纳会议中扮演的外交官角色。在拿破仑战争带来的旷日持久的痛苦和屠杀之后，这个伟大的国际会议试图重新构建欧洲政治体系，会议参与方希望自己构建的政治体系在维护各国和平的同时还能有力遏制自由主义和民族主义两大威胁。这一态度为梅特涅的同僚所共享。拿破仑·波拿巴的遗产和战争的屠戮（所杀害的欧洲人数量堪比第一次世界大战）已经恶名在外，犹如一块石头沉沉压在政策制定者们心头。同时，他们对那棱角分明、让人毛骨悚然的断头台同样不能释怀。对于保守主义者来说，自由主义和民族主义意味着革命。不管是对生命、信仰和财产毫不顾忌的革命军队扫荡欧洲大陆，还是挥舞长柄镰刀的农民发动嗜血的社会战争，抑或是绝望、无依无靠、对任何在现有秩序中的既得利益者充满敌意的城市大众发起革命，都将是毁灭和死亡的不祥预兆。因此，后拿破仑政治势力试图在企图颠覆其政权的威胁面前表现出强硬姿态，因为他们清楚失败意味着什么。

  对这位主要的秩序组织者而言，绝对君主制是各种君主政体中唯一能够"担此重任"的政治组织形式。因为担心俄国的亚历山大一世（Alexander Ⅰ）会倒向令人恐惧的立宪体制，1820年，梅特涅向沙皇传达了自己"坚定而又'专业的'政治信念"。他坚持认为君主必须"凌驾于那些试图搅扰社会秩序的激情之上"：

    危急时刻，才体现出他们的重要性……才需要他们展现自我担当；他们有着家长般的权威；在黑暗时刻，他们知道如何维护公正，如何运用智慧，如何运作自身强大的力量；他们不会放弃自己的人民，他们承担起管理国家的责任，能在派系活动中掌控局面，避免产生危及社会秩序的严重后果。[6]

他所说的威胁"社会秩序"的"派系"是指呼吁立宪、寻求民族独立，以及主张政治统一的自由主义者和民族主义者。掌权者即便在为了避免革命而不得不做出妥协时，也不应屈服于他们的要求："尊重现存的一切事物；所有政权都要对自己人民的福祉负责；建立一个包括各国政府的联盟，应对分散在各国的派系活动；对毫无意义的、已经成了派系集结口号的（'立宪呼吁'）保持怀疑态度。"在梅特涅看来，绝对君主制并不意味着专制独裁，并非让个人无常的喜怒或冲动影响国家统治。相反，君主应该通过法律和完备的行政体系治理国家："首要问题，也是最重要的问题……是要确保法律的稳定性，法律的执行不能受到影响，法律一经颁行必须执行到底。所以，统治者施行统治时要遵循最基本的统治制度，不管制度新旧，都要遵循。时常干扰制度的执行是危险的，会使得制度在今天这种动荡中毫无作用可言。"[7]

实际上，用现代的专制标准衡量，哈布斯堡王朝的统治并非十分严苛。王朝的官僚体系总体来说是廉洁而又高效的。况且（抛开他对沙皇的建议），在因无知的专制统治者表现出毫不妥协的态度而带来暴力冲突的风险时，梅特涅利用自己的外交影响力推行了温和的改革。1821年，他向身处那不勒斯的国王斐迪南一世（Ferdinand Ⅰ）做出承诺，在斐迪南做出些许让步的前提下，向其派遣援兵镇压叛乱。尽管一直鼓吹相信法治，鼓吹君主有一颗仁义之心，梅特涅和其他保守派人士依然担心哈布斯堡王朝统治下的各族人民发起立宪运动和革命运动，担心王朝统治受到威胁。理论上讲，王朝的统一得益于臣民对王朝的忠诚、帝国完备的统治制度（包括行政体系和王朝军队），以及奥地利臣民较为集中的天主教信仰（也有少数人信仰犹太教和新教）。在1815年，可能只有德意志人、马扎尔人、波兰人和意大利人拥有强烈的民族认同感。尤其是前三个民族，他们的人民在政治层面和社会层面的地位都优于帝国内的其他从属民族。在匈牙利，北部的斯洛伐克农民、东部特兰西瓦尼亚（Transylvania）的罗马尼亚农民、南部的塞尔维亚农民和克罗地亚农民军均受制于马扎尔绅士阶层。加利西亚（Galicia）的波兰地主更是将乌克兰农民当驮兽进行奴役。由于捷克人受教育水平较高，而且直到1848年，当地都是哈布斯堡王朝最发达的制造业基地，这些人对德意志人在波希米亚的主导地位发起了挑战。自从定都维也纳后，国家政权便由德意志官员掌控，德语也成了法律、教育及行政机构的官方语言。除非掌握德语，否则当地贵族精英、城市居民、中产阶级就没有机会涉足行政、法律或高等教育领域，这让很多非德意志人十分不满。尽管如此，民族认同感还是主要在这些阶层中发展，并没有出现在农民大众中，因为多数农民把皇帝当作帮助他们对抗地主压迫的后盾。但事实上，社会差异与民族差异的重合，使中欧民族之间的流血冲突不减反增。

马扎尔人对德意志人的统治和哈布斯堡王朝的飞扬跋扈充满了抵触情绪，这对于帝国来讲是很危险的。马扎尔民族与其他多数民族不同，他们对宪政有自己的诉求。匈牙利人有自己的议事会议，或者说有自己的议会，议会的主要成员是马扎尔贵族、神职人员及特赦自由市的公民。因此"匈牙利民族"——在当时意味着议会所代表的人——只占据总人口的一小部分。对于剩下的那部分人，法律上有一个生动的定义：*misera plebs contribuens*，即贫穷的纳税者。马扎尔爱国者虽然心存愠怒，但依然使用拉丁语作为匈牙利政权和行政体系的官方语言。匈牙利人口中，马扎尔贵族仍旧占据相当比例——约有5%（革命前的法国有1%）。贵族中的一些人十分贫穷，被称为"凉鞋贵族"，据说他们穷得连靴子都买不起。但是，这些人与做苦役的大众有一点鲜明的区别：他们的特权和头衔。所以他们对任何可能威胁到自身地位的改革都表现出最强烈的反对。尽管哈布斯堡王朝皇帝——名义上也是匈牙利国王——有权任意召集或解散这个议会［1812—1825年间，弗兰茨一世（Francis Ⅰ）皇帝一直拒绝召集这个麻烦的议会］，但是想要越过议会擅自增税也非易事；所以在1825年、1832—1836年间、1839—1840年间、1843—1844年间，甚至在1847和1848年，这个议会都召开了会议。匈牙利贵族拥有55个郡县，那是他们赖以实施选举和征收赋税的区域。当地官员的行政开支均来自55个郡县。他们的议会政治根植于此，甚至在议会休会期间，匈牙利贵族也会在那些区域散布对哈布斯堡王朝君主的反对意见。他们每年都会在这些郡县区内组织集会，有时还会大胆地宣称自己有权拒绝帝国法律的管辖。[8]

  1815年，伦巴第（Lombardy）和威尼西亚（Venetia）的意大利人开始被哈布斯堡王朝统治。他们也有自己的组织机制，也会召集当地地主和城镇公民进行集会；他们还有由两省代表共同组成的联合"总会议"。这些会议无权制定法律，但有权决定如何实施政府（米兰总督是其代表）颁布的法律。对于他们，哈布斯堡王朝必须小心应对，因为意大利北部是王朝王冠上的一颗明珠。伦巴第平原土地丰饶、灌溉便利，盛产小麦，还分布着管理精良的葡萄田和桑蚕赖以吐丝结茧的桑树灌木。让骄傲的威尼西亚人愤怒的是两省共同的公国首都位于米兰（Milan）。与哈布斯堡王朝统治的其他地方相比，米兰接受的审查较少，所以从文化层面讲，米兰是欧洲最富生机的城市之一。意大利爱国者没有忽略这样一个事实：伦巴第-威尼西亚的人口仅占王朝总人口的1/6，却为帝国贡献了将近1/3的税收。奥地利人努力维护意大利北部良好的统治秩序，但仍旧没能避免紧张氛围的产生。受过教育的伦巴第人和威尼西亚人抱怨道，奥地利人占据了约3.6万个政府职位，导致意大利人没有机会公平地获得国家资助。[9]

除了匈牙利和伦巴第-威尼西亚之外，没有其他的地方代议机构能引起哈布斯堡王朝的注意。1835年以来，帝国皇帝一直是精神不健全的斐迪南一世。有一次，他在自己的朝臣面前大喊："我是皇帝，我要吃团子！"他的属民都很爱戴他，亲切地称他为"古怪的斐尔迪"。这种情况下，国家政务自然交由枢密院会议（Staatskonferenz）处理，枢密院会议的主导者是梅特涅。梅特涅处事强硬，认为一切反对意见都是不正当的，立宪政体因而不可避免地遭到压制。在维也纳绅士街（Herrengasse）的政府机关外，还有一个秘密的巡逻警察队伍，他们人数很少，只有约26人，其中包括13个审查员。在帝国首都，政府依靠常规警察（他们还负责大量其他工作），在其他省份，地方当局除了常规警察，还有秘密警察队伍。这个监管体系并非十分严密，但他们确确实实对印刷厂、出版社及作家的活动实施了琐碎而又恼人的管制。[10] 明文规定允许出版的图书类目只占总类目的 1/4，所以社会普遍认为除非得到明确许可，否则不能进行出版活动。[11]

作为欧洲排名第二的典型绝对主义政权，俄国的专制压迫尤为严重。如果梅特涅把奥地利的角色定位为中欧警察，那么沙皇尼古拉一世对自己的定位就是整个欧洲大陆的警察宪兵。1825 年亚历山大一世去世后，沙俄帝国开始实行铁腕的专制统治。他创建了臭名昭著的秘密警察组织"第三厅"（Third Section），组织内的官员不多，却能够调动宪兵队和大量线人，线人们一年可以提供多达 5 000 条告发线索。由于存在警察侦探，社会氛围变得十分紧张，除非有巨大的勇气，否则绝不会有人敢于公开提出异议。关于第三厅有一个广为人知的传说，称圣彼得堡的第三厅总部的一个办公室里有一道暗门：无辜的人可能受到传唤，之后，警察会和他们谈话，谈话看似毫无危险，但在警察诱导下，他们可能会说出一些不谨慎的话；这时，警察会扳动扳手，被害者随之掉入地牢，进而经历各种各样难以言状的恐怖之事。

对于那些敢于公开说出自己想法的人，当局的打压手段绝对足够严酷。1836 年，自由派知识分子彼得·恰达耶夫（Petr Chaadaev）严厉抨击俄国的落后，结果他的命运和 20 世纪苏联时代的一些异议分子一样，政府判定他有精神疾病，把他关进了精神病院。[12] 甚至对伟大的诗人普希金（或许是因为他暴躁的脾气）他们也在小心应对：当局之所以容忍普希金，是因为沙皇喜欢他的作品，但他也时常会受到旁敲侧击。创作时，知识分子和作家很谨慎，他们会先在朋友圈传阅自己的手稿，确定没有问题后才交给出版商。沙皇不仅害怕国内知识分子的异见，还对潜在的大规模农民起义感到紧张不安。这或许情有可原，俄国有 2 000 万农奴，农奴们发动过惊人的复仇运动。最近的一次就发生在 18 世纪 70 年代，运动发起者是反逆的哥萨克叶米利安·普加乔夫（Emilian Pugachev）。当局还担心统治压迫下的帝国从属民族发起反抗，尤其是波兰人，对他们来说服从是暂时的，反叛才是常态。

欧洲排在第三位的绝对君主制国家是普鲁士（Prussia）。国王腓特烈·威廉四世（Frederick William Ⅳ）从 1840 开始统治普鲁士，即位后便迅速着手摧毁自由派试图建立立宪政体的希望。他的父亲腓特烈·威廉三世（Frederick William Ⅲ）曾多次向渴望立宪的臣民承诺放弃专制，但那是在拿破仑战争期间，是为了鼓舞忠诚的普鲁士臣民的爱国热情，是为了抵御令人憎恶的法国人。仅仅一代人的时间，自由派官员就尝到了失望的滋味，腓特烈·威廉四世对他们说："我认为我之所以是国王，完全是上帝的旨意。"他还说："'宪法'只是一纸文书，不能让它把君主制变成抽象概念。真正的德意志王公应该施行家长式的统治。"[13] 普鲁士确实拥有自己的等级会议，但是代表多数是贵族或大地主。为了防止出现组建国民议会的思想苗头，他们彼此之间不得进行通信联系。自由派人士多为年轻的普鲁士人，他们对此怨念颇重。莱茵地区经济发达，而且在应对拿破仑统治方面很有经验，为了强化德意志抗衡法国的能力，1815 年莱茵地区划归普鲁士。普鲁士因而成为一个拥有东、西两个重心的王朝：东部由拥有大量土地和农民的地主贵族主导，在他们的统治下，那里的农民直到 1807 年还是农奴身份；西部是制造业基地，拥有大量中产阶级。1815年，在得知普鲁士即将吞并莱茵地区后，一个莱茵人很是不屑，表示自己和穷人——贵族主导的东部农业区——结亲了。所以在1848年普鲁士革命中莱茵地区涌现出很多自由派领导者就不足为奇了。普鲁士还拥有强大的军队，连同制造业基地和农业基地累积的财富，使其成为德意志地区乃至欧洲最强的力量之一。

1815年晚些时候，各方达成和平协定，根据协定，中欧和西欧由这三个绝对君主制国家统领。1795年，古老的波兰王国［1807年拿破仑干预建立的华沙大公国（Grand Duchy of Warsaw）除外］遭到俄国、普鲁士和奥地利瓜分，随后从地图上消失，这一事实在和平会议上也得到了确认。三个"东方君主国"妄图共同扼杀波兰民族主义力量。

他们还决定把德意志民族主义囚禁在潘多拉魔盒里。奥地利和普鲁士在德意志拥有同样的主导地位。神圣罗马帝国灭亡，拿破仑对国土边界进行了重大的调整后，德意志被分成了39个邦国（包括奥地利和普鲁士），各邦组合成为邦联，并在法兰克福（Frankfurt）成立了自己的议事会议。议事会议并非由选举代表组成的议会，而是由各邦政府派遣的外交官员组成的议事机构，像是德意志的"联合国"。会议的目的也并非促使德意志各邦之间联系更加紧密——事实恰恰相反。联盟旨在维护保守秩序，确保各邦之间的分歧能够和平解决，较小的"中立邦"因而也得到保障，使其不致被强势的普鲁士和奥地利统治。联盟还号召德意志各邦政府提供兵力，一方面保护德意志不受外敌侵扰，另一方面抵御国内的革命威胁。1819年，为应对德意志的激进自由运动，联盟颁布了《卡尔斯巴德法令》(Karlsbad Decrees),法令重点针对学生的民族主义组织"学生联盟"(Burschenschaften)。1832年革命抗议浪潮席卷欧洲时,这部法令得到重申。法令的背后是梅特涅,他发现,拿破仑战争后的几年里,立宪主义思想在德意志已逐渐深入人心。德意志南部的巴登(Baden)、符腾堡(Württemberg)、巴伐利亚(Bavaria)、拿骚(Nassau)和黑森-达姆施塔特(Hesse-Darmstadt)都产生了立宪思潮。实际上,这个过程恰恰符合德意志邦联(German Confederation)赖以建立的法案,该法案规定德意志各邦都应有"关于地方会议的章程"。但实际上,这是一个有意而为的模棱两可的表述,因为它既可以表示(根据德意志南部各邦的解读)现代议会君主制,也可以表示更加保守的能够代表贵族、神职人员及城镇市民利益的传统等级会议,确保会议永远符合保守派的利益。梅特涅已经向普鲁士国王腓特烈·威廉三世和德意志邦联施加了压力,首先确保普鲁士不会随着其他地区的立宪运动应声而动,其次确保1820年联盟"最后决议"按照梅特涅的意思将所谓的地方会议解读为"等级会议"而非"议会"。此外,它们还被加上了"君主制原则",君主将始终享有最大的权力。[14]

然而在意大利,梅特涅却推行了最为积极的反革命和反自由主义政策。面对意大利民族主义者谋求统一的呼声,梅特涅有一段十分有名的驳斥,他说意大利是纯粹的"地理概念"[15],它分散在10个王国、公国和小国中。他认为奥地利的职责就是令其保持现状。除了通过北方的伦巴第和威尼西亚直接实现奥地利对意大利的强大影响,维也纳会议有权安排关于意大利的事务,使奥地利在统治整个意大利半岛方面占尽优势。由于意大利被拿破仑统治的时间很长，奥地利起初的目的是扫清法国的影响，但后来角色逐渐转变，成为打压意大利自由主义和民族主义的力量。托斯卡纳（Tuscany）的统治者是一位哈布斯堡王朝的大公，帕尔马（Parma）和摩德纳（Modena）公国也由王朝亲信统治。除了这些王朝关系外，奥地利还被授权驻守教皇国要塞费拉拉（Ferrara）。统治两西西里王国（指南意大利及西西里岛，其独立议会于1816年解散，随后由那不勒斯直接统治）的波旁国王与奥地利签署了联盟公约和军事公约，两西西里王国因而也和哈布斯堡王朝政策紧密相连起来。只有西北部的撒丁王国［Sardinia，包括撒丁岛及陆上的皮埃蒙特（Piedmont）和热那亚（Genoa）］是完全独立的。在军事上，它是意大利诸邦中最强大的，在法国和奥地利伦巴第之间形成了有效的缓冲。尽管如此，1820—1821年间，奥地利在意大利的力量依旧强大，足以对那不勒斯甚至皮埃蒙特的自由主义革命施加军事干预。随后，奥地利审讯了90多个伦巴第自由主义领导者（尽管他们和起义并没有什么关系），判处40人终身流放黑暗的波希米亚史匹尔堡（Spielberg）要塞。被放逐的人中就有西尔维奥·佩利科（Silvio Pellico），1830年被释放时，他写下《我的监狱生活》一书，成为奥地利压迫统治的证据，也成了信仰在困难面前的强大力量的见证。这本书随后成为畅销书，展现了奥地利在意大利施政混乱的"黑色传奇"。随后在1831—1832年间，梅特涅再次派兵南下，对摩德纳、帕尔马和教皇国［奥地利人一直强行统治着教皇国的博洛尼亚（Bologna），直到1838年］的叛乱实施镇压，这一举动再次强化了德意志统治的残暴形象。

奥地利的势力和影响因而也延伸到了东欧，延伸到了意大利半岛的最南端。安东·科洛拉特－莱布斯泰因斯基（Anton Kolowrat-Liebsteinsky）伯爵沮丧地说：这是一个"刺刀森林"。科洛拉特不是自由派人士，但在枢密院会议中，他是梅特涅的强大敌手。他赞同首相"人民必须维护保守主义，并应为其尽自己最大的努力"的观点，但是"我们的方法并不相同。你要构建刺刀森林，维持社会现状。然而在我看来，实现我们的目标需要让革命者按照我们的愿望做事"。[16] 他对梅特涅的做法感到忧心，认为梅特涅维护保守秩序的强硬手段只会引来强大的对抗："你的方式会把我们带向灭亡。"英国政治家帕默斯顿（Palmerston）素以直率著称，他直言不讳地批评奥地利"令人窒息的镇压政策"，认为这种政策"就像一个牢牢密封着的烧水壶，没有出气孔，最后一定会爆炸"。[17] 科洛拉特还十分关心这种强压政策下维持奥地利军队所需的开支：1815—1848年，军队耗费了政府约40%的收入，但这除了让国家增加了30%的债务外，没有带来任何收益。梅特涅体系在1848年暴露的一大弱点是其国库的资金储备太少，无力应对19世纪最严重的经济衰退，无法缓解人民的疾苦。

II 保守秩序下的躁动

施加给欧洲的政治限制非但没有起作用，反而激起了对抗。在做自己的政治谋划时，梅特涅和他的追随者感受到了近代历史的沉重分量，相同的历史也为他们的反对者提供了灵感启发。

1789年的法国大革命和它在拿破仑时期的继承者在保守派中引起恐慌，但是，在那个时代真实流行的浪漫潮流下，同样的记忆能够搅动自由主义者、激进主义者及爱国主义者的血液，这些人感觉梅特涅统治下的欧洲令人窒息，倍感压抑。战后欧洲第一代自由主义人士此前曾以个人的身份参与到革命年代的斗争中。1815年同盟胜利后，从战争双方的任何一个角度来看，他们其实已经失败了。一方面，如果他们曾经选择支持拿破仑统治，拿破仑业已失败，而且他对于自由的许诺常常是空头支票。另一方面，如果他们曾经反抗法国，他们在旧的欧洲秩序的废墟中建立起一个新的宪政体系这种期待也是徒劳无望的。

1820—1821年间，意大利曾爆发过一些不成功的革命。革命领导者是那不勒斯自由军长官［包括曾在拿破仑时代担任长官职务、在1848年也将扮演重要角色的古列尔摩·佩帕（Guglielmo Pepe）］，他们是一个名叫烧炭党（Carbonari）的秘密革命组织的成员，这个组织的宗旨是颠覆奥地利统治，在意大利建立自由秩序。法国烧炭党的革命动力大多来自前拿破仑政权的"仆人"们，他们怨气沸腾，曾在君主运动中遭受清洗，经历了1815年的"白色恐怖"——之所以叫"白色恐怖"，是为了与1793—1794年间发生的"红色"雅各宾恐怖事件相区分。不少人加入了地下反对组织，其中就有十几岁的路易-奥古斯特·布朗基（Louis-Auguste Blanqui）。他的父亲在拿破仑时期是滨海阿尔卑斯省（Alpes-Maritimes）省长。1815年，法国依照和平协定将属地［尼斯（Nice）］归还皮埃蒙特后，父亲被撤职，布朗基的家庭进入了艰难时期。布朗基因此加入革命激进主义者行列，参与革命，直到1881

年离世。西班牙自由主义者渴望施行1812年宪法，该宪法由在加的斯（Cadiz）召开的议会制定，当时法国军队的炮孔就在不远处，虎视眈眈极不友好。但1814年，当国王斐迪南七世（Ferdinand Ⅶ）得意扬扬地回来时，他搁置了这部宪法，并且迫不及待地放逐了很多自由派人士。受打压的自由派人士1820年获得权力后实施报复，强迫斐迪南七世实施了3年的君主立宪统治。3年后，路易十八为恢复波旁王朝的专制统治派出"圣路易的十万子"（'100 000 sons of Saint Louis'），大军翻越比利牛斯山（Pyrenees），击垮了西班牙自由派。

即便是专制的俄国也没能避免拿破仑遗留问题的爆发所产生的冲击。曾在战争期间征战欧洲并且最终占领巴黎的俄国军队长官遇到了法国、德意志和英国长官，他们进行了礼貌而富有智慧的交谈；了解西方宪政和民权思想后，俄军长官开始思考自己国家的落后。这颗萌芽的种子最终在俄国第一次革命——1825年"十二月党人起义"（Decembrist uprising）——中结出了纤弱的果实。起义爆发的那个月份里，自由军长官利用沙皇亚历山大一世暴毙后的混乱，举起了反叛的旗帜，反对继任者尼古拉一世。起义被沙皇军队轻松镇压，首先是在圣彼得堡，随后是在乌克兰。但也正是继任之时的这次平叛经历，使得新沙皇在整个统治时期都在施行反动统治——尽管有些时候似乎能看到一些对农奴制进行改革的希望。

最富戏剧性的革命浪潮在几年后出现。1830年，波旁王朝查理十世被巴黎街头为期3天的起义推翻，继任者是思想更为开放的路易-菲利普。随后，比利时很快也发生了革命，自由派推翻了建立于1815年的荷兰统治，并最终建立君主立宪政体，实现了国家独立。受法国影响，在德意志，保守秩序的敌人自由派要求——或者说强迫——统治者施行宪政，汉诺威（Hanover）、萨克森及其他几个邦国也成为为数不多的几个拥有代议制机构的邦国的一分子。反对派并没有满足于现状，而是继续开展抗议运动，并在1832年的汉巴赫节（Hambach Festival）将运动推向高潮。当天反对派组织了1848年以前德意志最大规模的集会，集会群众要求当局进行政治改革，发出统一德意志的呼声。运动展现了反对派的强大力量，促使梅特涅再次施行《卡尔斯巴德法令》。

最为剧烈的反对保守秩序的浪潮发生在波兰。1830年11月，沙皇调动波兰军队应对西欧革命时，俄国占领区的波兰爱国贵族突然失控。起义持续了10个月；最后，伊凡·帕斯科维奇（Ivan Paskevich）将军指挥12万俄国劲旅开展了血腥而又紧张的镇压，起义最终被粉碎。1849年镇压另一场革命时，我们依然能够看到伊凡·帕斯科维奇的身影。随后当局对起义者的处理方式也十分令人震惊——8万波兰人被囚禁，押送去了西伯利亚。意大利也发生了革命，但多数是由无精打采的奥地利军队发起的。从影响范围来看，1830年的革命无法与1848年革命相提并论。但从欧洲范围来看，革命依然冲击了梅特涅强硬施行的保守国际秩序。得知法国革命的消息后，这位奥地利首相瘫倒在办公桌上，伤心地说："我毕生的心血付诸东流了。"[18] 这样表达自己的绝望当然过于夸张，然而，向来行事谨慎的七月王朝很快滑向了保守主义的轨道，这在很大程度上减轻了梅特涅的恐惧。但他又被另一件事情所困扰，保守主义大厦上又出现了新的裂痕——希腊独立。从1821年到1829年，在一场长达八年半的残酷战争后，希腊摆脱了土耳其统治获得自由。但是梅特涅主张的国际秩序并没有因此陷入危机,因为希腊的胜利首先建立在俄国、英国及法国的军事干预的基础上,其次还有赖于强有力的1830年《伦敦条约》给予希腊的外交认可。因此,新的希腊王国很快被纳入了后拿破仑体系。

梅特涅认为革命在本质上是一种源自法国的疾病。1822年下半年,他在给沙皇的信中写道:"在革命派眼中,不存在国籍差别和政治边界。毫无疑问,现在欧洲激进派的指挥中心就在巴黎。"[19]这一次,梅特涅又夸大其词了,但是他的这种陈词滥调也不失为事实,因为总有偏执妄想的人,不能保证没人会让他的担心一语成谶。1830年,一个真实而又韧劲十足的新的地下革命网络出现了。新革命势力的主要力量来自新一代知识分子、浪漫主义者和爱国主义者,他们年龄不大,对法国大革命没有清晰的印象,但是一直浸润在革命对自由的美好许诺中。法国共和主义者、历史学家儒勒·米什莱(Jules Michelet)生于1789年,1847年,他在自己的历史叙事诗引言中写道:推动这个历史性时刻前进的是全体人民——一股势不可当、顺应潮流的力量,他们的使命是在全世界传播自由、平等、互助友爱的美好信条。[20]在1789年法国大革命的鼓舞下,一些有远见的人相信革命将会创造一个更加自由、公平的世界,为了这一天的到来,他们甘愿献出自己的生命。

或许这个新纪元也因此见证了"职业"革命者的出现,这并不意外,他们不知疲倦,试图通过暴力手段颠覆保守秩序。1789年的大革命曾不经意地把在毫不知名、毫无生气的地方过着乡村生活的人卷入给欧洲带来了20多年动荡的巨大旋涡中。这些人在无意间成了革命者,很多情况下,他们本人其实并不怎么想参与革命。但新时代的革命者自我意识很清晰，他们就是要掀起一场革命。其中最值得一提的人物是朱塞佩·马志尼，他就算不是狂想家，至少也是革命者灵感的启迪者。马志尼 1805 年出生于热那亚，1829 年加入烧炭党，他不仅致力于将奥地利统治者逐出意大利，还希望以民主共和国的形式实现国家统一。虽然这位意大利爱国者对 1789 年革命的态度并非百分之百赞赏，但他认为法国革命者不仅在革命中宣示了个人权利，还证明了天时地利并非伟大革命的必要条件。在马志尼看来，失败的起义也有其价值，因为"思想只有在烈士鲜血的滋养下才会迅速成熟"，即使起义者倒在炮火和子弹中，思想也会继续酝酿发酵。[21] 他在 1839 年写道："今天的革命者更多的是为了下一代而奋斗，而非为了他们身边的同辈人。他们对于新世界的构想实现起来或许会比较缓慢，但却注定能够实现。"[22] 马志尼相信，下一场伟大的革命定将为饱受压迫的欧洲人民带来真正的自由。在这样的愿景中，他把意大利人置于领导者的位置。意大利人一旦摆脱奥地利和王室的枷锁，就能发挥其巨大的潜力，就能利用其不可估量的资源优势推动整个欧洲大陆的进步："揭开意大利的封印就解开了欧洲的症结。意大利在解放运动中处于高层，意大利定将完成文明赋予它的使命。"[23] 马志尼的梦想是建设这样一个欧洲，各个民族国家平等、自由，同时个性鲜明。实际上，他从 19 世纪 30 年代中期就认为"民族主义"这个词被滥用了，他认为反抗外国压迫争取民族独立完全有必要，但爱国主义永远不能成为妨害实现"人民相亲相爱这一首要目标"[24] 的障碍。

马志尼的主张在国人中影响很大。在 1831 年烧炭党运动失败后流亡马赛时，他组建了地下组织"青年意大利党"（Young

Italy），该组织（1846 年，据梅特涅估计）在意大利的活跃成员或许不足千人，却有数以万计的人为其提供精神支持并且阅读其被禁止的出版物。马志尼还有外籍人士的支持，其中包括约 5 000 名订阅其杂志的蒙得维的亚（Montevideo）和布宜诺斯艾利斯（Buenos Aires）民众。其中有一位职业革命者名叫朱塞佩·加里波第，他在 1833 年被逐出皮埃蒙特，此时在巴西和乌拉圭参与革命。他的所作所为使他为整个意大利所熟知。

历史证明，在各民族革命事业中，马志尼是真正能够鼓舞人心的人物。亚历山大·赫尔岑曾多次与他会面（这是 1849 年会面时的场景）：

> 马志尼目光如炬，他和我对视着站了起来，友好地伸出双手。即便在意大利，也很难遇到像他这样极具古典美的头脑和如此得体的举止。他的表情有时严肃认真，但很快就会变得柔和宁静。他忧郁的眼睛里闪现着活力和智慧，眼神和眉宇之间充斥着无尽的坚韧和力量。所有这些都有经年焦虑、少眠缺觉的痕迹，也能看出他所经历的狂风暴雨，更能看到他强烈的激情，甚至能发现一些狂热——抑或是禁欲主义的影子。[25]

作为理论家和革命使徒，马志尼认为自己有能力把各国的革命者凝聚起来，发动一场全欧洲的运动；1834 年在伯尔尼（Berne）流亡时，他召集了一小股意大利、波兰和德意志的政治难民，组建了一个名为"青年欧洲"的组织，意图解放受压迫的民族，并且引导欧洲人民通过和平方式最终解决分歧。很遗憾，这个光荣的愿景最终被证明太不切实际了,但是"青年意大利党"和"青年欧洲"鼓舞了大量民众,其他国家纷纷效仿:"青年爱尔兰""青年瑞士""青年波兰"和"青年德意志"纷纷涌现,后来还出现了"青年阿根廷"和"青年乌克兰"。梅特涅因为这些革命网络的存在而失眠也并非没有道理:革命网络的确不是来自法国。或许当梅特涅把意大利人视为欧洲最危险的人时——一些焦虑的欧洲统治者对他完全赞同——他离问题的症结就更近了。1834年,马志尼、加里波第及青年意大利党的其他成员在未出庭的情况下被皮埃蒙特军事法庭判处死刑,同时教皇命令警察注意"这个非凡者的非凡策划"。[26]甚至比利时政府和荷兰政府中,一些人在得知马志尼的影响已经遍及低地国家时手心也出了汗,但作为议会制国家,他们并不会过于恐惧。在充满危机的1847年,对当局而言,马志尼就像鬼怪,在马耳他(Malta)、瑞士、德意志和意大利能同时看到他的身影。[27]对于所有这一切,事实证明,当面对1848年出现的绝佳机会时,伟大的理想主义者能利用实用主义的政治手段把握时机。

革命者不仅仅是浪漫的梦想家,他们还愿意冒着巨大的个人风险执着勇敢地追求理想的新世界。他们中的不少人放弃了安逸的生活和稳定的收入。马志尼在经济上十分依赖父母(他们一直期许马志尼有一天能找到"合适"的工作,所以一直在经济上支持他)。在1848年前的10年伦敦流亡生涯中,他过着艰苦的生活,他避免花钱乘车,出没于肮脏的城市街道,以至于满身泥土地出现在社交场所,这令他在伦敦的朋友和资助人疑惑不解。赫尔岑继承了父亲的遗产,境况还不算最差。他有一个同为俄国贵族出身的朋友,名叫米哈伊尔·巴枯宁(Mikhail Bakunin),是个无政府主义者，家境不错，但巴枯宁和自己富裕的家庭断绝了关系，还养成了一个恼人的习惯——向新认识的朋友借钱。加里波第出生在尼斯（当时属于皮埃蒙特）的一个航海家庭，他在南美服兵役但没有得到应有的报酬，后来辗转做过水手，在阿根廷大草原做过牧牛人，还做过船舶经纪人。[28]

* * *

革命者并没有主动为1848年的革命创造条件，那年的暴力运动是各种条件叠加的产物，不应归咎于革命者。但当时机来临时，他们却已做好了行动的准备，更重要的是他们有组织的支持，能够在暴乱时机成熟时动员足够多的活动家参与运动。再者，值得注意的是，尽管这个反保守主义的组织很严密，但如果仅仅拥有几千个孤立的狂热分子，也绝不会获得如此蓬勃的发展。实际上，它植根于更加广泛的民间社会所承受的苦难之中。虽然绝大多数欧洲人并不想成为积极的革命者——实际上，他们担心叛乱可能带来暴力和社会混乱——但不满情绪和活动家的革命愿景却引起了欧洲众多对革命持消极态度的民众的共鸣和回应。在这个意义上，保守派试图为其压迫政策正名而描画的嗜血的、全面的革命运动图景恰恰成了自我实现的预言。或许，大多数人赞同针对真正的革命者的立法，但如德意志的《卡尔斯巴德法令》，其中很多内容的冲击范围更加广泛，新闻界、教育界、公共社团、行会、文化界都受到了影响。在许多国家，审查制度，以及政府或教会对教育的干预、对组建社团的限制、对自由议政的限制，让很多受过教育、有表达欲望、有雄心壮志的人感十分沮丧，因为这类人认为自己能够对国家、对社会做出贡献。还有人认为现有的政治制度——立宪政体或专制制度——没有代表诸如工厂主、工匠，以及受过教育的中产阶级（如律师、专业人员和低等级官员）等社会群体的利益。他们一方面认为自己所承担的社会角色为国家有用，另一方面认为现行的政治制度不能保护或强化自身的利益。因此，社会上有相当大一部分群体虽然憎恶革命和社会动荡可能带来的后果，却理解革命者的不满，并且和革命者有一些共同目标。

人们对保守秩序的不满日益增长，其背后是公共舆论的发展。"公民社会"这一概念从18世纪便开始出现，人们逐渐认为有，或者应该有，独立于国家政权之外的文化空间或社会空间；在独立空间里，每个公民都可以对从艺术到政治的任何事情进行自由讨论、辩论或批评。公民社会将成为艺术品位的独立仲裁者，也将成为政治意见和政治判断的合法来源。当然，这一切的基础是社会上存在一个受过教育、有文化、有政治意识的阶层，可以支撑起这些权益。19世纪时，尽管规模和大小各不相同，但欧洲各国确实出现了这种社会阶层。在大国如英国和法国中，由于审查制度比较宽松（或者说总有一些方法避开审查）、公民识字率较高，故而上述社会阶层人数较多。截至1848年，法国有约60%的公民具备阅读能力；哈布斯堡王朝的数据与此相当，在55%以上；俄国则仅有5%；由于国家教育传统完善，普鲁士80%的民众有读写能力，数量十分可观。[29]

公共舆论不仅体现在印刷品上，社团和俱乐部凭借自身拥有的激进的中产阶级和贵族成员，也成为公共舆论的表达场所。它们常常利用诸如科学探索（意大利人最喜欢）、体操（身体健康、精力旺盛的德意志人最喜欢）、音乐和射击（尽管后者为革命服务）等无害的活动掩饰其政治意图。一位德意志观察家这样写道："公共生活在剧院和音乐厅里疯狂地生长，因为除此之外，没有其他地方允许它恣意妄为。"[30] 对于长期生活在俄国压抑氛围中的亚历山大·赫尔岑来说，即使这样有限的自由也让他感到耳目一新。到达普鲁士不久，他便造访了一处肮脏的剧院，他印象最深的不是剧院的表演，"而是剧院里的观众。观众大都是工人和年轻人，人们在演出间隙自由地大声交谈"。他还对书店出售的沙皇漫画很感兴趣，并"买空了店家的库存"。[31] 1839年以来，每年一次的意大利科学大会都会从全国上下召集几百位学识渊博的学者就技术、医疗和科学领域的最新进展进行交流。1847年，由于形势极为紧迫，会议选在威尼斯总督府召开。作为当时的民族英雄，教皇庇护九世（Pius IX）的名号在会议中屡次被提及，甚至讨论农业问题也为抨击奥地利人提供了机会，因为北部的意大利人习惯把哈布斯堡王朝士兵叫作"土豆"。[32] 政府试图决定什么人可以，什么人不能阅读或讨论，决定人们什么时候、以什么方式、同哪些人集会，结果只是这些限制性政策无法缓和人们的怨恨。德意志自由主义者喜欢开玩笑说保守主义者的典型标示写着"允许在这片区域行走"，也就是说，不允许做明文规定以外的任何事情。换句话说，保守主义政权和公民社会之间存在明显分歧。

　　人们或许认为只有绝对君主制国家是这样的，但实际上自由的法国也是如此，原因很简单：七月王朝并不符合法国社会多数人的期望。路易-菲利普国王拥有厚实的自由主义履历：他以"平等将军"（Général Égalité）之名为人们知晓，在1792年法国大革命战争初期的运动中就表明了自己的主张；年底，路易十六接受审判时，他便逃往比利时。1830年，有人［主要是他强势而又忠诚的姐姐，阿黛拉伊德（Adélaïde）］劝路易-菲利普加冕称王，[33] 他却开始更加坚定地笃信自己的自由主义信念。到达巴黎后，他象征性地在首都市政府所在的市政厅（Hôtel de Ville）阳台上拜会了美国和法国共同的革命英雄拉法耶特（Lafayette）老人。七月王朝通过重新使用三色旗捡起了其与法国大革命的联系，波旁王朝的白色旗帜再也不会作为国旗升起了。这一过程没有华丽的加冕典礼，只有一个简单的仪式。仪式中，身着国民卫队制服的新"公民国王"承诺施行《1814年宪法》；但他并非完全贯彻宪法，而是在一些方面略有调整，包括略微扩大选举权、加强国王应对紧急情况的权力、删除前言中与神圣君权相关的描述。

然而这些轻微的改良式的改革并没有过多地取悦到曾在1830年运动中筑起街垒、承担主要工作的法国工匠群体。对他们来说，路易-菲利普的奥尔良王朝并没有比被推翻的波旁王朝好多少。起义期间，"拿破仑万岁！""共和国万岁！"的呼声盖过了枪声，回荡在人群中（"拿破仑"指的是拿破仑病恹恹的儿子拿破仑二世，他当时被囚禁在维也纳金光闪闪的牢笼里）。路易-菲利普即位后，曾经抛洒热血的工匠们并没有得到什么回报，因为新的统治秩序意图避免所谓的极端民主（让人想起1789年革命中嘶吼的法国民众）和波旁王朝的绝对主义。人群中因此充斥着一种强烈的意识：革命果实被富裕的地主、实业家和金融家窃取，他们因此扬扬得意。问题远不止这些，法国社会中还涌动着其他强有力的暗流:包括中产阶级专业人员、官员、小地主,以及父辈和祖父辈在 1789 年革命中担当过中流砥柱的企业家在内的群体,感觉自己被排挤在政治生活之外,心中愤愤不平。这种不满在共和主义者及波拿巴主义者中也存在。共和主义者满怀情愫地回顾 18 世纪 90 年代第一共和国的日子,波拿巴主义者也怀念拿破仑席卷欧洲时的光辉岁月,意图在保留部分革命成果的前提下进行王朝复辟。法国 1789 年革命彰显的自由主义不断影响着其他国家,其中的民族主义愿景也得到了广泛认可。七月王朝的反对者不耐烦地忍受着 1815 年签订的和平条约,该条约使法国(在经历了 20 多年的战争后)疆域缩减到 1792 年的水平。

但总的来说,七月王朝试图避免对外冒险;实际上,它还尽可能地表现出胆怯,甚至表现得相当无趣。原因很容易理解,统治集团想要和平的外部环境和稳定的国内环境来保证法国繁荣发展。因此,当局很少努力改变 1815 年签订的和平条约,却促使法国取得了历史上最快的经济发展速度。19 世纪 30 年代末,法国扩建并升级了道路系统。1842 年,政府开始建设铁路网络,铺设了约 1450 千米的轨道,这引发了对重工业产业的新需求,进而促进煤、铁、钢产业和工程施工能力得到发展。基于此,一些经济学家把 19 世纪 40 年代看作法国工业化的"起飞"时期。[34] 卡尔·马克思(Karl Marx)尖锐地指出,七月王朝是一个开采法国国家财富的股份公司。实际上,这个政权不动声色的"资产阶级"属性的代表就是路易-菲利普本人,他出现在公共场合时往往不会佩戴任何王室标识,而会身着普通套装:黑色长礼服加中产阶级的终极象征——雨伞。这正是王朝想要向外界展示的"安全"形象,但是这种形象并没有打动拥护共和政体的民众，这些民众因为当局保守的外交政策和对扩大民众政治参与度的消极态度而躁动不安。1832 年，巴黎共和主义者发动起义，两年后首都巴黎及里昂的运动均遭镇压。1834 年 4 月的巴黎人民起义——维克多·雨果《悲惨世界》里描写的起义事件原型——以特朗斯诺宁街（Rue Transnonain）的屠杀告终。愤怒的士兵逐户清查革命派狙击手，不分青红皂白屠杀了 12 名居住在一间房屋中的平民。

杀害无辜平民这件事给七月王朝留下了抹不去的污点，好在政权拥有富裕选民的支持，这些人担心爆发新的革命。这让政府感觉自身力量足够强大，从而对共和派报纸发起控诉，还对政治组织和工人组织施加限制。1832 年成立的由工人组成的准军事组织人权社（Society of the Rights of Man）就是其中之一，遭禁止后，社团分割成众多小单位，它们被称为"分部"（sections）——这个词让人想起了曾为 1789 年革命中的武装分子提供温床的巴黎老选区。这个组织并不进行和平游说，相反，它努力训练自己从手工业群体中招募的成员，试图做好准备，伺机起义，建立民主共和国。它筹划了 1834 的起义运动，因而也尝到了被镇压的苦果：至少 1 156 人在警察的突击行动中遭逮捕，不过 736 人在 5 个月内获释。[35] 共和派以更加暴力的方式进行了反击，其中包括在 1835 年发动的令人震惊的刺杀行动，刺杀目标是国王，刺杀行动使用的是一杆 25 筒长枪，它被称为"地狱机器"。刺杀造成 14 人死亡，但路易-菲利普仅受了一些皮外伤，躲过了暗杀。这只是他一生经历过的八次暗杀中的一次。国王遭暗杀的次数太多，讽刺杂志《逗闹》（Charivari）有一次逗趣地写道，国王和家人郊游归来，"没有受到任何形式的刺杀"。[36]

1834—1835年是暴乱和镇压这一循环的开端，在这个过程中，共和派不断遭到当局的挫伤，同时王朝也放弃了其最初的自由主义原则，变得更加专制。1835年颁行的《九月法令》对出版业做出了限制：政府可以因报纸登载宣扬其他政治体制或侮辱国王的内容，而对其提起控诉。当然这也没有阻止大胆的漫画家奥诺雷·杜米埃（Honoré Daumier，他因自己创作的卡通作品而遭控诉）把路易-菲利普的宽下巴夸张成梨子的形状，这一形象流传甚广。法律程序也变得更利于实施政治诉讼。[37] 尽管国王自己也心有疑虑，但这个标榜自由的王朝还是放弃了一些曾经使其与波旁王朝相区分的根本原则。这些转变似乎已经体现在支持《九月法令》的口号中："墨守成规将置我们于死地。"[38]

与此同时，暴力运动和镇压活动将拥护共和的势力划分成温和派和激进派：温和派想要通过合法途径劝说当局实施政治改革［这一倾向在共和派的报纸《国民报》（le National）中得到体现］；激进派则希望通过革命手段摧毁君主政权。在战斗一触即发的紧张时刻，路易-奥古斯特·布朗基和朋友阿尔芒·巴尔贝斯组建了"四季社"（Society of Seasons），之所以叫这个名字，是因为它的组织结构。为了不让成员被警察发现，每个小组都由7位革命者组成，7个成员以周一到周日依次命名，4个"周"组成1个"月"组织，3个"月"组织构成最大的单元——"季节"。其成员必须认同组织的教义，要把整个社会看作一块"坏疽"，进而"勇敢地进行救治……使其恢复正常状态"。这不仅需要发动革命，还需要在一段时间内维持一种"革命权力"，也就是说，在"人民"做好民主准备和旧的统治精英被铲除之前，要有一种形式的权威统治。这就是卡尔·马克思和弗里德里希·恩格斯（Friedrich Engels）"无产阶级专政"的前兆。实际上，布朗基已经开始坚信要确保全体公民的"生存权"，定将涉及财富的重新分配。[39] "四季社"在共和运动中处于"极左"的位置。1839 年 5 月，他们发动了一场起义，巴尔贝斯在起义中坠马，头部受伤流血不止。尽管起义以失败告终并且面临后续的牢狱之灾，布朗基依然坚信革命会在坚强意志的引领下取得成功：仅凭暴动就足以开始瓦解旧秩序、建立新秩序。其他的左翼共和主义者却没有这么肯定。1843 年，左翼报纸《改革报》（*La Réforme*）创刊，刊物的供资方是亚历山大·赖德律-洛兰（Alexandre Ledru-Rollin）。赖德律-洛兰十分富有，可以担任众议员，但他却选择了跟共和阵营的左翼势力站在一起。报刊编辑及各个投稿人都把自己当作即将到来的革命的"总参谋"，但是他们的主要目的是通过宣传来说服各方。《改革报》不仅主张政治民主（这一点和《国民报》一样），还倡导社会改革。1845 年，它曾发文指责"共产主义"，布朗基和他的追随者们则严厉批评了该报的"贵族化"，但可以确定《改革报》有助于社会主义思想的发展。

在意大利、德意志和哈布斯堡帝国，自由主义与民族主义进行了结合。统一意大利的思想在 1789 年法国大革命理论和拿破仑统治实践的共同影响下发展起来。在拿破仑的统治下，之前分离的各邦被集中在一起，共同管理。但温和派和共和派之间也有分歧，温和派想在意大利邦联内保留现有的国王，而包括朱塞佩·马志尼在内的共和派则想建立一个统一的民主国家。其他人依然立足于自己的城市或地区，试图在自己的邦国进行共和主义革命，设想日后能够和其他邦国——不管他们施行君主制还是共和制——以松散的邦联形式共存。这个方案的支持者就包括米兰籍教师、知识分子卡洛·卡塔内奥（Carlo Cattaneo）。温和派的君主主义愿景背后最有声望的知识分子是文森佐·乔贝蒂（Vincenzo Gioberti），他于1843年出版了一本名为《论意大利民族在道德及文明方面的优越性》（*Of the Moral and Civil Primacy of the Italians*）的书，影响很大，售出超过8万册，用19世纪的标准衡量俨然是一本畅销书。该书仅凭书名就能成功吸引众多在外国势力统治下偷生的读者。对乔贝蒂来说，"复兴运动"——意大利"复兴"——并不等同于法国大革命。实际上，拿破仑·波拿巴带来的法国影响并没有对意大利民族国家起到促进作用，相反，还破坏了意大利民族国家的发展。法国人实际上并不是大家所认为的伟大的人民，因为（乔贝蒂雄辩地指出）"法国人并没有创造力，他们连创造错误的能力都没有"。意大利的优越性不在于从别的国家引进的国家观念，而在于教皇，在于其赖以统治整个人类的宗教信仰。因此，乔贝蒂主张在现存的意大利各个邦国的基础上建立一个由罗马进行政治统治和道德统治的联邦：这将使意大利成为"最国际化的国家"，这也是意大利在世界上应该享有的地位。[40] 统一的共和国的愿景当然由马志尼表述，他在解释青年意大利党的目标时称：

青年意大利党信仰的是共和，追求的是统一。之所以信仰共和是因为从理论上讲，每一个国家都有自己的宿命，上帝和人性法则注定了它们的命运是建立平等的共同体，让人们相亲相爱。建立共和政府是确保实现这一愿景的唯一途径，因为一切真正的主权都在国家之中,国家是至高无上的道德准则的唯一阐释者,它能够不断发展,永不止步……青年意大利党之所以追求统一是因为没有统一就没有真正的国家,没有统一就没有真正的力量。我们的国家周围都是强大的统一国家,都对意大利虎视眈眈,我们必须拥有战胜一切的力量。[41]

德意志民族主义者同样有自由派和激进派之分,两派的分立在1832年汉巴赫节上显现得十分明了。庆典中,共和派演说家在迎风招展的黑、红、金三色旗帜下演讲,宣称自己的目标是建立民主统一的德意志共和国。这吓坏了自由派。德意志自由派和意大利温和派一样,想要说服德意志各邦施行宪政、加入德意志邦联,邦联政权将确保公民人身自由和政治自由。在某种程度上,人们之所以有这样的愿景,是因为坚信这是实现统一而又保证自由的最佳方式。一位巴登自由派人士有一段拗口的段子:"我想要的统一是在自由前提下的统一,在没有自由的统一和没有统一的自由之间,我会毫不犹豫地选择后者。"[42] 在自由派看来,激进派主张建立的统一的共和国将会把立宪政体和个人自由带入不确定的未来。他们中的很多人只是想把普鲁士支持的关税同盟(1833年成立,成员不包括奥地利)发展成比德意志共同市场略微紧密的组织。激进派和自由派之间的分歧是1848年意、德两国民族主义运动中最致命的弱点之一。

在多民族的哈布斯堡王朝,梅特涅起初也鼓励地方精英从事文学活动,鼓励他们探索人民的语言和民族的历史,因为这样似乎能够把他们的注意力从政治转向无害的活动。[43] 但结果表明他是在玩火,因为正是这样的文化生活让马扎尔人、捷克人、克罗地亚人、塞尔维亚人、罗马尼亚人,以及其他民族的人们产生了民族意识。这些民族意识迟早会在政治上表现出来。1848年,它们将会危及哈布斯堡王朝的统治结构。灾难到来之前,梅特涅已经意识到了这一点。他开始对匈牙利自由派人士发难。出身贵族、身为律师的科苏特·拉约什曾入选1832—1836年的议会,随后他在自己的"议会报告"手稿中主张对匈牙利社会和哈布斯堡王朝进行根本性的改革,手稿内容一度流传开来。科苏特于1837年被捕,遭到3年囚禁。但他没有屈服,继续发行自己的报纸《佩斯报》(Pest News)。报纸1841年创刊后持续发力,逐渐发展成为匈牙利革命中一股烈焰般的领导力量。为了制衡马扎尔人的反抗,1835年,梅特涅给予克罗地亚知识分子柳代维特·盖伊(Ljudevit Gaj)政府支持,扶持他出版《晨星报》(Danica),宣扬"伊利里亚理想"(Illyrian ideal)或南部斯拉夫(包括塞尔维亚、克罗地亚和斯洛文尼亚)联合王国概念。但到了1842年,南部斯拉夫人的民族意识也成了梅特涅需要担心的事情,于是他改变主意,不再向盖伊提供支持。

* * *

各个国家的自由主义思想和激进主义思想可能都限制在几千个知识分子或异化的贵族和中产阶级范围内,但民众对保守秩序的对抗却是普遍的,这要归因于当时最为棘手的"社会问题",也就是困难的经济转型带来的贫穷和混乱。从18世纪中期开始,持续的人口增长开始引发赤贫现象,这一问题一旦出现就再没停止。最终,工业资本主义将会激发经济增长，并将创造各种不同类型的就业机会，提高民众生活水平，社会压力也将因此得到缓解。但对欧洲大部分地区来说，这些好处在1850年后才会显现，多数地区在19世纪最后25年才尝到甜头。1848年之前的几十年中，工业化的脚步实际已经迈开，它表现为工厂在生产过程中大量使用技术手段，并带来持续的经济增长。实际上，赫尔岑和家人在1847年旅行时看到的欧洲大陆正处于转型的第一阶段，随后的几十年还会出现更快的发展。城郊工厂的烟囱冒着浓烟，日益拥挤的工人宿舍的烟囱也冒着熟悉的烟雾，两种烟雾混合交融。刚刚开始架设的电报线也出现在视野中，铁路轨道像蜘蛛网一样在欧洲大陆蔓延开来，火车以迄今为止让很多人感到惊讶的速度穿梭疾驰。

重工业的蓬勃发展为铁路和纺织业机械化（见证了西方工业化的第一个阶段）提供了支撑，这一现象只在一些孤立区域表现得尤为突出，如英国、比利时、法国北部和东南部的部分地区、德意志部分地区（特别是莱茵地区和西里西亚地区），以及哈布斯堡王朝统治下的捷克地区和维也纳附近地区。尽管如此，曾经从事小规模生产的工匠和手工业者依然感觉自己的生产技能和独立性受到了威胁，这种威胁不但来自机械的使用，而且来自新的生产组织方式。在新的生产方式下，包括妇女在内的没有技能或技能欠佳的工人能够以更小的成本、在更短的时间里生产更多同类产品，而传统工匠常常指责他们的产品质量不好。绝望让一些手工业者选择反抗。1844年6月，饱受英国纺织工业和新建的波兰工厂冲击的西里西亚人力织工发起抗争，反对商人压低手工产品的价格，从中谋利。4万多织工中有约3/4无力养家。工厂遭到劫掠，但劫掠行为没有造成人员伤亡。随后,普鲁士军队插手镇压,军人进入工厂后杀害了10名织工。[44] 此外,向工厂体系屈服的工匠和手工业者也发现为机器服务的生活毫无乐趣。工作节奏不再像过去那样舒适,而是要严格遵守钟表时间。对于家庭来说,煤气灯的出现可能是一个福音,但对欧洲工人来说,却意味着他们每天要在机器前工作14—15个小时——再也不能日落而归了。[45]

当时工业化普及程度还不高,不足以创造出富有的中产阶级或资产阶级,他们也不将获取财富归因于大工业生产。当然,类似的资产阶级确实存在,但欧洲的中产阶级类型多样,距离以社会化形式联合起来的群体差距还很大。他们很多人是地主,常常只是模仿贵族的生活方式。在法国,最富有的地主资产阶级和旧贵族相结合,组成了一个有 1.5 万人之众的极为富有的贵族阶层,他们左右着七月王朝的政治。在普鲁士,超过 40% 的土地由非贵族群体持有。在资产阶级土地所有者这个阶层之下,有一大批小的资产所有者、专业人士、官员、商人,以及较低等级的中产阶级,如零售商和熟练工匠。中产阶级面临的主要问题是他们中的多数人接受了良好的教育,但相关领域或政府却不能为他们提供足够的就业岗位。所以中产阶级面临着以"受过教育的人过多"为表现形式的人口压力。正如一位法国讽刺人士所说:一定是出现了人口爆炸,因为"律师比败诉案件多 20 多倍,画家比画多,士兵人数超过了战争需要,医生数量也超出了病人的需要"。[46]

因此,从社会层面讲,1848 年保守秩序的崩塌是欧洲经济、社会转型带来的"现代化"危机。当时,这种转型还没有完成,不足以应对人口增长带来的压力——首先就是要解决工匠、手工业者和农民面临的绝望窘境。欧洲一些农村地区的人口数量已经濒临马尔萨斯（Malthus）陷阱*，许多农民在生死边缘徘徊，收成不好、饥荒横行时尤其如此。经营者把无地劳工的工资压得很低，因为农村劳工数量不断增加，每个人都渴望得到工作机会。从拿破仑战争到1848年，普鲁士无地农民转化为工人的速度最多达到了总人口增长速度的两倍。即便是拥有一些土地的农民也要为生计而奔命：把自己的土地分给孩子后，每个人拥有的土地都会变少，土地的产出也会变少，最后他们别无选择，只能把仅剩的小块土地卖给富有的地主。据估计，有10万普鲁士有地农民就这样加入了无地农民劳工大军。[47]在法国，同样的压力一样突出。19世纪20年代开始，法国人口数量就超过了农村粮食产量的承载能力，为了保证所有家庭的食物需求，粮食进口变得必不可少，而工人和农民对价格极为敏感，无力承担过高的价格。

中欧和东欧也存在农民受压迫的情况：俄国和奥地利统治的加利西亚还有农奴；波希米亚和匈牙利有一边被迫向地主缴纳沉重地租一边在地主的土地上为地主做义务劳动（称为徭役）的农民；捷克农民一方面要支付政府税费和教堂征收的什一税，一方面要向地主支付货币及实物形式的地租，同时还要提供劳动。在承担这些的同时，农民还要表现出恭顺驯服：1848年以前，他们要把州郡官员称为"仁慈的大人"；尽管使用藤杖鞭打农民需要得到地区政府的正式许可，但地主可以随意使用拳头教训农民。[48]

---

* 人口是按照几何级数增长的，而生存资料仅仅是按照算术级数增长的，多增加的人口总是要以某种方式被消灭掉，人口不能超出相应的农业发展水平。这个理论被称为"马尔萨斯陷阱"。——译者注

在俄罗斯帝国以外，加利西亚的乌克兰农民的境况应该是所有欧洲农民中最糟糕的。平均下来，他们一年中有超过1/3的时间在地主（常常是波兰人）的领地上服徭役。同时，他们还要承担政府强加的修路任务，用自己家的力畜运输物料。这就是农奴制，这种制度通过暴力手段得以维持。从1793年开始，政府不允许地主使用棍棒殴打农奴，但这一禁令几乎无人执行。殴打农奴的现象十分普遍，政府不得不一次次重复下达禁令，最后一次下达禁令的时间是1841年。一位波兰民主人士对自己的贵族同胞对待其乌克兰臣民的方式感到绝望："在权贵眼中，农民不是人，而是牛；他们生来就是为自己的安逸生活服务的，就要被架上挽具，就要被施以鞭笞。"[49]

　　与这些农民相比，工人的情况要好很多，但是他们也绝不是高枕无忧。工业的发展断断续续而非持续不断，"繁荣与衰退"交替出现。供大于求的现象出现时，价格会下降，贸易会萎缩，进而引发失业潮，点燃绝望情绪。1830年革命之前就出现过这样的危机。最严重的一次出现在1848年革命之前。即使在这样的危机周期之外，最穷苦的人的生活境况也让观察者感到震惊。农村地区的贫困意味着许多农民要么待在乡村忍饥挨饿——甚至有可能饿死，要么找机会迁移到北美（1847年危机出现时，约有7.5万人离开了德意志）[50]或进入城市。两条路都不好走。从事制造业比在农村劳动得到的收入更高，但相应的生活成本也更高。据估计，工薪家庭用在食物和饮水上的花销占到了总收入的60%—70%，剩下的很少的部分用于支付房租和购买衣物。[51]19世纪40年代，一些中产阶级慈善家对这种状况忧心忡忡。他们的研究显示，德意志工人的实际收入还不到他们过上体面生活所需收入的一半。有人指出，他们仅靠土豆和烈酒过活，生活水平还不及监狱里的罪犯，这一观察结果与布拉格的一项类似研究结果相吻合。在冬天，德意志工人无力购买御寒衣物，依旧穿着和夏天一样的衣服。

大小城市都涌入了大量贫困潦倒的人群，他们挤进原本已经十分拥挤的廉价公寓。廉价房的建设、卫生设施的建设、清洁饮用水的供应都没有赶上乡村贫民涌入城市的速度。看到半裸的孩童在肮脏狭窄的街道上玩耍，人们震惊了。这些孩童中，一半人活不过5岁，活过5岁的平均寿命也只有40岁。[52] 1832年，一项针对法国北部工业城市里尔（Lille）的报告描述了赤贫工人的生活状况："在地下室，在他们阴暗的房间里……空气从来不会流通，里面满是病菌，墙上黏满了污物……如果有床，也只是几片肮脏油腻的木板；或是潮湿、腐烂的稻草……家具破烂不堪，污渍斑斑，蛀虫随处可见。"[53] 在巴黎市中心，贫民窟的居民平均每人只有约7平方米阴暗、肮脏、潮湿的生存空间。一家报纸这样写道："没有任何地方比这里空间更狭小、人口更密集、空气更不健康、环境更危险、生活更悲苦。"[54] 这些景象一直持续到19世纪50年代，拿破仑三世令塞纳河（Seine）地区行政长官奥斯曼（Haussmann）男爵重建城市。他整治贫民窟，修建了法国首都宽敞、优雅、至今依旧十分有名的林荫大街。恶劣的居住条件、污浊的水源、遍布狭窄巷道的露天沟渠为霍乱提供了温床。1832年，这种可怕的疾病首次在西欧出现。城市的污秽景象让卫道士和改革者相信，城市是罪恶和犯罪的温床。1848年，柏林40万人口中有超过6 000穷人需要政府救济，乞丐4 000人，娼妓1万人，游民（无固定职业的人）4 000人。另据估计,还有1万人参与犯罪活动。这些生活在边缘区域的人口总数是普鲁士首都在籍居民数量的两倍。[55] 自由派和保守派都认为贫穷并非经济环境糟糕所致,而是由穷人自身的懒惰、恶习和愚蠢导致的,所以不存在福利国家和社会保障体系。极端紧急的情况下,公共事业组织能够提供少许救济,但一般情况下穷人只能依靠济贫院或施舍物勉强维生,济贫院的救济和施舍物的发放并非国家组织的,而是教区组织的,所以这些都取决于地方社区是否愿意承担负担。除此之外,穷人就只能向私人慈善机构乞求帮助了。

于是,一些知识分子开始思考贫困问题,并出现了一系列被称为"社会主义"的思想。这个术语在1832年由法国激进派人士皮埃尔·勒鲁(Pierre Leroux)首次使用,他的思想为人所知是因为他的追随者主张优先解决"社会问题"而不是优先进行政治改革。一些"空想"社会主义者,如埃蒂耶纳·卡贝(Etienne Cabet)和夏尔·傅立叶(Charles Fourier),设想建立理想社区,消除财富不平等。还有一些"科学"社会主义者,如卡尔·马克思和昂利·圣西门(Henri de Saint-Simon)*,试图分析社会,为未来社会描绘蓝图。贫困,以及存在一些人想要探究贫困问题并达成某些政治目的这一事实,极大地警醒了那些在社会革命中将会遭受损失的有产者。19世纪40年代,一位英国观察者毫不掩饰地发出关于汉堡民众的警告,称"糟糕的生活境况酝酿着对'破坏'的病态渴求……生活富裕者的财产是破坏的目标",[56] 一系列严重的工人阶级暴力运动证明有钱人的这些心理恐惧并非杞人忧天。1844年——西里

---

* 马克思主义理论将傅立叶、圣西门、欧文并称为三大空想社会主义者。——编者注

西亚起义发生的同年——布拉格棉花染色工发动起义，当局对城市失去控制达4天之久。最后，阿尔弗雷德·温迪施格雷茨（Alfred Windischgrätz）将军率部粉碎起义，此举使得温迪施格雷茨臭名昭著，4年后捷克人民依旧记得他的恶行。

19世纪40年代中期经济极度困难，工人们被逼到了绝境。周期性的经济萧条遇上了粮食绝收，人们记忆中的那个黑暗时期可谓"饥饿的40年代"。危机在1845年变得尤为突出，随后，危机程度有增无减，直到40年代末才略显缓和。最大的悲剧在于，粮食歉收后，作为主要储备作物的马铃薯也没有收成。马铃薯被真菌感染，得了"枯萎病"，茎块变得跟腐烂的蘑菇一样。疾病蔓延了近乎整个欧洲，从爱尔兰到波兰无一幸免。爱尔兰的境况最为悲惨，枯萎病导致马铃薯大饥荒（Potato Famine），造成多达150万人死亡。德意志出现了食物骚乱和饥荒迁徙。[57]在法国，主要食物面包的价格暴涨了50%，这引发了人们对面包店的愤怒情绪，还造成了食物骚乱。此外，由于人们不得不把更多的收入用在购买食物上，社会对工业产品的需求下降，导致工业和手工业部门失业加剧，情况危急。法国北部纺织业城市中的失业者比重达到了灾难性的程度：在鲁贝（Roubaix），1.3万名工人中有8 000人被解雇；在鲁昂（Rouen），为缓解失业灾难，人们承受了30%的降薪。[58] 1847年，奥地利仅维也纳一处就出现了1万名失业工人，当时食物价格达到了历史最高点，政府也没有向穷人提供帮助，人们面临空前的灾难。祸不单行，帝国中的很多城市还暴发了伤寒。[59]

* * *

1847年1月,一位普鲁士大臣在调查了这种深刻而又广泛的窘迫状况后写道:"旧的一年刚在匮乏中结束,新的一年又在饥饿中开始。精神的苦难和肉体的苦难让整个欧洲充斥着鬼魅的幻影——一个心中没有信仰,一个手里没有面包。两个苦难叠加交织,带来的定是不幸和灾难!"[60] 人们对保守主义的反抗加剧了经济恶化,这是事实,并非保守派的臆想。民众的怒气很自然地指向保守秩序——自由派很快就利用了这一点。经济上的绝望往往在社会秩序精妙的外表下酝酿着威胁,现在,积聚的能量已经达到了极限,旧政权的政治体制已经难以应对。1848年的前几个月虽然短暂,却十分关键,民众的悲惨境遇与反对保守秩序的自由派长期积聚起来的沮丧、焦虑及反抗的愿望相融合。梅特涅统治下的欧洲,1815年是那样凯歌高奏,而且自那以后又经历了那么多的风风雨雨,此刻却突然显得极为虚弱。自由派也嗅到了血腥的气息。社会矛盾异常尖锐,人们认为进行政治变革的时机已经成熟,就连向来对旧秩序持审慎的反对态度的群体也认为即使不发动革命,也有必要进行改革。

在法国,民众对七月王朝的敌对情绪受到共和运动的煽动,发展成为议会改革运动,要求实现男性普选权。1840年以来,法国政权一直被弗朗索瓦·基佐(François Guizot)掌控,基佐的政治履历十分丰富,涉足过教育、内政和外交领域。但在1848年,他是一位施政有效的首相。他是一位历史学家,信仰新教,他还是资产阶级的一员,他雄辩、聪明,同时又傲慢不羁。面对民众要求扩大投票权的压力时，他有一段有名的论述：想要参政权，先让自己变富有吧。公民社会在多大程度上被排斥在正式的政治生活之外呢？这从一个事实上可见一斑，巴黎只有1/10的人拥有投票权，其他人想要表达自己的观点，只能通过报纸。换句话说，很多人有政治观点，但却不能直接通过议会制度发声。基佐毫不妥协的态度将七月王朝与公众意愿之间的距离进一步拉大。1847年，政府反对者，包括共和派和"王朝反对派"（后者是指不希望推翻王朝，而是想取现任内阁而代之的人），提出了自己的要求。为了规避官方禁止政治集会的法令，他们在全国上下举行各种宴会。在这些大规模的宴会上，发言人会向与会狂欢者长篇大论地诉说改革的愿望。这类活动在英国看似无害，但在法国这样一个执政当局和公共舆论严重割裂的国家，它的效果是爆炸性的。[61] 很多发言者广受群众欢迎，其中就有历史学家、诗人阿尔封斯·德·拉马丁。他的著作《吉伦特派的历史》于1847年出版，讲述的是1789年革命。书中的精神成了时代精神，书也跻身畅销书行列。1847年7月，在马孔（Mâcon）一场拥挤的宴会上，拉马丁伴着倾盆大雨向在场民众（恰巧也是他的选民，拉马丁是他们在众议院的代表）做了演讲。他提到了1789年的伟大革命，声称："王室将会倾颓，这一点毫无疑问……在为自由而战的革命和为荣耀而战的反革命后，你们会看到有关公众良知的革命、无所畏惧的革命。"[62] 拉马丁道出了不少民众对七月王朝的想法和王朝的宿命。

在欧洲其他地方，自由派反对派用行动试探了保守秩序的力量，有的行动结果悲惨。1846年，哈布斯堡加利西亚地区的波兰贵族试图将针对奥地利统治的爱国起义升级。尽管他们在公告中承诺释放自己拥有的农奴，但绝大多数乌克兰农民非但没有听，反而残害、杀害了将近1 200名波兰贵族，男人、女人和儿童无一幸免，同时他们还纵火抢掠了近400个领主宅邸。农奴所忠诚的依旧是哈布斯堡皇帝，据说，皇帝曾发布圣令，暂停十诫，允许农民合法地杀死自己憎恨的领主。[63] 波兰这次运动的失败导致自由市克拉科夫被奥地利吞并。克拉科夫是波兰独立事业中最后一支燃着的红烛，是这次反抗运动的中心。

对欧洲自由派来说，好消息是1847年瑞士国内自由派和保守派之间的战争结束了。保守派们组成了"独立联盟"，梅特涅为其提供资金和武器支持，但自由派依旧在斗争中获胜。1846年"自由"教皇庇护九世的当选激起了意大利民众的爱国热情。"皮奥诺诺"（庇护九世的昵称）读过乔贝蒂广为流传的书，他在罗马当权后立刻放松了审查，释放了所有政治犯，并承诺进行政治改革。对意大利民族主义者来说，他就是一个艏饰像，能够聚拢其他意大利所有的派别，能够在意大利摆脱奥地利统治的斗争中担当道德领袖，为国家带来一定程度的政治统一。1847年，梅特涅做出回应，加强了在费拉拉的卫戍力量，庇护九世随即提出强烈抗议。梅特涅的举动除了给庇护九世提供了展示其自由主义和爱国主义的机会外，没有产生其他效果，庇护九世在意大利自由派中的形象反而更加高大了。在意大利北部，反对派首先开展的是"合法斗争"（lotta legale），他们希望在不违反有关集会法令的前提下，向哈布斯堡争取政治改革。然而，梅特涅态度顽固，意大利爱国者不得不在放弃改革和诉诸革命之间做出抉择。在伦巴第，抗争运动的领导者是贵族，他们很少有机会在代表王权的朝廷及米兰政局中获得席位，他们成了城市中各种团体组织进行自由运动的中坚力量。其中最重要的是模仿英国俱乐部设立的赛马俱乐部（Jockey Club），俱乐部有着严肃的政治和文化目的。

1847年，在哈布斯堡王朝的另一个地方匈牙利，议会进行了选举，选举使得议会重新拥有了科苏特这样的激进自由派人士，议会开始愿意为解放农民和废除贵族税收优待而展开辩论。在奥地利，财政状况窘迫的君主于1848年3月召开了下奥地利*等级会议。自由派人士对此次会议充满期待。自由派细心阅读着少数允许发行的外国报纸之一——《奥格斯堡汇报》(Augsburger Allgeneine Zeitung)，悉心嗅探外部世界的新闻，他们还会在维也纳法律-政治读书会碰面。在德意志，1840年的反法战争（导火索是七月王朝罕见的一次武力威胁）依旧让人们感到恐惧，民族主义已经达到沸点，自由派团体组织成员急剧增加：1847年，"体操社"的分支机构达到250个，成员数量达到8.5万人；合唱俱乐部的成员也暴涨到10万人，1845—1847年间，其成员每年都在全国性节日期间进行集会。在巴登、符腾堡和巴伐利亚这些施行宪政的邦国，自由派开始展示他们议会制的力量。但要说自由派复苏影响最显著的地方，则非普鲁士莫属。普鲁士国王腓特烈·威廉四世需要筹集资金实施一项他很中意的计划——修建铁路，但1820年颁布的一项法令规定，君主在发起新的借款项目之前必须征求全国各领主的意见。因此，联合会议于1847年召开，参会成员选自各省等级会议。但这次集会变成了普鲁士自由派推动永久性立宪改革的平台，国王很

---

* 包括今天的上奥地利和下奥地利。——编者注

是恼怒,于6月解散了会议。但是公众的兴趣却被点燃了,普鲁士议会问题和立宪改革问题成为全国上下的咖啡馆和社交俱乐部里的热门话题。9月,在健谈而又颇具鼓动能力的弗里德里希·黑克尔(Friedrich Hecker)和反叛贵族、素食主义者古斯塔夫·冯·斯特鲁韦(Gustav von Struve)的推动下,反对派激进势力与其他民主势力在巴登大公国的奥芬堡(Offenburg)会合。他们不再呼吁建立统一的德意志共和国,而是(在提出其他要求的同时)要求废除德意志邦联会议通过的所有压制性法律,要求废除审查制度,还要求成立德意志联邦民选议会。接下来的几个月中,温和的自由主义者——包括立场坚定的海因里希·冯·加格恩(Heinrich von Gagern)——也做出回应,在黑森大公国的黑彭海姆(Heppenheim)组织了集会。他们建议把现有的贸易联合体——关税同盟转变为政治机构,并选举代表,表达人民的声音;假以时日,此举定会为德意志统一事业带来更大益处。

伴随着群众对保守秩序施加的压力,人们看到了各种暴乱运动对保守秩序造成的实质创伤,几乎所有人都期待着能有一场伟大的革命性的危机席卷欧洲。1847年中期,在罗马,一位神父在伟大的爱尔兰革命者丹尼尔·奥康奈尔(Daniel O'Connell)的葬礼上致辞时说道:时代正在酝酿"一场吞噬世界的革命"。[64]事实也正是如此。包括亚历山大·赫尔岑在内的一些人对革命都抱有极大希望。赫尔岑随后写了一篇文章,讲述了他1847年到达巴黎时做的一场"梦",但他的"梦境"最后被证明只是幻觉,梦想如同镜子般破碎:

我……又被脑海中萦绕的各种事情带走了……一阵旋风搅

动了所有的事情,也搅动了我,我不能自已。欧洲所有人都离开自己或温暖或冰冷的床,迈开了双脚——像在梦中游弋,寻找醒来的路……这所有的一切……是中毒的症状还是精神错乱的表象?或许是吧,但我一点儿也不嫉妒那些没有进入这场美妙梦境里的人。[65]

第二章

烽烟四起

两年来，欧洲各地危机四起，1848年的第一缕曙光没给欧洲送来祥云瑞气，长久积聚的不安定因素井喷在即，许多将参与1848年事件的人都看到了令人不安的预兆。1月29日，阿历克西·德·托克维尔（Alexis de Tocqueville）在法国众议院发言，警告他的同僚们，满腹牢骚的法国民众迟早会掀起惊涛骇浪："我相信，此时此刻，我们正于火山之口安眠……你们没有本能地感受到欧洲大陆又在震颤吗？你们没有嗅到空气中革命的气息吗？"他力谏政府对议会改革做出让步，扫除腐败顽疾和保守积弊，挽回民心。托克维尔向来没有危言耸听之名，但这番话却引来多数同僚的揶揄，他们嘲笑托克维尔杞人忧天，哗众取宠。就连托克维尔的好友都认为他在故弄玄虚。[1]自由主义反对派则暗自赞赏这个保守派"盟友"对政府的攻击。历史最终证明，这位伟大的历史学家和社会思想家是对的：当时，几乎整个欧洲大陆都在倾颓，径直滑向革命。

I 意大利的先声

  1848年年初，米兰民众发起近代史上首次有策划、有组织的大规模烟草抵制运动。运动随后升级为暴力冲突。当时，在奥地利德语区，米兰年轻贵族在政府体制内的上升渠道甚为狭窄，他们对此一直耿耿于怀。在梵蒂冈喧嚣的自由呼声鼓舞下，他们聚集在赛马俱乐部，谋划对奥地利税收重镇发起攻击。几个奥地利管辖的意大利省份长年为国库输送巨额赋税，烟草是其重要的课税对象。因此，意大利贵胄效法1773年波士顿倾茶事件，率众抵制烟草。这些贵族子弟明白，伦巴第底层人民同样对沉重的赋税积愤在心，获取民众支持并非难事。新年当天，米兰人民发起运动，集体戒烟。当地奥地利守军奉命应对，在上级官员的授意下，士兵们开始纵情吸烟，在禁烟民众面前吞云吐雾。早在上一年秋天，双方关系就已经十分紧张，尼古丁戒断综合征无疑火上浇油，于是，冲突不可避免地发生了。1月3日，一名士兵夸张的吸烟行为激怒了一个米兰人，米兰人一把扯掉了士兵嘴里的香烟。肢体冲突随之而来，一些民众遭到士兵毒打。抗议民众也不甘示弱，他们集结人马，向士兵发起攻击。随后卫戍军武装出动，打死6人，打伤50人，镇压了这伙"烟草暴民"。[2]驻守意大利的奥军长官约瑟夫·拉德茨基元帅谏言梅特涅，表示暴力事件仍有可能发生，自己需要军力支援，但建议未被采纳。事实上，米兰贵胄并非想要挑起革命，他们只想通过抵制烟草继续进行"合法斗争"，保障和平变革。一位米兰贵胄曾对梅特涅坦言：伦巴第精英想要的仅仅是与奥地利贵族一样的接近权力中心的机会。在邻近的威尼西亚，达尼埃莱·马宁和尼科洛·托马赛奥（Nicolò Tommaseo）以向奥辖意大利省份中央教会请愿的方式进行"合法斗争"，谋求政治改革。1月18日，两人被奥地利当局收监。

"烟草暴乱"和两个知名威尼西亚领导者入狱产生了广泛的社会效应，为自由运动赢得更为广泛的社会基础。与此同时，奥地利政府也嗅到了革命局势的紧张气息，集结力量，随时准备镇压威尼西亚和米兰两地的革命群众。1月16日，已是耄耋之年的保守派人物拉德茨基强硬指出：必须坚决打压意大利自由激进派（"狂热主义者和精神失常的改革维新者"）的气焰，"让他们知道自己是在'以卵击石'"。[3] 两派势力各不相让，意大利北部实际已处于"交战状态"。[4] 战争一旦升级爆发，形式绝非自由主义反对派领导者最初希冀的温和改良，其规模之大、程度之深将远超预期。

* * *

北方的斗争受到打压，南方却已金鼓连天——此时的西西里爆发了年内第一次全面革命。长期以来，西西里岛民一直积怨在心，认为"残暴"的那不勒斯波旁王朝专制政权有意置岛民利益于不顾。刚刚过去的冬天又是分外难熬，极度贫困的岛民已经走投无路；然而当权者对此依旧采取漠视态度，加重了岛民的愤怒。1月12日，为"庆祝"那不勒斯国王斐迪南二世（Ferdinand Ⅱ）生日，一群人在巴勒莫集会，他们设置街垒、挥舞三色旗，口中高呼："意大利万岁！西西里宪法万岁！庇护九世万岁！"但很快，一些别有目的的人混进人群溜进了城里，如贫困地区的农民盗匪和依靠勒索农民保护费过活的被称作"组织"（squadre）的早期黑手党。他们手拿各种自制钩具、刀具，集结人群发起巷战，冲击那不勒斯卫戍军。政府军在波旁王朝阴森的卡斯特拉马（Castellamare）堡垒炮击巴勒莫的起义人群。同时，在王宫和教堂前，持枪警卫人员也全力还击，向起义人群发射霰弹试图控制局面。混乱中，警察总部遭到侵袭，各种记录被焚毁。军队撤离时，有约36人被杀。短短几天内，西西里农民纷纷加入革命队伍，冲击村镇政府，焚毁税约地契，整个乡村变得纷乱不安。最终，除一支王室军队遭围困滞留墨西拿（Messina）城堡，其他政府军队悉数败退。当时"总务委员会"接管了巴勒莫地区的政府，委员会的主导者是意大利的鲁杰罗·塞蒂莫（Ruggero Settimo）王公，他是一个开明贵族，曾在1812年参与组建英式议会，还参加了1820年的革命。委员会内虽然有温和的自由主义者，也有激进的民主主义者，但这时，大家的目标是一致的，都想保护生命财产免遭暴乱农民和城市贫民侵害。他们还面临一个更大的考验：如何在"组织"掌控的地区施行法治。革命领袖呼吁重新选举西西里议会，结束自1816年两西西里王朝建立以来该地区从未召集议会的局面。[5]

汽轮抵岸，将西西里革命的消息带到了那不勒斯。当那不勒斯起义民众走上街头时，斐迪南二世已经命令一支约5 000人的军队登上蒸汽船，赶赴西西里镇压起义叛乱。面对新兴的革命运动，那不勒斯当局已然兵分势弱。那不勒斯街头挤满了臭名昭著的游民———帮贫困潦倒的人。赫尔岑2月到达那不勒斯后描述道：这群那不勒斯暴民野蛮粗鲁……卑劣至极……他们是各种劣根奴性的集合体，散发着劣等族群的腐臭气息，他们糅合了各种肮脏，他们的堕落已经无可救药，他们是被所有民族遗弃的渣滓。⁶ 通常情况下，政府会为他们提供救济；虽然政府救济对他们的生活改善不大，但也还能让他们吞下怨气安分守己；然而严重的经济危机打破了这种状况，政府财政陷入困境，并且未来的几个月内非但没有改善的可能，还将向其他地方蔓延。事实证明，民众已经不能依靠政府走出贫困深渊了。游民们纷纷起身，反抗当局，奇伦托（Cilento）的农民也发起运动，反抗地主。还有传言称上万暴民正向城市涌进。面对这种情况，城市居民心生恐惧，担心农村暴民会拿着长柄镰刀攻击自己。这些情况显然已经刺痛了那不勒斯贵族和资产阶级的神经，他们下定决心寻求政治变革，应对危机。恐惧也侵袭了王宫，得知自己的军队内部早已暗流涌动，士兵也已心生反念后，斐迪南二世释放了狱中的自由派领袖卡洛·波埃里奥（Carlo Poerio）。不管明智与否，这一举动至少向自由派人士指明了谁才是他们可以拥护的人。1 月 27 日，多达 2.5 万名民众聚集在王宫前的大广场上，举行了示威游行。政府出动骑兵，意图驱散示威人群，但示威群众毫不示弱，汹涌地涌向骑兵，挡住了他们的去路。迫于形势，骑兵首领向民众做出保证，承诺帮他们向斐迪南二世请愿。⁷ 为了保住王座，斐迪南二世不得不同意立宪，并于 2 月 10 日颁布了宪法。宪法在很大程度上参鉴了法国 1814 年宪法，所以真正实现民主选举道路依旧漫长。即便如此，西西里民众依旧不愿妥协，执意要求恢复 1812 年宪法。此外，他们还谋求西西里政治独立，希望西西里与那不勒斯分庭抗礼，只是共同存在于同一王朝下。同时，那不勒斯仍有一些自由主义者希望那不勒斯能够掌控大势，最终统一意大利。2 月 7 日，路易吉·塞滕布里尼（Luigi Settembrini）重回那不勒斯。他早前是一个共和主义者，因故被放逐马耳他，此时已经变成了温和的自由主义者。当他抵达港口时，迎接他的是海港内迎风招展的三色旗。[8]

* * *

绝对君主制在南方的崩塌震颤了意大利半岛的脊梁，亚平宁山脉回荡着革命的声响。在教皇国，庇护九世虽然看到大势已去，但仍想拖延革命进程。然而面对高涨的改革呼声，延缓进程也非易事。他宣布择日为两西西里王国祷告，祈福和平，试图抚慰罗马民众，不料却引发了一场游行示威。2月3日晚，大批罗马民众挤满科尔索（Corso）街。大道上火光通明，游行民众像往常一样高呼"皮奥诺诺万岁"，不同的是，他们同时还在呼喊："宪法万岁！自由万岁！"应民众自由呼声在1847年夏天成立的公民卫队，此时颇富挑战意味地扯掉白黄相间的教皇帽徽，换上三色帽徽。同时，有传言称奥地利计划向南派兵，试图武力恢复意大利的统治秩序；针对此事，几天后群众又发起了一次大规模抗议，抗议人群挤满人民广场（Piazza del Popolo）。示威者要求教皇增派一支军队守卫前线。面对游行活动，一位比利时大使颇为震惊，他说当时还出现了"杀死枢机教主！杀死神职人员！"的呼声。无力镇压的教皇只能克制忍让，承诺组织新政府，允许世俗人士与神职人员一同在新政府内担任公职。然而这位比利时外交官2月12日断言："现在，起义群众已经赢得了主动，他们绝不会在如此利好的形势下妥协，他们的目标只有一个——立宪。"[9]

约一个月后（3月14日），教皇向罗马人民妥协，同意立宪。然而早在1月11日，位置更北一些的托斯卡纳区当局就已经妥协立宪，利奥波德二世（Leopold Ⅱ）因此保住了自己在大公国的统治地位。皮埃蒙特国王卡洛·阿尔贝托（Carlo Alberto）也在3天前承诺立宪，并于3月4日颁行正式文件，最强大的萨伏依（Savoy）王朝放弃了自己世代承袭的绝对主义传统，这对意大利政局来说无疑是一场地震。意大利未来的发展也深受其影响。宣布立宪后，都灵（Turin）民众反响热烈，身着黑色骑手服的爱国女性欣喜地掀起裙角，露出红白绿相间的衬裙，教堂敲响了庆祝的钟声——周围乡间的农民不知缘由，还以为钟声是在警告奥地利入侵，纷纷拿起了武器。[10] 然而凭借奥地利军队的保护，摩德纳和帕尔马两国统治依然稳固。伦巴第和威尼西亚人民的革命热情还在痛苦中缓慢升温，欧洲依然需要更加广泛的革命运动才能引燃两地人民的革命热情，只待两地革命运动兴起，意大利民族主义者便能掀起意大利统一的浪潮。

Ⅱ 巴黎二月革命

在欧洲这些震天撼地的事件中，首先发生的是巴黎共和派和王朝反对派为谋求政治改革而发起的革命。由于当局政府十分顽固，他们在议会内部的活动遭到限制，但是他们通过宴会活动维持住了外部的压力。其中的一次集会为法国革命提供了意想不到的启动点，也成了后续运动在整个欧洲爆发的导火索。宴会地点定在法国第十二行政区，当时该行政区包括先贤祠（Panthéon）周边地区及巴黎一个共和主义核心区域，这一区域的自由传统可以追溯到1789年革命。温和派担心选择这样的宴会地点会使集会发展成为更加强硬、民众参与更加充分的游行运动。王朝反对派领导者奥迪隆·巴罗（Odilon Barrot）并非缺乏勇气，但在政治上表现得更加谨慎，他把集会地点改到了繁华的香榭丽舍大街，时间定在2月22日。这一决定在当天就遭到共和派反对，声称要进行游行抗议。针对反对呼声，2月21日晚，温和派在巴罗家匆忙召集反对派代表和新闻工作者，决定彻底取消这次活动。就连共和派的《国民报》编辑阿尔芒·马拉斯特（Armand Marrast）也同意取消活动。他们退出与当局的冲突，也对这种暴力运动可能释放的强大的激进力量产生了担忧。但一切都太晚了，马拉斯特的报纸已经公布了游行规则，激进的共和派人士坚持按计划开展运动。在同一天晚上召开的共和派左翼改革势力紧急会议上，激进派达成一致，决定如期举行抗议运动。但他们很想避免与政府发生不可控、不可预测的冲突，因而要求一旦当局出动镇压力量，集会人群就要解散。没人想过要发起革命。[11]

第二天早上，巴黎的天空昏暗阴沉，乌云密布。阵阵冷风把雨点吹洒在路上，但9点时，大量游行民众——失业工人、妇女儿童——已经聚集在游行起点马德莱娜广场（Place de la Madeleine）。当局调动了国民卫队，但当一众约700个唱着《马赛曲》的学生跨过塞纳河到达集会点时，群众的意志被激发了，他们变得像钢铁一般坚强。据左翼作家、活动家玛丽·达古（Marie d'Agoult）称，当时气氛被点燃了。[12] 胆气充盈、士气提振的游行民众蜂拥穿过协和广场（Place De La Concorde），涌向众议院，要求改革。国民卫队和骑兵顶住了冲击，把人群挡了回来，没有发生流血事件。下午时分，协和广场上的抗争时进时退。但市政卫队最终引燃了民众的沮丧情绪：

> 这支精锐部队（玛丽·达古解释说）由经验丰富的卫兵组成，由于薪资颇丰，他们现在仍为政府效力。他们的特权激起了群众的嫉妒心理。由于肩负的政治职责，他们还遭到民众的憎恶。他们纪律严明、恪尽职守。在与巴黎民众频繁的摩擦冲突中，双方不可避免地相互仇恨，这样的情景，只会引发敌对行为。[13]

集会群众向市政卫队投掷石块，集会活动由此升级为暴力冲突。卫队战士抽出军刀，强行冲击骚乱群众，撞翻民众。受害者中有一名老妇人，头撞上了铺路石，当场丧命。旁边还有一个工人被军刀砍倒。第一滴鲜血已然溅出，整个城市陷入武力冲突。卡普西纳大街的基佐家外、外交部里、香榭丽舍大街、巴士底广场、证券交易所，无不一片混乱。叛乱人群先是用栅栏上的铁栏杆当武器，随后又从武器商店抢掠了其他武器。[14] 维护秩序的武装力量设法保护公共建筑，但是人群只是撤退到了迷宫一样的手工业街区。

巴黎暴力冲突发生时，基佐正面临巴罗对其腐败和违宪行为的指控。但是面对四处萦绕的革命的幽灵，就连持最大反对意见的代表们也不愿削弱当局权威，控告仅仅得到 53 人署名附议。基佐带着轻蔑的微笑听取了控告。[15] 此外，由于暴力冲突是自发的、意想不到的，就连共和派自己也不知道该如何应对。这天晚上，《改革报》的记者在王宫柱廊阴暗的角落里碰面，但也没能就最好的行动方案达成一致。一些共和派人士选择静观其变，一些回到自己的街区对游行的秘密革命组织成员进行动员，试图控制暴乱局面。

一夜过后，巴黎中部和东部狭窄的街道上堆起了街垒。维护秩序的武装力量人数十分可观，仅凭这一点，他们也应守住城市的掌控权：正规军队约有3.1万人，市政卫队有3 900人，巴黎当地和从郊区赶来的国民卫队有8.5万人。然而正规军只能按照警务总长的命令行事。而那天晚上，王室委员会惮于群众可能发起的强烈的抵制运动，明智地建议保持审慎。[16] 国民卫队是一支由纳税人组成的公民卫队，路易－菲利普认为它是可以信赖的资产阶级力量。但就连来自西部相对保守地区的人也不愿为失去民心的政权效力，不愿做镇压起义群众这样令人讨厌的事情。一些依照命令出来执行任务的国民卫队也遭到纠缠，而后被工人群众团团围住，听他们的诉求。其他人，尤其是那些本来要参加先贤祠宴会的激进的第十二军团（Twelfth Legion）成员，听到充满挑衅意味的"改革万岁"的呼声后也开始应声而动。所以为保守秩序效力的国民卫队力量不多，几乎只有令人憎恶的市政卫队独自支撑，努力保持对道路的掌控权。暴乱人群切断相对独立的卫兵据点与外部的联系，对据点实施攻击，卸掉据点的武装力量。参与起义的其他人也加入正规执勤队伍，一道在凄冷的雨夜里扎营露宿，在营火堆旁相偎守夜。[17]

第二天，国民卫队在调停起义人群和市政卫队时起了关键作用。当时，市政卫队一股守卫勒帕热兄弟枪械店的力量在布尔格·拉贝街路口与起义人群激战，枪林弹雨中，现场被打成黄蜂巢穴一般：2月23日下午，其中一个街角由于弹孔太多，轰然倒塌，成为一摊瓦砾。一支国民卫队小分队到达后双方才停止交火，《改革报》创始人之一艾蒂安·阿拉戈（Étienne Arago）因此有机会与市政卫队谈判，接受卫队投降。[18]

路易-菲利普的军事地位比他预想的要弱，但目前他依旧顽固，拒绝让步。他极不情愿地决定，是时候牺牲他所憎恶的首相了。23日午后，基佐被召唤到杜伊勒里宫（Tuileries Palace），在那里，国王对不得不结束两人长期以来的合作关系表示了遗憾。基佐随后回到议会，据达古描述，他当时的呼吸似乎"被沉重的内心阻塞了"，[19]但是他头颅高仰，在托克维尔看来似乎是生怕弯下腰。反对派得知他被撤职后，掌声雷动，淹没了他的声音。他被支持前政府的代表们围攻，他们就像采石场里聚拢的狗群，围攻着他们的猎物，托克维尔尖刻地描述道。对于这些人，基佐的失势意味着他们的资金、地位和权力都丧失了。[20]王朝反对派领导人巴罗和阿道夫·梯也尔（Adolphe Thiers）为自己做了打算，计划在不推翻君主制的前提下——他们希望如此——推动内阁更迭。

几个小时之内，这个幻想并没有显得多么不切实际。在国民卫队和气喘吁吁的代表们在一个个街垒间传达基佐被撤职的消息后，两派的交火渐渐平息，气势汹汹的起义人群转而开始庆祝。当局政权依旧稳定，政治平衡并没有被打破。国王放弃了他的大臣，但隐藏的政治压力和社会压力依旧存在。另外，共和派开始意识到自己的处境依旧安全，他们还可以争取到更多，撤掉一个大臣还不够。他们继续对工匠和国民卫队做长篇大论的演说，国民卫队此时也不清楚是不是应该撤掉街垒。就像历史上很多不稳定的时刻一样，一个意外事件打破了天平的平衡，反对当局政权的势头又一次燃起。2月23日晚，林荫大道上张灯结彩，挥舞三色旗的巴黎人集会庆祝基佐下台。晚9点半，庆祝人群迎来七八百名来自东部激进街区的工人，他们组织有序，狂欢者也加入了他们的队伍，一起高唱爱国歌曲。据走在队伍前排的前军需官让-弗朗索瓦·帕尼耶-拉方丹（Jean-Francois PAnnéer-Lafontaine）描述，人群高呼："改革万岁！基佐下台！"但没有出现反对国王的倾向和呼声。《国民报》报社外，群众停下前进的脚步，听马拉斯特讲话。马拉斯特鼓励人群继续呼吁改革，鼓励人群弹劾其他大臣，但仍未提及废除君主政权。然而群众与君权的碰撞也即将开始。沿林荫大道向前，约200名第十四纵队（the 14th Line）的军士守卫着基佐在外交部的住所。他们听到了群众的呼声，随着数量庞大的人群靠近卡普西纳大街，他们透过淡淡的烟雾看到了火炬的光焰。为了预防不测，长官命令士兵对林荫大道进行封锁。游行队伍停了下来，向着士兵推挤。军队长官很明显只是想让人群后退一些，他命令军士"抽出刺刀！"军士依令行事后，一声神秘的枪响划破了夜空。紧张的士兵条件反射地做出回击，造成50人伤亡。帕尼耶-拉方丹被撞倒，并且被压在了一具尸体下面，与他同行的一个同伴也受了伤。众人惊慌失措，担心有第二次扫射，纷纷四散躲避，但扫射并没有再次发生。[21]

屠杀的消息震荡了整个城市：在巴黎人看来，这场屠杀似乎表明政府开始试图通过武力镇压重申权威。午夜过后，惊恐地拥藏在百叶窗后的人们被一个奇特的景象吸引了，达古写道，当时的场景就像但丁在炼狱篇中的描写，一匹马、一架车、一个赤裸上身肌肉结实的拉车工人，车上载着5具尸体，"其中一个是一位年轻妇女,脖子和胸口有长长的血迹"。整个画面被闪动的泛红的火炬照亮,拿火炬的是"其中一个人的孩子,孩子面色苍白,眼中怒火燃烧,盯着前方……那是一双把复仇精神体现得淋漓尽致的眼睛"。车后面,另外一位工人晃动着他闪光的火炬,"向人群投送出凶狠的目光:'复仇!复仇!他们在屠杀人民!'"起义群众的怒火被引燃,纷纷回到街垒前,准备再次发起战斗。"这一刻,"达古记录道,"一具女性尸体的力量比世界上最勇武的军队都大。"[22]

听到屠杀的消息后,虽然知道是杯水车薪,路易-菲利普仍旧做出更大的让步,命令梯也尔和巴罗组建了新政府。他还给自己的拳头戴上了装甲——委派托马·罗贝尔·比若(Thomas Robert Bugeaud)元帅指挥巴黎所有武装力量。比若刚刚经历过阿尔及利亚殖民战争,经验丰富;他的作风向来强硬,被称作特朗斯诺宁街的"屠夫"。梯也尔和巴罗对外宣布了他们的新政府,希望政权改变能够促使巴黎人民停火。巴罗勇敢地在各据点间游说,呼吁巴黎人民停止行动,但迎接他的只有嘲讽的回应:"我们不想要懦夫!我们不需要梯也尔!我们不需要巴罗!人民才是主人!"巴黎人民为了重演1830年的壮举付出了太多,此时的《改革报》记者也在据点之间游走,散布着刺激人心的言语——"共和"。

2月24日凌晨,比若动用武装,派出4支强大的部队穿过城市,试图清除街垒。但国王明白,更多流血事件会让事情变得完全无解,于是命令长官在向叛乱群众开火前必须进行谈判。此举导致整个城市陷入僵局。最高层无法下定决心,表明当局也失去了继续统治的信心。到了上午,甚至比若都开始怀疑自己的策略是否明智。军官们也明白,除非大开杀戒,否则不可能攻下街垒。国民卫队要么加入了起义队伍，要么不愿同起义军交战。城中许多军营被包围，革命者在文森的军械库成功缴获了一批军火。为了巩固王宫的防御，元帅命令部队退守杜伊勒里宫。托克维尔目睹了阿方斯·贝多（Alphonse Bedeau）将军的纵队耻辱性的撤退："它看上去像是溃败。队列是乱的，行军毫无秩序可言，士兵们低着头，流露出羞愧和恐惧。撤退的队伍中一旦有人掉队，那么他很快就会被包围、被缴械、被带走。一切都在眨眼间。"[23] 巴黎市政厅的东边就是市政府所在地，这里已经被加入革命队伍的国民卫队攻下。西边，托克维尔在协和广场受到起义群众包围。托克维尔及时地喊出："革命万岁！你知道基佐下台了吗？"这使他避开了被殴打或更糟的情况。"是的，先生，"一个矮壮的工人指着杜伊勒里宫，发出嘲讽般的回答，"但是我们想要更多。"[24] 卡普西纳大街的大屠杀和贝多纵队的败退标志着七月王朝失去了正统地位，也丢掉了权力。[25]

由于革命群众正向王宫逼近，梯也尔催促国王撤出城市，调用正规军联合外部的强大势力粉碎革命。1871年，梯也尔将用这一策略对付巴黎公社。但是在1848年，他的策略被恐慌的同僚拒绝了，包括巴罗。掌权不到一天的梯也尔辞职，潜出王宫。他随后被迫近的起义人群发现，但最终跳上马车，成功逃到了安全地带。整个行程中他一直"打手势、啜泣，说着一些互不相关的词"。[26] 王宫外面，忠于王室的学者、外交官阿道夫·德·西尔库尔（Adolphe de Circourt）在卡鲁索广场整顿国民卫队。这是极少数还在保卫七月王朝的部队，他们都来自西部比较富裕的保守地区。路易-菲利普在忠于他的部队前骑马而行，但在西尔库尔看来，他看上去"脸色苍白，近乎石化"。几百米之外就进行着巷战,发出"风暴的声音,伴着怒吼……让人隐约感到,正在作战的先遣队身后,还有不计其数的人,任何道德和智慧的力量都无法让他们停下或者掉头回去"。[27]

最后的战斗发生在水塔(Château d'Eau),那里扼守着一条通往杜伊勒里宫的要道。水塔是一栋两层的哨卡,窗口都装有铁条,水塔的中心是喷泉,这也是它得名的原因。守卫水塔的是如今遭到蔑视的第十四纵队的几百人和10名市政卫队队员。古斯塔夫·福楼拜(Gustave Flaubert)生动描述了这场鏖战:空气中全是子弹的嗡嗡声,混杂着伤员的哭喊和杂乱的鼓点。[28] 石质水塔也被子弹打破,水塔里的水流到了广场上,和死伤人员的鲜血混在一起。起义军做出了可怕的决定:将自己的意志连同燃烧的稻草一道装进马车,撞向哨卡,结束这场血腥的战斗。大火中,一个军官被烟呛得窒息,开门逃跑,结果中弹倒地。他的部下走出哨卡,把武器仍在地上,疯狂地打手势表示投降。胜利的进攻者向前涌进,奋力灭火,他们不时被焦黑的尸体和烧焦的残砖破瓦绊倒。[29] 革命队伍中有一位伤员是裁缝布歇,他身中数枪,手臂被射穿,随后他被截肢,在档案馆的证词下签字时,只能用另一只手,十分别扭。[30]

水塔烧毁了,国王也瘫坐在他书房的椅子上,倒霉的侍臣看着他。政客们提出的建议相互矛盾。午间时分,圆滑的新闻工作者,《新闻报》(Le Press)编辑埃米尔·吉拉尔丹(Émile Girardin)径直上前,坦率地对路易-菲利普说:"退位吧,陛下!"得知无法实施任何其他有效的防御措施后,筋疲力尽的国王在拿破仑的旧枫木椅上宣布退位,传位给他10岁的孙子巴黎伯爵(Count of Pairs),立巴黎伯爵的母亲、奥尔良公爵夫人伊莲(Hélène)为摄政王。路易－菲利普（正如他喜欢的那样）装扮成中产阶级，同夫人玛丽－阿梅莉（Marie-Amélie）迅速从杜伊勒里宫花园出走，上了等候在协和广场的马车。协和广场上有他们忠实的骑兵部队，国王夫妇在他们的护送下离开，于2月26日到达翁弗勒尔。在翁弗勒尔，英国副领事（要么是没想象力，要么是在揶揄）将这对王室夫妇化名为"史密斯先生和史密斯夫人"。3月3日，他们在英国登陆。路易－菲利普也将于1850年8月在英国去世。[31]

革命者涌入近乎废弃的宫殿，他们因胜利而狂喜。福楼拜还描述了另外一个场景，人群"涌上台阶，头、头盔、红色软帽、刺刀和人们的肩膀汇成了令人炫目的洪流"。工人轮番坐上王座，第一个坐上去的人"欢喜得像个猴子"，福楼拜讽刺地写道。王位上被写上了这样的字：

巴黎人民致全欧洲：自由、平等、博爱
1848年2月24日

随后，这场胜利却出现了灾难性转折，人们开始砸毁家具、瓷器和镜子。[32]第二天，为了纪念胜利，王座被拿到巴士底广场烧毁。

为了避难，奥尔良公爵夫人和儿子已经去了众议院，在那里她见证了法国最后一个王朝的灭亡，"她满怀哀念，面色苍白而又镇静"，托克维尔如是记录，他很佩服夫人的勇气。国民卫队的军旗飘扬着，他们同热情的巴黎人民挤在一起，挥舞着军刀和步枪。当他们涌出公共地下通道到达地面时，谋求摄政的巴罗被人群淹没了。

(之后,有人发现他在大街上漫无目的地游走,神情惊恐,头发蓬乱。)身材修长的拉马丁昂首挺胸地登上讲坛。[33] 他不是共和派,但作为历史学家,他明白在法国历史上,摄政基本都会带来灾难。[34] 在群众的欢呼声中,他宣读了临时政府成员的名单——这样的任命安排是在同倾向民族主义的共和派达成协议后做出的。同时,他不得不承认巴黎人民在革命中的作用,在"去巴黎市政厅"的呼喊声中,这位诗人走下讲坛,与亚历山大·赖德律-洛兰这位受民众欢迎、极富口才的左翼共和派人士一起走向市政厅。当他朝巴黎激进主义者的传统圣地走去时,肥胖的赖德律-洛兰费力地跟着拉马丁的大步伐,气喘吁吁地抱怨。拉马丁回应说:"我们正在登上十字架,我的朋友。"[35] 临时政府宣告成立,部长们在市政厅的窗前亮相。成员的分配也显示了共和运动中"国民派"和"改革派"两股潮流的相互妥协。温和派占了多数,他们中拉马丁任外交部部长,天文学家、法兰西研究院(French Institute)成员弗朗索瓦·阿拉戈(François Arago)任陆海军部部长,路易-安托万·加尼尔-帕热斯(Louis-Antoine Garnier-Pagès)任财政部部长。倾向改革的强硬派占少数,其中赖德律-洛兰任内政部部长,社会党成员路易·勃朗(Louis Blanc)和一位叫亚历山大·马丁(Alexandre Martin)的工人成为无任所部长。马丁又叫"阿尔贝特"(Albert),因从事革命地下工作赢得了共和主义和社会主义者的名声。还有一位在世的老共和派,即来自厄尔的雅克-夏尔·杜邦(Jacques-Charles Dupont),他与第一共和国有渊源,因而象征性地被任命为无任所部长。2月25日凌晨,拉马丁引人注目地出现在阳台上,宣告:"共和国成立了!"他的话让群众狂喜不已,呐喊声一浪高过一浪。

III 德意志"三月要求"与维也纳三月革命

现代世界创造了很多奇迹，包括铁路、蒸汽船和电报。得益于这些，2月巴黎发生的事情传开了，消息如同动力十足的脉动触动着欧洲。用美国驻维也纳代表威廉·H. 斯泰尔斯（William H. Stiles）的话说，它"如同安放在欧洲大陆各国之间的一枚炸弹，就像不愿还债的债务人遭到了合法的威胁，各国君主急匆匆地向臣民交出自己拖欠已久的宪法"。[36] 这些革命的消息马上传到了德意志。在波恩大学，18岁的激进派学生卡尔·舒尔茨（Carl Schurz）正在阁楼中工作，他的朋友打断了他，告诉他革命的消息。舒尔茨扔下笔，来到市场，加入了激动的学生人群中："一种模糊的感觉支配着我们，就像自然之力开始爆发，又好像地震即将来临，我们感受到了初始的震颤，我们本能地聚集在一起。"德意志黑、红、金三色旗一度被视为革命的旗帜，现在它已经公开飘扬了，就连（波恩）城市里安分谨慎的市民都戴起了三色帽子。[37]

德意志自由主义者和激进派人士的热情极富感染力。2月27日，在巴登大公国（Grand Duchy of Baden）的曼海姆（Mannheim），共和派律师古斯塔夫·斯特鲁韦组织了一次政治集会，他起草了一封请愿书，要求实现出版自由，实现陪审团审判，要求组织一支由选举产生的军官指挥的民兵部队，出台一部统一的、适用于德意志各邦的宪法，还要求选举全德意志议会。在首都卡尔斯鲁厄（Karlsruhe），迫于众多游行示威的压力，巴登大公在两天后屈服了，他任命一位自由主义者为大臣，并承诺颁布新宪法。在3月那些让人眩晕的日子里，斯特鲁韦的请愿书被翻印并传遍整个德意志，直刺德意志的统治者。曼海姆运动因此又称"三月要求"。符腾堡和拿骚的统治者也让步了。在黑森－达姆施塔特，大公本人不愿意屈服，而是在3月5日传位给自己的儿子。只有一位德意志统治者不幸在1848年失去王位，他就是巴伐利亚国王路德维希（Ludwig），他的情妇洛拉·蒙特斯（Lola Montez）成为反对派的目标。洛拉是个舞蹈演员、蛇蝎美人，她活力四射又备受争议。虽然洛拉为了躲避憎恶她的慕尼黑民众，于2月12日逃离了这个国家，但是自由主义者在接下来的一个月里仍旧进攻，趁热打铁推动革命。4日，王室兵工厂遭袭，两天后，路德维希同意了"三月要求"。路德维希和洛拉的关系刺痛了宫廷中天主教势力的敏感神经，保守派甚至都要放弃他。但是贤达人士还是挽回了形势：温和派的卡尔·冯·莱宁根（Karl von Leiningen）亲王说服路德维希暂行退避，让儿子马克西米利安（Maxmilian）掌管这个自由化的国家。当时，莱宁根在阿莫巴赫（Amorbach）的财产受到农民的侵犯，遭到洗劫，但他很平静，依旧默默地为巴伐利亚王室提供服务。在遥远的东边，激进的罗伯特·布卢姆（Robert Blum）和温和的自由主义记者卡尔·比德尔曼（Karl Biedermann）在3月6日组织示威，迫使国王腓特烈·奥古斯特二世（Frederick Augustus Ⅱ）召开等级会议制订改革方案，并罢免法尔肯施泰因（Falkenstein）这位不受欢迎的保守派大臣。

尽管个别邦国正在进行改革，但是自由主义者和激进派察觉到时机已经来临：可以把整个德意志重塑为一个新的、更加统一的形态。3月5日，51位来自刚刚实现自由化的邦国的代表在海德堡

（Heidelberg）组建议会，无视旧德意志邦联软弱的议事会议，开辟了属于自己的通向未来的路。在极度紧迫的氛围下，会议宣布召集"由受全德意志信赖的人组成的更完整的议会"。[38] 这个"预备国会"将在法兰克福召开会议，届时，将选举产生德意志国家议会，并由国家议会起草整个德意志的宪法。

* * *

目前，德意志革命仅仅波及"第三德意志"——那些夹在普鲁士和奥地利两个大邦之间的小邦。普鲁士和奥地利一开始拒绝顺应革命形势。普鲁士西部的莱茵地区受到了革命洪流的冲击，派出代表参加海德堡会议。3月3日，科隆也爆发了由激进社会党人安德烈亚斯·哥特沙克（Andreas Gottschalk）领导的示威游行，对工作权利、免费教育和福利措施提出诉求，试图保护穷人。当局出动军队镇压了这场3 000人的抗议活动，抗议组织者遭到逮捕。因此，普鲁士的立足点还没有丢失。奥地利也是德意志的一个大邦，它实行绝对君主制，尽管王权的控制力已经减弱，但还是保住了欧洲帝国的地位。3月13日，哈布斯堡首都维也纳爆发起义，为德意志乃至欧洲的革命带来新的动力。如果说巴黎的二月革命是1848年对欧洲保守秩序的第一次大撼动，那么第二次同样撼动旧政权根基的事件则是梅特涅的下台。

2月29日下午5点，这位年事已高的大臣从朋友银行家萨拉蒙·罗斯柴尔德（Salamon Rothschild）的电报中得知法国革命的消息；其他维也纳人随后才通过《奥格斯堡汇报》了解到消息。在维也纳，允许发行的外国报刊为数不多，《奥格斯堡汇报》是其中之一。外交官威廉·斯泰尔斯评论道："人们三五成群地在街上、在咖啡馆、在阅览室，自由而又认真地表达自己的想法，这些对于平静而冷淡的德意志人来说很陌生。"[39] 首相自己依旧乐观：在3月的前10天，向来没有轻视颠覆风险的警察局长约瑟夫·冯·塞德尼茨基伯爵向梅特涅保证，维也纳没有什么好怕的。多年来，匈牙利的形势一直很复杂，但那里发生的事件将会让这个预测破灭。自去年11月，匈牙利议会在普雷斯堡（Pressburg）召开会议，3月1日，议会得知巴黎革命的消息。匈牙利议会因农奴境遇问题陷入苦闷的争吵，而现在进行更广泛、更彻底的改革似乎有了可能。3月3日，科苏特·拉约什在下院发表了演讲，这篇演讲成了"革命的开幕词"。[40] 他宣称，哈布斯堡的专制主义是"弥漫着瘟疫的空气……让我们神经迟钝、精神麻痹"。匈牙利应当是"独立的民族，不受外来干涉"，匈牙利同奥地利之间只有王朝世系上的联系，只是皇帝继续兼任匈牙利国王。科苏特更进一步宣称，只给匈牙利带来益处的政治大修是不安全的，帝国其他部分还未改革，帝国各部分都需要根本改变。他大喝道："王朝必须在自己的利益和维护腐朽制度之间做出抉择。"[41]

狮吼般的演讲将会产生巨大的影响，演讲内容的德译手稿传到了维也纳，并送到了法律－政治读书会。很快，演讲稿被秘密印刷，随即传遍了帝国首都。起初，下奥地利等级会议计划于3月13日召开，自由主义者的希望和预期都寄托在这次会议上。由于有着令人兴奋的期待，亚历山大·巴赫（Alexander Bach）领导的激进的"进步党"举行了集会，数千人在请愿书上签字（巴赫拿着请愿书，骑马过市)。请愿书要求建立议会制政体,并且要求奥地利参与德意志邦联改革。[42] 但是枢密院会议——这个由核心家族成员和大臣组成的、代表皇帝斐迪南一世摄政的会议——内部产生分歧,一派主张做出一些让步,包括梅特涅在内的另一派主张绝不退让。起初,后者占优势地位。

维也纳大学的学生为自由主义者反对派注入了年轻的力量。这些年轻人大都是典型的学者,他们住在阁楼中,一贫如洗,他们喜欢遭到禁止的政治文学,参加秘密社团,同时却还要听古板保守的教授讲课。现在,政治事件让他们变得兴奋起来,他们传阅请愿书,请愿书上所要求的出版自由、言论自由、宗教信仰自由及教学自由,要求改革教育,要求在政府中有普遍的代表,要求帝国内所有说德语的地方都参与新德意志的活动。颇受大众欢迎的自由主义理论家安东·菲特斯(Anton Füster)在3月12日(星期日)发表了演讲激励这些学生,安东宣称,大斋节(Lent)是一个充满希望的时刻,只要学生们勇敢行动,真理就会取得胜利。[43] 学生们占领了大学礼堂,那里是大学的一间大厅,里面满是喧嚣和热情,请愿书上面很快就签满了名字。"风暴般的气氛浸润了每个人,"一名学生回忆道,"学生们第一次向教授们下命令。世界开始天翻地覆。迂腐的教师们勃然大怒,觉得整个世界都破碎了,有的决定在下一次考试中必须给所有的学生打2分……黎明的光最终能否划破阴沉的天空?"[44] 学生们同意在省议院开门的时候一同去向下奥地利等级会议递交请愿书。那天夜里,为了给第二天的请愿大事蓄积力量,学生们潜出城门,进入郊区争取维也纳工人的支持。为应对此事,当局对城门严防死守。尽管宫廷也已经意识到有必要做出一些让步,但是结果证明，那些都太晚了，太微不足道了。

3月13日凌晨，大约4 000名学生不顾教授的警告，涌出教室，向省议院行进。梅特涅位于包豪斯广场（Ballhausplatz）的首相府邸恰好就在附近。相当一大批中产阶级专业人士——富裕的律师、医生、企业家、一些波希米亚作家，还有穿着艳丽的艺术家——在议会开始时满怀希望地加入了人群。梅特涅的第三任妻子梅拉妮（Melanie）看着窗外，轻蔑地说道："他们想要的不过是有个摊位卖卖香肠，自娱自乐罢了。"45 但是，当抗议者精疲力竭的时候，一位面色苍白，留着胡子的青年医生——阿道夫·菲施霍夫（Adolf Fischhof）——结束了骚乱漫无目的的状态，他站在4名同伴的肩膀上，用震耳的声音宣告："今天是个伟大的、有意义的日子，我们聚集在了一起。"他催促人们向等级会议提交自由主义反对派的要求。46 现在演讲者一个接一个地爬上栏杆或阳台向着观众高谈阔论。斯泰尔斯敏锐地写道，他们"虽然脸色苍白，但很有勇气"。47 演说家们很兴奋，怒火转向了梅特涅。

等级会议主席阿尔贝特·蒙特库科利（Albert Montecuccoli）伯爵试图安抚人群，他同意人们派代表进入省议院递交请愿书。不一会儿，蒂罗尔（Tyrol）记者弗朗茨·普茨（Franz Putz）来到了广场。他高举科苏特的演讲稿，登上中央喷泉。人们都知道那篇著名的匈牙利人的演讲，但几乎没人读过或者听过确切内容。普茨中气很足，他能够把那些爆炸性的词语——包括"自由""权利"和"宪法"——大喊出来，这些词语在痴迷的人群中回荡。在一阵吱嘎声中，省议院大楼的窗户打开了，几份等级会议的陈情书飘落在人群之中，在科苏特演讲稿的映衬下，"（陈情书）每一段……都被人们回以大笑"。[48] 宪法这只猫已经跳出了牢笼：学生们撕掉了等级会议的陈情书。人群中掀起"决不妥协！""绝不拖延！""宪法！宪法！"的声浪。人们的情绪开始变坏，轻微的跌绊都能让他们走向暴力。看门人例行职责，在中午关门，这虽然值得赞扬，但是在那样的情景下显得很笨拙。人们不知道程序，认为这表示他们的12位代表已经被捕。卡尔·冯·许格尔（Carl von Hügel）男爵惊奇地说道，一群学生和"上层社会的入侵者"[49]破门而入，闯进了会议室。为了安抚情绪，蒙特库科利同意实行自由主义者的计划，去皇室所在的霍夫堡（Hofburg）向皇帝请愿。

此时，帝国宫廷终于命令阿尔贝特（Albert）大公率军出动。大公下令军队驱散人群，但要尽一切可能避免造成伤亡。人群从省议院蔓延到包豪斯广场，向着霍夫堡涌来。霍夫堡皇宫架着很多门加农炮，士兵端着刺刀成排列队。人们向面无表情的士兵辱骂、投掷杂物。维也纳深吸一口气，一场暴力对抗即将开始了。店主们用木板围住店铺，成群的工人从郊区赶来，他们拿着工具、铁棒、草叉和木棍，徒步走过大街。当局为防止工人进入，关闭了通向要道的所有大门，但是工人们试图把门砸烂继续前进。在打斗中，原本用来为城墙前的缓冲空地照明的路灯灯杆被拆毁，用作攻城槌。路灯灯泡里的气体溢了出来，发出嘶嘶的声音，城市周围形成了一道诡异的光环。堡垒上装着轮式加农炮，在进攻城门的第一仗中，军队取得了胜利。工人们被禁止参加城内正在进行的政治革命，他们非常沮丧，转而发泄对自己经济状况的不满。他们破门进入工厂、砸毁机器，抢劫面包店和杂货店，洗劫地主的财产。[50]

霍夫堡外，阿尔贝特大公在呼吁人们回家时被石头砸中。军队最终还是前进了,但是遭到了石头甚至是从窗户里扔下的家具的袭击。大公的忍耐到了极限,一位团级军官下达了改变命运的命令:"端好刺刀,开火前进!"奥地利革命的第一轮射击打死了4个人,步枪突突地冒着烟,人群受惊,四散躲避,混乱中踩死了一个妇女。[51]整个城市都爆发了巷战,阿尔贝特大公险些被拉下马,多亏士兵及时出手保护。[52]郊区的工人最终攻开了一座城门——斯卓腾托尔(Schottentor)——但是没能攻下军械库。军队控制了主干道和广场,但是学生、资产阶级和工人筑起街垒,为小道做好了防守。下午5点,双方达成了来之不易的停火协定,在谈判中,公民卫队(Bürgergarde)承诺维持秩序,前提是军队撤出维也纳,同时要求允许学生组建自己的民兵部队〔学生军(Academic Legion)〕,还要求晚上9点前罢免梅特涅。除了梅特涅以外,政府都让步了。维也纳人也愿意服从资产阶级民兵和学生军,因为他们见识到了工人的破坏力。因为维持秩序的需求和高涨的革命热情,公民卫队立刻扩充进了新兴的中产阶级,中产阶级带着从军械库中缴获的大约四万件武器开始执行任务。

在枢密院会议为梅特涅命运争吵的时候,时间一分一秒地流逝。这位首相在士兵护送下从包豪斯广场来到霍夫堡,他衣着华丽:穿着绿色的大衣,打着丝绸领结,拿着金质把手的手杖。他在为自己被迫辞职而烦恼。在最后期限之前的几分钟,梅特涅溜出了霍夫堡。他和梅拉妮当晚乘小马车,小心翼翼地离开了维也纳,然后在城郊换乘另一辆马车去赶一列火车,那列火车载着他们穿过了欧洲。他们在海牙待了近两个星期,直到伦敦宪章运动的革命威胁消散。4月21日,他们从鹿特丹搭乘一艘汽船来到英国,《泰晤士报》(The

Times）对此做了报道。[53]

3月14日黎明，人们集会庆祝梅特涅下台，同时，他们也开始怀疑政府将不会再退让，而是希望通过强行戒严来维持秩序。他们的怀疑是正确的。梅特涅作为首相的最后一次行动是说服枢密院会议将军政大权交给性情暴躁的阿尔弗雷德·温迪施格雷茨亲王，希望以此保住维也纳的帝国权威。军队还在城墙外游弋，除了出版自由和组建新的国民卫队，政府根本没有给出关于公民自由和宪法的承诺。平衡最终在3月15日打破，温迪施格雷茨宣称维也纳被围，但他只是想借此名义倒行逆施。革命的火苗再一次被煽动，尽管骚乱在郊区从未消失，因为工人们对工厂和商店的攻击一直没有得到控制。到了中午，斐迪南一世同意骑马上街，到城市各地平息怒火，他听到了人群诚挚的欢呼。然而，这次巡游只是暂时的镇痛剂，因为那天下午人们仍满怀希望地在霍夫堡周围徘徊。枢密院会议，包括面色难看的温迪施格雷茨也开始明白，承诺宪法，然后拒绝民众进一步的要求总比去冒民众暴动的风险好。3月15日下午5点，一名传令官骑马到宫门口宣读皇帝的公告。全奥地利都将派代表参加会议，讨论"我们决定承认的宪法"。[54] 帝国首都终于欢庆起来：

> 维也纳像被施了魔法一般，事情的整个方向改变了……街上的秘密警察都消失了。书店的橱窗里摆满了禁书——那些禁书好像久不见天日的罪犯。小男孩儿在城市各处叫卖关于革命的演讲稿、诗歌和印刷品，它们是新闻自由的第一批作品。同时，刚刚武装起来的市民组成了国民卫队，同常备军并肩行进，他们一同保卫着公共安全。[55]

一名维也纳人激动地写道:"'宪法'一词把时代潮流推向新的阶段,这个重大时刻全世界都能感觉到,它将会像雷电一般,撼动绝对主义的支柱。"[56] 此时,那些曾因巴黎革命的消息而感到兴奋的其他中欧地区又因为维也纳的消息沸腾了。

IV 匈牙利、捷克的民族诉求

3月14日下半夜,匈牙利宫伯(Palatine of Hungary)*斯蒂芬(Stephen)大公被维也纳来的使者吵醒。使者骑马一路飞奔,带来了梅特涅下台的消息。斯蒂芬一直同情匈牙利,他召集匈牙利议会上院在普雷斯堡召开了紧急会议。会上,所有人都同意议会提出的要求,成立独立的匈牙利政府,改革郡县,选举更广泛的人民代表,以及(此时,民族主义浮出水面)达成特兰西瓦尼亚和匈牙利的完全合并。会议同时颁布了法令,两院代表要去维也纳,向皇帝本人呈递请愿书。那一夜,学生们把科苏特当作英雄,打着火把列队向其致敬。作为回报,科苏特大胆提请包贾尼·拉约什(Batthyány Lajos)伯爵任下一任匈牙利首相。次日大风多云,超过150位匈牙利人组成的代表团——包括发动者科苏特和温和派的塞切尼·伊斯特万(Széchenyi Istvan)——分乘两艘汽船沿多瑙河而上,去往维也纳。他们到达帝国首都的时间是下午2点,刚好在皇帝向他的奥地

---

* 又译巴拉丁伯爵、普法尔茨伯爵,此处意指皇帝在匈牙利的代表。——编者注

利国民承诺制定宪法之前。他们的到来就是一场凯旋。因为是乘船来的，他们被称作"阿尔戈英雄"，匈牙利人戴着紫红色的毛皮帽，穿着有金色饰带的大衣、红色的裤子，刀鞘上带着很多装饰，非常华丽，他们及膝的靴子走起路来叮当作响。

3月16日早上，科苏特被欢呼的奥地利人扛到了霍夫堡。在宫殿里，皇帝身体疲乏，面色苍白，头无力地靠着（椅背）。匈牙利人发现他已经被枢密院会议说服，对匈牙利人的所有要求都做出了让步。塞切尼和包贾尼一整夜都在说服斯蒂芬大公去宫廷上和极端保守派上力争，让他们明白与其激起叛乱，让匈牙利完全独立，不如做出让步。现在，匈牙利人更进一步，要求包贾尼组织政府，还要求所有匈牙利政府的立法经匈牙利议会批准通过后便自动生效。对皇帝的核心集团来说，这些要求太高了，他们拒绝所有的新要求。以后，包贾尼将死在行刑队的枪下，而斯蒂芬也会遭到放逐，结束自己的政治生涯。但现在，斯蒂芬绕开所有枢密院会议的人，径直走向皇帝，让思维迟钝的斐迪南一世同意包贾尼担任匈牙利首相。于是，3月17日出台了《帝国法令》（Imperial Rescript）允许匈牙利成立自己的政府，对议会负责，并任命斯蒂芬为皇帝的全权代表，执掌改革大权。斯蒂芬立刻任命包贾尼为他的首相。新的内阁吸纳了许多观点，这些观点来自形形色色的人——从渐进改革者塞切尼到激进的科苏特。前者想到要和后者一起组阁很生气。"我这是在签署我的死刑判决！"他写道，然后又加了一句，"我会和科苏特一起被绞死。"[57]

枢密院会议很软弱，因为哈布斯堡政权在帝国各地——布达佩斯、布拉格、米兰和威尼斯——都在垮塌。面对残酷的现实，为了生存，帝国政权做出了让步。当匈牙利政治领导人迫使维也纳做出让步，同意起草广泛适用的宪法时，布达佩斯开展了蓬勃的革命。科苏特在 3 月 3 日完成他那篇著名的演讲之后，预感到那些呆板的保守派会反对，所以开辟了第二战线，让布达佩斯的激进者——包括被煽动起来的学生和记者——用大规模请愿支持自己的演讲。激进者们计划在 3 月 19 日举行盛大的法式宴会，那天会有贸易展销会，可以借机让数千人在请愿书上签名。起草请愿书的任务落到了十人协会（Society of Ten）的身上，其成员来自匈牙利的民主主义作家团体，他们自称"青年匈牙利"。团体的领袖是诗人裴多菲·山陀尔（Petöfi Sándor），但是请愿书由伊里尼·约瑟夫（Irinyi József）执笔，他的《十二条》（Twelve Points）成了匈牙利的革命纲领。这份纲领包括 1848 年革命的标准要求：言论自由、责任制政府（对议会负责的政府）、常设议会、公民平等、宗教自由、国民卫队、税收平等和陪审团审判。他们要求释放所有政治犯，解除农民身上的"封建负担"。也有一些激进的民族主义内容。除了布达佩斯要成立独立的政府外，非匈牙利军队还要撤出匈牙利的土地。匈牙利人不顾罗马尼亚人的感受，主张特兰西瓦尼亚是匈牙利的一部分。匈牙利由多民族组成，因此对成立国民卫队的要求更尖锐。激进者认为匈牙利的常备军是反动力量：士兵主要是来自王国内的非匈牙利农民，而很多军官则是讲德语的贵族。[58]

3 月 14 日，就在讨论《十二条》的时候，梅特涅出走的消息随着汽船传到了布达佩斯。3 月 15 日天亮前，裴多菲在自己的公寓内开会，会上一小群激进者决定立刻行动。"然后，明天，"裴多菲在他的同志打算上床睡几个钟头的时候说道，"就是把双头鹰踩在脚下的时候！"[59] 早上，他们冒着倾盆大雨走到十人协会的聚点——披拉沃克斯咖啡馆，兴奋并且怀有希望的人们已经聚集起来。"咖啡馆里，"一位目击者写道，"有巨大的骚动、兴奋的谈话和猛烈的欢呼。"朗读《十二条》后，人群爆发了欢呼声和掌声。裴多菲朗诵了两天前写的一首诗，诗名是"民族之歌"（National Song），诗歌的叠句部分引起了共鸣："向匈牙利的上帝宣誓，我们宣誓，我们宣誓，我们不再继续做奴隶！"[60] 下午 3 点，裴多菲在国家博物馆前向 1 万余人演讲，之后带领他们向市政厅行进。广场上站满了人，如同"风暴来临前，咆哮着的大海"。[61] 受惊吓的总督在《十二条》上签字并任命了新的自治政府——公共安全委员会（Committee of Public Safety），成员包括裴多菲那样的激进者、科苏特式的旧贵族和旧议会中的自由主义者。国民卫队也组建起来，但因为这是公民的民兵部队，所以没有制服，只有匈牙利红白绿三色的袖章和帽徽。[62] 革命者又从浮桥上跨过河流（塞切尼那座著名的铁索桥还没竣工），上山前往布达城堡，总督咨询会议（the Vice-Regal Council）在那里集合。"我们前进，"激进的阿拉乔斯·德格雷（Alajos Degré）写道，"我们怀着解放的热情登上堡垒，看到炮兵举着燃烧的引信站在加农炮旁，他们前面，许多人喊着'自由万岁！平等万岁！'"[63] 面对 2 万多人的包围，匈牙利的官员们没有来自维也纳的指令，除了投降别无他路。事实上，双方都被这种场面吓倒了。公共安全委员会的发言人展示了《十二条》，裴多菲后来回忆时轻蔑地说，他们"谦卑，结巴，像小学生在老师面前那样发抖"。还说"总督咨询会议的光芒变得苍白，他们优雅地颤抖。不到 5 分钟，他们同意了所有的事情"。[64]

***

哈布斯堡政权在各地溃退，捷克也可以发出自己的声音了。2月29日深夜，城中的知识分子精英举行了化装舞会，其间的第一封信来自巴黎，带来了共和国的消息。为了躲避无孔不入的警察耳目，赴宴者用耳语传开了消息。朋友们悄悄聚在一起，为革命干杯。[65] 科苏特的演讲传到布拉格，更是增加了捷克人的希望。3月8日，自由主义组织"废除"（Repeal）发布公告，号召人们于3月11日在圣瓦茨拉夫浴场（Saint Václav's Bath）举行公共集会。集合地点距离工人阶级聚集的波德斯卡里（Podskali）地区很近，时间定在星期六下午6点，这样工人可以在拿到工钱，喝点儿酒之后再来参加集会。这些工人展示出残忍的破坏力（然后被同样残忍地镇压下去）。仅仅过了4年，社会富裕阶层的恐慌便再次被点燃。甚至连波希米亚自由主义领袖、历史学家弗朗齐歇克·帕拉茨基（František Palacký）和记者卡雷尔·哈夫利切克（Karel Havlíček），都远离政治活动，因为他们不想走上"不法"之路。市长约瑟夫·米勒（Josef Müller）命令体面的资产阶级公民卫队出动，但是拒绝了布拉格最富裕的市民提出的允许所有公民持枪的要求，这些最富裕的市民大多是讲德语的实业家。制造商也要求禁止集会。波希米亚的长官鲁道夫·施塔迪翁（Rudolf Stadion）害怕引发对抗，没有这样做，但他命令卫戍部队进行戒备。

数千人在约定的日子赴约。其中800位更有"声望"的抗议者获"废除"组织准许，在引导员的带领下进入集会浴场。他们包括年轻的知识分子、官员、市民、工匠，几乎都是捷克人。被排斥的工人挤在街上，受着大雨的拍打。集会人群中没有一个德意志人，这说明，集会者都受到了捷克民族主义运动的影响，并且感受到被排斥在波希米亚政治结构之外。[66]有人朗读了一封请愿书，请愿书要求制定宪法、实现出版自由和陪审团审判，更加激进的是，请愿书要求为工人成立"劳动与工资组织"，同时废止封建徭役及领主法庭。民族主义的诉求也得到反映，请愿书要求统一包括波希米亚、摩拉维亚和西里西亚在内的所有古捷克王国的领土，要求成立代表所有地方的共同议会，实现捷克语和德语的平等，裁撤常备军，禁止"外国人"进入政府（这一条在当局看来是有歧义的）。会议结束时，选出了20人组成的委员会，委员会负责准备用来搜集签名的请愿书。帕拉茨基直到这个时候才开始为请愿贡献智慧。

3月15日，天气晴朗，蓝天下数以千计的人在请愿书上签名。在节日的气氛里，一列从维也纳开来的火车带来了帝国承诺制定宪法的消息。一家报纸报道称"香槟汇成河流"，大街上的陌生人彼此相拥。工匠们开始制作"宪法"帽子和遮阳伞，同时"宪法点心"也新鲜出炉，"宪法"一词流行起来。《波希米亚报》（Bohemia）评论，打招呼时脱帽不再是礼貌，因为这似乎有违宪法允诺的平等。不管怎样，天气不好的时候这种做法很不方便。[67]波希米亚和摩拉维亚也效法维也纳，成立公民卫队和大学生军来维持秩序。这些组织同时包含德意志人和捷克人，而圣瓦茨拉夫委员会也成立了"斯夫诺斯特"（Svornost）——只有捷克人的民兵组织。同时，学生成立了政治社团"斯拉维亚"（Slavie），又称"斯拉夫椴树集会"（Slavic Linden）。

3月22日，皇帝斐迪南一世接见了呈递圣瓦茨拉夫请愿书的波希米亚代表团，但是摩拉维亚和波希米亚的德意志人并不赞同捷克民族主义，这一点维也纳宫廷也感受到了，所以只做了一些模糊的承诺和让步。原计划在布拉格举行的庆典取消了，感到希望破灭的人们将怒火发泄到捷克代表团身上，有些代表家的窗户被砸碎。[68] 3月28日的会议吵闹不休，在"共和国"的喊叫声和反波希米亚贵族的歌声里，圣瓦茨拉夫委员会吃力地发出自己的声音，想要让大家听到。委员会起草了新的请愿书，诉求更加尖锐，要求统一捷克领土，成立由公民普选产生的、唯一的现代议会——等级会议因为过时，遭到废弃。像匈牙利一样，捷克现在也想有一个独立、统一的王国，希望自己的王国和哈布斯堡帝国只有王朝世系上的联系。这一系列要求集中起来，由非武装的民兵带到施塔迪翁的办公室。这位激动、蒙羞的长官被迫在请愿书上盖章，此后不久便辞职了。辞职前，他警告奥地利新内阁中的内政大臣皮勒斯多夫（Pillersdorf）男爵："如果不是一切要求都被同意的话，你什么也不用回答。"[69]

这次尽管没有彻底妥协，但维也纳让步了。帝国在4月8日的答复中没有承诺组建独立的捷克议会，但允许波希米亚和摩拉维亚各自组织等级会议，会议代表仅由有产者、有薪水的雇员和纳税人选出，由此，城市工人、家奴和农村工人被排斥在外。与德语一样，捷克语可以在所有学校中教授，在各级政府中使用。[70] 这些让步，以及后来压迫农民的封建义务的废除，成为1848年捷克革命取得的最大胜利。

V　柏林 3 月 18 日起义

奥地利绝对主义垮台的时候，德意志保守秩序的另一大支柱普鲁士的抵抗也已难以为继。刚经历巴黎巷战不久的阿道夫·德·西尔库尔被任命为法国驻柏林大使，并于 3 月 9 日到达柏林。看着德意志各地的政府一个接一个地妥协，他评论道：普鲁士被"一圈火"包围了。[71] 当革命爆发时，普鲁士首都的景象将会是 1848 年 3 月发生的革命里最可怕的。学生们很兴奋，他们挤满了咖啡馆，阅读有关欧洲的消息。但在大学生中，每 1 500 人仅有 100 人严肃地参与政治活动。公众寄予厚望的显然是普鲁士联合省议会（United Landtag）的常设委员会，委员会会议从 1848 年 1 月开始，直到 3 月 6 日国王下令解散。在这个危急时刻，国王需要团结而不是"党派争吵"，"像铜墙那样团结在你们国王的周围，团结在你朋友的周围"。[72] 这同腓特烈·威廉承诺的每 4 年召开一次的议会一起成了热门话题。一到周日，柏林人——工匠、工人、学生、职员、记者——都会习惯性地聚集在咖啡馆、啤酒屋，还有卖香肠的营帐（字面的意思是"帐篷"，在公园里的永久性建筑建成之前就已存在了）中。3 月 7 日，记者和学者登上演奏台，下面人群聚集起来，倾听关于国王承诺的演讲。[73] 有人起草了一封请愿书，数千人当场签名。请愿书要求立刻重新召集联合省议会，同时要求实现出版自由。国王拒绝了这些要求后，请愿者把请愿书邮寄给了国王。柏林人也开始把象征德意志统一的黑、红、金三色穿在身上。

第二天，帐篷前的人更多了，警察局长警告国王：局面可能难以控制了。他建议调遣约 1.2 万人的警戒部队来支援。腓特烈·威廉四世同意了，这决定了他们的命运。[74] 直到现在，人们的情绪依旧很好，甚至可以说很欢乐。但军队在街道上巡逻的脚步声产生了威胁的气氛，国王又从其他省调来了生力军作为支援，这让事态变得更加复杂。最后，军队人数上升到了 2 万。柏林人一贯厌恶被士兵命令，3 月 13 日到 18 日之间，市民和军队接连发生冲突，民众怒火猛增。国王的副官利奥波德·冯·格拉赫（Leopold von Gerlach）将军记载道，开始的几次交战，军队很容易就应付了。但后来他又补充道，这导致 3 月 18 日民众情绪真正爆发时，当局过于傲慢。[75] 军队用军刀刀背驱赶集会人群，用刺刀刀尖在城市广场上清场，这样的景象让公众的情绪从鼓舞兴奋转为黯淡失望。西尔库尔记载了氛围的变化："到处都是集会，到处都是混乱的喊叫、哨声，还有在夜里凶相毕露的流浪者。"[76] 柏林人叫骂着，向士兵扔石头，那些士兵很多都是从东普鲁士农业省份征来的，他们不适应城市生活，也怀疑城市的方式。

  3 月 16 日，梅特涅下台的消息传到柏林后，国王的压力更大了。为了挽救形势，腓特烈·威廉四世接受建议，做出让步；在这之前，他的大臣们爆发了激烈的争吵，格拉赫和普鲁士王子（Prince of Prussia，王位继承人，他将在 1871 年成为新统一的德意志的皇帝）等顽固保守派咆哮道：向叛乱的臣民开枪，就能把他们镇压下去。但是，3 月 18 日，腓特烈·威廉四世散布消息，称即将有公告发布。下午 2 点，面对王室城堡外怀着希望的民众，传令官实际上读了两份公告。第一份宣布废止审查制度，第二份承诺 4 月 2 日召开普鲁士联合省议会，并考虑德意志邦联改革，讨论包括德意志法典、旗帜，以及建立德意志海军（最后这条是民族主义者十分强烈的愿望）等事宜。格拉赫在宫中愤怒地说："我宁愿被砍掉一只手，也不愿签这些公告！"[77]而腓特烈·威廉四世出现在阳台上的时候，喜悦的人群向他欢呼。

但还有一件事情没有得到承诺：将军队撤出城。大概20名衣着得体的市民一齐大喊："军队撤离！"其他人也跟着喊。这是革命之桩，钉向了普鲁士君主政治的心脏。国王首先是军队的领导，这实质上是政权中的政权。自由主义者也许希望国王将权威建立在全体国民的信任和善意上，但这就意味着让腓特烈·威廉四世放弃普鲁士君主政治的中心支柱。革命的挑战让国王坚定了决心，也让极端保守派变得强硬，极端保守派换掉了优柔寡断的恩斯特·冯·普菲尔（Ernst von Pfuel）将军，让严厉的冯·普里特维茨（von Prittwitz）将军担任柏林总督。保守派的苦药片也有调和剂：新任命的内阁里有莱茵自由主义商人卢多尔夫·坎普豪森（Ludolf Camphausen）。普里特维茨做出了改写命运的决定，对王宫前的广场进行清场。在普里特维茨的带领下，龙骑兵策马小步向前走，为了在混乱中发号施令，他拔出了军刀。龙骑兵紧随其后，摆出冲锋的架势向前推进。有的民众冲上前抓住马缰大喊："当兵的退回去！"当两个步兵联队也列队出现的时候，不知何处响起了两声神秘的枪响。没有人受伤，但是枪响带来的恐吓足以让人们四散而逃。有人高喊"叛徒"，还有人呼喊："他们在王宫广场上杀人了！"新上任的首相冯·阿尼姆－博伊岑堡（von Arnim-Boitzenburg）伯爵很倒霉，他站在广场上摇动白旗，试着稳定形势，但没人注意到他。[78]

几个小时内,街上筑起了几百座街垒,上面飘着黑、红、金三色旗。极具挑衅意味的是,有一面旗子在奢华的幸运甜品店上升起,王宫里的人能清楚地看到这面旗帜。男人、女人和孩子都参与到建筑街垒的活动中,"人们建筑街垒的技巧娴熟,令人吃惊,好像他们就是专业干这一行的"。他们用了现代城市能提供的一切物料:"小马车、公共马车、截下来的邮车、装羊毛的麻袋、横梁和倒下的围墙"。[79]建筑街垒的物料还包括街道上撬下来的重铺路石、建筑物上拆下来的厚木板、排水管道,以及放倒的马车和货摊。罗森塔尔门前的广场变成了要塞,每个入口都筑起了街垒。接下来,一场平民和军队的战斗发生了,双方的怒火都爆发了。普里特维茨后来写道:士兵们感到"前面就是敌人,并且他们的耐心受到了挑战"。[80]工匠们爬上教堂塔楼敲钟,发出反抗的警报。中产阶级衣着华丽,戴着大礼帽,穿着黑色长大衣,记者和专业人士、"小资产阶级"店主、低级官员、教师、能工巧匠和大约100名学生,当然还有工人,都登上了街垒。在钟声的号召下,900余名波尔西克(Borsig)工厂的接车工人拿起铁棒和锤子,穿着油腻的工服坚定地走去战斗。妇女和儿童为起义者送来食物和水。

  柏林的战斗是1848年欧洲最惨烈的战斗。军队进攻街垒的时候动用了炮兵,向防御工事正面推进。格拉赫在战斗中是军队的指挥者,他描述说,沿街都是加农炮的跳弹。士兵不论推进到哪里,都要面对一个又一个街垒。格拉赫写道:"有时可以看到3个,也许是4个街垒,一个接着一个,他们当着我们的面继续建造下一个街垒。""炮兵开火后,所有人都马上逃离第一道街垒……然后逃离第二道街垒,但当军队向后面的街垒行进时,会遇到步枪的猛烈射

击,还有房子——尤其是角落里的房子——里扔出的石头。"另一方的目击者写道:

> 加农炮雷鸣般的炮声密集地响起。一个个街垒开始坍塌,愤怒的士兵越来越多,可怕的肉搏开始了……整个街道血流成河。房子里挤满了死者和伤员。加农炮推进了施潘道大街(Spandauerstrasse)的角落,意图彻底扫清整个街道。在步枪反复射击下,房屋也毁坏了。武装起来的工匠爬上教堂塔楼敲钟,警报声传遍了整个城市,彻夜不绝。[81]

在柏林老街狭窄的空间里进行巷战,最富经验的军官也会感到不适应。面对起义者激烈的抵抗,士兵们很沮丧、很愤怒,也常感到恐惧,他们向房子里、门里、窗户里胡乱开火。格拉赫的士兵装备了破门工具,但是一进到房子里,他们就会被刺中或者近距离射中。[82] 房子燃起了大火,彻夜不灭。从下午到晚上,总共约900人在战斗中丧生,其中起义者占了800人。

这天结束时,军队控制了主要街道。这里不像巴黎,这里的军人都是农民出身,有铁的纪律,他们不会被革命者策反。尽管如此,普里特维茨也明白,打巷战很可怕而且会让人筋疲力尽,消耗士兵的斗志。那天晚上,他告诉国王,除非在开始几天就能镇压起义,如若不然,只能将军队撤出城外,对城市进行围困,并且用炮火迫使起义者投降。国王心烦意乱。柏林人都是叛乱分子,但是君权神授的观念让腓特烈·威廉四世厌恶屠杀自己的臣民。当普里特维茨询问是否前进时,国王大喊:"是的!但不要开枪!"[83] 炮兵进行第一轮射击的时候,国王流泪了。于是格奥尔格·冯·芬克(Georg von Vincke)在宫廷找到了听众。芬克是一位温和的威斯特伐利亚(Westphalia)贵族,是联合省议会的自由主义反对派领袖,他艰难地骑着马来到柏林,到达宫殿时,他还穿着赶路的衣服。芬克指出,只要人民对国王没有信心,战斗就会继续下去。撤军,并且把国王本人的安全托付给市民,就可以很自然地唤起他们对国王的忠诚。格拉赫听到这些后,嘲笑芬克的观点是"可怜的争论者的辩证法"。芬克对此很是愤怒,斥责说,或许他们现在会笑,但过几天就笑不出来了。[84]

于是,腓特烈·威廉四世在半夜让普里特维茨停止行动,之后坐在桌前起草了更进一步的宣言——《致我亲爱的柏林人》,它被匆匆印刷出来,在清晨全城散发。国王承诺,只要他的臣民"回到和平的路上"并且拆除街垒,他就撤回军队,只是对王宫、军械库和其他政府大楼设防。"听听你们国王慈父般的声音吧,我忠诚而又美丽的柏林居民"![85]受伤流血的柏林人抱着怀疑的态度接受了国王的甜言蜜语。整个城市实现了来之不易的停火。普里特维茨亲自出去调查,他碰到的第一个人不是起义者,是一个女仆,她被派出来买点心。[86]革命者也同意让做礼拜的人自由通过街垒去朝圣。受到鼓舞的国王在王宫角落的一间屋子里接见普里特维茨和普鲁士王子,命令所有部队撤回军营。[87]王子不屑地将自己的剑丢在桌子上。

军队撤出王宫后,起义者穿过散落着残砖破瓦的街道,聚集在王宫之外。这一次他们没有心情向国王欢呼了。他们载着棺材板,上面都是丧生者残缺的尸体,尸体上盖着鲜花。他们朝着上面的窗户咆哮:"让他出来,否则我们就把尸体扔在门前!"[88]国王出现在阳台上,惊恐的王后抓着他的手臂。马车驶过来时,国王脱帽致意——这是表示谦卑的标志性动作。王后晕倒了。这时,人群开始对着国王和王后唱路德教会的圣歌——《耶稣,给我庇护》,然后列队走开。同时,军队也敲着鼓点离开了城市。民兵,或者叫公民卫队,立刻组建了起来,维持秩序。3月21日,国王自觉地把自己的帽子安上了德意志黑、红、金帽徽,国王接见了公民卫队的军官,感谢他们保卫首都的和平。人们高喊:"德意志皇帝万岁!"向国王致敬。那天,在人潮的簇拥下,他发表了更进一步的宣言:"今天我拿起德意志古老的颜色,将我和我的人民置于庄严的德意志帝国下。今后,普鲁士并入德意志!"[89]这个表达很谨慎、很模糊,但在眼下满足了普鲁士领导德意志统一这一要求。

3月22日,巷战丧生者下葬。在那个默哀的日子里,腓特烈·威廉四世最终宣布他会制定一部宪法。但是,赞成革命的国王这一身份和被迫做出大多数让步的事实是不符的。3天后,在精锐卫队的护送下,国王和他的家人离开了这座城市,去了波茨坦(Potsdam)的无忧宫(Sans-Souci Palace)。宫中很安全,国王感受到了三月革命带来的羞辱,他很痛苦:"我们贴着地面爬行。"[90]现在,他周围都是强硬派,其中包括普鲁士王子和格拉赫,他们都渴望发起一次反革命行动。[91]奥托·冯·俾斯麦也是其中的一员,他带着他顺从的、武装起来的农民从申豪森的庄园来到波茨坦,为国王服务。当普里特维茨问到怎么才能维护国王权威时,这个强硬的贵族坐在钢琴旁,开始演奏普鲁士步兵的冲锋进行曲。[92]

VI 米兰五日与威尼斯起义

1848年的前几个月里,在意大利的统治者制定的各种宪法里,3月4日颁布的皮埃蒙特宪法,或者叫《宪章》(Statuo),后来被历史证明是对意大利未来最有意义的宪法,因为它在1860意大利统一后成了意大利的国家宪法,直到1946年,还充当着这个国家的基本法。权力由国王和议会分享,议会包括参议院和众议院。国王保留了军权和外交权,可以召集和解散议会,但是包括征税在内的任何财税法案都要经过两院的批准。此外,如果国王宣布议会休会,4个月内必须重开议会,所以不会再有长期无议会的统治。公民权利也得到保障。[93]《宪章》引起外界的共鸣,在奥地利统治的伦巴第,米兰的自由主义者现在梦想皮埃蒙特能够出兵干预,这样就可以用"10万把刺刀"将奥地利人赶走。伦巴第人模仿卡洛·阿尔贝托军队的制服,穿上了灰色披肩。为了实现这个梦想,在都灵的伦巴第流亡者卡洛·达达(Carlo d'Adda)伯爵和米兰自由主义贵族的密使恩里科·马丁尼(Enrico Martini)伯爵向国王施压,希望他对奥地利人的统治开展决定性的打击。[94]

奥地利拥有两个意大利省份,米兰和威尼斯是其中的两大城市,两个城市从1月初的烟草暴动时就开始沸腾。梅特涅在任的最后几周,把全部精力放在了意大利,决心对那里的革命进行抵抗。为达到目的,他希望保证奥地利所有官方机构——军政系统——之间的协调,不仅是各个官方机构之间,还要与那些仍然顺从的意大利邦国保持协调。为此,他需要一个可信的外交官与意大利各邦政府联系，鼓励他们反对革命，向他们保证奥地利会提供军事支援，并让他们在新闻中宣扬奥地利的主张。梅特涅选择约瑟夫·亚历山大·冯·许布纳（Josef Alexander von Hübner）伯爵担此重任。许布纳伯爵于2月21日在维也纳收到了任命状。在评论梅特涅对他能力的信任时，许布纳说："这与其说是取悦了我，不如说是吓倒了我。"许布纳3月2日在维也纳乘坐火车，后来换乘驿马，用了72个小时到达米兰。他当时还不知道，自由主义者受到巴黎革命消息鼓舞后组织了和平抗议。自由主义者希望说服奥地利保证伦巴第在哈布斯堡王朝统治下拥有更大程度的自治——包括实现出版自由和组建公民卫队。2月25日，伦巴第宣布戒严。许布纳发现，城市气氛十分紧张，奥地利当局如果不是彻底麻痹，就是处在失败主义之中。在3月5日的晚宴上，曾在去年8月被梅特涅派到米兰为当地政府提供咨询的菲凯尔蒙（Ficquelmont）伯爵告诉许布纳："我被要求去做的事情是不可能完成的。我所做的和你在这里将要做的都像是抽刀断水。"[95] 菲凯尔蒙伯爵夫妇几天后离开米兰去了维也纳，他会在那里就任后梅特涅时代政府的首任外交官。

3月17日，梅特涅下台和皇帝承诺制定宪法的消息传到了米兰，对奥地利人来说，局势变坏了。那晚，自由主义反对派领导者们在一起商议如何进行回应。他们可以等等，看看之前承诺的宪法会带来什么好处；或者他们可以充分利用政权的软弱，把奥地利人都赶出去。后一个选择有很大风险：驻意奥军指挥官是狡猾而又可怕的约瑟夫·拉德茨基元帅，他掌控了1.3万余人的帝国警戒部队，这些部队有铁一般的纪律，并且真心尊重自己的领导，甚至愿意为其献身。共和派教师、知识分子卡洛·卡塔内奥认为，面对这样的军队，起义是不可能的，人民既没有军事领导，也没有武器来完成这样的大业。他坦言自己怀疑温和派试图发起的起义是不成熟的，这足以引诱皮埃蒙特的卡洛·阿尔贝托出兵对抗奥地利人，但同时也会为革命贴上王权的标签，而共和派则无力聚集起自己的势头。经过许多争论后，米兰人同意实施和平抗议，抗议运动由米兰的执法官（市长）加布里埃尔·卡萨蒂（Gabriel Casati）伯爵领导。卡萨蒂在米兰当地城市自治政府里面职位最高，他和奥地利人有密切的工作关系，但他同情爱国主义。同时对两个王朝的忠心让他陷入窘境。于是，他让一个儿子在皮埃蒙特炮兵部队服役，另一个去奥地利的因斯布鲁克大学（University of Innsbruck）读书。卡塔内奥挖苦道："卡萨蒂应该把自己分成两半，同时侍奉两个宫廷；他没法分裂自己，就分裂自己的家庭。"[96] 但是，第二天早晨，他出色地说服了副总督海因里希·奥唐奈（Heinrich O'Donnell），劝他不要出动卫戍部队，因为那只会激化形势。作为预防措施，拉德茨基命令他的部下准备战斗，在城门上增设炮兵，并加强了城墙的警卫。3月17日晚，许布纳对街道上可怕的寂静十分惊讶："四处的人们都聚成小群，他们都互相耳语，传播我们到来的消息。"[97] 出于谨慎考虑，奥地利派来的总督赖纳（Rainer）大公为保证维罗纳（Verona）的安全离开了。

3月18日，口号响了起来："男人到街上，女人到窗边！"大约1.5万人参与了游行，还有无数的人欢呼着，朝他们挥舞红色、白色和绿色的手帕。卡萨蒂本人，尽管穿着黑色外衣，很严肃，也戴着三色的圆花饰，意大利的旗帜在他头上飘扬。妇女们从窗户上扔下三色的丝带。守护在政府大楼的一队警卫被人群冲到一边。几百人冲上楼梯，在会议室里发现了奥唐奈。事实上，游行开始前，他已在最后时刻做出了让步，决定取消审查制度。然而现在，面对虽然令人尊敬但也可能有威胁的民众，他几乎没有选择的余地，只能签署命令，同意成立公民卫队，同意卫队由米兰人以独立的方式组建。作为担保，群众将倒霉的副总督扣为人质。

　　被挫败感萦绕的拉德茨基一直在一旁关注着这场运动，他怒火中烧，开始反击。他迅速在大街上布设军队，保护警察总部、法院，以及军队工程兵站。蒂罗尔狙击手占据了米兰大教堂大理石顶端的有利位置，可以射向任何人，特别是起义者或是在交火中不幸被抓的公民。很快，米兰人开始在这座古城狭窄的街道上匆匆建起街垒。每当教堂的钟声响起，人们便会集合，实施防卫。起初，这些防御工事多为翻倒的马车、油桶和临时砍下的树木，都是临时替代品。不久之后，为了加强防御，人们铺上了石子，摆放了沙发、床、钢琴和教堂的家具。首先站上防御工事的是年轻的民主共和派人，其中就有27岁的恩里科·塞努斯基（Enrico Cernuschi），绰号"小罗伯斯庇尔"。他学过法律，后来辍学在炼糖厂工作。[98] 不久，工匠和工人也加入进来，他们成了这次自发起义的中流砥柱。共和派的卡洛·奥西奥（Carlo Osio）在示威游行结束后，迅速回家找到了一支手枪、一把短剑和一根铁棒，这样的他看起来更像一个街头暴徒而不是医生。卡洛在赶去帮助弟弟恩里科和其他人建造街垒之前，一头冲进警察的巡逻队伍，在枪林弹雨中死里逃生。随后他再次匆匆回到家中，这次他拿的是之前藏好的步枪、刺刀和弹药。他的身体成了一个名副其实的武器库。[99]

　　更加保守的贵族群体恳求叛乱分子撤退，避免"即将到来的屠杀".[100]但听者寥寥：商人不予理会，他们过得舒适安逸，放心地打开仓库让革命者搜寻武器和物资；化学家不予理会，他们还帮助起义者制造火药；学生、工人、妇女和儿童也不予理会，他们帮助起义群众建造路障，参与战斗。穿过大教堂前的广场时，许布纳被一群手持警棍的人抓住，望着他们阴险的面孔，许布纳"想起了那天暴乱中的巴黎"。"天空一片灰蒙蒙"，回响着混乱的噪音，"蒙蒙细雨渐渐变成瓢泼大雨，无休无止地下着"。[101]

米兰人占据了具有历史性中心地位的狭窄街道，而由克罗地亚人和匈牙利人组成的哈布斯堡军队牢牢驻扎在主要的建筑物周边，企图通过掌控城墙来包围城市。由于起义者没有制定计划，缺乏整体领导，在最初的几天里，他们的命运飘忽不定：

> 并非所有进展顺利的起义地点之间都能相互联系……它们周围是宽广的街道，人口稀少，很难设置街垒，也不便防守，敌人的炮火随时可能袭来……据统计，在起义的第一个晚上，整座城市的各类步枪加起来也不过三四百支。[102]

起义中第一个临时总部设立在维迪塞尔蒂（Vidiserti）府邸，卡萨蒂这个并不情愿的起义领袖曾在这里避难。在这里，公民卫队迅速建立起来。奥西奥是这支新生力量中的一名下士，他像许多起义者一样，待在房间里等待命令。最终他将由年轻的、崇尚民主的贵族卢恰诺·马纳拉（Luciano Manara）领导。接下来的4天，马纳拉的队伍一直在作战，几乎没有喘息的机会。现在，奥西奥的一大任务就是看守被俘的副总督奥唐奈，他从别处转移过来，到了更为安全的比格利（Bigli）街区的塔维尔纳（Taverna）府邸。[103] 与此同时，卡塔内奥领导下的共和派，在3月19日开始夺取政治的主动权。他们建立了一个4人战争委员会，委员会成员就包括卡塔内奥自己和塞努斯基。现在，它的主要目标是实施坚定的领导，保持军事统治。卡塔内奥不得不借助他强大的游说能力来阻止那些年轻发热的头脑在此宣布米兰共和国的成立。他问道：意大利其他各邦仍然在君主制政权统治之下，宪法还未出襁褓，伦巴第随后要怎样获得他们的支持？意大利将淹没在内战中，自由无从谈起。这个分析虽然足够敏锐，但战争委员会的建立本身就在宣示共和派权力，他们反对卡萨蒂式的自由，反对君主政体下的自治。[104]

3月20日凌晨，形势变得比较明朗。街头一战给帝国军队造成重创，但他们仍在苦苦挣扎。许布纳在战争中被捕，从3月18日就一直待在教堂旁的一座小房子里。他偶尔朝阳台望去，目之所及，一片杀戮。他看到两名匈牙利骑兵中枪落马，然而面对猛烈的步枪射击，克罗地亚步兵毫无退缩之意。"军队无法窥见这些叛乱分子的真实面目。男人们拿着枪支，全身武装，女人的装备则是石头和装满开水的水壶，他们隐藏在密密的百叶窗后面，保证自己可以窥见前方，同时又不被敌人发现。这些看不见的敌人，似乎并不是在战斗，而是在谋杀。他们刺激战士的想象力，让他心烦意乱，让他沮丧。"噪声震耳欲聋，"吵闹不堪的喊叫声、恼人的铃声、呼喊'万岁'的声音与拉德茨基神父高贵的枪声交织在一起"。第三天，公寓的百叶窗被子弹打碎，弥漫的硝烟从外面渗入。起义者在屋顶和上层的楼梯处对底下的奥地利人进行扫射，下面的军队不甘示弱，向上射击。子弹弹道有时会偏离，住客们胆战心惊，他们都是女性。

安全起见，许布纳将他们全部聚集在里面的一个房间里，他们挤在床垫的后面。这位年轻的奥地利人对一位瑞士妇女的冷静有着深刻的印象。"我并未打探她的职业"，她似乎已经习惯了这样粗暴的街头生活。[105]

而在米兰人一方，见证者们也同样处在对战争的恐惧之中。起义蔓延到了东部地区，卡塔内奥划船穿过运河去打探提契诺门（Porta Ticinese）附近地区的情况，这片地区一片荒凉。"宽阔的街道除了街垒之外一无所有，所有的房子都紧闭大门；大炮连发、子弹扫射产生的轰隆声都被吞没在这死一样的寂静中；浓密的烟雾笼罩着一切。"公寓、花园、马厩间有着接连不断的墙，奥地利人毁掉了墙上的洞口，这样他们在前进时，就不会暴露在枪林弹雨中。被抓的妇女和孩子则挤在房间里，心惊胆战，用门或窗户挡住可能反弹回来的子弹。[106]

双方后来都被指控实施过暴行。据说米兰人发现过一名奥地利士兵，士兵拿着一名妇女被切断的手，手之所以被切断是因为暴徒想要得到她手上的戒指。据说有些家庭被哈布斯堡部队围困，随后全家遭到活埋。与此同时，奥地利人声称，有一名士兵被钉死在一个哨兵箱上，而被米兰人俘虏的其他人则被挖掉了眼睛。考虑到这场战争的性质，双方宣称的暴行（如果不是可怕的细节）不能轻易被否认；而故事本身及他们如何相信这些故事，也体现了双方的愤怒程度。[107]

起义者从倒下的奥地利士兵那儿得到了更多武器，有时他们则是依靠绝对的数量优势解除了那些孤立无援的小分队的武装。随着奥地利军营一个个倒塌，军火的需求也不再那么紧急。[108] 拉德茨基被迫放弃了自己的家园，搬到城堡里。他得出结论，不能再攻击街垒了，因为军队在面临两个路障时，只能摧毁其中一个。他将军队撤到城墙待命，并打算从此地围困城市。此时的战斗开始向外围推移，许布纳和随行的妇女趁机小心翼翼地穿过街道，到蒂罗尔一名银行家中避难。对奥地利外交官许布纳来说，逃离米兰的唯一方式就是与当局谈判。然而，当他这么做时，起义者迅速逮捕了他。3月21日，许布纳被捕，并被抓去游街，街道上飘扬着三色旗，回响着"意大利万岁，庇护九世万岁"的呼声。[109]另一方面，米兰君主派和共和派人之间的分歧已经在扩大。也就是在这一天，拉德茨基派遣一名官员去参加停战谈判，卡萨蒂犹豫不决，因为他在这个契约中看到一个机会，他可以为卡洛·阿尔贝托赢得时间，实现他一直以来的愿望——派军队对抗奥地利人。也正是因为这个原因，卡塔内奥拒绝接受关于停战的谈判。[110]自由的君主派和共和派人之间的权力斗争已经展开，这是1848—1849年意大利革命时期的一种错误行动。

同时，米兰人运用自己的聪明才智成功突围：

> 为了侦察堡垒和城外敌人的运动，天文学家和光学家爬上观景台和钟楼；他们每小时都会发送一封公告。他们并没有把时间浪费在下楼梯上，他们把报告贴在一个小铁圈上，然后把铁圈降到铁丝的末端。塞努斯基随即组建了一个信息系统，由孤儿院的孩子为其提供服务……他们穿着统一的制服，快速地穿过聚集在路障周围的人群，携带着精准的情报信息，完成服务。不久之后，有人认为可以把公告放到气球里，气球会带着

公告飞到农村。克罗地亚人坚守堡垒……徒劳地用步枪射击气球……他们试图用铁环和木头组装起能够连续多次发射的木质大炮。[111]

米兰新奇的航空邮件服务为伦巴第起义运动提供了很大的帮助。其中一些气球飘到了皮埃蒙特，还有一些甚至到了遥远的瑞士。人们已经注意到了起义的号召，上伦巴第思想独立的农民已经发动起义，他们向科莫（Como）和蒙扎（Monza）这样的城镇行进，那里的部分奥地利驻军不得不匆忙撤退。同时，卡萨蒂和温和派领袖惊喜地收到了马丁尼的消息。马丁尼曾潜入被围困的城市。他和达达已于3月19日与国王卡洛·阿尔贝托进行了会谈，要求提供军事援助来应对奥地利。皮埃蒙特君主回应，称只要米兰自治市正式要求他提供援助，他就会派军。他需要向其他欧洲国家提供一个合理的出兵理由。卡洛·阿尔贝托本身也面临来自皮埃蒙特激进派的挑战，他们扬言，如果国王不助力意大利的统一事业，派军攻打奥地利人，他们就发动革命。然而，他的主要动机是满足自己吞并伦巴第和威尼西亚的野心，从而建立一个萨伏依王朝统治的北意大利王国。因此，将共和运动扼杀在萌芽之中是有必要的，因为共和派希望在民主的基础上争取更大范围内的意大利的统一。这也是尽管路途艰险，马丁尼也要回到米兰传达国王信息的原因。3月21日夜至22日凌晨，他扮成一名运盐工潜入城中。[112]

在劝说米兰领导人驳回卡洛·阿尔贝托的提议无果后，卡塔内奥向自治市屈服，同意妥协，借此以米兰的名义向"意大利所有人民和贵族，特别是皮埃蒙特和它的战争同盟"[113]发出援助请求。马丁尼带着米兰的求助信回到都林。卡萨蒂最终在3月22日上午组建了临时政府，毫无疑问这是一个由起义者领导的政府。卡塔内奥很快认可了临时政府，同时对临时政府宣言也表示赞同。宣言称政治协议要推迟到战斗结束后签订，战争胜利后，国家将会讨论并宣告自己的命运。这次胜利是卡塔内奥的巨大让步，在他看来"这是唯一可以延缓政治激情爆发的制度"。[114]

但君主派最终获得了胜利，因为皮埃蒙特军队不久就会到达，将政治力量的天平拨向自己这一边。这并非意大利共和派最后一次放弃掌权的机会。至于卡塔内奥为什么会这样做，则是个很有趣的问题。后来，他说是因为共和派人为了准备更广泛的独立斗争而放弃了他们自己的利益和教条。[115]毫无疑问，卡塔内奥希望不惜一切代价避免内战，他似乎意识到反对君主派的共和运动只得到了少数人的支持。然而，他可能低估了激进派现在的势力和声望。起义对共和派运动起了推动作用，运动开始向周边的小镇和村庄传播。然而，早期的同情很难转化成革命运动的坚定力量。在农村，一些激进的领导人无法战胜由地主和神父主导的保守主义势力的影响，而后两者则是君主制的支持者。在米兰，这种胜利使得临时政府得以创建，并取得战胜奥地利人的政治成果。[116]

在3月22日攻打托萨门（Porta Tosa）的持久战中，米兰人奋力拼搏，取得胜利。奥地利在托萨的堡垒建在非常接近城市中心的地方，米兰军官强烈建议应该将此地的敌军驱除。这不仅仅是为了城市的安全，还可以向从伦巴第其他地区赶来的起义者敞开大门（当成百上千的起义者从远处的山上涌下来的时候，米兰人发现了他们）。卡洛·奥西奥上午7点在屋顶巡查过后，战争就开始了，意大利人发射大炮,并从窗户、屋顶和花园后墙向奥地利人在城门、海关和特里盖拉(Tragella)府邸附近的据点开火。而帝国军队则用火箭弹反击,一座房子瞬间燃起熊熊大火。最后一次进攻通过巧妙移动路障做掩护而得以顺利进行。双方交战伤亡惨重。后来奥西奥说,他一个人就发射了150颗子弹。[117] 马纳拉和另一个坚持民主的贵族恩里科·丹多洛(Enrico Dandolo)向海关发起最后冲击,前面的人挥舞着三色国旗,后面的人顺势赶上。妇女们都在附近的阳台观望着他们的这一壮举,也给了他们很大的动力。大门倒下了,获胜的米兰起义者穿过堡垒另一边的护城河,终于拥抱了伦巴第农民和小城的工匠。他们在当地专业人士和神父的带领下赶来。拉德茨基的围城被攻破了,人群涌入城市。

现在,拉德茨基不得不应对迫在眉睫的皮埃蒙特人入侵和北部山区农民的叛乱。军队尽管秩序良好,但疲惫不堪,无法既夺回米兰,又镇压农村起义,还抵挡卡洛·阿尔贝托浩荡大军的侵袭。为了避免在城市被敌军联合包围,拉德茨基下令撤退,但此前他要炮兵对城市发动了一次密集的、报复性的火力攻击。许布纳与逮捕他的人一起躲在地下室,熬过了艰难的一晚,他隐隐听到枪鸣,随之而来的是"一阵噪声,好像一群人困在螺旋楼梯,上蹿下跳"——这其实是石墙坍塌的声音。轰炸持续到凌晨1点,最严重的破坏发生在最靠近城堡的地方,因为许多奥地利人的枪支都存放在那里。但教堂和公共建筑却幸免于难,因为拉德茨基告诉枪手们要保留这些建筑,他觉得奥地利人可能会很快夺回这些地方。[118] 而城市中心已是一片废墟,墙上满是弹孔,到处都是残砖片瓦,烧焦的房子仍然冒着烟。3月23日,拉德茨基的部队向北推进,到达维罗纳、佩斯基耶拉（Peschiera）、曼托瓦（Mantua）和莱尼亚诺（Legnano）组成的所谓的四角防线，这些堡垒阻挡着敌人进入奥地利本土。同一天，卡洛·阿尔贝托向奥地利宣战，并率军渡过提契诺河，决定破釜沉舟，但他最终未能实现统一王朝的野心。米兰"光荣五日"（Five Glorious Days）结束了。为此庆祝的有作曲家朱塞佩·威尔第（Giuseppe Verdi），一听到这个消息，他就在急忙从巴黎赶回米兰，但直到4月初才抵达目的地。一到米兰，他就给朋友的信中写道："是的，还有几年，也许只有几个月，意大利将会迎来自由，迎来统一的共和国。她还会变成什么样子呢？"[119] 他并不孤单，因为另一位伟大的意大利人也来到了米兰，他就是共和派革命家朱塞佩·马志尼。起义结束了，但意大利艰难的政治改革才刚刚开始。

* * *

而在威尼斯，达尼埃莱·马宁和尼科洛·托马赛奥于1848年1月被捕，此后威尼斯人便围绕这起轰动案件聚集力量。一旦梅特涅倒台的消息传到威尼斯，这种凝聚的潮流就会势不可当。3月17日，劳埃德（Lloyd Line）轮船从的里雅斯特（Trieste）带来了这一消息。一群人浩浩荡荡穿过圣马可广场，要求释放两名政治犯。他们攻占了统治者在广场的住所，在主楼梯上他们遇到了颤抖的阿洛伊斯·帕尔菲（Aloys Palffy）和他被吓坏的妻子。马宁的朋友们赶到附近的监狱要求释放这两名男子。狱监深思熟虑之后，认为投降比抵抗更安全，于是释放了两名俘虏。马宁认为现在正是把威尼斯从奥地利的统治中解放出来的好时机。3月18日，威尼斯竖起了木桩,那天,克罗地亚和匈牙利部队试图拆毁之前一直在圣马可教堂飘扬的三色旗,民众开始向士兵起哄,随后一名愤怒的将领下令射击。子弹的烟雾消散之后,9名威尼斯人或死或伤。民众的情绪越发高涨,最后发展成一种盲目的愤怒。马宁觐见帕尔菲,提议建立公民卫队,维护秩序和保护财产。温和的共和派人马宁一心想要避免社会革命,但他也希望新的公民卫队可以在合适的时机对抗奥地利人。帕尔菲相信拉德茨基很快就会派兵援助,于是假意向马宁承诺他会向在身在维罗纳的总督赖纳大公进行询问,以拖延时间。马宁看穿了这个诡计,对此不屑一顾,他组织了一支由2 000多人组成的自卫队。那天晚上,城市的街道上满是戴着白色腰带巡逻的士兵。[120]

奥地利政府本来以为可以逃过这场劫难,因为3月19日从的里雅斯特传来的消息称帝国将会创立宪法。帕尔菲向狂欢的人群宣读皇帝的宣言,人们大喊:"意大利万岁!""国王万岁!"那天晚上,人们在威尼斯凤凰剧院的音乐会上为帕尔菲和他的妻子欢呼。但人们并不乐观。没有一个人坚信哈布斯堡皇帝会创立自由宪法。驻军仍然很顽强,并且有谣言称,军队将从武器库炸毁城市,直至他们投降。但恐惧中也孕育着希望:米兰起义的消息已经流传开来,点燃了威尼斯人的热情。马宁觉得是时候采取行动了,尤其是当他得知克罗地亚军队即将加强兵力的时候。那天晚上,他召集其他威尼斯革命者举行会议,打算动用帝国海军中的力量发动起义,其中有一位名叫安东尼奥·保卢奇(Antonio Paolucci)的军官,他将动员意大利的士兵袭击武器库。然而,关键是1 500名工人,他们正忍受着奥地利雇主、特别是军事指挥官海军上校马里诺维奇（Marinovich）的压迫，他拒绝加薪，并禁止工人通过修理吊船和"备用"海上用品这一传统做法来提高自己的收入。起义定在3月22日，那天中午，公民卫队将聚集在武器库门口，在工人的帮助下迫使军队投降。

那天，愤怒的工人自发发起了第一次行动，他们愤怒地面见了马里诺维奇，提出了自己的要求。威尼斯海军指挥官阿德米拉尔·马丁尼（Admiral Martini）命令克罗地亚警卫撤退以免引起人群的恐惧，这时的马里诺维奇上校实际上已经毫无防御能力。保卢奇试图让马里诺维奇躲进盖好的平底船里，躲避工人的包围，但很不幸，上校被发现了，并一直被追到屋顶。他被拖到楼下，打得皮开肉绽，然后被扔到船舱里等死。这种暴行让马宁心生恐惧，他派出一支先锋队，防止暴力事件再次发生。等到他和其他的公民卫队成员到达时，他敲响武器库大钟召集工人，正式从愧疚的马丁尼那里接管工作。一名奥地利人试图重新夺取武器库，但大多数意大利军队拒绝服从命令，行动以失败告终。相反，他们的枪口指向了匈牙利军官，马宁同伴的介入让他免于一死。这次叛变之后，奥地利驻军中的意大利人也都投降。他们加入了革命，将奥地利雄鹰从帽子上撕下，换成意大利的三色旗：后来在城市运河上发现了漂浮着的几百个黑金色的哈布斯堡徽章。

随后，公民卫队的一支队伍轻而易举地攻下了在圣马可大教堂前排列的大炮。这些炮口随即转向总督的宫殿。在那里，帕尔菲拼命地召集威尼斯的市政官员，他们多数是贵族，热切地希望阻止城市堕入粗暴的资产阶级和像马宁一样的共和派的手里。然而，就在议员和政府讨论最佳行动路线时，外界的混乱却愈演愈烈。马宁的追随者戴着红色的雅各宾帽，铺展着一面巨大的三色旗帜。马宁站在花神咖啡馆外面的桌子上，大声喊道："共和国万岁！圣马可万岁！"城市议员中唯一一位共和主义者、直言不讳的律师吉安·弗朗西斯科·阿韦萨尼（Gian Francisco Avesani）要求所有的非意大利军队都撤出威尼斯，交出所有堡垒、军火、武器和资金。愤怒的帕尔菲辞去总督职务，将控制权移交给奥地利驻军司令费迪南德·齐奇（Ferdinand Zichy）。幸运的是，后者并未延续拉德茨基的顽固作风：出于对这座城市的热爱，他摒弃了摧毁威尼斯的想法，下午6时30分，他向政府交出控制权，领导权落到了阿韦萨尼手中。不过，显而易见的是，没有马宁（那一天的英雄）的政府对威尼斯人来说毫无合法性。因而在3月23日凌晨，阿韦萨尼辞职，达尼埃莱·马宁被选为威尼斯共和国临时政府总统。皇家军队放弃了这个城市。维也纳的一份官方报道也公开宣称"威尼斯陷落了"。

Ⅶ 欧洲边缘地区的骚动

并非所有的欧洲国家在1848年都经历了暴力革命。法国革命的影响跨越了比利牛斯山：加泰罗尼亚（Catalonia）发生了一些动乱，马德里（Madrid）起义失败，塞维利亚（Seville）发生军事叛乱。但除了马德里之外，其他地区的共和派运动发展情况并不明了。在加泰罗尼亚，政府的主要威胁来自一个"西班牙王室正统派成员"，或超级保王派的反抗者。以拉蒙·马里亚·纳瓦埃斯（Ramón María Narváez）将军为首的政府在 3 月对欧洲革命做出的回应是，迫使议会悬置公民权利、向议会索要额外资金以应对叛乱，此后暂时解散了议会（事件持续了 9 个月）。[121] 有时，纳瓦埃斯似乎就是西班牙军国主义行动的缩影。在他临死前，当神父要求他原谅敌人时，他回答道："我不必这样做，因为我早已把他们杀死了。"虽然他并没有超脱出专制主义，但仍留了一些自由空间。他试图引导人们在天主教保王派和共和国革命之间寻求一种折中的宪政统治，但他的宪政主义只会把权力给予那些有财产的精英。现在，纳瓦埃斯获得了伊莎贝拉二世（Isabella Ⅱ）的支持，似乎成了政治和社会稳定的守卫者。他驾驶着西班牙这艘航船顺利通过 1848 年的革命风暴。自 1846 年以来，邻国葡萄牙（在英国、法国和西班牙的支持下）一直由萨尔达哈哈（Saldhanha）将军掌管，他和纳瓦埃斯一样，用一根铁棒捍卫保守的宪政，既反对反动派，又反对激进派。[122]

* * *

在面临爱尔兰小小的暴动的同时，英国主要依靠其宪法结构的巨大活力和民间社会广泛的认同来应对宪章主义者激进的挑战。1838 年的《人民宪章》提出了 6 点要求：普及男性选举、实行年度大选、保持选区平等、给议会议员支付报酬、废除议员财产资格，以及实行无记名投票。他们从英国工匠、技术工人等激进主义者身上吸取力量，运动包含了各种政治观点，有些甚至是相互冲突的。布朗特里·奥布莱恩（Bronterre O'Brien）和费格斯·奥康纳（Feargus O'Connor）这类激进派，认为罢工和暴力（或暴力的威胁）

是必要的手段；而以家具木工威廉·洛维特（William Lovett,《人民宪章》作者之一）为代表的温和派则希望通过教育、自我改善和理性说服来给政府施压。左翼运动必然带有淡红的社会主义色彩，同时与爱尔兰的民族主义反对派相联系。在19世纪40年代的经济危机中，奥康纳凭借强硬言辞和《北极星》3万多份的报纸发行量，获得了话语权。[123]

尽管奥康纳大部分的革命言论都不过如此，但巴黎二月革命的消息仍然引起了官方的焦虑，宪章运动变得更加激进，而不仅仅是宣传议会改革和耐心地请愿。3月6日，情况变得严峻起来，格拉斯哥（Glasgow）和伦敦发生骚乱；骚乱一开始只针对政府提高所得税的一项提案（实际上已经撤销）。格拉斯哥的暴力更加严重，大多数示威者是失业工人，在政府召集军队并宣读《暴动法》之前，他们抢劫了面包店，把栏杆改造成武器。随后军队进行了射击，一名示威者被杀，两人受重伤。《泰晤士报》报道称："惊恐像野火一样掠过城市，加上最近巴黎的暴乱活动，对政治动荡的恐惧渐渐升起。"[124] 伦敦的骚乱爆发于特拉法尔加广场，一次集会尽管遭到警察的禁止，但仍吸引了1万多人，他们倾听宪章主义演说家谈论法兰西共和国的辉煌，结束时，为《人民宪章》和法国的新政权喝彩。过程中，集会民众和警察发生过一些冲突，一群约200人的抗议者捣毁了商店橱窗和路灯。一名女士的马车被人群拦住，拦路者谴责这位女士"充当贵族"，但由于她的丈夫最近刚被封为贵族，她反倒把这视作一种称赞。《泰晤士报》以高傲又冷漠的口吻进行了报道：总的来说，这一事件表明，"伦敦暴民既不英勇，也没有诗意，他们不爱国，不开明，也不清白，他们只是天生拥有一个好体格罢了"。[125]

然而，危险似乎没有结束。3天后，宪章运动者号召20万人于4月10日，在伦敦南部的肯宁顿公地（Kennington Commom）上举行集会，从那里游行前往议会，以支持议会改革的请愿。社会主义宪章运动者欧内斯特·琼斯（Ernest Jones）称，如果其他城市也模仿这种做法，那么议会将会屈服于这种压力，《人民宪章》将会成为一种法律。随着这一宣告的公开，关于革命威胁的公共恐惧已经开始引起骚动。4月4日，宪章派在伦敦召开大会，这种惊恐随之升级。对于看过关于巴黎革命和社会主义俱乐部新闻报道的人来说，这似乎是宪章派在英国进行的一种恶意模仿。宪章主义者的言辞加剧了焦虑。在大规模示威前夕，琼斯告诉欢呼的人群："帮帮我吧，上帝，明天我就会走在第一排，如果他们想要使用任何暴力，不到24小时，他们就会从下议院中被清走。"[126] 政府的警告作用很大，维多利亚女王和她的家人听取了建议，去了怀特岛的奥斯本庄园。政府当局——年老的惠灵顿（Wellington）公爵也参与进来——做好了应对困境的准备，他们派专业的警察驻守在泰晤士河桥上，同时巧妙地将正规部队布置在视线之外，但又接近战略要地。英格兰银行被沙袋牢牢加固，并且架设了大炮。约有8.5万名公民宣誓成为特警，查尔斯·狄更斯拒绝了这种行为，称特警已经变成了流行病。[127] 事实上，中产阶级政府获得了压倒性的优势，从大富翁到店主、职员这类小资产阶级无不选择支持政府，这使伦敦4月的情况与巴黎2月的情况截然不同。[128]

然而，宪章主义者自己也受到了限制。尽管言辞强烈，但抗议的主要目的是施加压力，而不是清除议会推翻政府。现在，每个人都感受到强大武力的压迫，即使是愤怒的费格斯·奥康纳，当从警察那得知人们被允许在议会大厦前举行集会而非游行时，心中也松了一口气。他踏上马车，告诫聚集的宪章主义者不要因为无礼或愚蠢而毁了自己的事业。琼斯虽然更不情愿，但他也认为这场运动准备并不充分，不足以同政府当局发生冲突。[129] 最终，由奥康纳率领的一个小型代表团向政府递交了宪章主义者的请愿书。议会对请愿书持戏谑的态度，议员对其中的虚假签名更是百般嘲弄（一个小丑竟然赤裸裸地签了"维多利亚女王"）。令人怀疑的是，他们的笑声究竟只是嘲笑，还是一种放松。英国外交大臣帕默斯顿（Palmerston）宣布4月10日是"和平与秩序的胜利"。[130] 尽管这些并没有立刻得到体现，但宪章主义者的运动已逐渐平息下来。尽管一些激进主义者在夏天转而使用武力，但包括琼斯在内的很多领导人都被逮捕了。

宪章运动者的失败预示着1848年爱尔兰的反抗也将以失败告终。伦敦的辉格党政府没有必要对爱尔兰民族主义者让步，他们要聚集全部力量应对英国的革命威胁。都柏林城堡的中尉很快动用了武力。3月，"青年爱尔兰"运动的3位民族主义领导人威廉·史密斯·奥布莱恩（William Smith O'Brien）、托马斯·弗朗西斯·马尔（Thomas Francis Meagher）和约翰·米切尔（John Mitchel）被捕，被指控煽动叛乱。政府希望做到未雨绸缪，阻止叛乱分子在饥荒人群中掀起革命风暴。此前，奥布莱恩曾指责英国政府对成千上万爱尔兰人的死亡故意视而不见。[131] 然而，随着三个人成为民族英雄，这种先发制人的行为也产生了一定的反作用。由于陪审团无法做出裁决，前两个案件的诉讼以失败告终。当米切尔被判处14年的流放时，暴躁的民族主义运动者团结起来了。约翰·奥康奈尔（John O'Connell）领导的温和的"废除联盟"（因为希望废除爱尔兰和英国的1 800个联合会而得名）与军事化的"青年爱尔兰"联合，组成了"爱尔兰联盟"。"青年爱尔兰"下设70多个"同盟俱乐部"，共有2万多人，大多数人在城市里（其中一半的人在都柏林）。他们有权使用武器，由此被视为爱尔兰"国民卫队"。然而，在这样的情况下，武器供不应求，联盟也没有充足的时间进行训练。汹涌的革命气势引发了政府新一轮的镇压。7月，政府禁止都柏林人持有武器，暂停人身保护令，一些联盟也受到了制裁。面对压制，温和派难以把握中间位置，而联盟决策者建议静观其变，争取更好的时机发动起义（尽管这种概率非常小）。它授权"联盟俱乐部"使用武力自卫，但不要起来反抗。只有史密斯·奥布莱恩和包括马尔在内的其他一些"青年爱尔兰"成员坚守自己的岗位。7月底，他们试图在基尔肯尼（Kilkenny）周边的乡村发起反抗，但他们只聚集起了几百名新兵。史密斯·奥布莱恩和他最亲密的战士最终只夺取了一个农场和一片菜地。这里曾经发生过激烈的战斗，警察步枪射击时的光照亮了黑夜。马尔后来服务于美国内战中的联盟一派[*]，他声称爱尔兰革命使用的军火可以与他在葛底斯堡（Gettysburg）那天使用的弹药相提并论。[132]虽然起义者很分散，但史密斯·奥布莱恩后来还是在火车站被捕，最终被送到澳大利亚的塔斯马尼亚（Tasmania）。[133]

---

[*] 即南方诸州组成的"美利坚联盟国"。——编者注

＊＊＊

面对 1848 年的重创，不列颠维持了其既定秩序。欧洲其他政府中，荷兰和比利时在公民逐渐高涨的情绪造成严峻挑战之前就做出了及时的让步。与此同时，俄国反其道而行之，残酷地镇压了革命反对派。瑞典政府也用武力拒绝了改革的要求。

在荷兰，根据 1815 年宪法，国王威廉二世（William Ⅱ）在议会的制约下进行统治，这种制约远远算不上强大。在欧洲革命爆发之前，国王表示他愿意听取议会关于温和的宪法改革的讨论意见。然而，3 月 9 日真正进行讨论时，革命的洪流已经席卷了整个大陆。威廉二世无视少数内阁成员的意见，坚决反对超出原来法案的任何改革。自由派领导人约翰·托尔贝克（Johan Thorbecke）到处传播失望的情绪，声称国王同意的法案只包括了改革者的一小部分意见。[134] 然而，4 天之后，谣言传来，阿姆斯特丹人民正变得焦躁不安。受此影响，国王没有咨询内阁的意见，直接召集下议院领导人讨论了一个更激进的改革方案。保守派大臣们在议会全体人员面前辞职。此事促使 3 月 14 日至 16 日在海牙举行的庆祝活动发展为一次和平游行，目的是支持托尔贝克的提案，要求由独立的委员会决定改革的范围。国王十分痛苦（儿子的突然去世也动摇了他的意志），任命了委员会。委员会任命了新内阁，并且起草了意义更为深远的改革方案。方案确认了言论、集会、结社和宗教自由。其中，宗教自由对信仰天主教的少数民族很重要，因为他们的身份犹如二等公民。政府各部门对由直选产生的议会负责，选期依法而定，不过选举权有限。国王接受了这些建议；建议于 6 月 19 日递交到议会面前,但保守派拒绝了大多数的提议。就 1848 年而言,荷兰人陷入了十分奇特的境遇,政府正试图施行政治改革,但受到当选议会的阻挠,最后只能妥协。9月选举之后,倾向改革的新议会产生了,于是也通过了各个修正法案。这就意味着,1849—1853 年当欧洲其他地方的反动派重新掌权时,荷兰却在托尔贝克的领导下组建了自由政府。美国大使认为这可能会给欧洲其他地方争取自由的朋友一些慰藉。[135]1848 年的事件也加强了这样一种信念,即因为荷兰在欧洲只是一个没有实力的弱国,没有什么国际使命(尽管它仍然是殖民国),它不需要一个强大、富有压制力的政府,因此它可以给予人民更大的自由。从这个意义上讲,自 18 世纪末明显的衰落之后,荷兰在 1848 年通过实现本国的解放,在世界上占据了一席之地[136]。

邻国比利时没有发生革命,部分原因是 1831 年宪法刚刚出台。这部宪法是伴随着比利时摆脱荷兰人统治、取得独立而产生的。在 1848 年之前,它普遍被其他国家尊为自由的模范。比利时有着令欧洲其他地区的反对派普遍赞赏的议会,因此,尽管共和运动在 2 月和 3 月经历了短暂的繁荣,却并没有撼动它的立宪君主政体。欧洲大多数工业国家都弥漫着痛苦,毫无疑问,3 月出现了社会主义者的骚动和暴乱,但在精明的自由主义者夏尔·罗希尔(Charles Rogier)的领导下,政府很快在 3 月 2 日展开行动,扩大了选举权,平息了中产阶级反对派的怒气。经济危机也通过公共投资、给穷人发放补贴、改造济贫院和城市当铺得到解决。这些措施及时地安抚了民众的失望情绪和激进反对派的不满。3 月底,政府遭到来自法国边界外籍共和派人士的小规模入侵,但威胁很快就被轻而易举地镇压。政府感觉自身力量很强大,不打算执行对 17 名叛乱分子的死刑判决。随后，政府又在 6 月的选举中获胜。除此之外，精力充沛的佛兰德地区的人民也没有发动民族主义运动，否则其种族冲突也会威胁到比利时。[137]

丹麦国王弗雷德里克七世（Frederick Ⅶ）执行了他父亲克里斯蒂安八世（Christian Ⅷ）的宪法改革——他父亲在生命最后屈服于自由主义的压力，创立了王国联合议会（Joint Estates of the Realm），议会掌握立法权和财政权。当新国王签署废除王室绝对主义统治的法令时，周围鸦雀无声，甚至能清楚地听见写字的声音。当时是 1848 年 1 月 29 日，恰逢其时。[138]

* * *

低地国家和丹麦地区做出了让步，俄国和瑞典的情况却截然不同。3 月 18 日，瑞典斯德哥尔摩（Stockholm）举行宴会，宴会横幅上写有要求改革、建立共和国的标语。政府非常紧张，于是出动军队，杀死了 30 人。接连几天，都城都是一片混乱。国王奥斯卡一世（Oscar Ⅰ）在 1848 年之前享有自由的声誉，但现在却反对政治改革，瑞典的公民权在接下来的十几年里都没有任何扩大。1815 年以来，挪威和瑞典一直是政治联盟，当地出现了类似宪章运动的活动，力图争取男性普选权和社会改革。在社会主义者马库斯·特拉内（Marcus Thrane）的领导下，来自各地的代表在奥斯陆［Oslo，当时那里叫作克里斯蒂安尼亚（Christiania）］集会。后来集会遭到破坏，117 人被捕，其中包括特拉内——他服刑 4 年后，去往美国。[139]

尽管瑞典和挪威当局毫不妥协，但相较之下，俄国最初的压制仍更显严厉。据称,沙皇尼古拉一世听到 2 月巴黎革命的消息后,突然冲进了宫殿宴会厅,宣称:"绅士们,套上你们的马鞍吧,法国已经建立了共和国。"[140]

事实上,沙皇拒不采取激烈的行动,至少在外交政策上如此。他将部分军队移至西部边界,宣布无论敌人出现在哪里,他都做好了应对的准备。但这仍是一种防御的姿态,因为他宣称俄国不会介入欧洲革命,"除非混乱蔓延到俄国境内"。[141] 尼古拉一世的发言表明他的外交政策非常谨慎,但显而易见的是,他对"政治错误"在帝国的扩散同样感到焦虑不安。在普鲁士大使看来,这远不能帮助俄国免于感染这种"疾病"。[142] 因此,在某种程度上,俄国的动员行动并非是准备攻击欧洲的革命势力,而是为了应对来自好战的德意志的挑战。在德意志,激进的自由主义者正呼吁对俄国发起一场革命战争,以解放波兰、促进德意志统一。这也是为了告诫受压迫的波兰人,像 1831 年那样的起义毫无重复的价值。可以理解,许多欧洲人都非常担心俄国的策略,但尼古拉一世并不打算挑起大型的欧洲战争。他清楚地意识到,英国非常担心俄国势力的扩张,尤其是在中东和亚洲的扩张。另一方面,他认为英国是除俄国外唯一不受革命影响的大国,是恢复大陆稳定的一个潜在的可靠外交伙伴。他也担心这次革命浪潮会传到俄国。因此,他并不对外出击,而是把自己的帝国同欧洲其他国家隔离开来,同时在内部压制所有的反对力量。

3 月下旬,尼古拉一世下令禁止发布与欧洲革命相关的消息,命令所有在国外的俄国人回国。后来证明该措施产生了相反的效果,因为这 8 万多人在返乡的途中,或许因为激动,或许因为恐惧,一直不停地谈论他们曾经目睹的革命事件。同时,沙皇禁止所有俄国人离开本国，禁止所有外国人入境（商人和得到沙皇明确许可的人除外）。尼古拉一世试图封锁俄国，并试图扼杀内部所有的反对言论，即便是温和的言论也难逃劫难。4月2日（按俄国日历计算，比欧洲其他地方使用的格里高利历计算方法早12天）*，他成立了一个委员会来监督国家审查员，因为他认为这些审查员现在过于松懈。首先被沙皇的严苛刺痛的并不是革命主义者，而是政权忠实的仆人。设立"4月2日委员会"的原因之一是教育大臣谢尔盖·乌瓦罗夫（Sergei Uvarov）被认为过于"自由"。而事实上，他也是"国家政权意识形态"的创造者。根据他的理论，一个忠实臣民的表现就是信仰东正教，顺从沙皇的专制，是热忱的俄罗斯人。乌瓦罗夫应该属于尼古拉一世众多较聪明的大臣中的一个，但他并不是野蛮的激进主义者。[143]知识分子一直以来都小心翼翼地表达自己的观点，不过普希金、果戈理、莱蒙托夫（Lermontov）这类人一直以来则多少都被放纵。而现在的气氛非常压抑。长期来看，受害最大的是尼古拉一世，他似乎一直都非常渴望找寻一种方式来解决农奴的问题，至少通过了一系列改善农民生活的法令，但他现在已完全退出了改革。

1849年，压制运动更加激化，那时候政府残酷地打击了米哈伊尔·彼得拉舍夫斯基（Mikhail Petrashevskii）领导下的圣彼得堡知识分子。在19世纪40年代，包括费奥多尔·陀思妥耶夫斯基在内的这群人共同讨论了俄国的社会状态，提出了新的想法，探讨了新的未来，其中包括用社会主义方法解决贫困、农奴和压迫问题。他

---

* 格里高利历是公历的标准名称，由教皇格里高利十三世于1582年颁布。由于算法的不同，18世纪俄历日期比格里高利历日期早11天，19世纪早12天，20世纪早13天。1918年，苏俄政府宣布停止使用旧历，采用公历。——编者注

们甚至将自己的想法落到了纸上，1845年他们出版了《外来词字典》，借此对这些概念进行讨论和定义。然而，这个群体并非革命组织。在尼古拉·斯佩什涅夫（Nicolai Speshnev）领导下有一群头脑发热的人，他们听闻巴黎二月革命的消息，希望立刻发动政变、暗杀沙皇。彼得拉舍夫斯基派（它为人所知的称呼）的大多数都热衷于革命，但他们还记得十二月党人的命运，那些自由派军官在1825年发动了推翻沙皇的军事行动，以失败告终。包括彼得拉舍夫斯基在内的大多数人都采取了费边主义（Fabian）的做法。他们希望通过在农民中进行长期的宣传运动，收揽人心，改变人们的想法，为革命奠定基础。这样，在遥远的未来，当革命爆发的时候，它必然获得广泛的支持。而在激烈的分裂中，斯佩什涅夫和极端主义分子准备立即发动农民革命。

然而，大多数人本质上的温和并没有给彼得拉舍夫斯基派带来什么好处。从1848年2月起，他们就受到了严密的监督，但证据搜集十分缓慢，这使得迟早要来的打击行动被推迟了。1849年，沙皇秘密警察第三厅的秘密特工向上级揭发了斯佩什涅夫的计划。4月23日晚上，政府突然发动袭击，逮捕了252人，所有人都遭到审讯，51人被流放，21人被判死刑。[144]"一群无足轻重的人，他们大多是年轻的不良少年，试图用粗暴的方式践踏宗教、法律和财产的神圣权利。"一篇定罪的起诉书中如是写道。[145]直到11月16日执行死刑的那一刻，死刑决定才被改判。精神受到重创的陀思妥耶夫斯基是这次威慑性质的死刑判决的受害者之一。减刑后，他被流放西伯利亚4年。在镇压彼得拉舍夫斯基派的过程中，乌瓦罗夫也受到了牵连。抓捕行动一周后，尼古拉一世大大减少了大学入学的人数，在他看来大学是培养反对派的温床。教育大臣乌瓦罗夫也被迫辞职。

因此，俄国并没有发生革命，但从长期来看，沙皇却为此付出了高昂的代价：这是皮洛士式的胜利（Pyrrhic Victory）。[146] 在1848年之前，政权和知识分子之间关系紧张，但双方之间还有合作与退让（俄国的作家、诗人和历史学家这些知识分子大多有贵族背景，他们替代了俄国的公民社会）。但在全面镇压后，政府和知识分子之间的"分歧"[147]变成了一种无法逾越的鸿沟。俄国并没有推进农奴制改革（尼古拉一世清楚意识到他无法废除农奴制），因此落后于欧洲其他国家。在欧洲那些当时还存在农奴制的地方，农奴制于1848年得以废除。尼古拉一世让非俄罗斯民族臣服于自己的帝国，由此引发了波兰人、乌克兰人和其他臣属民族的愤怒。尼古拉一世将这些毒瘤留给了他的继承人。沙皇政府和俄国社会的缺点在1854—1856年灾难性的克里米亚战争中展露无遗，这样的残局留给沙皇亚历山大二世（Alexander Ⅱ）来收拾。他跨出了很大一步，于1861年废除了农奴制，并施行了其他改革。但尼古拉一世对反对派的强硬态度加剧了政府和反对派双方的对峙。镇压中不妥协的态度使得激进的知识分子相信，从此以后无法与政府达成建设性的和解，只有通过武力的方式才能取得有意义的进步。[148] 尼古拉一世在1848年的强烈反应造成的结果是，当19世纪60年代对政权的批评重新上演时，反对派会通过真正的革命方式来表达自己的不满。

* * *

虽然这些在欧洲边缘地区的国家没有经历大陆中心地带所经历

的剧烈动荡，但它们也并非完全不受革命浪潮冲击或不发生变革。虽然有这些例外，1月下旬到3月末之间的几周发生的事情，无论从速度还是影响范围来看都令人震惊。大范围的革命背后，是19世纪40年代后期爆发的经济危机。尽管欧洲各个地区的经济发展情况各不相同，每个国家的社会结构和政治制度也各有特点，但每个国家都背负着巨大的经济压力，现任政府对危机的无能为力让人们感到困扰和沮丧。然而这并不能解释为什么会许多国家在如此短的时间内同时爆发革命，也不能解释革命为什么取得这样令人震惊的成功。

  第一个原因是1848年之前，整个欧洲就对政治改革提出了广泛（实际上是近乎普遍的）的要求。甚至英国、瑞典、挪威、西班牙和荷兰这些国家也是如此，尽管它们在动荡的那一年并未经历革命骚乱。1846—1847年，加利西亚起义、瑞士的联盟战争、德意志的自由复兴、意大利的紧张局势和法国的宴会运动等一系列政治骚动，都表明了公民社会的失望情绪在增长和传播，只不过保守秩序对其进行了限制而已。这些暴力和抗议活动的爆发预示着一些更激烈的事情即将发生。

  随着巴黎革命的爆发，真正剧烈的动乱似乎正在激化。巴黎的革命影响了整个欧洲，因为法国现在是成熟的革命传统地，它也是勇气或恐惧（根据个人对革命的看法）最重要的来源。反动派、改革者和革命家都仔细研究过1789年伟大的法国大革命，从中吸取经验教训，也得到了警告。在1848年前3个月欧洲最初的革命风潮中，随着反对派的势力越来越大，法国政府对结果的预测并不乐观。除此之外，18世纪90年代的一幕幕重新上演，法国革命突然有了新的生命力，并且传向了周边国家，这种情况鼓励一些政府对内做出妥协，以更好地应对可能出现的类似法国遇到的挑战。

因此，是巴黎的二月革命而非1月在巴勒莫和那不勒斯的枪鸣，让欧洲处于枪火的光亮之中。1848年欧洲革命表达的需求、观点，甚至刚刚建立的制度，都从1789年革命的模式中吸取了一些经验，3月在布达佩斯革命中建立的公共安全委员会和国民卫队就是例子。温和的自由派同样受到1789年革命的影响，他们赞赏当时获得的自由，同时又担心1792—1794年间的事件再次发生。那些事件表明恐怖和社会冲突也是革命的一种潜在后果，甚至可能是民主的潜在后果。[149]

然而在1848年，巴黎革命并非唯一的触发点。在德意志，法国的二月革命激发了较小的"中间邦国"的革命运动，但在邦联两大霸权之一普鲁士的首都柏林却未引起任何政治变化。梅特涅在另一个德意志大城市维也纳的倒台，加剧了普鲁士首都的政治压力，随后3月18日起义发生。维也纳的三月革命，而不是巴黎的二月革命，导致了哈布斯堡帝国保守秩序的解体。布达佩斯、布拉格、米兰和威尼斯的公民确实因法国的消息而感到兴奋，但梅特涅被驱逐和帝国对宪法的承诺才是自由派决心发动革命的必要条件。

此外，尽管巴黎和维也纳发生的事件是不折不扣的触发因素，但在1848年2月和3月的革命之前，尽管程度不同，各处也已经活跃着反对派的身影了。社会困境、经济困境，从19世纪40年代中期开始的几乎每个欧洲国家都日益高涨的立宪诉求，加上1848年政府的弱点和明显的不自信，使得革命具有了爆发性的力量，并保证了革命最初的胜利。革命浪潮迅速席卷欧洲则主要得益于现代技术的进步。1789年，不管是通过快马还是航运，最快也需几周才能把巴士底狱陷落的消息传到中欧和东欧。而在 1848 年，由于轮船和新兴电报系统的出现，一份报道的传播只需几天或几分钟。

因为旧政权暂时表现出的弱势，自由主义反对派相对保守秩序也掌握了优势。旧政权的弱点——除了最温和的改革和最有限的社会干预外，它不愿支持任何事情——通过这次经济危机暴露了出来。除此之外，由于失业率居高不下、税收急剧下降、农业面临的灾难，以及制造业的衰落，政府一度怀疑自己是否有能力部署武装力量。然而，政府遭受的自信危机已不仅仅是财政和武力的问题。19 世纪 40 年代后期的社会氛围和预期让官员及军事指挥官怀疑自己是否有能力应对此次危机。因此，旧政权的失败既是领导问题也是结构问题，后者包括经济危机及政府与公民社会的分裂。面对起义带来的显性或隐性的威胁挑战，政府失去了理智，有的打算束手就擒，有的会对反对派的挑战做出混乱而又矛盾的反应。提到腓特烈·威廉四世在柏林的街头一战中的退缩不前，利奥波德·冯·格拉赫将军评论道："我们那时候对这种战争毫无经验，并没有考虑到拖延会使事情越来越糟。"[150] 三月革命后，普鲁士军队撤出柏林，法国大使阿道夫·德·西尔库尔认为军队毫无士气、暴躁不安，但还算听从命令……之前从来没有这么优秀的军队如此不幸地被抛弃，甚至被自己的领导人否认。[151] 即便是最坚定和纪律严明的军队也经常被置于没有整体目的或作战计划的战争中。巴黎就是这种情况，路易-菲利普（因为相当合理的理由）下令禁止挑起流血冲突，对街垒进行攻击之前必须先进行谈判。这样的命令只会让自己的指挥官处在不确定的状态中：如果谈判计划失败，他们是要武力清除街道，还是坐等政府的下一步决策？在 2 月 24 日路易-菲利普下台时，奥尔良家族的夏尔·德·雷米萨（Charles de Rémusat）也在现场，他指出，国王几个小时后就丧失了信心。他后来说，"是我们的态度"，"现在想来，是我们软弱的意志让我感到羞愧"。[152] 在米兰，许布纳爵士对拉德茨基鼓舞人心的能力深信不疑，他指责的是维也纳对拉德茨基缺乏后勤和精神上的支持，使他没能守住米兰。许布纳在"光荣五日"前写道：

> （梅特涅）说到干预，我并没有看到军队为此做准备。与此相反，我相信梅特涅曾经拒绝给拉德茨基元帅他曾许诺的必要帮助，原因是经济上的窘迫，尽管并不怎么令人信服……元帅孤军奋战，实际上处于瘫痪状态，没有能力应对此事。他仅能实施折中办法，进行小规模尝试，结果即使不是灾难，也是一种失败。[153]

然而，旧秩序还有其他弱点，它们确保了起义的成功。革命者本身表现出了跨越社会阶层和政治派别的团结一致，这使他们取得了革命初期的胜利。米兰的卡塔内奥通常把中产阶级视为民族运动的主力（事实上这并不公平，因为1848年之前大多数自由党反对运动的政治和文化领导者都是贵族出身），强调"光荣五日"所体现的社会团结。他曾做过这样的描述：数不胜数的农民冲进米兰，见到了"曾经亲手建造街垒和装载武器的高贵的妇女"。[154] 作为一名共和派人，卡塔内奥强调，随着争取自由的事业超越了贫富和性别的分歧，米兰革命的社会统一性应该得到重视。有趣的是，他的观点却得到了敌对方的证实。许布纳以罪犯的身份被抓到米兰大街上游行,他注意到武装起来的农民在守卫路障,年轻的女士帮忙建造防御工事,许多神父戴着"三色帽章的宽边帽子,手里拿着剑"。贵族和资产阶级则拿着步枪,"从一个肩膀换到另一个肩膀,他们不知所措,似乎对自己把玩的东西略感惊讶"。[155] 教会在意大利扮演的角色尤为重要。庇护九世作为名誉领袖,成功超越了社会和政治分裂,为意大利起义提供了令人振奋的民族统一的核心元素。当地的神职人员也扮演了同样重要的角色。3月18日,米兰爆发武力冲突,当大主教穿着意大利三色旗出现时,人们的情绪前所未有地高涨,卡洛·奥西奥描写道,正是陪同大主教出现的那些人最先提议设立街垒。[156] 匈牙利贵族掌握了几乎所有的革命领导权,革命受到布达佩斯市民的支持,农民暴动的威胁也催促贵族进行改革。

农民给予革命人数上的支持(事实证明是临时的),同时确认了旧秩序不能依靠乡村为自己提供支持和保证。在法国、德意志西部、伦巴第、威尼西亚和意大利南部,农村动乱给予革命广泛的社会基础,打击了保守派的信心。在城市起义中,工人和工匠给这次起义提供了重要支持。人们对柏林三月革命的900名波尔西克工人有着一种颇为赞赏的说法,尽管这种说法不知从何而来:他们在3月18日的街垒战役中"表现出了英雄般的勇气和耐力,由此,这场战役确立了人民事业不可否认的重要性"。[157] 妇女参与了最初的和平示威游行。战争爆发时,她们帮助建造和修复路障,装载武器,为起义者提供粮食,照顾伤员。战场上,她们挥舞着旗子,喊着口号,为革命者加油。每次战斗都能看到这样的画面。

沉默的财产所有者——中产阶级或其他阶级——背叛政府,投向革命阵营,通常具有决定性作用。2月24日,托克维尔偶遇了一支国民卫队，该队伍从他富有的邻居那儿来，这位邻居已抛弃了七月王朝："因为错在政府，所以政府应该承担风险。我们不希望自己为这些管理水平糟糕的人送命。"[158] 七月王朝的衰落是由于它的基石——财产所有者、企业家和小商人——在紧急时刻抛弃了它。这些人的保守主义中混合着温和的自由主义。此后，他们用了两年的时间重新维持稳定、设立秩序，他们把这视为防范激进因素的措施，这些激进因素曾在 1848 年 2 月得以释放。然而，不管大多数中产阶级的转变多么缺乏诚意，在很大程度上，他们都是革命成功的重要因素，因为他们为民众提供了公民卫队，这种卫队在巴黎、布拉格和维也纳早已存在，在布达佩斯、威尼斯和柏林则刚刚建立。由于这些民兵主要来自遵纪守法的有产者和市民，他们对旧政权失去信心，大大削弱了旧政权控制街道的能力。旧政权只有残暴地使用常备军，才可能掌控街道，但事实证明这也常常把情况弄得更糟。自由派的贵族、神父、资产阶级、工匠、工人、学生、农民、妇女、男人，甚至孩子们都在接二连三的起义中以不同的方式支持这场革命。

然而，社会团结并不能维持下去。在某种程度上，1848 年的革命是建立在乔治·迪沃（Georges Duveau）所谓的"诗意幻想"（lyrical illusion）[159] 基础上的。首先，这个"幻想"要求"人民确实战胜旧政权，甚至打败了他们的武装力量"。部分事实是这样，在受到革命影响的大多欧洲国家中，旧政权的结构已被破坏，甚至严重受损，但并没有彻底被摧毁。只有法国除外，它是唯一一个通过革命摧毁君主制的国家。而在欧洲其他地方，君主制依然保留，其大臣们和顾问坚决拒绝进一步的改变，甚至要剿灭革命。他们也控制着武装力量，这在整个 1848 年看来都是一个决定性的因素。第二，"诗意幻想"也是基于"革命标志着新开端"这一理念提出的，这一理念认为各个阶级和民族的团结可以促进新自由的发展，以及新的自由秩序的产生。这一希望所隐藏的问题很快便显现出来，因为新生的自由政权在不同程度上、以不同的方式受到两大基本问题的困扰，而这两个问题足以使其分裂。第一个是"民族问题"，即在新的自由秩序下，政治团结和少数民族的地位问题。第二个是"社会问题"，即如何处理困扰了很多人的赤贫难题，这既是更为广泛的经济结构变动的一部分，也是19世纪40年代痛苦经历的一部分。接下来的两章将会探讨这两个问题。

第三章

民族之春

1848年2月28日,范妮·莱瓦尔德(Fanny Lewald)陷入沉思,她在日记中写道:"新时代开始了。这会给法国人带来什么?新的战争,谋杀和断头台,还是短暂的和平时代后新的暴政?我不相信这些……文明人之间的战争是野蛮的动物行为留下的最后痕迹,这种行为必须从地球上消失。但我相信人类,相信未来,相信共和国必然存在。"[1]德意志自由主义者把1848称为"民族之春",这是一个孕育着希望的名字,孕育了革命初期民族解放的希望;当时,民族愿望的实现似乎突然间成名可能。3月5日,海德堡会议宣布德意志不得干涉他国事务,"不得削弱或者剥夺其他国家追求自由和独立的权利"。[2]

　　然而,1848年的自由民族主义也有黑暗的一面。一系列革命为欧洲自由主义者提供了前所未有的实现民族独立和民族统一的机会。但是这些愿望的实现往往与邻国相冲突;另一方面,在这些新兴自由主义国家预设的边境线内,还存在少数民族。1848年,多数爱国者在为民族同胞争取民族权利和自由的过程中,肆意践踏他族人民的自由。很快,民族利己主义的强硬举动就颠覆了1848年那些令人愉悦的普遍原则。结果,在很多出现"民族问题"的地方,欧洲人民都将经历惨烈的种族冲突。革命成员反目成仇,给保守派提供了实施反革命活动的机会。

最初，欧洲人忧虑地关注着法国的情况。欧洲自由主义者一方面深受二月革命的鼓舞，另一方面也十分不安，他们记得法兰西第一共和国曾是狂热的扩张主义者。欧洲人焦虑万分，皮埃蒙特起初都没有把注意力放在奥地利上，而是沿法国边界部署了军队。比利时和荷兰政府放下恩怨，讨论如何共同防御法国。莱茵地区的普鲁士军队处于高度戒备状态，德意志其他邦国，无论大小，纷纷效仿。[3]处于边境地区的巴登陷入"法国号角"的恐慌之中，农民们远远地听到德军的鼓声都会误以为是法国军队劫掠的声音。[4]

毫无疑问，法国激进派期待临时政府采取积极的外交政策，一洗 1815 年战败的耻辱。对共和派左翼来说，这意味着重操 18 世纪 90 年代的革命旧业，派遣爱国军队，解放意大利和波兰，传播民主福音。[5]法国新任警察局长、社会主义者马克·科西迪埃（Marc Caussidière）写道：二月革命就像"一个解放全体欧洲人的神圣诺言"，这也解释了为何会有不计其数的来自"全球各地"的激进主义者到巴黎市政厅演讲。[6]这些外国政治难民让法国输出的革命信仰持续升温。在较好的时代，像巴黎和里昂这样的城市是经济活动的蜂巢，吸引了大批外来劳工（1848 年约有 18.4 万人在巴黎），[7]他们中的很多人此时正饱受失业之苦。贫穷让他们成为孕育革命的沃土，热衷政治的同胞在他们中间播下革命的种子。德意志人是最大的外籍团体，共有 5.5 万人；波兰人虽然只有 4 000，但可能是最有活力的。在巴黎，德意志流亡诗人格奥尔格·赫尔韦格（Georg Herwegh）组织了一支由约 800 名德意志流亡者和工人组成的准军事队伍，准备率先在德意志进行共和革命。他告诉法国人："在这不平凡的3天里，你们与过去决裂，为全世界人民高高举起了旗帜。"[8] 在建立临时政府时，法国激进派被温和派抢占了政治主动性。整个春天，激进派都在发出爱国主义呼声，要求实施更具侵略性的外交政策，并借此夺回政治主动权。3月26日，多达700位波兰民主人士无视拉马丁前一天晚上取消示威游行的紧急呼吁，带领巴黎激进社团成员（约2万人）在市政厅外集会。这场抗议活动要求法国政府提供军队和武器的支持。外交部部长对身在法国的波兰人表示同情，但仅仅承诺提供财政援助帮他们重返家园。随后，抗议活动和平结束。[9]

当时的拉马丁处境艰难，因为他的任务是让邻国相信法国新共和国崇尚和平。2月25日的事件很好地说明了他拥有微妙的平衡技巧。拉马丁说服了激进的示威者放弃将红旗作为第二共和国旗帜的要求。为此，他不得不迎合他们的民族主义冲动："红旗……在血泊中，被拖进了战神广场[10]……三色旗，承载着自由，已走遍世界。"[11] 甚至英国大使康斯坦丁·诺曼比（Constantine Normanby）勋爵也对拉马丁具有象征性的胜利持积极态度，认为可以向英国传递这样的信号：大多数法国人支持新政府，"相信政府为缓和民众情绪，重建秩序、重树信心而做出的努力"。[12] 第二天，拉马丁的同僚也提供了帮助，为了斩断与第一共和国恐怖统治的所有联系，他们废除了政治罪中的死刑。更重要的是，拉马丁的《欧洲宣言》（发表于3月4日）巧妙地平衡了他维护和平的愿望与国内政治的迫切需要，减轻了激进派带来的压力。这番安抚言论表示君主政体和共和政体可以共存。但他否认了1815年和平条约的公正性，并且声称，法国认为"这些条款需要在各方达成共识的基础上进行修改"。

然而，他温和的表面下也有强硬的手段。为了缓解民族主义造成的压力，拉马丁宣称，如果遭到袭击，法国将是一个不可战胜的敌人："她军事实力突出，她行为果敢，她拥有强大的力量……在国内，她的力量无人能敌。在国外，她令人畏惧。"如果邻国，特别是瑞士和意大利，有意推进民主化改革或完成统一，法国也会毫不犹豫地帮助它们；如果它们遭到保守力量的袭击，法国会挺身而出。但共和国希望以身作则，并不想诉诸武力：

> 法国不会私下在邻国之间煽风点火。法国人清楚，不根植于自己土地的自由必不能长久。法国将会影响他国，但是通过传播思想之光，通过向世界展示美好的秩序与和平，通过唯一而可靠的劝诱——带着尊重与同情的劝诱。[13]

然而，叛乱煽动者并没有听。相反，他们依旧积极支持外国革命者回去推翻自己的政府。临时政府仍然十分谨慎，采取严厉措施，防止他们向外国输出共和革命。3月17日，约10万名巴黎左翼成员参与了一场大规模的示威游行。这是一场骇人听闻的武力展示，政府官员们严密戒备，造成的结果是政府对里昂激进派的活动反应迟缓。里昂的激进派向来自萨伏依的外籍移民提供帮助，试图把当时属于皮埃蒙特的萨伏依并入法国。一个由1 500人组成的队伍越界进入萨伏依，于4月3日占领了尚贝里（Chambéry），但当地农民对那些衣衫褴褛、装备不佳的侵略者并不友善。第二天，他们从山上席卷而来，将军队驱逐，杀死了5人，俘虏了800人。[14] 更严重的是，比利时边境爆发了一场武装冲突。巴黎约2 000名比利时失业工人被共和派流亡者编入军队，向北行进，意欲推翻布鲁塞尔的君主制。法国当局十分谨慎，仅仅为手无寸铁的比利时人提供铁路交通支持，并且仅把他们运到边界。然而，第一列火车却意外地越过边境，把那些即将成为革命者的人送到了严阵以待的比利时军队面前。第二列火车运载了 1 200 个比利时革命者，他们在里尔得到了武器，并于 3 月 28 日晚上潜入比利时。他们径直奔向比利时先头部队的枪口。双方在一个恰巧名叫冒险村（Risquons Tout）的地方发生了长达一个小时的冲突，在火枪和霰弹中，革命者溃不成军。[15]

拉马丁必须努力平息这些外交意外。愤怒的外交部部长为了抚平这次惨败带来的尴尬，（很多余地）向卡洛·阿尔贝托提供了军事援助，帮助其将革命者逐出萨伏依。[16] 比利时遭受攻击的事件还潜藏着更大的破坏性，因为比利时的中立国地位由英国保证，英国将法国任何形式的入侵都当作对它切身利益的严重威胁。为了平息其他国家的怒火，拉马丁发表声明，坦言临时政府没有把握能动用武力来对付法国境内激进的麻烦制造者，但他认为其他政府完全有权以武力待之。[17]

拉马丁巧妙地化解了这些难题，并取得了外交进展。虽然只有美国驻巴黎大使理查德·拉什（Richard Rush）立即完全承认了第二共和国，但拉马丁对欧洲发表的宣言确实缓解了他国对法国意图不可避免的担忧。拉马丁私下向欧洲各国大使解释了更多细节，各国代表，甚至俄国，都一一表示不会干涉新共和国。

I 德意志的自由与民族问题

最初，来自法国的潜在威胁，以及可能遭到意图打击欧洲革命的俄军冲击的残酷现实，促使德意志人实现了意志上的团结，各邦都想通过统一增强国力。2月27日的曼海姆请愿书清楚地描述了德意志人被困在法国革命之锤和俄国铁砧之间的感觉："几天之后，法国军队可能会到达我们的边境，俄国也会在北方组建自己的军队……德意志不能再忍耐，不能任凭自己被践踏。"[18] 不过德意志统一的动力不仅仅源于恐惧：德意志人还受到了三月革命的鼓舞，燃起了统一的希望。随后，德意志共和派的卡尔·舒尔茨回忆起"民族之春"时这样写道："为伟大事业牺牲自我的精神一度罕见地存在于几乎所有社会阶层之中……我知道很多人都随时准备着牺牲，准备冒着一切危险为人民的自由和祖国的强大而奋斗。"[19] 当时面临的第一个问题是，具体要采取什么样的自由形式。新的自由的德意志应该是民主共和国还是君主立宪制国家？另一个问题是，"祖国"的边界在哪里。后一个问题首先围绕德意志邦国边境内的少数民族展开，尤其是丹麦人和波兰人；其次要弄清楚奥地利与其多语言帝国在多大程度上属于德意志。自由主义者和激进主义者在法兰克福的"预备议会"上就前一个问题在政治上意见相左，后来他们在巴登大公国爆发了武力冲突。

约574人参加了预备议会，他们有的是德意志各邦议会的议员，有的是名声大噪的进步分子，还有的是民众自发选举出来的人。激进派抓住政治危机产生的一切机会，成功地派出了很多代表。激进派领导中，著名人物有普鲁士的约翰·雅各比（Johann Jacoby）、萨克森的罗伯特·布卢姆，以及巴登的古斯塔夫·斯特鲁韦和弗里德里希·黑克尔。[20] 在3月31日的第一次会议上，自由主义者和激进主义者决裂了。在2 000名挤进旁听席的观众敬畏的眼神中，斯特鲁韦起身并宣讲了他的共和主义纲领：建立一个统一的民主德意志。第二天，来自黑森的温和而思想开明的贵族海因里希·冯·加格恩（16岁参加过滑铁卢战争）阻止了激进派的攻击。范妮·莱瓦尔德，一个不算狂热的政治崇拜者，形容加格恩是"高大强壮的人……他的姿态、他的声音、他的表情，无不展现着他的男子汉气概"。[21] 加格恩相信法律、相信秩序、相信君主制。他认为有必要从激进主义手中夺取主动权，正如一个观察者所说，"为了避免革命而成为革命者"。[22] 他和其他温和派尊重德意志各邦，但他们认为德意志想要变强，要成为伟大而文明的民族，就要实现政治统一。自由主义者希望德意志成为君主立宪制联邦，由议会选出君主。4月1日，加格恩现身讲坛，他坚毅的目光让嘈杂的议会回归安静。约425名议员是开明的君主派人士，他的胜利已是定局。4月3日，预备议会分裂，在选举出"五十人委员会"时，在真正的德意志议会于5月召开会议之前，该委员会一直临时代理议会事务。温和派占据了人数上的优势，黑克尔和斯特鲁韦都没有入选该委员会。黑克尔勃然大怒，带走了剩下的代表，而做出妥协的布卢姆和其他民主派人士则留了下来，希望能为联邦德意志效劳，争取让君主政体和共和政体共存。布卢姆与许多民主派人士不同，这不仅是因为他的雄辩（他自幼贫穷，愿意代表贫困群众发声），也不仅因为他留着乱蓬蓬的胡须，有时穿着破烂的工人衫，更是因为他清楚政治妥协的智慧。[23] 然而，激进的左翼不仅被打败了,而且被彻底摧毁了。

* * *

早期的失败让激进派意识到"反动势力"加速了步伐。正如卡尔·舒尔茨所回忆的:"只有在共和国,人民自由才有保障。"[24] 但共和国不可能通过合法手段建立。黑克尔愤怒地说:"在法兰克福什么都做不了,我们必须去巴登组织罢工。"巴登是底层共和主义的沃土。自 1815 年以来,巴登大公国一直是政治上最自由的国家之一。但在大公国的领土上,有许多属于前神圣罗马帝国的贵族和骑士,他们在拿破仑时代领土重组期间失去了政治权力,但他们仍然让农民背负着封建领主遗留的重担。三月革命期间,德意志黑林山(Black Forest)地区的农民侵占了地主的财产,并要求使用武器捍卫自己的主张。这样的反叛者愿意倾听共和派的宣传,[25] 而心怀不满的农民并不是巴登共和派所依靠的唯一力量。在瑞士边境,一个德意志"国家委员会"从 2 万名侨民中招募了一支准军事部队。退伍军人弗朗茨·西格尔(Franz Sigel)在曼海姆组建了一支共和军队。在巴黎,"德意志民主社会"800 名成员的领导人格奥尔格·赫尔韦格声称他可以将部队规模增至 5 000 人。普鲁士驻巴登大使警告称:"(黑克尔)一声令下(也许命令已经下达),由 2 万多名绝望和狂热的无产者组建的军队就可以团结起来。"[26]

巴登的新革命当然是可行的,但是黑克尔和他的同志们似乎高估了民主思想在整个德意志的吸引力。他们认为在大公国的一次决定性出击,便能够引起德意志整座君主大厦的坍塌。但是,三月革命并没有扫清保守主义旧秩序，而且保守主义开始显现出新的活力。4月4日，惊恐万分的巴登自由主义政府向尚存的德意志邦联请求军事援助，得到了会议的批准。与此同时，两名"五十人委员会"的成员，由激进派转为温和派的卡尔·马蒂（Karl Mathy）和冷酷的民主派人亚当·冯·伊茨施泰因（Adam von Itzstein），前往巴登试图阻止黑克尔煽动内战。然而，当能力出众的共和派宣传者约瑟夫·菲克勒（Joseph Fickler）在卡尔斯鲁厄火车站被捕时，起义爆发了。马蒂发现了这名记者，命令站长阻止火车驶离。新闻一出，黑克尔便前往康斯坦茨（Konstanz），在那里同斯特鲁韦进行了会面。他穿上蓝色的工人衫，戴上公鸡羽毛装饰的宽边软帽，腰带上别着手枪，在4月12日宣布成立共和国，并呼吁所有身强力壮的男子同他一道向大公国首都卡尔斯鲁厄进军。黑克尔60人的小队伍在向西北方向行进时不断壮大，最终增加到约800人。他们当中主要包括专业人员、商人、工匠、熟练工、学生和工人，反映了城市或小城镇的生活面貌。[27]

黑克尔部队的许多人手持镰刀而非枪支，他的队伍不能和其他共和派军队会合。在瑞士的德意志武装团体被瑞士军队拦截了，瑞士军队坚守中立立场。法国政府迫切希望摆脱赫尔韦格的"麻烦军队"，它危害了拉马丁精心权衡的外交政策。拉马丁向巴登和巴伐利亚政府警告赫尔韦格的革命企图，拉马丁允诺不给予该"军队"军备支持，但补充道，临时政府还不够强大，无力强行解散他们。[28]同时，赫尔韦格让他性格刚强的妻子艾玛到德意志去和黑克尔的人打交道。她身着裤装，配了一件黑色的上衣，头戴宽边软帽，腰带上别着一把手枪。她发现行军的黑克尔时告诉他：

她丈夫1 200人的军队在法国边界某处整装待发。她问黑克尔何时何地两军可以联手。黑克尔却令人意外地含糊不清，也许他认为赫尔韦格的军队中有很多外国人，这会让军队的行动看起来像是外国入侵。与此同时，更专业的弗朗茨·西格尔正带领他训练有素的3 000人的军队穿过巴登南部，试图找到黑克尔。一天晚上，历经大雪、泥泞和倾盆大雨的军队筋疲力尽，黑克尔在旅馆中尽情享受着温暖，他的湿衣服蒸汽腾腾，他轻蔑地拒绝了"五十人委员会"让他停战的请求。[29]

然而，巴登自由政府的职业军人在数量上有压倒性优势。尽管利奥波德二世军队的忠诚度不高，但德意志邦联派出了黑森和拿骚的部队，符腾堡和巴伐利亚的军队也参与其中。这3万人组成的军队听命于海因里希的长兄弗里德里希·冯·加格恩（Friedrich von Gagern）。加格恩坚持穿便衣，以便更好地展现"平民将军"的形象。这毕竟不是革命和反革命的斗争，而是温和派和激进派的斗争。

4月20日，这两支部队在坎登村（Kandern）发生冲突。冲锋陷阵的加格恩第一个倒下，但是政府军队的专业性和士兵数量很快发挥了作用。黑克尔的军队四处散落，黑克尔奔逃至不到16千米外的瑞士边境。他的一些士兵加入了一直在后面追踪他们的西格尔的部队，然而他们到得太晚了。头脑冷静的西格尔设法把逃亡者联合起来，但后来，他的部队在弗赖堡（Freiburg）被打垮。当时他们三面受袭，用尽了弹药。西格尔设法逃脱了。4月24日晚，赫尔韦格的军队从法国潜入巴登，他们听说了在坎登村和弗赖堡发生的灾难事件。艾玛和格奥尔格·赫尔韦格认为：他们最好放弃起义，行军至瑞士，聚集共和主义残余力量，等时机成熟再战。但是在穿过黑林山的路上,他们的军队遭到了埋伏,溃不成军。黑暗中,败兵一经发现,立即被枪杀或绞死,他们的尸体被悬挂在阴森森的树枝上。艾玛和格奥尔格乔扮成农民,拿着干草叉,最终成功逃到了边境。[30]

巴登的共和派革命不可挽回地分裂了德意志革命者。布卢姆谴责了这次起义:"黑克尔和斯特鲁韦在法律上背叛了国家,这或许不重要,但是他们疯狂的叛乱背叛了人民,阻碍我们走向胜利的道路。这是一桩可怕的罪行。"[31] 这个对激进主义政治机遇的分析肯定有缺陷,但布卢姆的控告表明激进主义运动的分裂已成必然。对自由主义者来说,起义是违反正在酝酿的宪政秩序的,他们反对激进,他们愿意用武力来巩固3月获得的成果。然而,不幸的是,这些部队是在邦联的要求下由相关德意志权贵提供的,这表明在革命最初的冲击过后,旧秩序仍然有相当大的力量。

目前,抛洒在黑林山的鲜血并没有减弱极端共和主义者的革命热情:他们输了一次战斗,但革命战争依旧要取得胜利。黑克尔得到很多支持,这表明,从更大的范围来看,还有很多经济上贫困和政治上不满的人民可以团结。[32] 卡尔·马克思的同事阿诺德·鲁格(Arnold Ruge)试图通过呼吁工人和城市(如法兰克福、柏林和科隆)街头的穷人继续革命。他的报纸《继续革命》(*Die Reform*)公开呼吁进行第二次革命,建立一个雅各宾式的专政政权,为实现共和与平等的民主政治奠定基础。

＊＊＊

德意志的自由君主主义者和共和主义者争得不可开交时，非德意志民族的问题也爆发了。问题出自丹麦对石勒苏益格（Schleswig）公国和荷尔斯泰因（Holstein）公国的统治。帕默斯顿勋爵曾经粗暴地表示，据他所知，只有3个人曾经了解这个问题：一个死了；另一个被这个问题逼疯了；而第三个人——帕默斯顿本人——已经忘记了这一切。[33]1460年，丹麦君主接管这两个公国，条件是两个公国永远不可分割。事实上，荷尔斯泰因（德意志人占多数）加入了神圣罗马帝国，并于1815年成为德意志邦联的一部分。丹麦的君主仍然是它的大公，但即便是最忠诚的丹麦爱国者也和德意志民族主义者一样，认为荷尔斯泰因永远是德意志的一部分。真正有争议的是丹麦人占多数的石勒苏益格。支持"艾德河（River Eider）属于丹麦"的民族主义者认为，丹麦的边界应延伸到石勒苏益格南部的艾德河。因此棘手的问题是，石勒苏益格是否可以与荷尔斯泰因分离，完全归属丹麦。与此相反，他们的德意志对手宣称石勒苏益格应与丹麦分离，并与荷尔斯泰因一起纳入德意志。对双方来说，这是一个极易引起争论的问题。法国二月革命的消息使丹麦人激动不已。自由主义者想要建立一个"现代化"的议会制度，这个议会制度的规定与弗雷德里克七世国王所承诺的"联合议会"不同：石勒苏益格不享有特殊地位，而是像其他地方一样，作为一个独立的省纳入丹麦，代表数量由人口比例决定；而荷尔斯泰因将加入新德意志。丹麦的民族主义和丹麦的自由主义相互联系、不可分割。[34]然而，民族主义似乎更具有情感影响力：3月，一群狂热的丹麦民族主义者在哥本哈根游行,高喊:"艾德河属于丹麦!"大公国的局势尤为严峻,因为弗雷德里克七世没有继承人,继承人问题可以公开辩论。对于德意志民族主义者来说,奥古斯滕堡(Augustenburg)公爵显然是个好选择:他是德意志人,也是统治丹麦的奥登堡王朝的旁支,他将把这两个大公国都纳入德意志邦联。

随后双方摩擦加剧。3月18日,在伦茨堡(Rendsburg)召开的德意志民族主义者会议公然重申了德意志对这两个公国的要求,丹麦人接受挑战。3月21日,哥本哈根爆发了一场大规模的游行示威,迫使国王解散其保守政府,并组建了更开明的政府内阁,任职的有强硬派人物奥尔拉·莱曼(Orla Lehmann)。这个新政府除了通过废除强制劳动和体罚来减轻农民负担、改善农民生活之外,还要求石勒苏益格与丹麦在"共同的自由的宪法"下"统一"。6月5日(丹麦的"宪法日"),此法案获得御准。男性的选举权范围得到扩大:凡年满30周岁,有一定独立性的男性(法律所规定的"有独立住处"的男性)都应享有投票权。不过游行示威事件阻止了石勒苏益格居民参加10月的第一次选举。另一方面,征兵也随之普遍化。[35] 3月24日,大公国的德意志贵族宣布独立,并在基尔(Kiel)建立临时政府:"我们不会容忍德意志领土变成丹麦人的猎物!"[36] 此时德意志民族主义的烈焰被点燃,法兰克福的"五十人委员会"宣布石勒苏益格是德意志邦联的一部分,德意志全部的爱国者纷纷响应,拥护黑、红、金三色旗,支持大公国的军事备战。卡尔·舒尔茨回忆,热心的学生急匆匆地组建了志愿者队伍。但他自己遭到了他的教授及朋友戈特弗里德·金克尔(Gottfried Kinkel)劝阻,金克尔十分理智,指出此时职业军人比一群热心的业余爱好者要好得多。舒尔茨有一位朋友参与了游行,他眼神不好,拿火枪射向了自己人,之后被丹麦人的子弹击倒,并被俘虏。[37]

4月4日,德意志邦联议会响应基尔临时政府的呼吁,请求普鲁士对丹麦进行干预。议会还要求德意志的其他邦国提供特遣队。10天后,普鲁士军队渡过艾德河。各邦国集结的盟军由普鲁士将军弗里德里希·冯·弗兰格尔(Friedrich von Wrangel)指挥,紧随其后。5月3日,德军进入丹麦本土,引发了国际危机。腓特烈·威廉四世对于援助叛军的行为深表担忧,他很快就遇到了来自英国、俄国和瑞典的强大的外交压力,普鲁士军队在北海与波罗的海之间的地峡上人数倍增,引起了这些国家的警惕。丹麦海军正对德意志北部进行封锁,但德意志不能做出有效的回应,可见,德意志也陷入了过度扩张的危险之中。双方僵持不下,欧洲大国设法促成和平协议。而这一旦成功,将会导致1848年德意志革命内部的危机。

冲突再次表明,旧秩序仍然根深蒂固,因为提供军事力量发起战争的是旧邦联和普鲁士军队,而不是"五十人委员会"。这也表明,革命者很容易将"德意志"和"自由"混为一谈,将一个根本没有为自己的人民提供自由改革的大公国贵族叛乱与更广泛的德意志民族统一事业混为一谈。[38] 德意志(公平起见,加上丹麦)对危机的反应表明,当自由这一世界性的福音与赤裸裸的国家利益发生冲突时,人们维护国家利益的信念更为坚定。

* * *

德波关系这个棘手的问题更是充分证明了这一点。事实会证明，波兰人是1848年欧洲参与革命却一无所获的少数民族。[39]乍一看，这是令人惊讶的，因为波兰人是欧洲所有革命分子中最顽固的，和意大利人一样，他们得到很多同情支持。波兰流亡者的"大迁移"维持了波兰革命的烈焰，他们主要在法国活动，但是他们内部存在分裂。"波兰无冕之王"亚当·恰尔托雷斯基（Adam Czartoryski）在巴黎的朗贝尔旅馆开展活动，他身边一些较为保守的贵族认为只有获得欧洲广泛的外交支持和军事援助，自己的国家才能重获自由。[40]另一股比较激进的力量以"波兰民主社会"为代表，该社团是共和派人士于1832年在巴黎成立的。共和派人士担心恰尔托雷斯基的君主野心，认为波兰应该主要依靠自己的革命力量。为此，他们公开宣布废除农奴制和一切贵族特权，希望得到农民对下次起义的支持。1848年革命前夕，"波兰民主社会"自称其成员包括大约1 500名流亡者，他们大部分身在法国，在布鲁塞尔、伦敦和纽约也有分支。[41]

柏林和维也纳的三月革命最终让普鲁士治下的波兹南和奥地利治下的加利西亚加入了波兰爱国主义者的活动。78岁的恰尔托雷斯基看到了新希望，于3月24日登上列车前往柏林，试图推动自由化的普鲁士政府对俄国开战。与此同时，"波兰民主社会"成员参与了3月26日在巴黎爆发的大规模示威游行，他们要求法国政府赞助资金和武器，以应对波兰即将爆发的起义。接下来的一周，爱国的波兰人或步行，或乘火车离开巴黎。为了确保波兰的革命者不在德意志逗留，德意志邦联提供免费的铁路交通。波兰爱国主义者得以穿过德意志，去往波兹南和加利西亚。波兰和德意志利益冲突的战场将在波兰开辟。

德意志人与波兰人之间对立的革命关系已然形成。大约100名因参与1846年未遂的叛乱在普鲁士被捕的波兰政治犯于3月20日获释。在"民族之春"的大背景下,大多数德意志人对波兰人发起声援。3月23日,腓特烈·威廉国王接见了波森大公国(波兰多数人称之为波兹南)的一个代表团。这个地区是普鲁士在瓜分波兰时得到一部分,有很多德意志少数民族(具体统计数量因民族偏见有变化,但波兰人和德意志人的比例约为2∶1)。在波兹南大主教的带领下,这个代表团对君主说:既然德意志将按照"民族原则"进行统一,那么这也应是"波兰复兴的时刻"。[42] 他们要求"重建国家"。第二天,君主的自由内阁批准了他们的要求,成立了一个负责德意志和波兰事务的委员会,讨论大公国的自治形式。4月4日,波兰的"波兹南民族委员会"进一步向德意志和波兰事务的委员会声明:"波兰人不能也不会加入德意志帝国。"后者深表同情,宣布"瓜分波兰是可耻的、不公正的",并承认"德意志人在促进波兰复兴方面负有神圣职责"。[43]

然而,如果这种愿望得以实现,就意味着要面对与当时三大力量中最强大的俄国的战争。这是许多德意志革命者愿意看到的:复兴的波兰将在新德意志与保守的俄国之间形成壁垒,这会强化国家统一,反对共同的东方敌人。普鲁士和俄国开战,正是恰尔托雷斯基3月28日的柏林之行想要达成的目的。然而,他发现普鲁士国王产生了恐惧,正在打退堂鼓。他早期的激情一退却,腓特烈·威廉四世就说:"上帝啊,我永远,永远,不会对俄国开战。"[44] 时任法国驻柏林大使阿道夫·德·西尔库尔每天都与恰尔托雷斯基见面,他发现,直到4月上旬,后者还是"一直在等待……无论是普鲁士国王还是他的大臣们，都不想与他私下会面"。西尔库尔对朋友拉马丁温和的外交政策铭记在心，坦率地向这个波兰贵族道歉，称法国无法给他的民族事业提供实质帮助。⁴⁵ 同时，俄国人很精明，没有表现出对普鲁士的敌意：如果波兰志愿军进入俄国，那么侵略者就是波兰，而不是俄国。

因此，所有的大国都决定要避免一场大范围的拿破仑战争式的欧洲冲突，这是1848年波兰民族运动失败的第一个原因。随着恰尔托雷斯基的外交攻势放缓，他的焦点转移到了与土地相关的革命上。

在西里西亚，波兰农民对德意志地主奋起反抗，同时波兰的煤矿工人也发起了暴动。波兰出现了第一批报纸，要求建立波兰学校，将波兰语定为官方用语。然而这对新生的德意志并没有产生直接挑战。⁴⁶ 波兹南地区的情况又有不同，这一地区的波兰爱国贵族成立了"民族委员会"，但他们要求的仅仅是大公国的自治权，而不是整个波兰国家的重建。"波兰民主社会"代表的到来使这场运动变得激进，他们试图集中精力去实现真正的民族愿望。这些代表中最重要的是卢德维克·梅罗斯瓦夫斯基（Ludwik Mierosławski），他把解放波兰视为自己的使命。梅罗斯瓦夫斯基的母亲是法国人，父亲是波兰人，他曾为拿破仑而战。梅罗斯瓦夫斯基认同当时欧洲民族主义者一贯的观点：战争能够振奋人心，防止堕落。3月20日，他与其他波兰政治犯一起刚从柏林的莫阿比特（Moabit）监狱获释，就派特务进入波兹南和加利西亚地区，武装并训练波兰人，以便与俄国交战。然而，在波兹南，德意志与波兰自由派之间脆弱的团结已经瓦解。在"民族委员会"的鼓励下，波兰人夺取了大公国的地方权力，撤除了不得人心的官员，组建了民兵组织。梅罗斯瓦夫斯基到达后,受命指挥这支在 4 月初人数就已过万的军队。与普鲁士分裂的现实开始产生严重的负面影响,德意志少数民族开始向法兰克福抗议:"我们是德意志人,一直想当德意志人……您不能!不能抛弃我们!"在波兹南,德意志人开始组织自己的民兵和公民委员会。一个当地的教师写道:"德意志事业危在旦夕。"⁴⁷

波兰人和德意志人显然正在冲突之中。起初,惊慌失措的腓特烈·威廉四世试图与波兰人谈判。4 月初,他将威廉·冯·维利森(Wilhelm von Willisen)将军送往波兹南,企图化解紧张局势。而国王身边的保守派却劝说他加强波兹南地区的普鲁士军事指挥官冯·科隆(von Colomb)将军的兵力。尽管普鲁士武装力量中 1 万人是只有狩猎步枪和大镰刀的平民,但他们的军队人数很快就成了梅罗斯瓦夫斯基军队的 2 倍。维利森于 4 月 11 日与波兰人达成了一项协议,但为时已晚。4 月 14 日,君主明确表示,只有波兹南东部地区的"纯波兰人"才有自治权。一些头脑冷静的波兰人认为:波兹南西部地区德意志人占多数,尽管那里有大量的波兰人,但放弃对这一地区的权利、达成妥协是值得的。"民族委员会"坚决反对这种分裂。4 月 19 日,科隆派出军队。4 月 29 日,梅罗斯瓦夫斯基的志愿军采取了巧妙的防御行动,抵挡住了科隆部队的攻击。随后发生了两场规模更大的战斗。4 月 30 日,波兰人设法击溃了普鲁士人。5 月 2 日,双方僵持不下。最终,梅罗斯瓦夫斯基的部队在开阔地带遭到普鲁士军队大炮的攻击,惨遭溃败。5 月 9 日,最后一批分遣队投降,"民族委员会"解散。梅罗斯瓦夫斯基被俘,他仅享受了 51 天自由就被关进了位于波兹南的堡垒。

在法兰克福,早期的德意志世界主义的理想落空了。"五十人委员会"在一项新的决议中依旧虔诚地要复兴波兰，但前提是不能损害德意志的任何利益。[48] 1848年7月24—27日，当德意志国民议会讨论波兹南地区问题时，"五十人委员会"投票支持将"格尼森公国"（Duchy of Gnesen）纳入波兰，其面积是原来大公国面积的1/3，人口只有1/4。在一个被刘易斯·内米尔（Lewis Namier）称为"德意志民族主义精神"的演讲中，威廉·约尔丹（Wilhelm Jordan）问道："五十万德意志人"难道要被一个"文化底蕴不如他们自己的民族统治"？这还不够，他又补充说："德意志民族优于大多数斯拉夫民族……是不争的事实。"一个民族的存在不足以保证其独立性，它必须具有"作为独立国家屹立于民族之林"的力量。少数反对的声音来自西里西亚的波兰人扬·雅尼谢夫斯基（Jan Janiszewski），他反驳道："压制自由的文化……比野蛮更加可恶、更加卑鄙。"[49] 德意志激进派中最睿智、最雄辩的罗伯特·布卢姆捋着蓬乱的胡须，悲伤地说："我们年轻而不安定的自由主义表现出了无节制的征服欲。"[50]

II 多民族帝国奥地利

德意志民族主义者必须解决的另一个棘手的问题是：奥地利在多大程度上应该被划入新的德意志帝国。这个问题在1848—1849年引起了激烈的辩论，直到1866年，奥托·冯·俾斯麦用普鲁士人的铁血将奥地利驱逐出德意志，这个问题才得以解决。然而，在1848

年,维也纳革命者完全希望他们成为统一的德意志的一部分。4月1—2日晚,一群学生爬上圣斯特凡大教堂的塔楼,展开了一面巨大的黑、红、金三色德意志旗帜。身在维也纳的美国外交官威廉·斯泰尔斯目睹了这一切:

> 统一的德意志现在成了时代的关键词……维也纳的每一所房子……都插上了德意志的旗帜。学生们不但在德意志的旗帜下游行,而且戴着德意志帽徽和彩带装饰在街道上游行。所有人一致同意同时放弃自己关于民族国家的标准,这是非常了不起的。身为奥地利人有损体面,而帝国唯一公认的庄严的黑黄(Schwartz-Gelb)颜色组合……完全被新的色彩替代了。[51]

就连深受爱戴的斐迪南一世也在霍夫堡的阳台上高兴地挥动着德意志三色旗。尽管如此,拥有德意志血统的匈牙利贵族卡尔·莱宁根-韦斯特堡(Karl Leiningen-Westerburg)伯爵注意到,一些维也纳人两头下注,同时挥舞着着德意志、奥地利和皇家的旗帜,这样"他们可以根据需要,轻松地转换阵营,加入胜利的一方"。[52]事实上,把奥地利纳入统一的德意志将会带来几个棘手的问题。北德意志人多为经济上自由的新教徒,他们中有些并非想让德意志吞并保守的、信奉天主教的、施行贸易保护主义的奥地利。那些试图排除奥地利的人,如海因里希·冯·加格恩,提出了一个"小德意志"(Kleindeutsch)解决方案。与此同时,还有许多忠于奥地利的君主派和南部德意志天主教徒,他们不愿意看到奥地利沦落到仅仅是德意志南方一个省的地步,也不愿意让普鲁士新教主导这个新国家。他们仍然希望把奥地利纳入德意志，他们也经常设想建立一个更为宽松的联盟，在这个联盟里现有国家的政治结构、宗教信仰和经济利益都将得到保护。保守派提出将奥地利纳入德意志的"大德意志"（Grossdeutsch）解决方案。虽然激进派想建立一个民主的、单一的德意志共和国，但他们同样赞成"大德意志"方案。然而，"大德意志"的方案有一个重大的问题：应该把奥地利的德语区从哈布斯堡帝国中分离出去，使之分裂，还是应该把奥地利和整个多民族帝国一起纳入德意志，在中欧建立某种超级国家联邦？换言之，多边帝国的其他民族会变成什么样子呢？

* * *

在奥地利帝国的德意志人和捷克人之间的政治冲突中，这类民族问题引起了广泛关注。在波希米亚，这两个民族最初有革命友谊。首先对捷克民族运动进行抵抗的不是德意志人，而是经过改革的摩拉维亚议会。尽管摩拉维亚议会中既有捷克人也有德意志人，但他们出于对本省的热爱，对与波希米亚结盟投了反对票。捷克民族主义者基本的愿望就是实现波希米亚、摩拉维亚和西里西亚这些古代捷克王朝的统一。摩拉维亚议会的决定对他们而言无疑是沉重的打击。同时，在布拉格，捷克人和德意志人起初联合起来支持圣瓦茨拉夫委员会。因为奥地利的官方机构已经失信，所以，该委员会成了波希米亚的非正式政府和捷克革命的精神中心。4月初，鲁道夫·施塔迪翁试图委任布拉格知名人士组建自己的委员会，意图建立一个备选的保守权力中心。该委员会既有捷克人也有德意志人，包括温和派的自由主义历史学家弗朗齐歇克·帕拉茨基和圣瓦茨拉夫委员会的一些成员，但4月10日被纳入了圣瓦茨拉夫委员会。3天后，施塔迪翁这个哈布斯堡王朝的保守派官吏受到委派，要去领导一个名为"国民委员会"的机构，这令他十分震惊。新政府的建成得益于帝国在4月8日所做的让步，捷克人和德意志人都效忠于这个有效的新政府，当时这个政府正在筹划波希米亚议会的选举。街头上，自由派的卡雷尔·哈夫利切克在报纸上呼吁所有捷克人在他们的工作场所除去德意志的痕迹，此举破坏了捷克和德意志合作的缓和局面，抗议活动迫使他以谦卑的道歉来收场。[53]

  捷克与德意志之间的冲突因为两股相反的势力——德意志民族主义和奥地利-斯拉夫主义——而被激起。法兰克福"五十人委员会"与帕拉茨基之间的著名对话为这场冲突做了精辟的概括。4月6日，"五十人委员会"邀请帕拉茨基这位伟大的捷克历史学家加入他们的行列。德意志民族主义者认为既然捷克曾处于神圣罗马帝国之下，现在又处于德意志邦联之下，它也将成为统一的德意志帝国的一部分。社会和文化精英讲德语，帕拉茨基的伟大作品也是用德文写成的。然而，4月11日，帕拉茨基在一封公开信中拒绝了邀请，震惊了委员会。[54]他首先以捷克人的身份发表了声明："我是有着斯拉夫血统的捷克人……捷克是个小民族，但它是真实存在的，从远古时代它就已经是一个独立自主的民族了。"帕拉茨基的说法并非凭空出现，而是19世纪捷克文化复兴不断发展的必然产物，[55]但帕拉茨基是第一个把捷克民族的这一观点推向更广泛的欧洲平台上讨论的。然而，尽管帕拉茨基用捷克的民族主义对抗德意志的民族主义，但他和其他捷克爱国者都不想完全独立于奥地利。这位历史学家解释说，整个德意志人民（包括奥地利的德意志人）的团结会让哈布斯堡帝国四分五裂。这会使中欧和东欧较小的民族受到东方巨兽——俄国——的攻击。俄国"很久以来一直是其邻国的威胁"。捷克和其他中欧民族由于受到奥地利帝国的保护而免受俄罗斯帝国扩张的威胁。"如果没有奥地利帝国的话，那么……为了欧洲的利益，事实上也是人类的利益，也应尽可能快地创建一个奥地利帝国。"因此，帕拉茨基不仅否定了德意志的民族主义，还特别地否定了"大德意志"方案。

帕拉茨基的奥地利-斯拉夫主义，即中欧的斯拉夫民族可以在奥地利帝国内部获得自由和安全的观点，令维也纳的帝国政府非常高兴，政府让他担任教育大臣（他拒绝了）。然而，奥地利-斯拉夫主义认为，哈布斯堡王朝的君主制应该朝着所有民族都享有平等权利和地位的方向进行改革，帝国应当变成一个多民族联邦。奥地利-斯拉夫主义是否可行还有待观察。然而，奥地利德意志人对这种想法完全持反对意见。他们长期以来都把自己当作"国家的人民"，凭借着德意志民族的社会地位和掌握"国家语言"的优势，他们能一直统治奥地利。[56]而现在，其他民族要求官方承认他们独特语言的合法性，给予他们平等的入仕途径，承认他们有一定程度的政治自主权。这无疑是在挑战德意志民族的统治地位。

4月初，一些身在捷克的德意志人由于自身是少数民族而感觉受到了威胁。因此，作为反击，他们为"守卫自己的民族"建立了一个德意志人联盟。他们反对捷克革命提出的许多要求，并呼吁把捷克的土地纳入"大德意志"。帕拉茨基的信决定性地在两个民族之间划出了鸿沟。4月底，德意志人联盟已有800名成员，他们分发宣传册，支持法兰克福议会。德意志人开始离开"国民委员会"，"国民委员会"成为捷克民族主义机关。两个民族的冲突愈加尖锐。捷克合唱团流行起这样一首歌曲："反对德意志人，反对凶手，反对法兰克福！"捷克人的报纸嘲笑德意志人愚蠢而残忍，嘲笑德语含糊不清。[57]

德意志人以牙还牙。在法兰克福，"五十人委员会"听取了阿诺尔德·席林（Arnold Schilling）于5月3日发表的宣言："我相信，波希米亚不会因为一纸判决而留在德意志邦联，因此，我们必须用利剑将她绑在德意志。"[58] 到6月，当哈布斯堡人终于有能力重建在布拉格的统治时，几乎所有政治派别的德意志民族主义者都为之欢呼。

帕拉茨基针对斯拉夫式忠诚的宣言，以及他对德意志民族主义的否定，最终让哈布斯堡王朝明确了镇压革命、重树权威的道路。德意志、意大利或匈牙利民族主义者的存在威胁着帝国的统一，与此同时，斯拉夫人或罗马尼亚人则担心其族裔身份受到德意志人或匈牙利人民族主义胜利的威胁。这使得哈布斯堡王朝能够利用不同的少数民族互相制衡。然而，这远不是单纯利己的"分而治之"的策略。它依赖于哈布斯堡臣民的忠诚，他们认为只有帝国才能很好地保护其安全和利益。[59] 如果捷克人这样认为，那么感受到匈牙利或德意志民族主义威胁的其他民族团体也是如此。然而，在这个过程中，哈布斯堡王朝的"民族之春"迅速滑向了内战的深渊。

***

由于君主的新任大臣无力抵抗维也纳激烈的革命骚乱，1848年皇权复辟的过程更加引人注目。激进运动的骨干是学生军、中产阶级知识分子、城市中下阶层（如工匠、零售商和文员），以及愿意听从学生政治领导的郊区工人。激进运动的领导者是"中央委员会"，这个委员会最初是为了加强学生军与温和派的国民卫队之间的联系而建立的。当皇帝在4月25日颁布他承诺的宪法时，激进派彻底与自由派决裂。自由派渴望保住已经获得的成果，因此他们对宪法很满意。宪法赋予自由派一些权利，他们将通过一套间接选举制度选举出议会，时间定在6月26日。重大权力依旧由皇帝保留，民主只是陷阱。大多数维也纳人对这部宪法很满意，但激进派却很失望。宪法是由皇帝授权的，皇帝保留了绝对的否决权，控制着战争与和平，拥有正式任命官员的权力。更重要的是，宪法对男性普选权未做承诺，因为政府尚未决定新议会的选举方式。学生走上街头游行示威，以传统的形式进行抗议。5月2—3日，皇帝的新任首相菲凯尔蒙（Ficquelmont）伯爵连续两个晚上遭到强大的学生军、国民卫队和工人的联合骚扰。他们在他家外面上演了一出闹剧。他们高声唱歌，在窗边谩骂，要求他在"入侵"外交部之前辞职。面对代表团的威胁、嘲讽及恫吓，菲凯尔蒙受到了惊吓，承诺在24小时内辞职。5月4日，首相履行承诺，引咎辞职，将"烫手山芋"转交给了弗朗茨·皮勒斯多夫（Franz Pillersdorf）男爵。学生取得了巨大的胜利，这表明了"一个显著的事实，几周前……欧洲最强大的国家之一……已变得如此不堪一击，甚至无法保护最高级别的国家官员免受暴乱群众的侮辱"。[60]

激进主义者现在把注意力转移到了宪法上。尤其当5月11日颁布的选举法做出这样的规定时：仆人和以日薪、周薪计算酬劳的工人无投票权——这实际上否认了所有工人的投票权。"中央委员会"紧急组织了一场"风暴请愿"，以武力威胁为支撑，提出了一系列要求，其中包括成立以男性普选为基础产生的一院制议会立法机构。政府于5月13日做出了笨拙的回应，禁止国民卫队参加"中央委员会"。城里的氛围越来越紧张，双方都准备好发生新的冲突。政府关闭城门，"一支强大的正规军队驻扎在宫殿四周，大炮装满炮弹，火把熊熊燃起"。然而，激进主义者又一次赢得胜利。5月14日夜至15日凌晨，

> 学生和国民卫队从四面八方逼近宫殿，数千名工人手持镰刀和斧头，在城门口轰鸣而入……政府被这种强大的阵势吓住了，尽管进行一次扫射或派武装的骑兵进入密集的人群，就能消灭所有的反对派，但是政府屈服了。[61]

男性普选权和一院制议会将成为现实。在斐迪南一世可怜的恳求下，被羞辱的政府各部大臣没有辞职。然而，激进派胜利的那一刻，维也纳的气氛悄然改变。经过一天来之不易的和平后，5月17日早上，维也纳人早上醒来看到公告，皇室已于昨晚离开维也纳，到因斯布鲁克（Innsbruck）设立了朝廷。人们没有忘记，法国1789年革命期间，路易十六曾逃至瓦雷纳（Varennes）。君主的出逃似乎是建立共和国的前奏，然而没有几个维也纳人想要共和国。政

治"真空"中充满了恐惧、焦虑和恐慌。斯泰尔斯写道，维也纳人"在令人疑惑的兴奋中，他们在一条未知的道路上徘徊，却突然发现自己正处在悬崖边缘……他们惊恐地退缩了"。[62]

大部分帝国臣民的保守主义思想被重新点燃。5月20日，因斯布鲁克以斐迪南一世的名义发布公告，抱怨学生军和国民卫队的举动，承诺如果人们在即将到来的议会中合法地表达和讨论他们"真诚的议院"，皇帝将听取"人民的公正投诉"。[63] 蒙受耻辱的维也纳人对激进派进行了回击。斯泰尔斯目睹了一个人因为讨论共和国而差点儿被处以私刑。"中央委员会"自觉解散了，温和的维也纳"公民委员会"（4月20日成立，以处理治安问题）建立了一个"安全委员会"，以"维护现有的法律，维护治安、和平、秩序，以及所有居民的人身权和财产权"，反对那些企图"推翻整个法律秩序和……解散整个公民社会"的人。[64] 受过严格训练的学生军和国民卫队都要听命于军事指挥官马克西米利安·奥尔施佩格（Maximilien Auersperg）伯爵。

* * *

然而，帝国内部第一个反攻胜利的不是维也纳，而是加利西亚。在波兹南，由于与普鲁士军事力量支持的德意志民族主义者相冲突，波兰民族主义者惨遭失败。在加利西亚，波兰民族主义运动遇到了农民的反对，尤其是东部乌克兰人（当时叫鲁塞尼亚人）人的反对，他们有充分的理由支持皇帝。领导波兰爱国运动的士绅陷入危险境地，面临着棘手的困境：他们是应该为了民族事业，牺牲自己的社会利益，废除农奴制度，以获得农民的支持，还是应该压制浪漫民族主义者的欲望，保护他们高明的统治？3月19日，当维也纳革命的消息传到省会利沃夫（Lwów）*时，1.2万多人（主要是波兰人，还有一些犹太人和一些乌克兰知识分子）签署了请愿书，要求在哈布斯堡帝国境内实行省级自治。奥地利派驻的总督弗朗茨·施塔迪翁（Franz Stadion）曾试图通过取消审查制度和承认国民卫队来阻止抗议浪潮，他允许波兰人向君主提交请愿书。克拉科夫成立了一个"公民委员会"，代表团路过此地时，答应在觐见斐迪南一世时替这座城市发言。带着红白相间的波兰旗帜，代表团终于到达了维也纳，他们在那里受到了人民的热烈欢迎，他们仍然沉醉于革命兄弟会的激昂精神中。奥地利报刊希望哈布斯堡王朝率先恢复波兰自由。像普鲁士自由主义者一样，维也纳人也激动地期待与俄国作战。代表团与斐迪南一世在4月6日会面，当时代表们表达了希望：如果允许加利西亚自治，奥地利将在重建独立的波兰时起带头作用。

与此同时，"波兰民主社会"代表抵达克拉科夫。到4月23日，这个城市已经有了1 200名新革命家，他们创办报纸，领导爱国游行，向保守的"公民委员会"施加压力，委员会被迫接纳激进派成员并改名为"民族委员会"。激进力量进入该省，让当地绝大多数波兰士绅极为惊恐。1846年落入手持镰刀的乌克兰农民手中的经历仍让他们心有余悸。当年的记忆使得地主非常不愿响应波兰民主人士的革命号召。农奴问题，以及农民对皇帝天生的忠诚，从一

---

* 今属乌克兰，Lwów为波兰语拼法，乌克兰语为L'viv。——编者注

开始就在扼杀着加利西亚的波兰民族革命。温和派和民主派流亡者意图促使贵族解放农奴，但加利西亚的地主们担心这种诉求只会激发农民的反抗。克拉科夫"民族委员会"将4月23日星期天的复活节定为"解放日"。然而，民主派无法将其纲领强加给加利西亚精英，这让奥地利当局得以分裂波兰人，凝聚自身力量，削弱革命者的力量。奥地利当局下令解除利沃夫的国民卫队武装，并加强加利西亚的军事力量。更为保守的波兰人接到这个消息或许感到安慰。而后，施塔迪翁使出了奥地利的绝招：先发制人。4月17日，试图重振其摇摇欲坠的权威的维也纳宫廷，允许总督解放加利西亚的农奴。4月22日，也就是波兰人最后期限的前一天，施塔迪翁以仁慈的皇帝斐迪南一世的名义宣布将于5月15日解放农奴，并将给予地主一些补偿。为了确保加利西亚农民仍然忠于皇帝，不受波兰民主人士的影响，施塔迪翁精心准备了自己的言辞。民主人士唤起地主良知的努力以失败告终。

改革之后，克拉科夫和利沃夫的紧张局势已经到达极点。在克拉科夫，奥地利政府专员在星期天的复活节侥幸逃过了私刑，三天后，奥地利驻军发现了波兰民主人士私藏长矛的场所，双方发生了冲突。街上筑起了路障，4 000军队撤回城堡。城堡里奥地利的大炮咆哮了两个小时，这座城市投降了。28名波兰人和8名奥地利人死亡。4月27日，"民族委员会"被解散，流亡者被驱逐出境。奥地利人第一次成功地对1848年革命进行了反击。[65]

在加利西亚东部，施塔迪翁无情地利用了乌克兰人和波兰人之间的紧张关系，他们的种族分裂恰好与社会鸿沟重合：乌克兰人大都是农民，波兰人则是地主。虽然一直对奥地利官僚机构表示怀疑，但乌克兰人传统上认为遥远的皇帝是他们抵抗主人掠夺的有力的保护者。所以说，施塔迪翁解放农奴的皇家法令是一种取巧行为。他不但利用了农奴对社会的不满，而且能够激发起乌克兰人反对波兰爱国者的早期民族运动。在克拉科夫实施镇压的一周内，施塔迪翁允许鲁塞尼亚最高委员会在利沃夫的圣乔治大教堂召开首次会议。会议要求另建一个乌克兰人的政府，以削弱波兰人在加利西亚的权威。委员会迅速在加利西亚设立了地方分支机构（截至10月，设立了43个）。5月15日，第一个乌克兰期刊问世，施塔迪翁表示祝贺。当年期刊每周销售量达4 000份，很快又有6种期刊相继出现。这对未来的发展有重大意义，期刊为乌克兰民族意识正式发声提供了平台。农民通过委员会首次了解到政治，产生了民族认同感。在一些地方，这类农民数量占人口的1/3。1848年以前，乌克兰农民主要通过社会途径表示对地主的不满，请求维也纳皇帝的保护。现在他们开始以民族的名义来表达自己的愿望，正如一个参加了地方委员会的农民所说：他了解到"鲁塞尼亚人民是杰出的、伟大的、强大的，是加利西亚的原住居民，为数众多。虽然到现在为止我们一直被蔑视和羞辱，但这是鲁塞尼亚的土地，生活在这里的鲁塞尼亚人比波兰人还要多"。[66]波兰地主与乌克兰农民之间的紧张局势严重限制了加利西亚的波兰民族运动。1846年的可怕回忆解释了为什么连波兰民主人士都不愿意把农民武装起来参加民族事业。[67]

III 自由匈牙利中的少数民族

匈牙利即将成为帝国最激烈的战场。事实证明,在这里呼吁帝国臣民保持忠诚是非常有效的。三月革命时期,匈牙利从维也纳攫取的宪政特许在《四月法令》中被具体化成法律。3月下旬,奥地利政府试图通过弱化其早先的承诺来夺回对匈牙利的一些权力,但它无力对抗科苏特在议会上雷鸣般的演说。演说得到了匈牙利人的支持,3月27—30日,城市公共安全委员会领导的2万人在佩斯进行武力示威,意志坚决。裴多菲·山陀尔用激情的演讲和激进的诗歌将革命的气氛推向高潮:君主们的末日审判就要到来,哈布斯堡的君主制已行将就木,它就像一棵果实已经腐烂在枝头的树。街道上响起了"我们不要德意志人的政府",甚至是"共和国万岁"的呼声。[68] 维也纳无法以武力增强威权,因此再次屈服。这是匈牙利议会的胜利,也是布达佩斯激进派的胜利,两者在议会和街头都是不可抗拒的联盟。

31条《四月法令》承认了匈牙利在帝国内的独立地位。哈布斯堡家族成员将继续担任匈牙利国王,有权批准和否决法律,但匈牙利内阁所在地选在了布达佩斯。政府各部将对新的匈牙利议会负责,相比旧的贵族议会,新议会将经由更广泛的选举产生,但妇女、犹太人和不符合财产、居住和职业标准的人——主要是打工者和无地农民——依旧没有选举权。总共1/4的成年男性获得了投票权。贵族的财政特权被废除,所有公民都获得公民自由。法律还规定废除农奴制和什一税。然而,也存在一些不利于奥匈未来内部关系的问题:只有君主有权调遣军队,有权将匈牙利军队派往国外(匈牙利境外)。另一个棘手的问题是把一直由奥地利军事委员会直接控制的军事边境地区转让给匈牙利的平民政府。这个问题很敏感,因为一些边境地区是帝国精锐士兵(克罗地亚人和塞尔维亚人)的重要来源。一番劝说后,奥地利做出让步,条件是奥地利政府保留对边境的军事控制权,并且有权任命总督。这是匈牙利人能从哈布斯堡王朝强行夺取的最大权力。[69] 旧的匈牙利议会于4月11日解散,新国民议会选举即将开始。

为了表示庆祝,各家各户的窗前都飘扬着匈牙利的旗帜,所有的公民都戴着民族徽章,激进主义者还戴着大红羽毛以示区分。为了彰显平等,每个人都佩着剑,这曾经是高贵地位的象征。裴多菲佩的剑太大了,他的朋友们半开玩笑地称之为"铡刀"。[70] 然而,尽管《四月法令》没有达成三月方案的目标,激进的领导人依旧愿意服从依法成立的新宪政政府。4月15日,"公共安全委员会"自愿解散。然而,激进派的支持是有条件的。4月14日,包贾尼政府抵达布达佩斯,礼节性地走下轮船,激进派发言人沃什瓦里·帕尔(Vasvári Pál)到场迎接。他在众人面前提醒新政府,布达佩斯人民"现在将革命的力量交到了你们的手中……匈牙利重生、成为强大的国家,就看你们的行动了"。[71]

* * *

匈牙利革命似乎已经结束,并将开启一个和平的宪政时期。但事实并非如此。自由主义政权面临众多问题,其中包括匈牙利境内少数民族的问题，斯洛伐克人、罗马尼亚人、塞尔维亚人和克罗地亚人都向新政府表达了自己的诉求。马扎尔人与其他民族之间的关系将会恶化，维也纳可以巧妙地利用这些弱点。4月25日，为了给非马扎尔少数民族忠于王朝的理由，君主承诺："王国内所有民族的民族地位和语言都是不可侵犯的。"尽管含糊不清，但它肯定比《四月法令》更有说服力，因为《四月法令》没有这样的承诺。匈牙利的自由民族主义建立在这样的信念上：匈牙利民族是从马扎尔的沃土中发展起来的。匈牙利理应包括圣斯蒂芬（Saint Stephen）王国历史上的所有土地，斯洛伐克、特兰西瓦尼亚和军事边境等地的领土都应包括在内。各族人民都期望生活在一个能够为所有公民提供平等权利的国家，这样，他们就能很容易融入自由主义的秩序当中，当然，马扎尔民族会占主导地位。4月8日，科苏特告诫塞尔维亚代表团说："自由的真正意义在于它承认祖国的居民是一个整体，而不是划分出等级或特权群体，它把共同自由的福音给予所有人，不分语言，不分宗教。"[72]他补充道，王国若要"统一"，有必要把匈牙利语定为官方语言。对于匈牙利的自由主义者来说，历史土地的统一意味着否认非马扎尔民族的独立权利，却为他们提供了公民的个人权利。1847年12月，科苏特宣布："在匈牙利神圣王冠下，我只承认一个国家、一个民族——马扎尔。"[73]从这个角度来看，匈牙利其他族群的民族要求就是"反动的"；但另一方面，他们可以参考帕拉茨基的观点，即在哈布斯堡王朝的保护下建立一个平等民族联盟。

生活在匈牙利王国境内的斯洛伐克人首先提出要求，并得到了捷克民族主义者的支持，捷克民族主义者把他们视为伙伴。这种关系本身就有问题。斯洛伐克老一辈爱国者，如诗人扬·科拉尔（Jan Kollár），认为两族人民应该更紧密地团结在一起，斯洛伐克人应把捷克语作为自己的语言。由作家鲁德维塔·什图尔（Ľudovít Štúr）领导的新一代爱国者则不同意。他们致力于推动斯洛伐克语成为一门独立的标准语言。小斯洛伐克民族运动的第一次会议于3月28日举行，民族主义者向匈牙利政府提出要求，要求在学校教授斯洛伐克语，并在斯洛伐克人生活的地区将其作为官方语言，斯洛伐克的旗帜应与匈牙利旗帜一并悬挂。政府认为这是"泛斯拉夫运动"的一种表现，直接无视了这些微不足道的要求。了解到斯洛伐克农民仍然很少关心民族问题，什图尔及同伴于5月在利普托斯基米库拉斯（Liptovský Mikuláš）召开了一场规模更大的会议，起草了一个更全面的方案，条款包括给予农民拥有土地的权利，要求在匈牙利王国内拥有更大的政治自主权。布达佩斯的回应是下令逮捕包括什图尔在内的3名斯洛伐克领导人，而什图尔成功逃亡布拉格。后来斯洛伐克的志愿者加入了哈布斯堡反对匈牙利的运动，他们以游击战的方式支持奥地利人，但未能发动农民，因为农民对斯洛伐克民族主义者捍卫民族的呼吁仍存有疑虑。

* * *

罗马尼亚人对匈牙利人提出了更大的挑战。匈牙利王国内居住着250万罗马尼亚人，他们生活在特兰西瓦尼亚、北方的布科维纳（Bukovina）和南方的巴纳特（Banat）。匈牙利王国之外，多瑙河沿岸的摩尔达维亚（Moldavia）公国与瓦拉几亚（Wallachia）公国也是罗马尼亚人聚居区。境内外的罗马尼亚人之间有着密切的商业和文化往来。两个公国理论上归土耳其所有，但实际上由沙皇尼古拉一世 1832 年强加的限制性《基本法》（Organic Statutes）统治。特兰西瓦尼亚大公国长期以来在哈布斯堡帝国内享有独立地位：它在科洛斯堡［Kolozsvar，即今天罗马尼亚的克卢日－纳波卡（Cluj-Napoca）］有自己的地方长官，在维也纳有自己的大臣府邸，还有自己的议会——尽管由马扎尔地主主导。其军队主力是罗马尼亚边境的军队，但士兵通常是从被称为"塞凯什人"（Székelys）的马扎尔民族招募而来。罗马尼亚人在宗教方面也分为两派：在匈牙利主教统治下的东仪天主教徒和遵守塞尔维亚东正教传统的东正教徒。罗马尼亚民族主义者提出了非常卑微的要求作为匈牙利统一特兰西瓦尼亚的条件，即给予两个教会独立的地位，并在法律上承认它们的语言和文化。然而，在特兰西瓦尼亚、瓦拉几亚及摩尔达维亚等地的罗马尼亚知识分子、教师、学生和记者之间的交流中，孕育出了更激进的罗马尼亚民族主义。他们频繁接触，还会跨境走私书籍，传阅小册子等。1848 年 5 月，一位名叫达尼埃尔·罗特（Daniel Roth）的巴纳特教士出版了一本小册子，提出建立一个以"达契亚"（古罗马帝国的行省之一）为基础的新罗马尼亚王国的愿景。[74] 在特兰西瓦尼亚，罗马尼亚民族统一的想法自然意味着脱离匈牙利，而在两个公国则意味着摆脱俄国和土耳其的统治。

起初，特兰西瓦尼亚的马扎尔人和罗马尼亚人热烈庆祝了三月革命。唯一感觉受到威胁的是那些害怕自己特权被取消的匈牙利和萨克森（属于德意志民族）贵族。特兰西瓦尼亚的马扎尔贵族支持与匈牙利王国完全合并的想法，但他们痛恨匈牙利议会废除农奴制的做法。由于特兰西瓦尼亚的大多数罗马尼亚人是农民，贵族担心罗马尼亚的民族主义者可能会对马扎尔人心怀愤恨。另外，三月革命期间，特兰西瓦尼亚的罗马尼亚人甚至认为，与匈牙利的联合将是朝着正确方向迈出的一步，因为这将使他们与巴纳特的同胞关系更为密切。颇具影响力的《特兰西瓦尼亚报》(*Gazeta de Transilvania*)编辑乔治·鲍里蒂（George Barițiu）认为，如果允许罗马尼亚人在地方政府、教会和教育机构使用自己的语言，建立可以为民族认同感奠定坚实基础的文化组织，那么罗马尼亚与匈牙利的统一将会卓有成效。[75]

然而，其中有一个问题，因为这与马扎尔自由主义者的观点背道而驰，他们认为这种民族愿望在匈牙利王国内是不合法的。布达佩斯激进主义运动的喉舌《3月15日》(*March Fifteenth*)中刊登了一篇文章，提出罗马尼亚人与俄罗斯人不同，并表示罗马尼亚的语言虽然没有意大利语那样悦耳，但也是很美妙的。难以置信的是，文章进一步表示，罗马尼亚人应该因自己能被视为"马扎尔人"而感到荣幸。[76] 罗马尼亚民族主义者很快发现，在匈牙利王国治下实现他们的民族愿望是很难的。早在3月24日，激进派律师西米翁·伯尔努丘（Simion Bărnuțiu）就告诉他的同胞：罗马尼亚爱国者不应该信任马扎尔人的善意，而应该召开一个会议来进行民族事业规划，其中必须包括农民代表。

在随后几周的狂热活动中，罗马尼亚记者、学生、教师和教士在特兰西瓦尼亚、巴纳特和布科维纳四处奔走，准备在布拉日（Blaj）举行一次大集会。布拉日的学校和神学院是特兰西瓦尼亚的知识分子聚集的一大中心。匈牙利当局焦虑地关注着这些活动，特别是在发现摩尔达维亚和瓦拉几亚代表的活动之后。然而现阶段没有人想与匈牙利发生冲突，也没人想发动农民起义。4月30日，在布拉日举行了6 000农民参加的预备议会会议，伯尔努丘在会上力劝民众不要擅自行动，以免打乱改革进程。民族自由与解放终会实现，但只有通过合法的宪政手段才能实现。尽管如此，他仍拒绝与匈牙利合并，他警告那些起草罗马尼亚《民族请愿书》的委员不要相信匈牙利承诺的个人权利，因为这样做只会把罗马尼亚人变成"大匈牙利"的公民。[77] 终于，大国会于5月15—17日在布拉日外的自由广场举行，有4万人参加，其中大多数是农民：

> 所有人穿着相同的民族服装，跟我们本地的人民说着同样的语言，他们站在那里，沐浴着阳光，一派壮美的景象。在一群农民中，可以看到一些穿着城市服装的人，他们是年轻的知识分子……是给罗马尼亚人民带来巨大的勇气、对罗马尼亚人民充满热爱的一代年轻人。[78]

《民族请愿书》是针对特兰西瓦尼亚议会和皇帝斐迪南一世，并针对匈牙利政府而写的。它要求废除农奴制，要求公民权利，要求罗马尼亚人在议会中有代表；同时还要求设立罗马尼亚人独立的议会、民兵组织和教育制度。他们成立了一个常设委员会作为临时政府，成员包括伯尔努丘，此外他们还组织了国民卫队。请愿书没有完全脱离匈牙利独立的要求，但马扎尔人认为其有意谋求独立。马扎尔长官泰莱基·约瑟夫（Teleki József）公开指责该委员会的破坏行为，要求解散委员会。[79] 他不难得到克卢日的特兰西瓦尼亚议会的支持,议会由马扎尔和萨克森精英主导。他们不顾罗马尼亚的感受,于5月30日驳回了布拉日的要求,并投票支持与匈牙利合并。但由于废除了农民的劳役和地租,人民得到了一些安慰。同时,特兰西瓦尼亚政治上并入匈牙利的进程在加速。6月10日,斐迪南一世在匈牙利的压力下批准了他们于5月30日通过的法案。包贾尼可以合法地坚持要求把《民族请愿书》提交给匈牙利议会,而不是提交给维也纳皇帝。可以预见的是,当罗马尼亚代表团在布达佩斯正式提出这个问题时,他们会被当时盛行的论点所驳斥:自由国家中自由而平等的公民是不需要特殊民族权利的。这种驳斥给罗马尼亚人留下了两个选择:一是与多瑙河畔的两个公国合并;二是成为奥地利帝国内的一个独立小邦,直接跟哈布斯堡王室联系。到1848年6月,第一个选择突然有了实现的可能,因为在那时,喀尔巴阡山脉地区到特兰西瓦尼亚山脉(今南喀尔巴阡山脉)地区爆发了一场革命。

* * *

在其他地方,匈牙利王国的南部边境是军事边境地区,为了保护哈布斯堡帝国免受土耳其人侵害而建。自16世纪以来,塞尔维亚人和克罗地亚人得到了亚得里亚海和德拉瓦河(Drava)之间的土地,作为提供军事服务的回报,他们不需要承担封建义务。他们的势力范围逐渐扩大,直至囊括了匈牙利的整个边境地区,最远到达特兰西瓦尼亚。克罗地亚人做出的军事贡献最大,他们提供了8个边防团,其总部设在萨格勒布(Zagreb),边境其他地区还部署了

9个边防团。然而，克罗地亚人也有他们的痛苦。休战时，他们在称为"扎德鲁加"（zadruga）的集体农场耕种，这有利于征募军队，但却难以提供足够的粮食来应付不断增长的人口。尤其是西部的克罗地亚，1848年时这里已经变得极其贫穷，但是人民仍然忠于奥地利皇帝，因为皇帝免除了他们的封建义务，他们的地位因此高于受匈牙利"文明"政府统治的克罗地亚农奴。克罗地亚贵族过去一直赞赏匈牙利议会捍卫精英利益、反对帝国要求。但是马扎尔人插手克罗地亚事务及马扎尔民族主义的兴起，已经开始让塞尔维亚和克罗地亚的知识分子感到惊恐。一些克罗地亚人开始形成统一的概念。他们或者希望将所有克罗地亚地区合并成统一的"三一王国"（Triune Kingdom）*。或者像柳代维特·盖伊一样，构筑"伊利里亚"（后来称为"南斯拉夫"）理想，团结有所有南斯拉夫民族。

最初，塞尔维亚人和克罗地亚人对匈牙利1848年3月的革命做出了积极反应：那些仍然是农奴的人期待自由，而那些身在边境的人则希望可以废除义务兵役制。克罗地亚贵族拼命抓住自己的特权，宣称只有克罗地亚议会（Sabor）可以废除克罗地亚的农奴制，而不是匈牙利国民议会。农民因而起身反抗，拒绝缴纳封建捐税或履行劳动义务。3月25日，克罗地亚全国代表大会在萨格勒布召开，宣布废除农奴制，并要求与匈牙利人一样，享受后者在维也纳获取的权利，其中最重要的是，在哈布斯堡帝国内部拥有完全自治权。这些自由主义的要求对奥地利、匈牙利和保守的克罗地亚人来说太危险了。保守的克罗地亚人想捍卫克罗地亚社会的保守结构，

---

* "三一王国"是中世纪克罗地亚人的王国，包括克罗地亚、斯拉沃尼亚和达尔马提亚三部分，它们虽然政治、行政各自独立，但统一于同一国王下。——译者注

反对马扎尔人的革命冲动，就这个意义上说他们也是"爱国者"。做到这一点的方法就是保持对哈布斯堡王朝的忠诚。

被围困的哈布斯堡帝国从这些爱国的保守贵族中找到了一位拥护者：约西普·耶拉契奇男爵。作为一个自豪的克罗地亚人，他为"伊利里亚"发声，他得到了萨格勒布会议中反马扎尔自由派的人士的支持，但作为一位忠诚的君主主义者，他是保守派的首选领袖。他也被视为能够控制席卷该地区的农民起义的铁腕人物。换句话说，他是克罗地亚贵族最大的希望：既能帮他们从维也纳争取更大的自治权，也能维护他们对农民的统治权威。耶拉契奇也是边境部队的指挥官。同时，哈布斯堡宫廷深知，要恢复在匈牙利的统治，离不开边境部队的忠诚和帮助。耶拉契奇时任第一巴纳特团上校，被奥地利驻扎在萨格勒布的军事委员视为一个精明而有决断力的执行者，这位委员将他推荐给维也纳。在帝国政府看来，他似乎能够利用克罗地亚爱国主义反对马扎尔人。耶拉契奇于3月23日被正式任命为达尔马提亚、克罗地亚和斯拉沃尼亚的军区总督。他措辞强硬，坚定地反对匈牙利，他下令：克罗地亚议会会议开始之前，所有地区都不能接受除自己以外的任何人的命令，他代表着皇帝。[80] 两周后，他成为军事边境指挥官。5月初，他谎称遭土耳其威胁，让一些军事组织处于战备状态，同时拒绝承认布达佩斯政府的合法性。他还要求维也纳陆军部将奥地利的军火储备转移到克罗地亚。新的保守派军政大臣特奥多尔·冯·拉图尔（Theodor von Latour）伯爵非常愿意配合。匈牙利人抗议耶拉契奇富有侵略性的反抗。而整个奥地利政府意识到自己仍然疲软，试图与马扎尔人保持良好关系，因此感到耶拉契奇有些急功近利。5月7日，帝国向马扎尔政府屈服，把所有驻扎在匈牙利和军事边境的部队交由布达佩斯新成立的军事部门指挥。匈牙利政府得以任命亚诺什·赫拉博夫斯基（János Hrabovszky）男爵指挥帝国军队重建南部边境的秩序。[81] 他的第一个目标不是克罗地亚人，而是塞尔维亚人。

* * *

塞尔维亚人支持任命耶拉契奇为军区总督。5月13日，在以贝尔格莱德（Belgrade）为中心的塞尔维亚独立公国的支持下，8 000名匈牙利塞尔维亚人在斯雷姆斯基卡尔洛夫奇（Sremski Karlovci，匈牙利的卡尔德卡）会面，宣布伏伊伏丁那省（Vojvodina）自治，选举产生了执行委员会（Glavni Odbor），并且选举边防军上校斯特万·舒普利卡茨（Stevan Šupljikac）为领导者。像克罗地亚一样，伏伊伏丁那承认哈布斯堡皇帝的最高统治权，但不承认匈牙利政府的权威。当塞尔维亚人也恢复了卡尔洛夫奇的东正教教规，并宣布约瑟普·拉亚契奇（Josip Rajačić）为其大主教时，帝国政府拒绝承认两者的合法性。为了加强他们在匈牙利南部的权力，执行委员会也开始煽动塞尔维亚、匈牙利、罗马尼亚和萨克森各族农民反对马扎尔地主。这场危机发展为匈牙利和伏伊伏丁那塞族人之间的公开战争，双方都声称他们忠诚于皇帝。塞尔维亚人在自己边境部队的支援下，自行反抗匈牙利人，击退了他们6月12日针对斯雷姆斯基卡尔洛夫奇的袭击。在巴纳特（匈牙利南部一个塞尔维亚人、罗马尼亚人和德意志人混居的地区），塞尔维亚人和罗马尼亚人的战火一触即发，因为大多数罗马尼亚人要求他们拥有独立的东正教会，反对塞尔维亚人任命拉亚契奇为大主教。因此，由埃夫蒂米耶·穆尔古（Eftimie Murgu）领导的巴纳特罗马尼亚人不出所料地表达了他们对匈牙利的忠诚，并请求匈牙利当局批准他们建立独立议会。这与他们特兰西瓦尼亚的同胞不同。匈牙利人认为这样可以制衡塞尔维亚人，便同意了他们的要求。罗马尼亚东正教会议于6月27日在卢戈日（Lugoj）举行，一万名代表强调巴纳特不是塞尔维亚人的地盘，虽然仍在匈牙利王国内，但其官方语言是罗马尼亚语，教会是罗马尼亚教会。[82]

耶拉契奇面临的挑战是如何加强对塞尔维亚武装分子的控制，进而利用他们的力量达到目的。塞尔维亚一些边境部队仍然支持这个总督，但是其他人更愿意支持执行委员会。同时，拥有正式军权的匈牙利军事长官赫拉博夫斯基则敦促边境部队服从管理。结果，军事边境的塞尔维亚部族被三个权力中心撕扯。6月5日，克罗地亚议会在萨格勒布举行会议，局势变得更加混乱了。出于对"伊利里亚理想"的尊重，议会投票决定从伏伊伏丁那邀请代表团。此举只会激怒匈牙利人，但也正是耶拉契奇本人鼓励这种做法的原因。在会议开幕式上，他向大主教拉亚契奇宣誓就职。作为一个克罗地亚人，耶拉契奇随后接受了天主教弥撒，但他还在萨格勒布的东正教教堂举行了感恩节仪式。所有这些公开行为都表明他支持这样的观念，即塞尔维亚人和克罗地亚人"虽信仰不同，但却是血脉相连的同一民族"。[83]

马扎尔和南斯拉夫双方现在都在争抢帝国对各自主张的支持。当克罗地亚议会派代表团到皇帝斐迪南一世那里时，他们来到因斯布鲁克，发现包贾尼已经抢先了一步。6月10日，一项帝国法令免去了耶拉契奇的职务，确认了赫拉博夫斯基的权力，并给拉图尔一记耳光，提醒奥地利军政大臣，控制军事边境的是布达佩斯而不是维也纳。无论如何，整个夏天，拉图尔还是继续公开地向军事边境提供物资。他可能有充足的理由这么做，因为匈牙利人不太可能向克罗地亚人提供物资，而奥地利人虽然不一定需要克罗地亚人去反对匈牙利，却要他们成为意大利战争中可靠的新成员。[84] 无论如何，耶拉契奇被免职并没有遏制南斯拉夫人民的反抗。耶拉契奇下决心证明自己对哈布斯堡王朝的忠诚，并已经开始在德拉瓦集中兵力。在马扎尔人的压力下，克罗地亚议会也同心协力支持总督。马扎尔人现在真的可能遭受克罗地亚的全面入侵。[85] 然而，由于意大利北部的战斗已经开始，帝国政府不愿意支持以这种激烈的手段恢复哈布斯堡的权威。

IV 意大利民族事业

意大利革命的初期对奥地利人而言是黑暗的，对意大利的自由主义者来说却是振奋人心的。到了4月，奥地利人被迫退守北方四角防线的四大要塞。在南方，教皇庇护九世似乎仍打算履行之前对自由主义者的承诺，还打算领导复兴中的意大利。1847年11月提出建立关税同盟之后，庇护九世现又提议为意大利邦国建立某种防御联盟，托斯卡纳和那不勒斯随即附和。与此同时，意大利人普遍支持参与对奥作战，而对奥作战利给了庇护九世巨大的压力。温和的自由主义者佩赖格里诺·罗西（Pellegrino Rossi）认同文森佐·乔贝蒂的远见，支持建立教皇统治下的意大利邦联，但他反对意奥开战。他宣称："民族情绪和对战争的狂热是一柄利剑、一把武器、一支强大的军队。要么庇护九世将其牢牢掌控在手，要么反对派将其夺走并用来对付庇护九世，反对天主教会。"[86] 那时亚历山大·赫尔岑和家人在罗马，他更加直言不讳：庇护九世"要么退出起义，要么名誉扫地，被彻底击败，任人摆布"。[87] 事实上，庇护九世个人认为奥地利人的几次落败并非必然。同时，教皇承担着道德义务和宗教义务，除非是为了自卫，否则不能参战。因此，庇护九世做了两手准备，他希望奥地利被彻底打败，这样他就不用派遣教廷军队对奥作战。毕竟，奥地利是信奉天主教的君主制国家。[88] 教皇面临两难困境，这也是他对皮埃蒙特的贾科莫·杜兰多（Giacomo Durando）将军下达模棱两可命令的原因。此前，他曾邀请杜兰多将军指挥教廷军队。共有 7 000 人依令北上，到达教皇国北部边境，为皮埃蒙特国王卡洛·阿尔贝托发动的武装攻击提供援助。出于一些考量，援助方式及援助程度并未公开。

罗马人有着高涨的爱国热情，这要归功于一位颇受欢迎的激进派领导人物——批发商人安杰洛·布鲁内蒂（Angelo Brunetti），人们更熟悉他的绰号"小胖子"（Ciceruacchio）。也归功于亚历山德罗·加瓦齐（Alessandro Gavazzi）神父，他身材高大、皮肤黝黑、满怀激情。身为巴尔纳巴会（Barnabite）的修道士，加瓦齐神父像中世纪的托钵修士一样，在国内四处奔走，高呼"把野蛮人赶出去"，让听众振奋不已。米兰"光荣五日"的消息传到罗马后，加瓦齐和"小胖子"在罗马斗兽场主持纪念仪式。赫尔岑对这一场景进行了描述："夕阳穿过拱门,光芒四射。斗兽场人山人海,拱门、围墙与破烂的包厢到处都是人——有的坐着,有的站着,有的躺着。其中一个显眼的包厢里是加瓦齐神父,他疲倦不堪、大汗淋漓,但仍准备再次讲话。"加瓦齐是正在组建中的罗马军队的专职教士,他宣称基督教的十字架和意大利三色旗在这场斗争中并肩作战:这是一场圣战。其中一座拱门上悬挂着意大利旗帜和伦巴第旗帜,想要加入军队的年轻人在那里报名。"院子里变黑了,征兵的拱门旁边燃起了火把。人们仍然处于昏暗之中,旗帜随风抖动,吓坏了鸟儿,它们不习惯有这么多人,一直在空中盘旋。这一切都发生在巨大的斗兽场内。"两天之后,赫尔岑看到第一批志愿军小分队出发了,尽管他支持革命,但仍然担心这些年轻的面孔能否活着回来:"战争是人类凶狠残暴、血腥残忍的罪证,战争展现了人性的愚昧、劫掠的普遍性、对谋杀的合理化、对暴力的崇拜。人类在确定有和平的可能性之前,还是会选择战争!"[89]

罗马志愿军俗称"十字军",于3月25—26日离开了罗马。志愿军包括新兵和公民卫队,共计1万人,由支持共和主义的安德烈亚·费拉里(Andrea Ferrari)上校统领,他们的加入使教廷参战人数增至1.7万人。[90]在托斯卡纳,贝蒂诺·里卡索利(Bettino Ricasoli)男爵等温和派人士和佛罗伦萨民主人士一起指责利奥波德二世的首相——科西莫·里多尔菲(Cosimo Ridolfi)侯爵——对战争的冷淡态度。3月26日,在佛罗伦萨一场重大的公开会议上,利奥波德二世亲眼见到里卡索利男爵激起了民众对"十字军"的强烈情感,为了平息众怒,利奥波德二世同意派遣一支约7 770人的部队参加皮埃蒙特在伦巴第的战争。[91]意大利南部也做出了贡献：即便是难以驾驭的西西里岛人也象征性地派出了一支100人的军队北上，在归属统一的意大利之前，他们更想从那不勒斯独立出去。[92] 身在那不勒斯的克里斯蒂娜·迪·贝尔娇约索（Cristina di Belgiojoso）公主是伦巴第人，十分爱国。她雇了一艘蒸汽船把自己带回意大利北部。她发现住所已经被那不勒斯人包围了，他们叫嚷着要和她一起参战。3月29日，克里斯蒂娜公主手举意大利三色旗，乘船驶出港口，途经的水域挤满了小船，船上的人向她和184名一道奔赴战场的志愿军致敬。[93] 他们要去和一支更大的那不勒斯常规军会合，那支军队现由古列尔摩·佩帕将军指挥，他是拿破仑时代的老将，也是昔日支持革命的流亡者。佩帕将军现年68岁，戴着三角帽，帽顶高耸着一根白色羽毛，身旁一侧的军刀叮当作响，这把军刀从年轻时就跟着他。[94] 那不勒斯的国王斐迪南二世赦免了他，克里斯蒂娜公主离开的那天，他刚好流亡归来。起初，国王邀请他一道组建政府，国王十分热衷于通过任命一位自由主义者来满足自由派的需求。然而，佩帕将军提的要求——比如立刻派兵去伦巴第——太过激进，并不符合斐迪南二世的意思。

斐迪南二世成功迫使佩帕将军辞职，但是他无法抵挡民众要求对奥地利作战的压力。4月7日，斐迪南二世正式加入对奥战争，并请佩帕指挥他的4万大军。佩帕接受了国王的请求，但发现自己每次组织军队都会受限。他后来表示，斐迪南二世总是拖后腿，"想方设法使军队人数不足、物资匮乏，总能确保军队无法给予意大利革命武装支持"。斐迪南二世当然不愿意派遣部队参加这样的战争：一方面，这会帮助扩大其劲敌卡洛·阿尔贝托的势力；另一方面，那不勒斯忙于消除西西里分裂主义，不想为伦巴第的事转移精力。但是，3周后，部队还是出发了，部队在安科纳（Ancona）登陆后继续北上。[95] 由7艘护卫舰（5艘蒸汽船和两艘帆船）与两艘双桅横帆船组成的那不勒斯小舰队，向威尼斯出发，帮助其打破奥地利海军的封锁。5月16日，船队停靠在潟湖，受到了热烈欢迎。[96] 但陆战进展却不容乐观。5月3日，佩帕将军来到他的部队。这一天他很愤怒，他接到了国王新任军事大臣的命令，勒令他在到达教皇国北部边境的波河南岸后按兵不动，等候下一步命令。佩帕勃然大怒，他质问，在波河北岸，皮埃蒙特人和威尼斯人正在为意大利的荣誉而战，什么样的将军会在波河南岸按兵不动？更糟糕的是，到达波河时佩帕的军队只有1.4万人，而不是他预期的4万人。[97]

* * *

然而，对于意大利爱国主义者而言，比起教皇和那不勒斯的犹豫不决，皮埃蒙特国王卡洛·阿尔贝托的意图不明更令人担忧。在公开场合，卡洛·阿尔贝托国王会鼓吹可望而不可即的"意大利统一"。3月23日对奥地利宣战时，他提到"他对意大利兄弟的情义"，还提到他的军队会"扛起印着萨伏依十字架（他的王朝的标志）的意大利三色旗"。[98] 但是，卡洛·阿尔贝托决定对奥作战并不是为了实现意大利统一的崇高目标。相反，使他精力充沛的是更加复杂的国内政治压力和他的王朝野心。

在国内，如果国王未能抓住对奥战争的领导权，那么他在皮埃蒙特就可能面临共和主义者的强烈反对。米兰"光荣五日"的消息振奋人心，激发了都灵和热那亚的民主运动。朱塞佩·马志尼的追随者在热那亚这座大港口城市集结起来,抨击 3 月 4 日宪法的局限性。在整个皮埃蒙特,反对神职人员的群众袭击了耶稣会会士的住房。首相切萨雷·巴尔博(Cesare Balbo)是个行事谨慎的温和派,他告诫国王,如果不采取行动,公共舆论的掌控权势必会从王室转移到共和主义者手中。此外,如果没有皮埃蒙特军队参战,邻近的伦巴第和威尼西亚很可能会变成卡塔内奥和马宁领导的共和主义阵营。随着革命席卷帕尔马公国和摩德纳公国,有人劝说卡洛·阿尔贝托,介入伦巴第将会遏制令他忧心的共和主义浪潮。毕竟,是米兰市长卡萨蒂这样的温和派人士在恳求皮埃蒙特进行干涉,其目的不仅是为了打败奥地利人,还为了阻止共和主义者掌权。

卡洛·阿尔贝托国王也有自己的野心:吞并伦巴第和威尼西亚以扩大疆域,建立自己王朝统治下的北意大利王国。他的战争口号是"意大利会自己动手",这不仅仅是空洞的民族主义口号,该口号也是对意大利共和主义者的警示,警示他们不要让法国介入,因为那样必定不利于达成他自己的目标。王朝的扩张战争会限制、继而扼杀初期的民族主义运动。然而,就目前来看,因为对奥宣战,民众坦率而热烈的支持使他备受鼓舞。3 月 23 日,老谋深算的政坛老手、皮埃蒙特温和派的卡米洛·本索·迪·加富尔(Camillo Benso di Cavour)伯爵也被吸引了,他在他的报纸《意大利复兴运动》中写道:

> 撒丁国君主制的巅峰时刻已经到来了……面对伦巴第和维也纳事件,犹豫、怀疑和拖延是不可取的,是最令人失望的政策。我们是头脑清醒的人,习惯于听从理性的指令而非内心的

冲动，经过逐字逐句的思索，我们现在必须恳切地宣布我们的国家、我们的政府、我们的国王只有一条出路——战争！……如果我们不能及时行动，我们必将遭遇不幸！" [99]

不出意料，意大利共和主义者抱着近乎敌对的怀疑态度接近国王。马志尼从其流放地伦敦途经法国和瑞士赶往意大利。3月28日，他给一位英国朋友写信说："我的同胞在伦巴第创造了奇迹。但是，等到他们即将取得胜利的时候，卡洛·阿尔贝托就会介入，窃取意大利人用生命换来的成果。我不知道我能做什么。" [100]

共和主义者左右为难，皮埃蒙特人的军事力量足以驱逐奥地利人，但是接受这种援助意味着臣服于卡洛·阿尔贝托的君主制野心。米兰革命党人都同意推迟君主派和共和派之间的政治辩论，马志尼尽管有疑虑，但也同意了。3月31日途径巴黎时，马志尼以意大利民族协会（Italian National Association，一个旨在统一各派流亡人士意见的组织）的名义对伦巴第人民发布声明：

> 意大利民族协会忠于所提出的方案，协会无权就最符合你们的传统和欧洲趋势的政治秩序提出建议。不需外援，凭借一己之力就获得胜利的人们，你们值得做出自己的选择。你们要仔细思考，像那些主宰自己命运的人一样。[101]

但是，为了提防君主派，马志尼忍不住提出了一个几乎未加掩饰的警告：当权者习惯于从过分顺从或过于鲁莽的人那里攫取权利。伦巴第人不应该把自己的权利交给当权者，这样做意味着放弃整个民族事业。马志尼还是接受了政治休战,因为只有皮埃蒙特军队参战,意大利的民族统一才能顺利迈出第一步。独立和统一应该是第一位的,共和国和民主制度(马志尼在宣言中刻意回避的说法)如果危及对奥战争,那么它们可以暂缓施行。一旦战争胜利,共和主义者就可以发起他们的民主政治运动。[102]

政治休战有利于君主派。3月25日2.3万名皮埃蒙特军人渡过了提契诺河,绝大多数伦巴第人被这一消息迷住了。第二天,先遣部队冒着瓢泼大雨到达米兰,欢呼的人群包围了他们。4月7日,马志尼到达米兰,接下来的两个晚上,人们聚集在他的窗外,他备受鼓舞。马志尼虽然受到了群众支持的鼓舞,但是共和主义者知道他们只是少数。他们可以将激进的学生和城市工匠视为核心支持者,但取得农民阶级的支持并非易事,农民将在即将到来的政治决策中发挥重要作用。

共和主义者与君主主义者之间的任何妥协几乎都不可能维系,这一点在4月11日被证明了。当天,卡洛·阿尔贝托向马志尼抛出橄榄枝,希望他接受君主制,回报是让他为意大利北部起草民主宪法。马志尼拒绝了这一建议,提出了不可能满足的要求:"卡洛·阿尔贝托要公开斩断所有外交关系,斩断他与其他君王的关系。他要签署声明,承诺意大利的绝对统一,罗马为其首都,并且承诺推翻所有其他意大利君王。这样我们都将成为其麾下的将士。如果不答应这些条件,那么其他一切免谈。"[103] 马志尼坚持政治休战,遭到其他共和主义者的强烈反对,包括后来改变主意的卡塔内奥。卡塔内奥认为卡洛·阿尔贝托是反动的宗教偏执狂,他的欲望比奥地利人的更令人焦虑。他甚至沮丧地说,如果他不得不在奥地利和皮埃蒙特的统治之间做出抉择，他会选择奥地利。马志尼和卡塔内奥的本质区别在于他们优先考虑的事情不一样。马志尼想要争取民族统一，即便这意味着要推迟建立民主共和国。卡塔内奥本质上是忠于伦巴第的，所以他认为赢得伦巴第的政治自由比民族统一的梦想更重要。[104]

内斗弱化了共和主义者的反对力量，君主主义者破坏了政治休战。皮埃蒙特人开始对伦巴第的温和派施压。4月16日，都灵宫廷的迪·卡斯塔涅托（Di Castagnetto）伯爵给卡萨蒂写信，发出严厉警告，称国王对共和主义者在米兰的诡计大为不满，并表示："亲爱的卡萨蒂，这实在太过分了。米兰现在的论调显然只想建立共和国，他们甚至想要热那亚也支持共和主义者。里面充满了尔虞我诈，国外的阴谋和金钱也卷了进来。"他恳请卡萨蒂："救救你的国家，救救我的国家吧！请你再次拯救我们的民族——这次危机绝不亚于一个月前你们所克服的危机。"[105] 伦巴第自由主义者拯救国家的方式已经十分清晰：人们认为，他们会把与皮埃蒙特"统一"的问题交给全民公决。这很简单，米兰的战争委员会在3月底就解散了，取而代之的是伦巴第临时政府，临时政府中没几个共和主义者。5月12日，临时政府匆忙宣布在接下来的17天里举行全民公决，公决涉及的问题只关乎"统一"的时间——立刻统一，还是在战后统一。除此之外，没有提及其他内容，就连建立联邦还是共和国这样的选择也没有给出。共和主义者也从临时政府那里争取到了让步：临时政府承诺举行制宪大会，商讨修改皮埃蒙特宪法。但这样的承诺也激怒了都灵王宫。5月13日，马志尼创办的新报纸《意大利人民》(*Italia del Popolo*) 首次出版印刷，及时而又强烈地谴责皮埃蒙特人破坏政治休战的举动和建立北意大利王国的想法。[106] 这样的抗议对共和主义者毫无益处。当统一的问题被抛给伦巴第农民时,似乎也没什么选择余地,一位观察家写道:"热衷统一的人"

> 包括农民、商人及所有单纯的人群。他们声称要在卡洛·阿尔贝托与奥地利统治之间做出抉择,要么马上归属皮埃蒙特,要么重回奥地利统治。我亲耳听到他们这样说。面对这样的抉择,单纯的人们自然会按照政府和地方委员会的意愿做出选择。[107]

投票接近尾声,卡塔内奥深感绝望,他恳请马志尼和共和主义者一起推翻伦巴第临时政府。马志尼顽固地坚持合法性原则,拒绝了卡塔内奥的请求。5月29日是投票的截止日期,绝望的米兰民主人士闯进市政厅,但公民卫队毫不退让。《意大利人民》痛斥这次暴力行为,马志尼敦促道:暴力不能取代言论自由和信仰自由,暴力不应该"扰乱传布福音的事业"。[108] 全民公决的结果几乎是意料之中的:因为投票反对统一会让皮埃蒙特撤军,奥地利会报复伦巴第,多数伦巴第人——如果投票数据可信,还包括很多共和主义者——认为他们别无选择,只能立即投入萨伏依王室的怀抱。投票有效率高达84%,其结果令人十分震惊:大约56万名选民支持立即与皮埃蒙特统一,仅有不到700人投反对票。帕尔马公国和摩德纳公国也很快追随米兰,支持皮埃蒙特将其兼并。北部意大利人现在只需等待威尼斯的决定了。[109]

***

米兰很早就决定接受卡洛·阿尔贝托的援助，这使得达尼埃莱·马宁统治的威尼斯在政治上被孤立了。威尼西亚共和国刚刚宣布成立，其邻国伦巴第共和国就明确表态支持皮埃蒙特王国。威尼西亚不仅不能与共和的伦巴第联盟，反而整日如坐针毡。马宁设法通过采取政治辩论的政策推迟威尼西亚的决定，并将政治讨论推迟到战后。他希望这样能够鼓励所有意大利邦国团结起来，直至将奥地利人驱逐出去——威尼西亚刚好位于战争的前线。马宁遭到尼科洛·托马赛奥的强烈反对，托马赛奥既是他的同事，也是他的对手。托马赛奥和马宁一样不相信卡洛·阿尔贝托，但他坚信庇护九世的诚意和南方军队将会到来的承诺。然而，那不勒斯、托斯卡纳及教皇的军队离威尼西亚还很远，他们还在艰难地缓慢北进。同时，威尼西亚急需军事援助。马宁统治的国家实际上没有自己的军队，需要时间征召和训练民众。与此同时，早在3月底就有报道，拉瓦尔·纽金特（Laval Nugent）伯爵统率的奥地利军队在东部边境集结。如果纽金特成功穿过威尼西亚乡村，并与正在四角防线舔舐伤口的拉德茨基联合起来，那么奥地利就能以压倒性的军力优势彻底击败威尼西亚共和国。因此，马宁几乎注定要掩饰他身为共和主义者的不安，臣服于皮埃蒙特人，他们现在正在伦巴第境内缓慢前进，朝着四角防线进军。如果皮埃蒙特人能把拉德茨基从意大利赶出去，那么他们就可以单独面对纽金特，将其匆忙组建的、战斗力低下的军队赶回克罗地亚。因此，这也是卡洛·阿尔贝托和纽金特争夺四角防线的竞赛。4月17日纽金特开始行军，5天后抵达乌迪内（Udine）。这座小镇的战略地位十分重要，掌控着通往威尼西亚各乡村的道路，而乡村防卫并不严密。经过一夜炮火，小镇投降认输，马宁终于被迫发疯似的恳求卡洛·阿尔贝托："以意大利的名义、以人道的名义、以正义的名义，我们强烈要求紧急援助。"[110]

对威尼西亚共和主义者而言，最好的愿景是统一后的意大利成为一个松散的邦联，威尼西亚可以与其他君主制国家共存。但卡洛·阿尔贝托接受这种结局的可能性非常小：皮埃蒙特就是想相继吞并伦巴第和威尼西亚，使其成为"意大利菊芋上的另一片叶子"。[111] 皮埃蒙特军事大臣对出现在国王指挥部的威尼西亚代表直言不讳："皮埃蒙特不可能纯粹依靠骑士精神，等待巨大牺牲换取的某些补偿。"大臣并未详细说明补偿是什么，但代价显而易见，就是"统一"。马宁起初不愿意付出这么沉重的代价，但是随着军事挫败的消息接连传来，君主派的宣传开始直击要害。大陆上的人们认为威尼斯水城里的马宁共和派的强硬态度危及皮埃蒙特提供援助的承诺，于是开始与城市自身为敌。在帕多瓦，反威尼斯的标语被刷在墙上，罗维戈（Rovigo）地方委员会拒绝将税收送往威尼斯，因为这座大城市"将自身与意大利隔离了"。城市中贫穷地区的人们支持马宁，大部分中产阶级和贵族投靠卡洛·阿尔贝托，因为他们相信他会遵守承诺派兵援助，也因为希望他能阻止共和主义者继续革命。该地区的一些地方委员会纷纷同时举行有关"统一"的全民公决。马宁坚决反对，派遣共和主义演说家进入乡村，劝当地人不要采取这样极端的举措。但是，共和主义者被忽略了，各地一个接一个投票支持"统一"。截至 6 月 5 日，由于奥地利军队的向前推进，周边地区纷纷归顺皮埃蒙特，威尼西亚共和国被挤压得只剩威尼斯及其潟湖。6月9—10日经选举产生了威尼西亚制宪议会，7月4日制宪议会也同意"统一"。至少名义上，意大利北部现在是一个统一的王国。[112]

皮埃蒙特人吞并意大利各邦领土的做法激起了意大利其他君王的嫉妒和敌意。卡洛·阿尔贝托宣战前不久，皮埃蒙特公认的盟友托斯卡纳派兵占领了摩德纳公国到大海之间的一片狭长领地，还占领了昔日独立的小国马萨与卡拉拉。卡洛·阿尔贝托显然一直对这些地方垂涎三尺——托斯卡纳志愿军与皮埃蒙特军队发生了小规模冲突。在后来的一次事件中，托斯卡纳和皮埃蒙特在理论上处于同一阵营，但是皮埃蒙特人拒绝援助被奥地利人围困的一小支托斯卡纳部队。[113]

经证明，在整个亚平宁半岛，统一运动本身是脆弱的。由于各个邦国追求的是自身利益而非民族团结，统一运动开始分裂。此外，马志尼设想把意大利建成统一的国家，但并不是所有革命者都认同他的想法。卡塔内奥首先想在伦巴第建立共和国。而即便身为战争的最大受益者，皮埃蒙特人也担心首都都灵的主导地位将被米兰取代。马宁公开打出威尼西亚共和国的旗帜，因为他知道如果他能使人们想起古老的"圣马可共和国"，革命就能得到威尼西亚人更广泛的支持。3月，"圣马可共和国"的确成了威尼西亚革命者的主要战斗口号，但他现在有些后悔了，如今人们指责威尼斯，称其将自身的共和主义置于意大利统一事业之上。同样，西西里人更关心地方自治权而非民族斗争。3月25日，巴勒莫召集议会，议会宣称西西里岛上自古就有的权力已经恢复，但是西西里愿意成为意大利联邦的组成部分。而最终，岛上的居民不得不投入更多的精力争取从那不勒斯独立,而不是争取统一。意大利爱国者后来指责西西里发动分裂"内战",意大利统一事业也因此深陷困境。

* * *

然而,对独立斗争的第一个重大打击来自教皇撤军。庇护九世很快就后悔派军对抗虔诚的天主教哈布斯堡家族,这种行为可能造成教会内部分裂。4月5日,杜兰多发布命令,令庇护九世别无选择,只能履行教皇职责而无法履行意大利爱国者的职责。当天庇护九世就表示坚决反对对奥战争。在马西莫·达泽利奥(Massimo d'Azeglio)撰写的一篇不得体的声明中,杜兰多号召他的士兵进行一场真正意义上的圣战,他声称,庇护九世"保佑你们的剑……消灭上帝和意大利的敌人的剑……这样的战争不仅是民族战争,而且在很大程度上是基督教的战争"。[114] 他发表的声明令人震惊。宗教与民族主义的融合是一杯令人陶醉的鸡尾酒,能鼓舞人心,但危害极大且不易察觉。庇护九世无法忍受这样的烈酒。他一直小心翼翼地避免一切形式的正式宣战(宣战有违他身为教皇的职责),但现在杜兰多对奥地利公开宣战,不仅让教皇似乎成了侵略者,还公开把信奉天主教的奥地利和奥地利士兵宣判成"上帝的敌人"。很快,庇护九世听说德意志主教对此十分愤怒,他担心的教会内部的分裂似乎正在逼近。经过两个多星期的激烈辩论,杜兰多依旧不服从命令,于4月22日越过边境。教皇无法阻止他,但是可以否认他行动的合法性。4月29日,庇护九世发布了一篇"训示",驳斥"那些人的奸诈建议……那些人原本是罗马教皇的臣民,却去发号施令,意图为全意大利人民建立某种所谓的新共和国"。[115]他还告知其他君主，他正打算放弃为意大利邦国建立联盟的计划。这位"支持自由主义的"教皇已经踏上了一条否认民族主义和自由主义的道路。意大利民族主义和罗马天主教之间的分歧会持续到20世纪。罗马人起初觉得难以置信，但渐渐地开始觉得愤怒。一位共和主义者十分吃惊，愤愤不平地抱怨："教皇是不可改变的，教皇是意大利的首要敌人，罗马再也不要忍气吞声了。"[116]

这种愤怒极大地刺激了罗马民主人士，5月1日庇护九世被迫组建新内阁，新内阁由左翼自由主义者特伦齐奥·马米亚尼（Terenzio Mamiani）伯爵领导。特伦齐奥·马米亚尼伯爵很受民众欢迎，这既因为他支持对奥作战，也因为他认为新宪法必须"添加内容"（议会的权力要大于教皇），还因为他认为国家应该确保最贫困的公民享有生活资料。但他和马志尼不一样，他害怕"极端分子"，也同样厌恶神职人员中的极端保守派。与此同时，杜兰多的正规部队越过了教皇国的边境，随时准备接受皮埃蒙特的调遣。相比之下，抵达战场时，佩帕领导的那不勒斯军队已经所剩无几，因为5月15日，斐迪南二世镇压了那不勒斯革命。

* * *

那不勒斯王国自由化的政权从未恢复城市和乡村的秩序及社会稳定，因而从未获得其生存的必要条件。当年年初，王室政权瓦解使那不勒斯出现了政权空缺，激进派和温和派为此相互争斗。那不勒斯民主政治团体要求废除上议院，扩大选举权。自由主义者起初只需集中精力确保国王兑现承诺,现在他们为了维护宪法必须双线作战。让政治冲突更加复杂的是,自由主义者还必须应对社会动荡。自由主义者的支柱是农村的非贵族地主及城市里的商人和生产商。在城市,由于引进新技术,工匠和学徒变得供大于求,他们在那不勒斯和萨莱诺的作坊里肆意闹事,打砸机器。在农村,起义形势更为严峻,农民占领土地并自称拥有土地所有权,尤其针对富裕地主所圈的公地。包括萨莱诺附近的一位"左翼"神父在内的激进主义者宣扬称:应该将大地产划分成小块,利益应由人们共享。地主向国民卫队寻求保护,但自由主义者和民主人士之间的分歧形成了一条鸿沟,削弱了革命的力量,也给国王斐迪南二世创造了机会。温和派首相卡洛·特罗亚(Carlo Troya)是一位历史学家,但他更关注书本,而非革命政治中风雨飘摇的世界,他对发生的一切也无能为力。他领导的政府与国民卫队无法阻止社会革命的幽灵蔓延,同时他又支持战争。宫廷与军官中的保守派及神职人员因此四处散播消息,称自由主义者想要把意大利交到令人憎恶的皮埃蒙特人手中。现在,有了庇护九世的训示,神父和修士将宗教作为反革命的神兵利器:他们宣称,自由主义者在蔑视教皇。

鉴于这种令人窒息的社会氛围,只有1/5有资格的选民参加议会选举,这件事情一点儿也不足为奇。议会开幕式定于5月15日,出席的那不勒斯议员多数是温和派,另有少数激进派和无足轻重的保守派。很多议员都怀疑国王建立立宪政体的诚意。地方的民主支持者抵达那不勒斯,其中包括国民卫队中的民主人士,这让激进主义者的决心更加坚定了。国王要求议会宣誓维持现有宪法,并将约1.2万人的军队集结在市中心,城里立刻就搭起了街垒。深感绝望的温和派尽力劝说激进派停止行动，但是没有成功。现在，国王决定使用具有压倒性优势的武力对革命进行镇压。[117]

5月15日上午，第一枪打响了，军事管制的红旗在（那不勒斯的）圣埃尔莫要塞上飘扬，斐迪南二世的军队——包括瑞士卫兵和炮兵部队——向托莱多（Toledo）前进。在这场激烈的肉搏战中，瑞士士兵冲锋陷阵，先用大炮将路障炸飞，然后用刺刀刺杀或驱赶叛乱分子。士兵闯进街道两旁的房屋，清查房间和屋顶。3点整，在市政府所在地蒙特奥利瓦图区（Monteoliveto District），70名议员组成的委员会努力组织抵抗。军队砸碎路障，进入该区，于晚上7点夺下了市政厅。英国领事内皮尔（Napier）勋爵目睹了这场战斗，他报告说：大约有200名士兵死亡，400名士兵受伤，瑞士士兵的伤亡情况最为严重。叛军方面死伤情况不明，但有六七百人被俘，内皮尔写道：

> 毫无疑问，很多无辜者，包括妇女和儿童，都沦为了士兵的刀下魂，这些士兵一进入民舍就开始屠戮。那不勒斯部队在夜晚有很多过激行为，他们以暴力威胁勒索金钱，甚至大肆伤害和侮辱无辜的人。

有些囚犯立刻被枪杀，王室军队所经之处，可怕的城市贫民——游民接踵而至。1月王室倒台时，这帮游民袖手旁观，现在他们充分利用了这场灾难，劫掠已经满目疮痍、弹痕累累的房子。他们宣称忠于国王，解除了国民卫队的武装。他们挥舞着波旁王朝的白色旗帜在街上游行，大声高呼："国王万岁！""意大利必亡！"——毫不掩饰地反对意大利统一。5月17日，斐迪南二世解散了议会，理由是众多议员组成的"公共安全委员会"使王国发生了内战。[118]

那不勒斯发生的反动事件严重阻碍了南意大利为独立战争应做的贡献。得知5月15日反革命事件的消息时，佩帕将军正在博洛尼亚，他的军队正在去往波河的路上。佩帕将军接到那不勒斯政府的命令，令其返回那不勒斯。已经驶入威尼斯的舰队服从了命令。佩帕将军的上级斯塔泰拉（Statella）将军非常高兴地宣布了撤兵的消息，但是佩帕将军火冒三丈，辞去了军事职务，让斯塔泰拉去执行这令人难以接受的命令。博洛尼亚的爱国主义者很快就听说那不勒斯军队即将撤军的消息，城市的国民卫队聚集在佩帕周围。他们把手放在剑柄上宣誓："意大利将军，这把剑为你而战。"佩帕大为感动，紧握剑柄，大声高呼："只要我活着，这把剑永远为意大利而战！"博洛尼亚陷入了骚乱，佩帕恢复了指挥权；斯塔泰拉决定妥协，光荣卸任。斯塔泰拉打算途经托斯卡纳返回那不勒斯，但是愤怒的人群拦住了他的马车，将马车烧成灰烬，不幸的乘客还在马车里面。佩帕收回全军撤退的命令，但是原班部队最终只有2 000人愿意违抗国王的命令。6月17日，这位勇敢无畏的将军和这支小小的部队一起渡过波河，踏上解救威尼斯的征程。[119]

* * *

对热情的意大利爱国主义者而言，战争一直处于焦灼状态。4月8日，皮埃蒙特在戈伊托的首战中击退了奥地利人，渡过明乔河

（River Mincio），进入四角防线邦国的境内。明乔河下游曼托瓦附近的奥地利守备部队拒绝投降，使取胜变得更加困难。但卡洛·阿尔贝托在4月29日围攻了另一个要塞佩斯基耶拉，其他部队则继续前进，试图将拉德茨基赶出维罗纳。4月底，皮埃蒙特人在帕斯特伦戈（Pastrengo）取得了另一场胜利，但是皮埃蒙特最终遭到了奥地利的反击。卡洛·阿尔贝托因不实情报，误认为维罗纳人在准备起义，于是派军夺取拉德茨基指挥部所在的维罗纳要塞。5月6日，卡洛·阿尔贝托的军队发起袭击，但遭到奥地利坚决反击，袭击失败。他随后驻兵备战，意图围攻佩斯基耶拉。但这一决定可能是错的，因为这时战事的走向取决于纽金特和拉德茨基是否联手，利用皮埃蒙特军队拦截纽金特可能是更明智的选择。

现在，唯一能够阻止纽金特的就是教廷军队。在杜兰多和费拉里指挥下，教廷军队从南部出发。这些士兵的确行动迅速，在紧要关头到达皮亚韦河（R. Piave）。4月30日，他们在纽金特的先遣部队抵达之前烧毁了桥梁。然而，纽金特十分狡猾，故意留下辎重和一个师作为诱饵，然后他和其余部队率先向北挺进，在罗马军队的四周游动。5月9日，勇敢无畏的奥地利人最终在科尔努达（Cornuda）袭击了费拉里率领的志愿军。从未受过训练的志愿军一整天都在顽强抵抗，他们坚信杜兰多正带着有敌军数量"两倍"之多的援兵赶来，然而援军始终没有到来。绝望的志愿军开始渐渐散去，而杜兰多的专业部队，包括瑞士军队，正乘火车去维琴察（Vicenza），准备再次追赶纽金特。军队往西南方调动使得奥地利人与威尼斯之间毫无阻隔。截至5月25日，纽金特1.8万多人的大军在维罗纳与拉德茨基的5.1万人大军会合。杜兰多坚守维琴察,这可能会干扰奥地利的通信,但是拉德茨基决心无视这个问题,直接进攻卡洛·阿尔贝托。5月29日,拉德茨基首先大败卡洛·阿尔贝托勇敢的盟友托斯卡纳军队,托斯卡纳军队在库尔塔托(Curtatone)和蒙塔纳拉(Montanara)拼死抵抗。朱塞佩·蒙塔内利(Giuseppe Montanelli)是志愿军中的一员,他满脸胡须,身材矮小,但非常爱国,他是比萨大学的教授,此时正与其学生并肩作战。朱塞佩·蒙塔内利英勇作战,直至克罗地亚人开枪把他的肩膀打伤,他们还嘲讽地大喊:"庇护九世万岁!"这两次交战将托斯卡纳人打出了战场。

第二天,在第二次戈伊托战役中皮埃蒙特人抵挡住了拉德茨基的军队,奥地利人疲惫的佩斯基耶拉守备部队投降认输。然而拉德茨基只是把部队撤回到曼托瓦,休整几天后,又派出一众部队向东挺进,试图消灭维琴察的杜兰多军队。6月10日,奥地利人突袭维琴察,经过几小时激战(交战中马西莫·达泽利奥腿部受伤),杜兰多投降认输。他的部队获准以体面的方式撤出维琴察,但他们必须撤至波河以南,并保证3个月内不再参战。奥地利人现在可以集中精力削弱威尼斯,攻打皮埃蒙特人。[120] 利好局势似乎转向了奥地利。

随后,一位即将创造奇迹的人物——朱塞佩·加里波第——出现了,他一直为南美洲的共和主义事业奋斗。得知意大利革命的消息后,4月15日,他同其他63位意大利革命者从普拉特河(R. Plate)起航,于6月23日抵达尼斯(当时属于撒丁王国,也是加里波第的出生地),在这里和他的乌拉圭妻子阿妮塔·里贝罗·达·席尔瓦(Anita Ribeiro da Silva)及子女团聚。接着加里波第打算前往热那亚,他计划加入卡洛·阿尔贝托的部队——1834

年,正是卡洛·阿尔贝托宣判了他的死刑。这个曾是水手的共和主义战士还准备为他们共同的民族事业而战。但是,

> 当时他的指挥部在罗韦尔贝拉(Roverbella),我去了那儿,想要为他效命,我的战友也愿为他效命。我见到了他,也发现了他接见我时表现出的不信任。意大利的命运交付在一个迟疑不决、优柔寡断的人手中,我感到十分悲痛。我本应该服从国王的命令,就像在共和国应该做的那样……卡洛·阿尔贝托的国王身份、当时的情况,以及大多数意大利人的愿望,无不要求他领导救赎之战,他确实也渴望扮演这样的角色。他不知道如何利用自身强大的统帅力量;他确实是他们被摧毁的主要原因。[121]

身为统帅,国王必然有过失之处,但是加里波第的评判太过严苛。奥地利的反击策略和战斗决心也是意大利人失败的原因,老狐狸拉德茨基会揽下奥地利反击的大部分功劳。由于维也纳态度不明,所以前期他遇到了阻碍。帝国首都出现政治危机,帝国其余地方前途未卜,故而政府起初不愿承诺参与意大利全面作战。还有一些大臣认为哈布斯堡家族应该完全放弃意大利,因为他们认为意大利没有战略意义。但是,菲凯尔蒙伯爵和大多数人都不想退缩。因此,4月,维也纳选择了奉行双重政策:与伦巴第建立外交关系,给予伦巴第自治权以换取其对哈布斯堡王室的认可,同时再次占领威尼斯。到了初夏,拉德茨基仍处于维也纳政治不确定的重负之下。6月11日,奥地利外交大臣约翰·菲利普·冯·韦森伯格(Johnon Philipp von Wessenberg)男爵给拉德茨基下达命令,令其通过商谈停火协议"结束在意大利代价昂贵的战争"。此举的前提是伦巴第独立,而不是威尼西亚独立,威尼西亚的大部分领土都已被重新夺回。但是,拉德茨基现在十分自信,认为实际形势对他有利:纽金特已经到达维罗纳,且皮埃蒙特盟军遭到重创。他坦言情势仍不容乐观,但是强调他们也没有绝望到要向意大利叛军让步的境地:"我们是陷入了困境,但是感谢上帝,我们并没有沦落到要听从卡萨蒂命令的地步。"[122] 因此,拉德茨基没有服从命令。他坚持拒绝谈判,最终获得了包括军政大臣拉图尔在内的维也纳"鹰派"的支持。拉德茨基的据理力争和拉图尔的支持让政府产生了动摇,6月底,政府下达命令,令战场的元帅急速前进,将卡洛·阿尔贝托从伦巴第驱逐出去,必须使反叛的意大利北部臣民投降。

V 1848年的边缘群体

1848年民族主义的核心问题包括两大难题:各民族间的关系问题,以及民族愿望和政治自由的关系问题。这也是近代民族主义的核心问题。这两个问题交织于解放犹太人的问题中。欧洲的许多民族主义意识形态在接纳犹太少数民族问题上(至少从理论上来看)几乎没有什么困难,愿意让犹太民族融入他们期望的新的自由国度。有些人将现代德意志历史视为一股势不可当地冲向纳粹毒气室的浪潮。事实上,对此最好的回击就是,尽管德意志会公然侵略扩张,偶尔会有限制自由的倾向，但1848年的德意志民族主义几乎没有激起反犹太主义。几十年前，德意志的许多邦国都赋予了犹太人公民权利（普鲁士在1812年做到了这一点）。接替海因里希·冯·加格恩继任法兰克福国民议会议长的爱德华·西姆松（Eduard Simson）和副议长加布里尔·里塞尔（Gabriel Riesser）都是犹太人（或拥有犹太血统），这一事实证明议员中多数人没有偏见。里塞尔还积极支持维护犹太人的权利。来自波希米亚的德意志犹太人捍卫德意志在波希米亚的利益，反对捷克人，因而声名远扬。例如伊格纳斯·库兰达（Ignaz Kuranda）是《国外消息》（Grenzboten）的主编，这份报纸格外尖锐地宣扬德意志民族主义。[123] 在德意志宪法中，关于基本人权的第十三条废除了获得公民权利的宗教要求，此举在本质上给予了犹太人选举权。在关于第十三条的辩论中，自由主义者莫里茨·莫尔（Moritz Mohl）显然陷入了典型的反犹太主义思潮，因为他担心由于犹太人广布于世界各地，他们可能永远无法完全融入德意志民族。莫尔认为，犹太人不应被剥夺政治权利，新德意志帝国应该有能力制定法律来规范犹太人的经济活动，鼓励他们不要放"高利贷"，而应务农或从事其他正当职业。值得注意的是，整个议会嘘声四起，莫尔的讲话被打断了，提议也未得到支持。塞尔（坐在中间偏左的位置）立即起来回应，一位中间偏右的普鲁士天主教议员支持他，一位来自黑森的天主教法学家支持他，议会宪法委员会的新教发言人也支持他。这并不反常，从宗教到政治各部门都支持犹太人的解放。[124]

这并不是说德意志社会不存在反犹太主义，事实远非如此。在德意志，多达50万犹太人一直惨遭闹事工人和农民的暴力侵扰，他们的动机既有宗教偏见，也因为经济窘迫。在德意志南部的80个乡镇，犹太人的商铺总是遭到袭击，[125]袭击理由是人们认为犹太人高价欺骗顾客（农业危机才是真正原因），他们还放高利贷，以苛刻的利息使本就没钱的农民倾家荡产。然而，这种暴力手段并没有得到法兰克福自由主义者的支持。实际上，议会对第十三条持保留意见，其中的一条意见表明，第十三条本身不是错的，但是议会担心它是否能被更广泛的、没文化的平民接受。提出这一棘手条文的议员是天主教神父格奥尔格·考策（Georg Kautzer），但他仍对第十三条拍手叫好，称犹太人解放将进入一个全新的过程，民众的偏见将会逐渐消除。[126]

在哈布斯堡王朝的统治下，犹太人一直遭受立法歧视，他们要缴纳一种特殊税，用来换取"被容忍"在帝国居住，他们还被禁止拥有地产。在首都维也纳，只有当地的犹太居民可以从事商业活动，其他犹太人一次只能停留3天。因此，许多犹太人率先在维也纳进行革命也不足为奇。3月13日，一位年轻医生鼓舞人心的讲话激起了维也纳民众的热情，他就是犹太人阿道夫·菲施霍夫。他一跃成为革命领袖，而后在5月15日起义后建立的安全委员会担任主席。但是，他教友的革命行为常常被维也纳人耻笑，很多维也纳人仍把犹太人视为放高利贷的人和小商人。反犹太主义小册子的作者强烈抨击犹太人要求解放的请愿书。三月革命中工人的暴行致使工业郊区陷于火海，众多犹太人的商铺被砸。在其他乡镇，犹太人的生命安全还受到了威胁，多亏学生组成的民兵及时赶到拉布（Raab），阻止了血腥的屠杀。在布拉格，审查制度瓦解，反犹太主义的宣传活动在街道上泛滥成灾，工人受到鼓动，袭击犹太零售商，袭击持续了一整个春季,并在5月1—2日达到高潮。这两天的暴乱主要针对被指控对货物要价过高的犹太店主。[127] 布拉格6月暴动时,犹太区的居民在他们的街道上筑起了街垒,不是为了支持起义,而是为了保护犹太人在革命和反革命斗争之间的中立态度,这在当时是可以理解的。

弗朗茨·皮勒斯多夫(Franz Pillersdorf)男爵起草了4月25日宪法,保障所有公民享有宗教信仰自由,下奥地利等级会议督促他将宗教自由限制在基督教派系中,这"不是依据公正的原则,而是考虑公众感受",[128] 这就是奥地利帝国对反犹太主义毫不掩饰的公开表态。那么只能让议会来决定非基督徒的权利,但结果证明议会存在的时间太短,无法解决这个问题。奥地利保守派夺回权力后,宪法被撕毁了,但是确保宗教信仰自由的法律条款保留了下来,犹太人仍被排挤在外,直到1868年他们才摆脱奥地利在这方面的所有限制。

社会上盛行的反犹太主义黑暗浪潮于1848年春横扫匈牙利。匈牙利《四月法令》未能赋予犹太人选举权,这反映了精英阶层对反犹太主义的忧虑。许多工人暴力袭击犹太人的经营场所,这迫使当局出动国民卫队保护犹太店主。事件的导火索是3月21日匈牙利议会上的提案:只要足够富有,无论宗教信仰是什么,都能在市政选举中拥有选举权。反犹太人暴力事件在普雷斯堡一发不可收拾,犹太人惨遭毒打,他们的商店也都被砸毁了。暴乱随后蔓延到其他城镇,于4月初达到高潮。结果,尽管科苏特反对,但议会多数自由主义者勉强同意暂时不给予犹太人选举权,以抚慰众怒。[129] 然而,不久又发生了反犹暴乱。4月19日,在布达佩斯,"手持刀棒和斧头的底层民众"袭击了城里的犹太人，目的很明确，就是要把他们驱逐出去。虽然有很多人受伤，但（奇迹般地）无人丧生。在普雷斯堡，约有10个犹太人被私刑绞死，还有40多人受伤。对此包贾尼和科苏特也感到恐惧，他们认为向暴徒做出更大让步可以拯救生命。用科苏特的话来说，再强力要求解放犹太人，只会把匈牙利的犹太人送进屠宰场。因此，4月25日，犹太人被"免除"兵役，换言之，他们无法在国民卫队服役。这是一个大逆转，因为在3月18日，更加激进的布达佩斯"公共安全委员会"否决了要求将犹太人逐出民兵队伍的反犹太主义请愿。在裴多菲的带领下，激进派粗暴地组建了一支专门的犹太人队伍。他们指责德意志人（"被下台的政权当成工具利用的盲目的德意志人"）和工人阶级中的渣滓在幕后操控反犹太人的暴力事件。这些判断源自革命者的窘境，他们强烈地感受到大屠杀使革命蒙羞，或者，正如裴多菲所说，（对犹太人的暴行在）"向3月15日纯洁的旗帜扔泥巴"。[130]德意志人的确领导了一些暴力事件，但是没有证据表明反犹太主义是反革命者激起的，也没有证据表明反犹太主义暴力事件只有城里贫困的下层人士参与。事实上，是那些看似体面的手工行会成员受到经济利益的驱使后发起了反犹太主义暴行，他们憎恨犹太人悄无声息地移居到镇上，开起了商店，和马扎尔人及讲德语的同行竞争。事实证明犹太人对匈牙利的自由体制极为忠诚，因此，斯拉夫人多年以后把犹太人和狂热的马扎尔民族主义者相提并论。

最终，在1849年，犹太人为匈牙利独立而战时，匈牙利议会忠于自身的理想，完全解放了犹太人。在科苏特看来，犹太人和匈牙利其他少数民族是一样的：身为自由民、与其他人享受完全同等的权利，他们会对此感到满足。在这种情况下，犹太人不需要特殊待遇，不需要将他们视为不同的民族或宗教团体。正如科苏特所说，犹太人必须为自己的解放做好准备，他们要认同这一点：在建构新身份认同的过程中，犹太人不必非得延续传统的教义和习俗。[131] 这和德意志自由主义者的观点如出一辙，但是犹太人解放、融入这个自由的国家，也给他们内部造成了危机，更为传统的犹太人担心他们特有的认同感会逐渐被抹杀。[132]

因此，1848年的中欧展现了现代自由国家的一个重大困境：少数民族或者宗教少数派必须完全被自由政治秩序同化，还是国家应该建立在多元主义（或多元文化主义）的基础上？在前一种情况下，公共生活中除了公民的认同感以外，再没有其他身份认同感。后一种情况，则是在遵守共识，保证相互尊重和法治的前提下，让所有群体充分表达各自的感受和需求。上述问题没有简单的答案：第一种选择可能会忽视宗教与少数民族这两个敏感问题；第二种选择则会引起对公共秩序混乱的恐慌。法国共和主义者没有任何疑虑。既然1791年犹太人就被完全解放了，他们就是新共和国的公民。然而，阿尔萨斯是常常爆发反犹太主义事件的地区之一，这里仍旧怒火不止。1848年该地区发生的这类暴力事件在法国是非常罕见的。暴力事件发生的原因是农民和工人把犹太人视为放高利贷者和经济竞争对手。作为边境省，在经济不景气的时候，阿尔萨斯地区的人们十分容易发怒，因为他们食不果腹，却看到食品轻而易举就出口了。[133] 他们认为犹太人应该为此负责，这是很不公平的。3月初，上阿尔萨斯的农民洗劫并焚烧了犹太人的房屋和犹太教堂，迫使他们逃往瑞士避难。在阿尔特基克（Altkirch），有证据表明当地的精英人士对暴力事件视而不见，

甚至会积极鼓励。一位犹太人领袖表示，根本原因就是

> 简单明了的宗教歧视和对高利贷的憎恨。但是在奥伯多夫的乡村，即便犹太人勤勤恳恳，农民还是袭击了他们……此外，所有地方的袭击都是从犹太教堂开始的，但是教堂与商业或高利贷并无关联。对于此地大多数人而言，所有问题都可以被归结为宗教问题：那里的人们都是天主教徒或新教徒，不是共和主义者，不是菲利普主义者（奥尔良主义者），也不是正统主义者。

在波朗特吕（Porrentruy），一群犹太难民成功地求助于新政权的共和主义价值观："如果说有哪个时代能包容所有宗教，合法保护所有宗教，尊重人民，尊重财产……那无疑就是当下，因为这个国家刚刚正式独立，并且建立了共和国。"阿道夫·克雷米厄（Adolphe Crémieux）是现任司法和宗教事务部部长，他曾承诺向犹太难民提供物质援助，并追捕"野蛮袭击"的发起者。在给临时政府驻科尔马（Colmar）长官的信中，他写道："在法国，在古老的阿尔萨斯，在一个充满爱国主义的国家，竟然有这么多卑劣的人能够公然袭击普通公民，而这些公民唯一的罪名就是身为犹太人，对此我感到非常震惊。"克雷米厄向犹太人保证，他们可以在法庭上找回公正，但是政府也派出了军队，因为"政府最大的愿望，最紧迫的任务就是保护公民的财产和人身安全"。镇压阿尔特基克反犹太主义暴力事件的队伍由著名的路易-欧仁·卡芬雅克（Louis-Eugène Cavaignac）将军领导，身为共和主义者，他具有无可挑剔的资质，

但是这个夏天,他将变得臭名昭著。[134]

* * *

多数革命都在不同程度上取得了成功,目的都是为犹太人争取平等的公民权利,同时这些革命在某种程度促进了帝国殖民地的解放。其中最重要的举措是法兰西帝国彻底废除了奴隶制。1794年法兰西第一共和国宣布奴隶制是非法的,但是拿破仑·波拿巴迫于加勒比海殖民地种植园主的利益,于1802年再度实施奴隶制。奴隶制在瓜德罗普岛(Guadeloupe)和马提尼克岛(Martinique)取得成功,但是在海地遭遇惨败,已获解放的奴隶为独立而战,大获全胜。海地的革命范例,以及英国于1833年废除奴隶制的范例,让法国其他殖民地保留奴隶制失去了合法性。七月王朝以"财产权"的名义为奴隶制正名,在其统治下,维克托·舍尔歇(Victor Schoelcher)和赖德律-洛兰等共和主义者把反奴隶制当作一大奋斗目标。维克托·舍尔歇写了很多有说服力的文章反对奴隶制。1847年4月,赖德律-洛兰发表了慷慨激昂的演讲,支持废除奴隶制。舍尔歇担任法兰西第二共和国海军部部长期间一直负责管理海外殖民地。4月27日,他执行了释放所有法兰西帝国奴隶的法令:瓜德罗普岛8.7万人,马提尼克岛7.4万人。这些人和殖民地的精英阶层一起,正式成为法国公民,拥有了选举权。殖民地的精英阶层包括白人及拥有人身自由的黑人(他们虽受过教育也相对比较富裕,但仍面临种族歧视)。第一次选举中,在德罗普岛和马提尼克岛,舍尔歇在候选人中名列前茅,当选 6 个席位*。[135]

在加勒比海其他地区，丹麦人和瑞典人［1848 年时瑞典人仍占领着圣巴泰勒米岛（Saint Barthélemy）］也废除了奴隶制。然而，他们并没有正式提及放弃帝国。荷兰议会无疑对其海外殖民地有一定的掌控权，但是贸易仍处于王室的垄断之下。阿尔及利亚仍然是法国的殖民地（1830 年首次遭到入侵，最后一位波旁王朝国王查理十世试图通过海外冒险来赢取支持），当时欧洲的殖民地开拓者拥有选举权，但是原住民却没有。

* * *

"民族之春"的另一重大局限性是几乎没有对女性解放做出贡献。在欧洲的所有地方，女性都没有选举权，主要是因为不仅男性长期对此抱有偏见，很多女性对此也有偏见，她们内心认可性别差异这种盛行的观点。19 世纪中叶，欧洲社会普遍认为女性天生就应以家庭为中心：她们是子女的养育者，是贤良淑德的妻子和"家庭的天使"。人们认为，在男性权威（父亲也好丈夫也罢）的庇护下，女性才能受到最好的保护。最好把政治留给男性，因为男性比女性更理性，自然更适应公共生活领域，而女性则不愿意涉足。路德维希·班伯格（Ludwig Bamberger）的观点很具代表性，班伯格是美因茨民主人士，左翼革命者，他公开反对女性"高雅的奴隶"身份，然而他问道："谁想消除男性和女性现有的天性差异？"他

---

* 根据当时的选举规则，一人可充当多个省（市）的候选人，竞争制宪议会席位，最终只能选择做一个省（市）的代表，空余的席位将进行补选。舍尔歇后来成为马提尼克岛的代表。——编者注

认为，无论男性还是女性都应进入"符合其天性的领域"。[136] 即便是那些罕见的支持女性解放的声音，也不能说是完全支持性别平等的。一位黑森的民主人士宣称，剥夺女性的选举权，就像是剥夺她们"烹饪、缝纫、编织、缝补、跳舞和演奏"的乐趣一样。[137]

女性确实以不同的方式参与了政治革命。在这个过程中，她们挑战了1848年解放运动的极限。几乎到处都有（来自几乎所有社会阶层）女性参与到了2—3月的街头斗争中，她们通常担任各种辅助角色。工人阶级的女性也参加了随后的起义，包括6月巴黎和布拉格的起义，以及1849年莱茵地区的重大起义。在巴黎，很多女性帮忙搭建街垒，给将士送食物、传信息、运送弹药——通常是把这些东西藏在空心的面包里或牛奶罐的底部。画像中法国女性把旗帜挂在街垒上，这是真实发生的。1848年6月23日，两位巴黎女性在街垒上悬挂旗帜时被国民卫队砍倒了。布拉格设立路障的女性给后世留下了不可磨灭的印象，展示了斯拉夫女性的英雄气概和牺牲精神。

女性也是这些历史事件的重要观察者，她们对革命做出了颇具影响力的评论，举几个例子：玛丽·达古使用达尼埃尔·斯特恩（Daniel Stern）这个笔名写了一本关于法国1848年革命的历史书，至今仍是重要的原始资料；在德意志，范妮·莱瓦尔德写了很多关于革命的很有影响力的信件；在意大利，美国记者玛格丽特·富勒（Margaret Fuller）实际上成了美国的第一位战地记者，她为霍勒斯·格里利（Horace Greeley）的《纽约论坛报》(New York Tribune)报道了罗马发生的事件。[138] 在巴黎，社会主义者欧仁妮·尼布瓦耶（Eugénie Niboyet）创办了一份女性报纸《女性之声》(Voice of Women)。捷克作家博任娜·涅姆卓娃（Božena Němcová）同情穷人的困境,谴责反犹太主义,反对德意志民族主义,主张通过教育解放女性:"我们女性远远落后于时代,落后于自由和文化的旗帜。我们要承认这一点,但是不要因此感到羞愧,因为这不是我们的过错,而是那些完全忽略教育的人的过错,他们让女性的教养完全听天由命。"[139] 这些声音来自那些积极参与政治的作家,她们不是冷酷无情的观察者。

女性也成立或加入了政治俱乐部。在巴黎,"两性互助会"承认男女平等。"女性解放协会"和"女性联合会"迫切谋求女性权利:在政治上,她们追求的通常不是政治选举权,而是受教育权、离婚权、私有财产控制权;在经济上,要求设立国家工厂制度,为失业男女提供就业机会。同时,"山岳党"[*]和阿道夫·布朗基的"中央共和社"等激进社团都接纳女性会员,而多数社会主义社团允许女性出席,但女性不能发言。1849—1851年,女性把住房当作激进派的集会场所,四处向文盲大声宣读左翼报纸,在整个法国乡村散播激进派的声音。成千上万的德意志妇女为建立德意志海军筹集资金,柏林、曼海姆和美因茨等城市建立了妇女协会。从1848年夏天开始,莱茵地区的女性加入了一些民主协会,她们还参加了在乡村地区举办的众多会议。因为班伯格的民主协会不允许女性发言,1849年5月,卡森喀·策茨-贺琳(Kathinka Zitz-Halein)在美因茨创建了"人道主义社"(Humania Association)。社团的主要目的是为了支持那个夏天的激进派起义,为有需要的"爱国主义者"提供资金、衣服、绷带和必要的护理。萨克森、拿骚、法兰克福和海

---

[*] 法兰西第二共和国时期的民主社会主义激进团体,亚历山大·赖德律-洛兰为其领导人,名字来源于大革命时期的山岳派。——编者注

德堡也成立了类似的组织。为了加强对女性的教育，布拉格的中产阶级女性创办了"斯拉夫女性协会"。1848 年 8 月，该协会组织了两次公开会议，抗议奥地利军队对布拉格的军事占领。第二次会议派遣了一个代表团前往维也纳，成功使一些自六月起义以来一直被关押的政治犯获释。在现代人看来，这些活动甚至都没有触及不平等问题的表层。但对保守人士来说，这些活动是极其危险的。1849 年 3 月 17 日，奥地利政府颁布了一条关于结社的法律，禁止女性在哈布斯堡帝国以任何形式参与政治活动。女性参与政治会议，即便一言不发，也属于违法。

有些女性甚至试图参加选举。1849 年 5 月，在巴黎，让娜·德鲁安（Jeanne Déroin）试图竞选社会党候选人。政府宣布她的候选人资格不符合宪法，并且警告称她的选票要全部作废。支持她的左翼共和主义者因此退缩了，但这是法国政治极具象征意义的时刻。相比较而言，伟大的作家乔治·桑（George Sand）对待女性解放持费边主义（循序渐进的）态度。1848 年 4 月，她表示，女性终有一天可以参政，但是社会必须先改变。在此之前，女性会过度依赖婚姻，过度受到强化男性家庭权威的法律的约束，无法真正独立地参政。因此，乔治·桑远离了自己的赞赏者——这些人建议她参加即将到来的选举。她认为，法兰西第二共和国的任务不是赋予女性选举权，而应该首先提高女性的家庭地位。[140] 这个想法出自与共和国内政部部长赖德律-洛兰合作密切的人之口，让人十分好奇。

VI 民族主义的困境

1848年发生的事件似乎给欧洲自由主义者提供了前所未有的机会,让他们实现长期以来的目标——民族国家的统一或独立。此外,旧政府突然垮台使得一些民族能够第一次对自身身份认同进行政治表达。然而,内部分裂和相互冲突催生了多种民族主义。内部分裂问题在意大利最为突出,很多爱国主义者更多的是为邦国的自由奋斗,而不是为意大利的统一奋斗,威尼斯、伦巴第、托斯卡纳和西西里岛等都是如此。威尼西亚陆地上的城镇比较弱小,陆地城镇居民以怀疑,甚至敌对的目光看待威尼斯的优势。这种忠诚的地域化在其他地方可能有过之而无不及。在托斯卡纳,港口城市里窝那(Livorno)对首都佛罗伦萨持有憎恶情绪,后来引起了社会动荡。公民的自豪感——乡土观念(对自己家乡的热爱)——仍然有深刻而又广泛的感染力。相比之下,更广泛的"意大利"身份认同就太抽象了。此外,意大利各邦国的统治者并不愿意支持任何形式的统一,担心会损害其王朝的利益,他们还手握王牌——军队。军队使卡洛·阿尔贝托能够向革命者发号施令,其他统治者则依据自身的利益随时出兵或撤兵。马志尼为此气急败坏。再举一个例子,波兰的激进主义者在流亡的时候,就构想建立统一、民主的波兰。在波兹南和加利西亚的爱国主义运动中,他们遇到了更为务实,而且不那么有野心的地方主义者,双方不可避免地产生矛盾。波兰精英阶层是当地民族运动的领导者,他们需要维护自己的利益,他们认为在将波兰重新统一起来之前,与普鲁士和奥地利统治者一起进行改革对自身更有利。即便是在民族主义传播更广泛的德意志,自由主义者只有很少,或者根本没有在整个德意志民族范围内工作的经验。在整个德意志,尊重各个邦国的思想根深蒂固。革命者背负着复杂沉重的包袱,包袱里装着邦国与地区忠诚、教派差异与经济利益,所有这些都使革命者带着偏见看待 1848 年更大的民族统一问题。[141]

这群"生活在 1848 年的人"也面临着自身的民族愿望与其他族群之间的冲突,他们可能是邻国的民族,也可能是这个国家的少数民族。当其他民族就自己的民族利益做出回应时,革命者发现他们很难从自身民族利益以外的角度去看待这个"民族问题"。卡尔·马克思的挚友弗里德里希·恩格斯才智过人,恩格斯在 1852 年也表示,波希米亚"此后只能作为德意志的一个组成部分而存在",波希米亚人必须摒弃捷克民族这种身份认同,"最近 400 年历史上的一切事实都证明,捷克民族是垂死的"。[142] 恩格斯认为,奥地利帝国的斯拉夫人本质上是反革命的,因为当他们的民族利益与德意志和匈牙利的民族利益相冲突时,他们会转而向哈布斯堡家族寻求支持。在同一篇文章中,恩格斯同情波兰人,谴责了普鲁士人在 1848 年对波兰人的嘲讽。但是这个共产主义的倡导者几乎不会同情众多残留下来的少数民族,它们"在历史舞台上出现或长或短的时间后,终会被某个更强大的民族吸收,成为这个民族不可分割的一部分"。然而,正是这些民族在 1848 年表达了他们的政治诉求,其中有些是首次表达。在恩格斯看来,历史注定了有些民族是次要的,因为他们既没有文化也没有力量独立生存。这种理智的立场是民族"门槛原理"的另一种表述,该理论认为一个特定的民族只有强大到能够维系自身,才能称之为一个"民族"。这种立场使得恩格斯支持德意志的民族利益，反对捷克的民族利益。甚至他也能够支持波兰复国，但是只能牺牲更遥远的东方民族（立陶宛人、白俄罗斯人和乌克兰人）的利益，而非德意志人的。[143]

1848年见证了欧洲自由主义者明确地屈服于更黑暗的民族主义冲动的事实，这是1848年的悲剧之一。这一现象的主要原因在于，民族愿望相互冲突，不同民族的战略利益和领土利益相互对抗，当他们看清这些利益关系时，多数自由主义者会全力支持自己民族的愿望或需求。他们极少认可其他民族的观点，因为认可则意味着默认敌对的民族愿望是有合理之处的。这些自由主义者为自己争取权利和自由，却通常否认其他民族也享有这些权利和自由。由此产生的冲突，对欧洲民族主义的发展产生了深远的影响。专家常常对"公民"类型的民族认同与"种族"类型的民族认同加以区分。第一种理论从政治层面定义民族：每个公民明确选择或暗示愿意作为同一共同体一起生活。正如法国学者欧内斯特·勒南（Ernest Renan）在1882年所说的一句名言，国家就是心照不宣的"每日公民公决"。[144]这里所说的民族只是政治共同体：一个人的民族是由他的意愿所决定的，他愿意与其他公民享有平等的政治权利和公民权利，愿意生活在特定国家法律之下。"公民"类型的民族主义能够吸收不同的族群，使之成为合格的公民，这些族群原有的民族认同即便不是完全消除，也会被新的民族身份超越。

"种族"民族主义的骄傲在于拥有同一个民族的文化根源与传统，且这个民族的血缘源自同一个祖先。这个共同的祖先可能是真实存在的，也可能是神话中的。无论一个人做什么，身处何方，他始终是某一特定民族"不可分割的"组成部分。"血缘"关系和文化常常被用来证明或解释这种亘古不变的归属感。按照这种解释，外国人可以在一个国家境内居住，但不能声称和本地人是同一种族或同一"人种"，他们永远也不能成为正式公民。正如安妮-玛丽·蒂埃斯（Anne-Marie Thiesse）和安东尼·D. 史密斯（Anthony D. Smith）等权威人士所说，实际上，所有欧洲民族认同既有公民类型的民族主义，也有种族类型的民族主义，只是构成的比例不一样。用史密斯的话来说，这两种类型代表了"每种民族主义核心处的深刻双重性"。[145]

1848 年匈牙利自由民族主义的情况就很好地说明了这一点，他们最初是借助公民形式的民族主义宣示领土范围，但是最终采用了只包含马扎尔民族的、种族形式的民族认同。科苏特和其他自由主义者努力辩护，他们认为非马扎尔民族作为新秩序下的公民，应该满足于享有平等的权利，而不应该要求任何特殊的民族地位。换句话说，这是想要借助公民民族主义来解决少数民族问题，也就是号召非马扎尔民族选择成为匈牙利公民。但是这里隐藏着一种假设，那就是马扎尔人将主宰这个自由的国家，非马扎尔人则要融入这个国家。长远来看，人们甚至希望这些民族最终会接纳马扎尔语言和民族身份。结果，融入匈牙利自由秩序这种观念，表现出了马扎尔民族身份的优越性，最终其他民族认同形式在历史上著名的"圣斯蒂芬王冠领"上消失。对大多数罗马尼亚和斯拉夫民族主义者而言，享有个人同等权利的承诺是远远不够的，这也是可以理解的。他们几乎不相信自身的民族认同能得到充分的保护，所以反而通过进一步强调自身的独特加强民族认同，这反过来又激起了马扎尔人的反对。这个过程致使民族主义的种族定义更加根深蒂固。实际上，这反映出新兴的宪法秩序未能解决其内部的少数民族问题。

法国民族主义现在常常被视为公民民族主义的典范。而在1848年，法国民族主义没有被推向更具种族色彩的境地则可能被视作例外。主要原因可能是在当时的环境中，虽然有激进派施加的压力，但法国一直位于其现有的领土范围之内，国内没有出现严重的种族挑战。共和主义者一致谴责对犹太人的袭击，因为根据1789年革命的要义，犹太人应该和其他人一样被视为法国公民。1848—1849年，法国的共和主义者，尤其是左翼共和主义者，从未失去解放欧洲所有被征服民族的热忱。即便如此，这种狂热的梦想还是表现出了法国民主模式和民族自决模式的优越性。此外，潜藏在这个世界大同主义背后的是吞并1815年丢失的比利时和莱茵地区，夺回法国"自然边境"的领土野心。吞并比利时和莱茵地区，必定会带来同化讲佛兰芒语和德语的居民这一问题，也可能会给法兰西第二共和国制造与匈牙利类似的难题。所幸1848年没有因法国革命向外扩张导致新的战争，法兰西共和国民族主义者能够快速掌控公民的冲动行为，不分宗教、种族，给予所有公民同等的权利（法国的种族问题主要来自布列塔尼人和19世纪以来日益增长的移民）。

1848年匈牙利民族主义和法国民族主义的两个例子表明，所有关于民族主义的表述，不管是"种族"还是"公民"，都具有潜在的侵略性和排他性。"公民"理想深深植根于一种假设，即民族是选择问题，公民个人决定居住在特定的国家并遵守其法律，从而享有公民应有的公民权利和政治权利。融入这种公民秩序的代价是，在个人与国家的关系之中（比如说，身为选民、士兵、官员或公立学校的学生），个人必须把自己国家公民的身份置于首位。他们的宗教归属感、阶级归属感、地域归属感，甚至民族归属感都必须排在第二位——最好是落后很多的第二位。这些身份形式可能会破坏公民秩序，必须降至公民的个人生活层面。

中欧和东欧的情况与西欧不尽相同，这里的民族主义基于一种更排他的"种族"或"文化"认同感，这种认同感广泛植根于共同的语言、宗教，乃至历史宣称的"血缘"或者"人种"的紧密联系。这几乎不可避免地会否认一些人的公民权利，这些人生活在特定的国家，但是并没有被视为同一种族的一部分——就像1849年以前匈牙利的犹太人。此外，正如1848年匈牙利民族主义与罗马尼亚人和斯拉夫人的关系，在政治上和社会上占主导地位的民族实际上要求少数民族接受主导民族语言和文化的特权地位。在1848年的资料中可以看到，这样的发展并不是因为东欧人和中欧人比同时代的西欧人更顽固不化。事实上，这是历史和政治环境所致，历史和政治环境对当年的革命也产生了深远影响。在过去的两个世纪，法国、英国和西班牙等西欧国家一直拥有稳定的领土边界，这对它们而言多多少少在历史上也是第一次，但东欧和中欧民族则完全没有。1848年，那里的民族主义者面临着十分棘手的任务，即从多民族的帝国中创立新的民族国家。他们预期中的国家还没有固定的边界，即便它存在于历史记忆中，事实上早已丢失多年，现在可能受到其他民族的质疑。由于边界的不稳定性，同时敌对的民族主张同一领土的所有权，这些地区的居民面临着不确定的政治未来。例如，一位特兰西瓦尼亚的罗马尼亚人在政治上是哈布斯堡皇帝的臣民，但同时被马扎尔自由主义者称为匈牙利公民，还被摩尔达维亚和瓦拉几亚的罗马尼亚革命者称为同胞，而这些革命者本身实际上是土耳其苏丹的臣民。简而言之，1848年的罗马尼亚人是一个没有自己国家的民族，就像波兰人、鲁塞尼亚人和哈布斯堡王朝统治下的其他斯拉夫人一样。如果一个民族没有建立自己领土范围明确、政治边界固定的国家，它要在外族的霸权和征服下延续下去，它的生命线就会变成民族的文化、语言、宗教、共有的历史，以及共同的血统意识。然而，这种民族主义的幼苗到20世纪后期结出了苦果。至少在巴尔干半岛，新民族国家的出现带来了新的民族问题，如果不能找到"后民族"的解决方案，民族问题还会导致新的冲突。第二次世界大战时东欧出现的残暴事件，20世纪90年代南斯拉夫分裂时的种族清洗，它们在时间上与1848年相距甚远，却是1848年民族主义黑暗面的恐怖回响。

"民族之春"具体描述了民族差异，也加强了民族差异。直到20世纪，不断出现的冲突一直阻碍欧洲的国家建设。这些冲突分裂了欧洲1848年的自由革命，最终给反革命提供了契机，挑拨革命阵营内部相互对抗。在民族关系紧张与社会分裂同时发生的地方，民族冲突愈演愈烈，这种情况在东欧尤为明显。加利西亚的乌克兰人能被哈布斯堡王朝劝服对抗波兰人，不仅是，甚至主要也不是因为种族上的差异，而是因为前者是农奴，后者往往是他们的地主。单是民族冲突就给自由革命制造了巨大的阻碍，这是他们在建立宪法秩序中必须要应对的困境。而雪上加霜的是，1848年的革命者还面对内部政治和社会的挑战，这些挑战会分化政治阵营，破坏社会关系。春去夏至，对新一轮革命切实的恐惧越来越强烈。从性质上来说，这次是社会革命而不是政治革命。在年中，自由革命在社会冲突的痛苦中扭曲了，再也无法恢复。

第四章

血色夏日

5月15日凌晨2点，2万多名激愤的巴黎民众从巴士底广场出发，前往制宪议会所在地。领头的阿洛伊修斯·于贝（Aloysius Huber）是各激进组织中央协调会——联合各社团的组织——的主席，运动导火索正是波兰波兹南与克拉科夫两场革命的失败。于贝和协调委员会中大多数人都坚持和平游行的原则。执行委员会，即制宪议会选举的新一届政府，也深知这一点，所以为了避免造成冲突，除了议会本身有卫队保护，他们没有出动武装力量。多亏了这一克制举动，那次游行没有出现冲突，不然流血牺牲将在所难免。游行队伍到达议会日常议事的波旁宫后，有约3 000人如潮水般涌入宫殿。当时惊骇万分的托克维尔正坐在议员的位子上，他写道："居然有这么多人，动静这么大，真是难以想象。"[1]拉马丁万分着急，试图与这些入侵者谈判，但无功而返。由于于贝疏忽没有带官方讲稿，亚历山大·拉斯帕伊（Alexandre Raspail）趁机宣读了一份慷慨激昂的请愿书，并且在匆忙中为游行人群所接受。人群的克制和约束渐渐消散，拉斯帕伊冲进宫殿，发表了演说。但现场一片喧嚣，谁也听不到他说了什么。

社会主义革命家路易-奥古斯特·布朗基也在现场，他面色苍白，走上了讲坛。他的演讲使得情况进一步恶化。布朗基曾是共和派里最具献身精神的一位，1839 年，因起义失败，他曾与阿尔芒·巴尔贝斯一同被判处死刑。拉马丁和维克多·雨果还为此发起了一次公开集会抗议，最终布朗基获得减刑，改判为终身监禁。布朗基在 1881 年去世，共服刑 33 年，人们送其外号"监禁者"或"囚犯"。而在 1848 年革命爆发时，他还在布卢瓦遭受监禁。一经释放，他就去了巴黎，建立了"中央共和社"，旨在发动起义，促成社会革命。这是托克维尔第一次也是唯一一次和布朗基见面，他这样写道，布朗基"形容枯槁，嘴唇惨白……他苍白而又肮脏，整个人都像发霉了一样，身上的亚麻衣服没一件是白色的。他身披衣袍，露出遍是疮痕的消瘦四肢。看上去好像一直住在下水道，才刚出来似的"。[2] 布朗基是社会主义者和革命者，不论从政治作为还是个人性格来看，他都是不妥协、严峻而又火暴的一个人，他有时还很会讽刺人，难怪温和派面对他也会退缩。而他显出这副凶狠的样子也情有可原：在狱中时，他的妻子就离世了，为了表示哀悼，自那之后他一直是一身黑衣的打扮，连白衬衣都不穿了，甚至手上也戴着黑手套。"他言语犀利透彻，如同刀锋利刃一般发人深省。"[3] 凭借自己的政治天赋，布朗基有了一批狂热的左翼拥护者。然而 4 月时，记者朱尔·塔什罗（Jules Taschereau，2 月禁止巴黎第十二行政区举行宴会的温和派人士之一）发布了一份文件，称布朗基在 1839 年就已经背叛了同志。这对布朗基的支持者而言，是对其忠诚度一次极大的考验。巴尔贝斯与布朗基在 1839 年的起义中就已经分道扬镳，前者转而支持临时政府。听到这个消息，巴尔贝斯就认定布朗基有罪。而后者强硬回击称："你这是在攻击我坚定的革命信念和对理想的满腔赤诚。"⁴ 这篇回击文章被复印，卖出了 1 万多份。拥护者们依旧团结在他周围，约 600 人在他家附近集合，大张旗鼓地将布朗基迎回会场，他们高声呼喊："关闭《国民报》！"塔什罗那份文件的真实性从未得到过证实，它对布朗基的声誉确实造成了损害，然而忠实支持者也确实没有动摇。在他们的支持下，布朗基才能继续让对手感到恐惧。

5 月 15 日，他在游行时要求重建波兰，但据目击者说，正当他发表演说时，周围的人都"面目狰狞"，挥舞拳头高声喊道："鲁昂！鲁昂！快说鲁昂！"⁵ 人们所说的是 4 月诺曼政府对工人发动的屠杀事件。包括巴尔贝斯在内的发言人提出多项要求：立即出兵增援波兰；将"叛国者"的行为视为违法，进行处理；罢免新任的保守派部长；创建特别委员会，监督新政府。要求一出，喧闹发展成彻底的无序。国民卫队最终到达宫殿，开始清场，但一位游行者情绪激动，以制宪议会议长的性命威胁军队撤退。群情激愤中，于贝也无法继续保持冷静，把和平游行的方针丢在了脑后，一拳打在议长身上，喊道：制宪议会已经背叛了人民，是时候"解散"了。这给游行者提供了一个建立共和派左翼政府的契机，成员包括巴尔贝斯、路易·勃朗、赖德律-洛兰、科西迪埃和阿尔贝特。国民卫队在波旁宫清场时，巴尔贝斯带领三四百人前往市政厅，开始发号施令。国民卫队随后赶到时，巴尔贝斯称自己已经是政府官员了，忙得很，没工夫理会他们的逮捕。卫队不为所动，将他带到了万塞讷（Vincennes）的城堡，与阿尔贝特、拉斯帕伊和于贝关押在一起。布朗基当时逃过了警察的追捕，直到 5 月 26 日才被抓捕归案。5 月 15 日这一天就这样结束了。本是一场普通的游行，结果却变成了一场暴动，还差点儿成了一次拙劣的政变，最后虽以闹剧收场，但也对第二共和国产生了负面影响。[6]

如果说1848年的哪一天是欧洲的转折点，那就是5月15日。除了巴黎的"红色"浪潮，维也纳也爆发了起义。在两场起义中，激进派都试图进一步激化革命，但都遭到了保守派的强烈反对。这天还发生了一件事，出于对激进派的恐惧，那不勒斯出现了反革命活动。在这种恐惧背后，其实对革命在取得政治上的胜利后依旧不会停下脚步，而是继续激化更多社会矛盾的担心。3月，维也纳工人对工厂商店实施了打砸抢烧。1844年的工人暴动依然盘旋在布拉格自由派的记忆中，当时整整一周时间，政府都无力掌控局面。欧洲最具政治色彩的工人武装力量通常是手工作坊里技艺娴熟的手工业者，而不是工厂、铁路的无产阶级工人。因为前者读书识字，有行业组织，有社会传统，甚至还有政治传统。工业技术的兴起，工厂制度的出现，给生产带来了新的、更廉价的组织方式。手工业者自给自足的生活受到威胁，在这种竞争中，他们开始寻求贸易保护。到了1848年，受到社会主义观念的影响，他们的要求中又加入了一些更具前瞻性的元素。在法国城市中，如巴黎、里昂、鲁昂、利摩日（Limoges），到处都是怀着这些政治观念的工人。此外，他们还同样活跃在德意志，尤其是在萨克森、符腾堡、普鲁士、法兰克福和莱茵地区。在意大利城市中，这些工匠也为社会主义思想的发展传播提供了肥沃的土壤，但更多的还是给马志尼共和派的宣传提供了基础。在维也纳，工人没有自己的政治纲领，而是在学生和记者的领导下，作为一股无产阶级力量支持着中产阶级的激进运动。

工人阶级武装力量和左翼激进主义者似乎不仅会威胁到贵族和富有的资产阶级，还会威胁到每一个拥有财产的人，包括那些拥有土地的农民和更加富裕的工匠。3月中旬，托克维尔回到老家诺曼底竞选制宪议会席位。他发现"农村地区的选民中也弥漫着恐慌。这种恐慌一开始只出现在社会上层，现在却已深入到了普通民众中，整个地区所有的人都惶惶不可终日"。[7]对根深蒂固的保守派而言，他们已经在2月和3月的革命活动中获得了想要的利益，如今正是需要稳定的时候，而社会革命却如同幽灵一般袭来，他们大为震怒。然而，事实最终证明，要想保留1848革命成果，同时又想恢复"秩序"，是根本不可能的。有些人依旧想坚守春季自由派取得的胜利果实，但是对进一步的暴力革命的恐惧（在很多地方，用"恐惧"这个词并不为过）、对社会动荡的恐惧、对"社会主义"本身的恐惧，让他们不得不放弃。是选择新的政治自由，还是为了保全性命、保护财产、保卫自己的团体而去反对"无政府主义"、反对"共产主义"？大多数人都选择牺牲自由，换取安全。自由派、温和派和无派别人士都抛弃了中立态度，试图采取更专制的方法来压制二次革命的萌芽，左翼激进主义者激发的恐惧也就恰好被保守派利用了。"血色夏日"使得左右翼人士彻底决裂，产生了无法修补的裂痕，给保守派提供了反击的机会。

I　巴黎六月起义

在巴黎，温和派及共和派人士之前都欣然承认二月革命拥有"广泛的"民众基础，他们自身与巴黎的工人们也都秩序井然，对此，他们十分满意。但社会主义思想已然渐渐浮出水面。工人们自发加入了由激进派共和派人士和社会主义者领导的政治团体。这项运动有着广泛的影响，参与者都下定决心不再重蹈1830年革命的覆辙，不能再一次无功而返。因此，为了给革命贡献力量，工人阶级参与政治团体的积极性空前高涨。三四月份的时候，单在巴黎地区，"涌现的政治团体"[8]就有200多个，他们就"民主与社会共和制"展开激烈讨论。这种新政体不仅能让他们获得政治自由，还将实行积极的社会措施，消除工人阶级生活中的贫困艰苦。于是，左翼共和派迅速地给自己打上了"民主社会主义者"（démoc-socs）的标签。2月25日，临时政府收到一份请愿书，要求"提供就业保障""保障生病的工人及家属享有最低就医保险""建立劳工组织"，[9]这也意味着需要国家支持经济方面的改革，改善工作条件，提高工人薪资，调节劳资关系，甚至建立工人经营的工厂。19世纪的自由主义者都笃信"自由放任"的经济政策，对他们而言，上面这些要求都充斥着危险的社会主义思想，会对经济发展产生负面影响。温和派报纸《宪法报》（*Le Constitutionnel*）社长回忆道："二月革命结束第二天，巴黎资产阶级均担心自己性命不保，就算苟全性命，也担心家财散尽。"[10]

临时政府施行了一些政策，希望能够切实缓解工人经济上的困难,但一来这种回应相对于工人所受的苦难力度显然不够,二来左翼的目标更加远大,对此并不买账。2月25日,政府决定成立"国家工场",在公共服务领域为穷人提供就业机会(通常是枯燥乏味的工作),希望"保证人人就业"。这项决议虽然无意引起争议,却引起了各方的不满。当时,政府既不能用激进的社会主义方法解决失业问题,也不能放任自由市场完全自主地发展,这样看来,"国家工场"这种解决办法是最简单直接的。为了给2月28日的游行工人一个答复,政府还在原贵族院所在地卢森堡宫设立了劳动委员会,委员会由勃朗和阿尔贝特主持。"卢森堡宫委员会"由各行各业的代表组成,旨在解决工人与手工业者的诉求,于是这里就成了他们的论坛和聚集处。实际上,他们的许多要求和社会主义根本没有关系,而是反映出了手工业者在社会经济加速发展中所面临的困境,他们的要求包括:提高工资,规定生产商品的最低价格,改善工作条件,争取组建工会,创立生产关系仲裁体系,禁止议价(或是转包,因为这一过程中转包商会压低工资以剥削工人),限制机器的使用,限制工资较低的女工、非熟练工(与手工业者)竞争,为每个行业设立"国家工场",国家出力支持工业发展。在委员会第一天的会晤中,经各个雇主代表同意,委员会宣布禁止议价,并将巴黎的日工作时长从15小时降至10小时,外省则降至11小时。同时还成立了由10名工人与10名雇主组成的仲裁委员会,专门处理劳动纠纷。

  政府的困难背后是预算危机,这已经对税收造成了灾难性影响。为了稳定经济,新政权决心填补赤字。它很快支付了所欠的利息,但方法却是将直接税增加45%——这一增税很快被称为"45生丁税"（45 centimes）。当时拥有一些财产的人在恶劣的经济环境中奋斗已是不易，此情况一出，他们被激怒了。政府有充足的经济理由来征收这一附加税，但对于被征税的人而言，他们认为这似乎是要他们为"国家工场"买单。加上对社会革命的恐惧，这种不满情绪为温和派与激进派的冲突埋下了伏笔。

5月15日的巴黎暴动是最终血腥冲突的一剂催化剂。共和派人对波兰（"北方法兰西"）的同情关切之心真挚诚恳，但这份同情同样能动员起人们对激进革命派的广泛支持，为其注入新的力量。民主社会主义者在4月23日的投票选举中遭受重创，当然也需要这样一剂肾上腺素来重整旗鼓。在900个席位中，左翼的席位只剩下不到150个；走中间路线的温和共和派占了500个席位；右翼占250个，他们要么是正统派（支持旧波旁王室），要么就是奥尔良派。由于大选基于男性普选权，所以参与投票的多是农民。而投票结果也就反映了地主阶级精英对这片土地的深远影响。大选当天，托克维尔带了约170个"他的"诺曼村民到了大选现场，他冷静地说："我有足够的理由相信，他们基本上都会把票投给同一个候选人。"[11] 很多农民都把票投给了他们当地的名人，但他们这样投票却不仅仅出于顺从，更是为了表达对"45生丁税"政策的深切愤慨。一家乡村报纸报道称，乡亲们生活已经压力重重，他们"厌倦了养……懒人，这些人……想方设法不工作"。[12] 投票还表明了他们对当下时局混乱的不满。混乱的局面更容易让人把票投给温和派或是保守派，而不是给那些许诺让社会更动荡的人们。这也表明激进共和派的群众基础并不广泛，而且此次选举距离二月革命结束仅有两个月，他们没有足够的时间获取民众支持。

选举结果严重打击了左翼建立民主社会主义共和国的希望。城市里失业的工人也有理由对"国家工场"能否存在产生担心。当保守派在利摩日的选举中已胜券在握时,该地区被工人们袭击了,他们拿着凿子、撬棍、棍棒和手杖,驱赶了国民卫队,并撕毁了选民的投票记录。4月底之后两个星期,工人控制了这个城市,他们成群结队,手持斧子或警棍,在街道上巡逻,守卫战略要点。[13] 人们冷静下来后,又把城市的控制权交给了合法的当局。鲁昂的事态更为严重。鲁昂是诺曼地区的纺织业城市,当时的失业状况十分严峻,工人们大举游行示威,反对4月26日产生的选举结果。国民卫队出面进行镇压,骑兵冲进了人群。混乱之中,一名抗议群众受了致命伤,暴动全面爆发。工人们拆下铺路石堆成路障,拿铁条和机器工具做武器。第二天,国民卫队带来炮兵部队,炸毁了工人们的防御工事,其间导致23人死亡。

外省的暴力冲突引发了巴黎的骚动。布朗基的中央共和社将这一流血事件定义为"圣巴托罗缪工人大屠杀"*。负责调查此案的治安法官正是1839年免除布朗基死刑的法官,尽管如此,他对案件的定性也没有改变。人权社警示其成员:"如果今天鲁昂可以发生反动派武装起义,那明天就会轮到巴黎。"[14] 5月4日,在这慌乱的氛围中,以中间派为主导的制宪议会召开了第一次会议。

11天后,选举后的紧张局势又引发了游行示威活动,组织者的直接目的仍旧不明。布朗基对整个抗议活动表示反对,他认

---

* 出自"圣巴托罗缪之夜",1572年8月24日凌晨,圣巴托罗缪节前夜,法国天主教徒趁胡格诺教派教徒不备,大肆对其展开屠杀,屠杀延续了几个星期,现代学者估计的死亡人数差别较大,从5 000到3万不等。——编者注

为之前的游行活动已经疏远了民意,而炫耀武力将使人们对革命左翼的广泛支持渐渐淡去。[15] 游行的主要策划者也无意发动暴乱。5月12日,社会主义者科西迪埃警长的副手约瑟夫·索布里埃(Joseph Sobrier)向同为社会主义者的维克多·孔西代朗(Victor Considérant)解释道:议会无力冒犯"民意"(游行示威者),"而他们的尊严却让他们不能屈服于人民的压力"。他们其实更愿意表现出与游行示威群体站在同一战线的姿态,"这是自发的、伟大的爱国主义浪潮,他们是一个庄严的人民议会,获得了民主的伟大胜利"。[16] 换句话说,激进派的目的就是要把温和的共和派置于强烈的道德压力下,敦促其团结激进派,尊重他们的意愿,同时抵制保守派专制主义的诱惑。

然而,5月15日发生的灾难让事情出现了转折,民主社会主义者们不得不做出妥协。这一天,他们最有名望的领导人都遭到了逮捕,而科西迪埃作为4月选举之后唯一掌握实权的社会主义者,也因他的部队在国家议会遭入侵时无所作为而被剥夺了在巴黎市警察总局的职位。忠于他的手下在警局外设置了街垒,死守不出。但被贝多将军围困不久之后,他们就放弃了抵抗。激进主义者头脑发热的行为使保守派甚至开始怀疑起更为谨慎的改革派,改革派并没有参与暴乱,只希望能在共和派的民主框架下发挥自己的作用。勃朗和赖得律-洛兰虽未策划也未参与暴乱,却因此立即遭受到了巨大压力。5月15日时,勃朗曾遭抗议者挟持,现在他差一点被拘捕,勃朗虽遭控告,但在最终投票中还是逃过了一劫。乔治·桑是洛兰的天才女助手,她是个女权主义者,抽雪茄、穿长裤。在洛兰还是内政部部长时,她曾帮助洛兰编辑他那份官方的《共和国公报》(Bulletin de la Ripublique)。她清醒地对当下时局做出了判断,之后选择离开巴黎到外省避难。对于那些想要和平改革的共和派而言,其脚下的政治根基已经开始崩塌,在"秩序"与"社会主义共和国"之间寻找平衡点已经遥不可及。6月5日,制宪议会通过相关法律,镇压公开集会活动。政治社团依旧苟延残喘,踽踽而行,但他们知名的领导者却都已遭逮捕,革命左翼实际上被"斩首"。

1848年法国革命的最大悲剧随之而来。6月,执行委员会关闭了卢森堡宫委员会——痛苦开始了。卢森堡宫委员会之所以解散,是因为它被认为在公共工程的失业人员中"传播有害理论"。[17]而后,国家工场的解散工作也准备就绪:各国家工场从5月20日就开始接受调查。调查组发现,国家工场竟已令人发指地雇用了11.5万人。调查组认为,这对社会的安定秩序产生了严重威胁。这个假设被如下事实佐证:5月15日的游行中有3/4的人是国家工场的雇员。调查组成员中有保王派的法卢(Falloux)伯爵,他的结论是:公共工程这件事"从工业生产的角度来看和永久性罢工没差多少,每天要花费17万法郎……从政治的角度来看,这就是一个煽动暴乱的恐怖策源地"。[18]5月27日国家工场经理埃米尔·托马(Émile Thomas)被解雇,这通常被视为关闭国家工场的第一步。温和派似乎准备好了要与激进的左翼做最后的清算。新任警察局局长报告说:"但凡在工商业中赚钱的公民都愿意暴力对抗,而不是继续拖延……人们说,面对国家工场肆意妄为造成的各种后果时,政府本该采取更果断的处理方式。"[19]6月20日,制宪议会终于采取了备受期待同时也令人担忧的行动:解散国家工场,命令工人要么参军,要么去索洛涅（Sologne）的沼泽地。

　　失业人群的回应也很干脆，工场的工头写道："我们要工作！所有的厂房、商店、工场都关闭了，如果国家不给我们工作，谁能给我们工作？"[20]各条林荫大道上每晚都有游行活动，不仅要求"工作权"，还要求建立一个民主的社会主义共和国。甚至有人呼唤路易-拿破仑·波拿巴这样的阴暗人物。抗议活动的力量在聚集，到6月22日星期四，巴黎市内游行示威团体分成两队，总共有800人。他们喊着口号，拒绝被送去索洛涅，并称将会把手中的武器对准制宪议会。从他们的口号中可以很清楚地听出，他们希望能获得机动警卫队（garde mobile）的支持，机动警卫队是在二月革命后不久成立的，成员是失业的年轻人，成立的部分原因是为了制衡科西迪埃那些训练有素的警察部队。还有人在喊："拿破仑万岁！我们哪也不去！"中午之后，两队人就解散了，但约定下午6点在先贤祠外的广场集合。6点后，在不到1个小时的时间里，广场上就已人山人海，聚集了约5 000名情绪激动的工人。他们再次分成两队出发，去联合城郊的工人阶级：一队去往南边的圣马塞尔市郊，一队跨越河流，去往东边的圣安托万市郊。到了9点，警方估计单是后一队的人数就已达到8 000～1万人。游行浪潮再次聚集到了先贤祠外。福楼拜的朋友马克西姆·迪康（Maxime Du Camp）称，在回家的路上，他听到"圣雅克街深处传来不祥的声音，又吞没于黑暗中"：

　　　　像是一种压抑而又重复的低语，肃穆、低沉又带着无与伦比的悲伤。听到的人们都像我一样慌张，走出门来，试图透过浓浓黑暗，窥探低处的街尾，这种奇怪的低语就是从那里传来的。我们的不安很快就消失了。那是一大群人，至少有 2 000 个，他们三三成组，走在圣雅克街陡峭蜿蜒的街道上。他们路过时，所有的商店都紧闭大门，窗户上都是屋内人惊惶的面孔，游行的人们却对此视而不见。他们秩序井然，身体微微前倾，赤手空拳没带武器，步调也很一致。所有的人既不喊叫，也不喧闹，只是用低沉的声音阴沉地重复着一句话："要么面包，要么战斗！要么面包，要么战斗！"让人感觉不祥而心惊。[21]

恐惧笼罩着这座城市。大量人群聚集在先贤祠黑暗的穹顶之下，倾听国家工场代表们的演讲。其中一人名叫路易·皮若尔（Louis Pujol），他让大家为第二天做好准备。深夜 11 点，工人们各自散去，但也只是为了恢复精力，为接下来的冲突做准备。[22]

当局清楚地意识到抗议活动正在加快步伐，但他们几乎没有阻止。科西迪埃甚至想问："政府是不是故意放任暴乱的发生，准备趁其不备一击摧毁这些工人阶级叛乱分子？"[23] 只有卡尔·马克思在事件发生后不久写道，在 5 月 15 日暴乱之后，制宪议会就此做出最后决议："*Il faut en finir*！（必须结束！）这种局面必须结束！这个呼声表明了制宪议会决心迫使无产阶级进行决战。"在马克思看来，制宪议会关于工人的决策简直就是在刻意挑衅。[24] 现在看来，解散国家工场的法令的确是十分仓促，即便是并不支持国家工场的自由派君主派报纸《宪法报》——也在 6 月 23 日大胆表示："为了相关法令顺利颁布，政府本应更加细致地操作……向民众展现做出这一决定的审慎态度。"它特别批评了政府颁布废除法令，却不安抚相关人员的做法。[25]

正如科西迪埃和马克思所说，起义有了足够的时间和空间来发酵。但是这可能并不是因为人们故意与左翼发生血腥冲突。虽然肯定有很多保守派人士喜欢清算仇怨，但是当起义如同燎原之火时，最直言不讳反对国家工场的法卢伯爵却试图通过议会实施一系列的福利改革。没有人愿意不顾一切地去对抗。[26] 相反，当局错误预估了抗议的发展，采取了不当的战略，其代价就是给了起义萌芽发展的空间。1848 年 2 月，人们得到的教训是，如果军队或民兵充当警察的角色，以小队的形式在各个街道上行动，防止叛乱分子设立路障，叛乱分子很容易就能包围他们，解除他们的武装。因此，陆军部部长路易－欧仁·卡芬雅克将军于 6 月 22 日中午宣布巴黎驻军进入警戒状态，打算将军队集中成三路纵队来应对暴乱，每一纵队都由步兵、炮兵、国民卫队和机动警卫队组成。他们横冲直撞地冲入了起义的中心地带。所有这一切从军事角度来看都是有道理的，但正如亚历山大·赫尔岑后来绝望呼喊的那样：在那一刻，所有的事情仍然可以挽回——共和国可以得到挽救，欧洲的自由也不会破碎，还有时间来争取和平……但是，这个政府愚蠢而又笨拙，它不知道该怎么做。[27]

6 月 23 日凌晨，七八千名工人前往巴士底广场，在那里，皮若尔紧抓该地点的象征意义，呼吁工人"在这第一批为自由而牺牲的烈士的墓前"脱帽下跪，向烈士致敬。在一片恭敬的静默中，他用肃穆的声音对人群说道："革命就是重新开始。朋友们，我们的事业也是我们父辈的事业。他们所贯彻的信念就是横幅上的这些话：自由或死亡。朋友们！自由或死亡！"[28] 人群站起，回应的声音宛若雷霆:"自由或死亡!"皮若尔郑重地带领人们开始建设路障。赫尔岑后来这样写道:"我仍然可以回忆起男人拖着石头时阴沉的脸,妇女和儿童也都在帮他们。"他路过一群工人,他们正和一名学生一起高唱《马赛曲》:"人们合唱这首伟大的歌曲,歌声从街垒石头背后响起,像是一只大手抓住了人的灵魂。"但不幸的是,这位俄国社会主义者也可以听到河对岸部队正在移动大炮的嘈杂声。他看到贝多将军用他的双筒望远镜扫视"敌人"的位置。[29]

到这天结束前,巴黎东部几乎都被起义军控制,其人数在4万—5万之间,而对手则是2.5万人的正规部队和1.5万多人的机动警卫队。后者的许多成员都年轻得可怜——其中一些还不到16岁。同起义军一样,他们本身也是失业工人,没人觉得他们会有多可靠。第二共和国的国民卫队人数已经膨胀到惊人的23.7万,但也不过都是一些吓坏了的老百姓而已,真到战场上拿起武器也会吓破胆。[30] 马克西姆·迪康是少数几个加入他所属军营的人之一。多年以后他充满慈悲地回忆道:当时许多同志也"顾不上什么审慎行事了"。[31] 事实上,成员里中产阶级更多的部队(往往位于城市最西部地区)是最容易响应国民卫队号召。中部地区有着大量工匠和店主,他们由于过度谨慎而较少参与。他们不愿意打仗并不表示他们懦弱,而是反映了他们的社会地位。这种地位偏低的中产阶级严重受到经济危机的影响,需要依靠法治秩序,而且不愿意陷入与起义群众的斗争中,毕竟他们都是自己的常客、员工或邻居。中部各地区共有6.4万名国民卫队队员,只有4 000人响应了号召。同时,东部地区多是工人阶级,国民卫队中数千名男子实际上转而加入了起义军。在贝勒维尔区(Belleville)的7 000名国民卫队中,有3 000人加入起义部队。因此，胜利的天平并没有倾向政府。

还有人在调解方面做着最后的努力。弗朗索瓦·阿拉戈站在先贤祠附近苏夫洛街的街垒上，试图说服叛军停止行动。而充满苦涩的答复表明，街垒不仅仅是一个军事防御工事，还象征着共和国运动中的巨大社会阶层分化："阿拉戈先生，我们尊敬你，但你无权谴责我们。你从来没有挨过饿。你不知道什么是贫穷。"[32] 阿拉戈悲伤地退了出来，只得承认"一切只能用武力才能解决"。

6月23日中午，致死的流血冲突开始了，当时国民卫队袭击了圣但尼门的街垒。据说当时两个漂亮的妓女拉起裙子，猥亵地嘲笑士兵，打赌他们不敢开火。她们立即倒在枪林弹雨中。[33] 国民卫队设法攻破了街垒防御，但也经历了一番苦战，丢掉了30条人命。

最终政府还是因为火力优势战胜了起义军。拉马丁在黄昏时分加入了战斗，他亲眼看到卡芬雅克派出的大炮将东北部唐普勒市郊的防御工事夷为平地。他目睹了"郊区400名勇敢无畏的起义者或死或伤，残肢断臂散落一地"。这是屠杀。卡芬雅克本人亲自督战，目睹士兵们攻破了圣莫尔街上一个极其顽固的街垒。他不在的时候，只有赖德律－洛兰以个人名义电报通知各省，号召各省国民卫队来协助镇压起义。赖德律－洛兰并非社会主义者，而是左翼共和派。这充分说明了6月共和派内部分歧之尖锐，也说明了起义者是多么的孤立无援，有些人或许会同情身处困境的他们，却也无能为力。赖德律－洛兰的呼吁立刻得到了热烈的回应。而调解的机会即使真的存在，也是稍纵即逝，被错过了。当社会主义者路易·勃朗和维克多·孔西代朗呼吁起义军放下武器时,一名议员的吼声让他们闭嘴:"不要和暴动者们讲道理,打垮他们!"[34]那天晚上,很多议员都睡在议院,卡芬雅克也在这里建立了他的总指挥部。

当制宪议会在上午 8 点复会时,一些意志动摇的政治家睡眼惺忪地建议议会撤离到郊区的圣克劳德宫。越来越多怯懦胆小的或危言耸听的议员甚至建议全部迁往布尔日(Bourges)。外交部部长朱尔·巴斯蒂德(Jules Bastide)向英国大使诺曼比(Normanby)侯爵坦言,政府中没人可以保证他们能够活过今天。托克维尔匆忙地给妻子写了一张纸条,让她离开这个城市。[35]在近乎恐慌的气氛中,共和派和君主派的大多数代表都认为需要一个强有力的政府来应对危机。显然,卡芬雅克是合适的候选人。他是无可挑剔的共和派老兵,被温和派的同伴们视为救世主,他将保护共和国免遭社会革命和保王派这条双头蛇的侵害。

君主派议员也在普瓦捷街(Poitiers)的社团集会上表示支持这位将军。这也许是因为他们从中看到第二共和国即将崩塌,他们把这视为恢复君主制的第一步努力。上午 10 时,惊魂不定的制宪议会仅仅经过 25 分钟的讨论就赋予了卡芬雅克管治的权力。这意味着他在首都有着绝对的军事权威,也成为法兰西实际上的独裁者。尽管要专注于镇压起义,他仍旧保留了现有的各部官员,而执行委员会被解散,卡芬雅克还宣布巴黎处于戒严状态。马克西姆·迪康对颁行的最后一项命令印象深刻:"我们感觉到自己将要走上一条严肃、独特而又坚定的道路。平常的巴黎林荫大道熙熙攘攘、车水马龙,现在却像是一片荒漠……在这里,只有几只流浪狗,它们也跑开了,仿佛也被这份荒凉吓坏了。"[36]

政府的军队装备了大炮，他们强势推进，将街垒路障炸成碎石瓦砾。迪康所在国民卫队在北部普瓦索尼埃尔（Poissonnière）市郊攻打一个街垒时遇到了阻碍，他们经历了枪林弹雨的袭击："我们周围的子弹太密集了，耳边传来接二连三的尖锐声音，我记得我曾停下来，看到地面的铺路石上都是闪着光的蓝色金属弹痕，铅弹划过的痕迹一道接着一道。在这个被打成蜂窝的地方，我的腿一阵猛烈的颤抖，仿佛被鲸鱼骨杖重击了一下。"他的小腿已经被子弹击中，变得血肉模糊，靴子里灌满了鲜血。他回忆时，很巧妙地轻描淡写，只说这让他感到"忧郁"。[37]

要从起义者的视角拼凑一副战斗的场景十分困难。首先，他们中的许多人都在战斗与后来的镇压中丧生了。其他人则只想逃避接踵而来的残酷报复，努力让自己消散于人群之中，缄默不言。那些后来发声的起义者大多都是在严酷的审讯室中讲述的。毫无疑问，大多数被俘虏的起义者都希望隐瞒自身在起义中扮演的角色，以及他们的政治贡献。其中一个人说，当时他喝得醉醺醺的，被起义者带到一个街垒边，然后就告诉他开枪。他说自己当时回答说："天哪！打谁？"当被问到他为什么最终屈服于命令选择开枪时，他争辩道："我当时是被强行带走的，许多人都是这样，那些不愿一起战斗的人被他们称为懒汉，是要被虐待的……像我这样从乡下来的人，从未听过这些话，也没见过这场面，又是个文盲，最容易误入歧途。"[38]

当然，有些起义者是在压迫或误导下选择起义的，这完全合理，但这样的证词也应该谨慎对待。被捕的人面临着死亡、流放或监禁的可能，这足以让他们隐瞒自己在起义中的部分经历。与此同时，起义的领导者还厚脸皮地为起义找各种各样的政治理由。其中某个领导人在七月王朝时，就曾因政治活动而遭监禁，他直言不讳地向审问他的人解释了社会主义共和国的意思："我的意思是要有一个共和国，可以有社会改革……有着免费义务教育，可以通过协会组织工作……工人付出了劳动，就能得到相应的劳动成果，但目前，本该归工人所得的一部分却被提供资本的人从他们身上拿走。"[39] 民众也有一定的政治影响。5 月 15 日后，已经被解散的卢森堡宫委员会的代表们、国家工场选出的代表们及其他团体进行了会晤，共同呼吁建立一个"民主社会主义共和国"。[40] 对于众多起义者而言，这个词的意思远远不够清楚。此外，依旧有许多人迫切呼唤拿破仑的谜一般的继承人路易－拿破仑・波拿巴上台。6 月 4 日，他已被选举进入制宪议会，有些人把他当作人民的英雄。

　　起义者对共和派和社会主义者的政治修辞一清二楚，但是他们常常只是在很宽泛的意义上使用这些修辞，以表达深刻的社会痛苦。这是在审问路易・博凯（Louis Bocquet）后得出的结论。路易・博凯之前做的是制帽生意，后来失业，在国家工场工作谋生。他在圣米歇尔大教堂附近的街垒上被抓时，手中还抓着一柄军刀。圣米歇尔教堂当时离法院非常近，这可能就是检察官后来那么乐此不疲地审问他的原因。他表示只参加过一个政治社团，但他毫不畏惧地承认，他和其他人一同"搭建、守卫街垒，要求提名一些更高贵、或更恪尽职守的人当议员"。检察官想当然地认为，这个人都承认这么多了（已经足以判刑），随后便会大胆地详述自己的"民主社会主义"动机。但除了说"我们的权利受到了侵害"之外,他再没多说什么。当遭到逼供时,他主要关心的似乎还是"工人不应该离开巴黎,那只是决议的结果,我尽力去阻止了"。[41] 对于许多工人来说,国家工场是二月革命少数有意义的成果之一,然而这仅存的硕果也被剥夺了。这些就是起义者粗钝的政治武器,与什么完备的"民主社会主义"意识形态毫无关系。科西迪埃在他的回忆录中将六月起义称为"绝望的起义",[42] 他抓住了要领。起义者并不全是从国家工场解散出来的工人,此前还有五六万从外省来巴黎的人。他们有些来学习做生意,有些没学成就在公共工程里找活干,还有些人什么工作都没有,因为一来经济低迷,二来巴黎禁止外省人员迁入。他们参与起义是为了表达他们的绝望和愤慨。起义者中很多都是这些最贫困、受剥削最严重的工人,这解释了为何这么多被逮捕的人都住在最破旧的贫民窟里。另一个事实更体现了社会绝望的景象。大批参加起义的都是已婚已育的老工人,如果这种家庭里的丈夫或父亲被判死刑、监禁或流放,整个家庭都将蒙受苦难。而即便如此,他们还是站在街垒之上,这更表明了他们遭受的苦难之深。[43]

此外,第二共和国体制内支持起义的人并没有领导这次起义。各个政治俱乐部自 5 月 15 日以来饱受压力,共和派左翼的议会领导人中许多已遭逮捕或被恐吓。他们都不愿意领导起义。所以尽管激进派政治家会发出一些同情的声音,却并没有一个接近权力中心的人或站在激进革命运动前线的人,愿意真诚地为起义者去做一些事情。相反,6 月 23 日,路易·勃朗试图劝他们识时务地自行散去:"反革命一直在寻找一个击垮(第二共和国)的机会……失败几乎是肯定的,你们是没有胜算的。"[44] 他后来表示,各种政治社团彻底陷入了混乱，在各社会主义报纸上，也都"弥漫着一股极度的动荡感"。[45] 实际上，大多数左翼都猝不及防地遭到了拘捕。其中包括皮埃尔－约瑟夫·蒲鲁东（Pierre-Joseph Proudhon），他是一位伟大的无政府主义思想家（后来是赫尔岑的朋友兼助手），他刚经选举进入制宪议会。（在同一轮补选中，路易－拿破仑·波拿巴和维克多·雨果也获得了席位。）蒲鲁东的当选主要得益于巴黎的工人阶级为他投出的选票。但是，在6月里，他一直都保持淡漠，这显示出蒲鲁东与他的选民之间的疏离。后来，他向议会议长坦言："塞纳尔（Sénard）先生，你在议会众人面前侮辱我是懦夫，不，我不是。在这个6月里，我和你们一样，只是愚蠢罢了。"[46] 勃朗写下的这段话可能表达了大多数社会主义政客的看法："我感到惊慌失措。我该怎么办？我认为最好还是去议会，在那我至少可以在反抗暴力上略尽绵薄之力，暴力行为就其本质而言会使局势加剧恶化或复杂化。"[47] 这就是大多数社会主义政治家行动的极限了。

战斗持续到6月25日，星期天。那天最不幸的牺牲者之一是巴黎大主教阿弗尔（Affre），他试图进行调节。他勇敢地站在挡住圣安托万市郊街入口的街垒前，手中紧抓着卡芬雅克的和解宣言。这份文稿是制宪议会在科西迪埃与塞纳尔两人的敦促下当天早上才起草好的。阿弗尔说话时，不知为何爆发了枪战，政府军的一颗子弹穿过了他的身体。他临终前还说道："希望我的血是战争中的最后一滴血。"然后他从一个活生生的人，变成了保守派肖像画上的烈士，变成了残酷革命的受害者。暴行也确实发生了。在让·德·布雷亚（Jean de Bréa）将军准备攻打意大利广场上最后一个顽固的街垒时,他试图进行和谈,但被起义军俘获扣押。当问及如何应对这一特殊危机时,卡芬雅克冷静地回应道:"共和国不能为一个鲁莽的将军而牺牲。"[48] 街垒受到猛烈袭击,但没有什么可以挽救布雷亚的生命。起义军听到了谣言(当时实在难辨真假),说机动警卫队正在处决俘虏,出于报复,他们射杀了这位将军及其副官。

各大报纸大肆宣传,放大了这种暴行的恐怖。自由派君主派报纸《宪法报》表示:

> 他们原本可以选择释放俘虏,但(叛乱分子)怯懦地砍下他们的头颅,杀死了他们……他们还绞死俘虏,手持砍刀当街将4名机动警卫队军官的头砍下,将另一人锯成两半,还活活烧死了几名士兵。尸体也遭到亵渎。他们确实没有生啖人肉,但耐心点儿吧,如果他们继续听这些社会主义者的话,这一天早晚会来临。[49]

各省报纸的消息大多来自巴黎的大幅报道,它们将这些故事当作事实发布。这样的故事为大众所相信,也说明了法国社会的分裂越来越大:贫穷与富有、温和与激进、巴黎与外省。从妖魔化起义军,到将街头的战斗定义为"混乱"与"文明"的对立,仅仅是一步之遥。6月29日,《国民报》表示:"这场战斗的一方是象征着秩序、自由、文明、正派的共和国——法兰西;而另一方则是野蛮人,是从巢穴中爬出来的亡命之徒,只顾着屠杀和掠夺。"[50]

虽然起义者肯定犯下了一些暴行,但是在俘虏"试图逃跑"[51]

（官方的说法）的时候，所谓"秩序"一方的部队同样冷血地杀死了他们。至于遭到杀害的人数，保守派估计有150人，社会主义者估计有3 000人（卡尔·马克思的猜测），真相可能介于两者之间。大多数杀戮都是复仇的民兵、机动警卫队和国民卫队，而非正规军所为，正规军的军官在尽力保护俘虏。与1871年巴黎公社起义后的大规模处决不同，这次的杀戮似乎并不是官方的决定。相反，马克思认为，"资产阶级为自己所经受的死亡恐怖进行了闻所未闻的残酷报复。"[52]福楼拜笔下的角色罗克老爹，就是自愿加入地方国民卫队的，他在杜伊勒里宫河畔露台下方的看守所执勤放哨。这些"俘虏横七竖八地躺在垃圾堆里，身上到处被火药和凝固的污血弄得黑乎乎的。有的人感冒、发烧、浑身打寒战，死命地号叫"，而罗克的回应则是对着这一血肉炼狱扣动了手中步枪的扳机。[53]

整个起义中，至少有1 500名工人死亡，另有超过11 727人遭逮捕，囚禁于临时监狱中，等候流放或是监禁。几天内，政府释放了大约6 000人，其余人在接下来的几年里陆续得到释放，最终有468人被流放至阿尔及利亚。巴黎医院接收了2 529名伤员，但是由于害怕被捕，可能会有更多的伤员选择在家中疗伤。在政府方面，军队、国民卫队和机动警卫队也有900多人死亡。对于左翼而言，这个6月是"反对派的胜利"。科西迪埃看到温和派在制宪议会举行"盛大的"庆典很生气，因为左翼还"在圣安托万市郊收集死者的尸体"。这场起义留给左翼的只有烈士。[54]6月26日晚，赫尔岑和他的朋友听到了枪支开火的那种有节奏的嗒嗒声……我们相互瞥了一眼,看起来脸都绿了。"火枪队!"我们异口同声地说道,并各自转过身去。我把额头压在窗玻璃上。这样的时刻能让一个人厌恶整整十年,甚至一生都想要复仇。谁要是能原谅这种行为,我甘愿向他鞠躬致敬。[55]

在这种对立的气氛中,围观者自然会将6月的战争视为一场阶级冲突,有人感到害怕,有人对此充满希望。托克维尔后来写道:

我之前就怀疑……整个工人阶级都卷入了这场斗争,不论是暴力冲突还是道德碰撞……实际上,起义的精神就像这个庞大阶级身体里的血液一样,贯通全身,从一端流向另一端。它已经渗入我们的房子中,我们的上下四周都弥漫着这种精神。即使在我们以为自己能当家做主的地方,也要和国内的敌人进行艰苦斗争。好像内战的气氛笼罩了整个巴黎。[56]

他说,六月起义与1789年以来的其他起义不同,因为"其目的不是改变政府的形式,而是改变社会的秩序。实际上,它并不是一场政治斗争,而是一场阶级冲突,是一种'受压迫者的战争'"。[57]另一方面,马克思自然也同意,六月起义就是一场阶级斗争:"这是分裂现代社会的两个阶级之间的第一次大规模的战斗。这是决定保存还是消灭资产阶级制度的斗争。"[58]的确,六月起义的主要结果之一就是加剧了对峙,但这种对峙却不是严格意义上的"无产阶级"与"资产阶级"之间的对峙。起义者主要是做小生意的手工业者，从事裁缝、制鞋、家具制造和金属加工等工作。但也包括了文员和店主，这些下层中产阶级也占了被拘捕者人数的10%。现代化工厂的一些工人，如铁路车间工人，也参加了起义，而大量非技术工人和建筑工人也参加了战斗。这说明起义有着广泛的社会基础，也表明19世纪中叶的经济危机波及的人实在是数不胜数。[59]

另一方面，卡芬雅克的国民卫队所征集的士兵当然也包括来自首都西部繁荣地区的"资产阶级"，但也有店主和工人，他们认为他们的所作所为是在维护邻里免遭无政府状态的伤害。机动警卫队虽然与起义者同样是失业群众，但是他们却出乎所有人意料地为政府拼死而战。其他城市的工人也纷纷搅动风云，里昂发生暴乱，利摩日等其他制造业城镇的局势也紧张起来。但农村人口普遍支持政府，他们举办教会礼拜，缅怀"捍卫共和国"的士兵。一些小城镇的传言称，来自巴黎的叛乱分子正在农村四处掠夺。因此，这场斗争本身不仅仅是一个资产阶级对抗工人的战斗，更是城市工人阶级与更广泛的法国民众的冲突。虽然19世纪阶级冲突的理论掩盖了事件本身的复杂性，但人们的憎恶和社会恐惧却是足够真实。法国那些尚不至于一无所有的人都对未来可能发生的社会解体十分恐惧。巴黎起义者的所作所为引起了民众的广泛恐惧，各省也产生了强烈的回应。6月23日，卡芬雅克寻求各省援助的呼声得到了热烈回应。最终，有数十万人志愿前往首都，大多数人到达的时间太晚，来不及参加战斗。他们主要是乘火车来的，在法兰西这是首次以军事目的使用火车。

6月遗留下来的苦难和愤怒使第二共和国的支持者永久性地分

裂成了两派：左翼和温和派。左翼成员中，勃朗和科西迪埃在政治上遭到孤立，在制宪议会中受到猛烈的抨击，他们觉得自己最好是到伦敦流亡。据说拉马丁对同事做了这样的评价："我见识到的人民代表越多，我就越喜欢我养的狗。"巴黎的戒严一直持续到 10 月，这期间 5 万名全副武装的士兵在城市里活动，他们要么在街道上巡逻，要么在兵营中等待。8 月，一项针对报社的新法律规定重新征收令人厌恶的印花税，并要求报社支付保证金，否则将起诉报社。这一法令使得数家报社不得不关门停业。左翼和右翼的两极分化制造了不可逾越的鸿沟，给了路易-拿破仑·波拿巴可乘之机。事实证明，他将是第二共和国的大劫。

II 德意志的社会问题

许多观察家将巴黎的这个 6 月视为欧洲历史的一个重要时刻。如果巴黎这样具有伟大革命传统的城市也能乖乖就范，那么米兰、威尼斯、维也纳、布达佩斯和柏林当然也可以。起义的消息传来时，年轻的德意志民主派记者路德维希·班伯格正和同事坐在法兰克福的一家小酒馆。"我们认为那里将会取得一些重大的成果，会改变法国革命的进程，进而影响整个欧洲的局势。我们清楚地预感到，这件事就是未来政治发展的转折点。"[60] 与班伯格同时代的卡尔·马克思和弗里德里希·恩格斯都同意，这个 6 月是一个转折点，恩格斯写道："在整个欧洲，新旧保守分子和反革命分子都立即肆无忌惮地抬起头来，这说明他们对这次事变的重要性了解得十分清楚。"[61] 对于非社会主义者班伯格来说，巴黎工人的巨大弱点是他们知道他们想要什么（社会正义），却没有实际的方法来实现目标。他认为，一个理论必须在道德上是正义的，同时可以在实践中运用，这才是"对"的理论。此时，马克思、恩格斯已经向前更进一步，为"无产阶级"的未来规划了理性而又明确的蓝图。

1847年6月，在马克思的敦促下，"共产主义同盟"成立，这是一个社会主义组织，成员分布在法国、瑞士和德意志。它的口号非常的国际主义——"全世界无产者联合起来！"——这句话出现在其所有的宣言上。同盟的目的正如马克思所写："推翻资产阶级，由无产阶级统治，废除基于阶级冲突的老资产阶级社会，建立一个没有阶级，没有私有财产的新社会。"[62] 马克思和恩格斯所写的《共产党宣言》早在1848年年初就已出版。它设想了资产阶级和无产阶级之间的阶级斗争，这种斗争将作为一种动力，推进现代社会经历社会革命的残酷考验。这种斗争将建立起"无产阶级专政"，从而建构一个平等的社会。这个理论实现的前提是存在一个具有阶级意识、具有前瞻性、有凝聚力的无产阶级，他们将在接下来的革命中消灭并取代资产阶级。这又显示出《共产党宣言》长期的强大和短期的无力，正如1848年所经历的挫折一般。这一论点的有力之处在于，它描绘了一个未来的愿景，即工业化社会的疾病和不平等现象都只是历史进程的一部分，人类终将通向社会主义。这个过程将是痛苦的，但也是必要的，因为在理论上那场不可避免的最终革命中，社会主义将必然取得胜利。因此，历史是站在工人阶级这边的。1848年的《共产党宣言》提供的是对未来社会发展的分析，而不是对1848年现实社会的分析。

尽管工业化已经创造出了无产阶级，但他们在1848年还远未发展到顶峰。这就是共产主义同盟在德意志，甚至法国几乎没有直接影响的原因之一：这世上还未出现一个充满凝聚力，懂政治而又有阶级意识的无产阶级来进行新革命。德意志和法国的工人并不是在工厂工作的工人，而是在小型作坊工作的工匠和手工业者——他们想保持这种现状。他们技艺熟练，有独立的愿望，而且正竭尽全力对抗工业化进程。他们并不希望成为工业无产阶级的一部分，那个增长中的群体都是非技术或半技术工人，他们唯一可出售的资产就是自己的劳动，只能在不停运转的工厂机器和蒸汽机上劳作。手工业者并不想通过阶级斗争来捍卫自己的利益，而是想通过传统的方法，例如通过手工业行会或是工会设定工艺标准、管理行业准入许可、建立工匠之间的团结感。因此，头脑清晰而又识字的工人并没有在《共产党宣言》中发现什么与自己直接相关的东西。

马克思的同事之一斯特凡·博恩（Stephan Born）就理解这一点，因为他自己也在柏林的印刷厂里做过排字工。人们选他为印刷工人工会的负责人，他组织了一次成功的罢工，争取到了更高的工资待遇和更短的工作时间，德意志其他地方纷纷效仿他的做法。去组织德意志工人时，他就丢下了阶级冲突的理论，聚焦于工人眼前迫切关注的事情。后来，他面对着自己的启蒙导师马克思和恩格斯时，就会感到心神不宁："如果我把自己当作共产主义者，他们要么会当面嘲笑我，要么会同情我。我再也不是一个共产主义者了。"[63]

共产主义同盟中确实有一些德意志人，特别是在莱茵地区，1848年马克思从伦敦流亡回来后，就搬至此处居住。他定居于科隆，和恩格斯在那里创建了《新莱茵报》(*Neue Rheinische Zeitung*)。共产主义同盟在汉堡、布雷斯劳和纽伦堡也非常活跃。1849年，同盟中央委员会在伦敦，而其代表们在整个德意志都十分活跃，积极宣传其政治理念。然而在1848年，大多数共产党人发现，他们不得不暂缓他们的计划，才能吸引到大多数德意志工人。1848年夏，在柏林，德意志工人会议拒绝了一个名叫威廉·魏特林（Wilhelm Weitling）的共产党人的一些更加极端的要求，此后他就故意不再谈论阶级斗争。马克思、恩格斯自己迅速认识到，强大的《共产党宣言》在当时的德意志并不适用。3月初，在巴黎发布的《共产党在德意志的要求》仅仅提到了为未来而设想的极端平均主义，更多的是对当下政治的诉求，包括呼吁"援助劳工组织"，建立国家工场，废除所有封建制度残留下来的压在农民肩头的负担，并建立累进所得税制。另外，这个计划与德意志民主主义者的政治要求相呼应，要求把德意志建成一个基于男性普选权的共和国，建立一支国民军队，政教分离，并普及义务教育。[64]然而，即使这个不怎么激进的社会改革方案，对于大多数德意志手工业者来说依旧很不切实际。4月，马克思试图在美因茨组建所有新兴的工人协会的中央组织。他和恩格斯随后改变了工作的重点，将大部分精力投入德意志的共和运动之中。

正如马克思自己在尝试重建科隆工人联合会时所发现的那样，工人所关心的事情本质上都是经济问题，将他们与民主派的政治斗争相结合并不容易。这年夏天结束前，该组织的人数已达8 000，其创始人和第一任领导人是社会主义者安德烈亚斯·哥特沙克，他积极引导工人远离政治活动，集中精力解决工人的社会待遇与工作条件这类更实际的问题。哥特沙克认为，工会的主要目标就是通过其报纸对资产阶级施加道德压力。他相信，最终雇主们会对经济危机造成的混乱感到担忧，当雇主认识到这么多失业人员都愿意工作时，社会主义者就能说服他们站在工人的一边，而在和平的转变中，雇主也将看到社会主义的优点。研究莱茵地区民主运动的历史学家乔纳森·施佩贝尔（Jonathan Sperber）认为，哥特沙克为这种政治上较为被动的阶级意识所做的努力，对最贫穷的工人来说具有特别的吸引力，因为"在数十年的高失业率与高不充分就业率下，他们学会了被动，学会了靠别人的慈善施舍生活"。[65] 起初，马克思加入了政治气氛更浓厚的"科隆民主社会"。哥特沙克的组织吸引的是刚出师的学徒工和劳工，而这个协会吸收的成员则主要是受教育水平较高的能工巧匠和手工业者。两个组织之间的差异如此之大，以至于马克思和民主派人士指责哥特沙克只是一个反动派的傀儡，"接受政府和资产阶级的贿赂，以让人耳目一新的花言巧语来误导工人，这样保守派就可以趁机休养生息，直至恢复实力"。[66] 当局政府并不认同这种说法，并且在 7 月初就逮捕了哥特沙克，马克思及其同事就趁机接管了该联合会，并转变了它的政治诉求，将大量贫穷工人与民主运动相结合。然而，恰恰是因为该组织不再顾及其成员的需求，而且开始征收会员费，联合会才会崩溃。到了秋天，该组织的成员已从数千人直降至数百人。

6 月 14—17 日期间，法兰克福举行了民主组织大会，参与会议的是来自 66 个城镇的 89 个组织的代表。班伯格指出，调解共和派与社会主义者之间的矛盾十分困难,"这是我第一次意识到,激进的共和主义观点和纯粹的社会主义之间……有如此深刻的差异,这种差异在未来甚至还将继续扩大……我还清楚地记得,我意识到这一点时浑身不自在的感觉"。对于班伯格来说,争议在于是优先考虑政治问题还是社会问题。他认为马克思、哥特沙克等人确实有一些有用的观点,但必须以巧妙而温和的方式加以运用。在大会上,哥特沙克直言不讳地对社会主义做了详细阐释,听得班伯格目瞪口呆。这让大部分观众都很反感,并开始退场。班伯格和其他民主派人士并不希望将其政治运动建立在任何阶级的基础上,而是希望组织超越社会分歧的政治运动。看着越来越多的代表离开了大会,他感到很难过,他认为,这种情况甚至无法孕育出一个脆弱的、萌芽状态的民主运动。[67]

然而,除了一小部分人会头脑发热之外,德意志工人运动的社会计划中基本一直保持着温和的状态。7月15日,工匠们派代表出席在法兰克福举行的"工商大会",大会由卡尔·格奥尔格·文克布莱西(Karl Georg Winkelblech)领导,他的绰号叫"马洛"(Marlo),是卡塞尔(Kassel)商贸学校的老师。他们提出的要求既有回到前工业化时代的怀旧愿望,也有要求社会改革的进步意愿。大会希望避免大企业的专横垄断,同时减少社会矛盾所造成的痛苦。它还希望通过恢复德意志各邦已逐渐取消的行会来保护生活窘迫的熟练工匠,使之能够自给自足。此外,大会还希望建立一个由国家出资的工作组织机构,由政府与行会合作来控制生产。工匠们兼具落后性与进步性的需求反映了德意志社会正处于从前工业化时期向工业化时期过渡的阶段。[68]

熟练工匠们没有有一点儿社会团结的概念，所以他们拒绝给刚出师的工匠们大会的席位和投票权。后者于是离开，建立了他们自己的德意志工人大会（German General Workers Congress），并加入了德意志工人兄弟会（General German Workers' Fraternity），开始采用更现代的政治身份认同方式。以往人们认为"熟练工匠与刚出师的工匠之间存在对立矛盾"，但这种观点已过时。如今工人应该接受"现代社会的矛盾存在于资本家和工人之间"这种观念。[69] 这里，马克思主义最终产生了一定的影响，德意志工人兄弟会的 48 位主要管理者也是共产主义同盟的成员。早期的阶级意识开始展现，也难怪人们通常认为 1848 年是德意志劳工运动的诞生年。

德意志工人兄弟会因斯特凡·博恩的辛勤工作而发展壮大，但他并没有准备发动阶级斗争，而是希望以更平实的方式，从柏林中央委员会开始，将所有德意志工人都纳入一个更大的政治团体中。其要求也反映了传统工匠所关切的事情，例如，将政府合同中适当的部分给小型作坊，为它们提供低息信贷来进行小型技术研发。此外，应该有更好的所得税、养老金和工作权方案，以确保每个人都能养活自己。柏林中央委员会要求让所有人接受免费教育，那么工人阶级的代表最终就能进入议会。他们还提出建立包括劳资双方的委员会，以避免劳资纠纷。他们的要求中并没有什么关于国有化或攻击私有财产的言论。在经济压力下，工匠们不得不放弃自己的生意，他们被迫屈从于工厂，受制于日新月异的机器，遵从雇主强加的新的工作节奏。这个方案事实上反映了工匠在反对工业化，抗议工匠去技术化。[70]

博恩在柏林的一个工人大会上建立了德意志工人兄弟会，这次工人大会召开的时间为 8 月 23 日至 9 月 3 日，代表来自 25 个城市的 31 个工人组织。大会提出的方案包括：10 小时工作制、取消消费税（这项税收使得比较贫困的人生活更加艰难）、提供免费公共教育、降低投票人年龄，以及分割大型地产。他们还要求法兰克福国民议会建立一个"社会议事会"，即德意志版的卢森堡宫委员会，该委员会将草拟社会和经济问题方面的法案，供议会讨论。德意志工人兄弟会总部设在莱比锡，在德意志 27 个城市设置了分会，为工人建立了遍布德意志的网络。这些地方分会非常务实地帮助遭遇困难的工匠：一些分会将批量购买原材料的工匠们联合在一起，组成卡特尔；还有些分会设立了工作代理机构，为四处寻找工作的工人提供资金。柏林分部制定了残疾保险计划，吸引了 2 万多人报名。所以，尽管偶尔有些炽热的阶级修辞，德意志工人兄弟会还是强调自由价值——自助。为了实现这一宗旨，它还为工人提供了一个教育方案：如果他们报名，就可以通过宗教、道德、1789 年法国大革命、地理和政治经济学等多个主题的讲座来获得教育。[71] 所有这一切完全尊重新兴的自由秩序，并没有提出直接的挑战。事实上，人们要求法兰克福国民议会设置"社会议事会"就是一个强烈的信号，表明德意志工人兄弟会想与新政权合作而非对立。法兰克福出师学徒组织了工人大会，其成员成群结队地加入德意志工人兄弟会，他们并不是站在红旗下，而是竖起了象征兄弟会的带有金橡树花圈的绿色横幅。沃尔弗拉姆·西曼（Wolfram Siemann）写道："长期目标，就是使工人融入政治民主。"[72] 马克思后来嘲笑说，如果德意志革命派卷起的风暴席卷了一个火车站，他们也会先买一张站台票。

即使德意志工人运动普遍自我克制，但工人阶级的力量依旧使中产阶级感到焦虑。6月4日，柏林各民主社团在菩提树大街进行了大规模的示威游行，挥舞着象征团结的德意志黑、红、金三色旗。工匠、公民卫队、相关政治社团男性成员的妻女一起参加了游行。范妮·莱瓦尔德仍然坚持期盼一个和平新时代，她评论道："如果我们仍然找不到轰鸣炮火、断头利刃之外的东西来说服众人，那前途必定多舛。"然而，这次游行形象地反映了德意志城市中社会分裂的状况。老资历的工匠们扛着原来行会的旗帜，走在他们后面的是失业人员，贫困的工匠和出师的学徒走在德意志工人兄弟会绿色横幅后面，横幅上写着一个口号，是要求也是威胁："没有面包的工人！"莱瓦尔德颤抖着说："如果我们没有用和平的手段为他们做足够的工作，工人们就有正当的理由用武力在社会上争取一席之地，享受自己的生活。"[73] 如果要满足他们的要求，那么成员以中产阶级和手工业者为主的民主社团一周要努力养活300名失业劳工。三月革命期间，至少有7万人因为安全原因逃离柏林。6月发生的事件似乎证明了他们的确是正确的，人们曾希望能通过调解、和平的方式建立一个新普鲁士，现在这一愿望遭受了沉重打击。

5月，普鲁士议会按男性间接普选方式进行选举，包含农民、贵族、工匠、店主和大量公务员，但是（令人惊讶的是）律师很少，没有工人。5月22日，议会首次召开会议，左翼势力强大，395人中有120名民主派代表，另外还包括一些共和派人士。这一议会结构不仅震惊了政府本身，也震惊了当时的人。腓特烈·威廉四世保留了温和自由派的莱茵人卢多尔夫·坎普豪森当他的首相。坎普豪森并不是革命派，相信只有国家与改革派之间的密切合作才能阻止他所谓的"共和民主主义者"发动暴动。[74] 莱瓦尔德明白"他想要的是和平过渡",但可以从他的脸上看出他的压力:"悲伤的不眠之夜和连绵不断的斗争在他苍白的面庞上留下了明显的痕迹。"[75] 显然,坎普豪森既不能在议会中获得多数支持,也不能控制柏林的民主派。5月22日议会开会时,国王发布了一份宪法草案,却马上遭到否决,接着议会便成立了一个委员会,以起草自己的宪法。左翼在6月8日再次展示力量,他们提出了议案,实际上是要求各议员批准人民主权原则,并使反抗王室的革命合法化。议会打算宣布,3月革命的起义者为祖国"做出了卓越的贡献"。[76] 坎普豪森想方设法获得了足够的票数,驳回了这个让时局紧张的议案,但左翼似乎仍然打算胡作非为。

6天后,议案的失败引发了一场暴动,起义者要求建立一支民主派公民卫队,其成员不仅限于学生和富人。起义的领导人弗里德里希·黑尔德(Friedrich Held)既不是一个正统的社会主义者,也不是一个民主人士。他曾是普鲁士军队的一个中尉,以前还当过演员和作家,他笔锋尖锐,文风犀利,笔下的文章激励了泽尔滕(Zelten)的民众。铁路工人是他最坚实的后盾,因为他是《机车报》(Die Lokomotive)的编辑。他的政治主张是独裁主义与平民主义,并且糅合了社会主义、军国主义和王权。他的主张是现代极端右翼思想的前身,要将社会革命与强权相结合。传言称军队将进攻这座城市,他就充分利用了这种肆意传播的恐惧。在6月14日这一天,他的支持者挤进王室军械库前的小广场,夺取武器。随着人群向前推进,保卫大楼的士兵开火,造成两名示威者死亡。随之自然爆发了暴乱,守卫抵挡不住,军械库遭到掠夺。这件事使柏林的政治紧张程度再次升级。温和的民主人士，比如博恩，试图远离起义，他将支持黑尔德的铁路工人称为强盗。而"左倾"的范妮·莱瓦尔德谴责这次攻击是"违法犯罪行为"。但这件事情对保守派而言则是一件礼物，他们现在可以合理声称柏林受到武装人员的威胁。绝望的莱瓦尔德在月底表示："对立双方的语气越来越暴戾。巴黎街头战争的恐怖回忆，似乎也不能让对立各方冷静下来，接受劝谏并恢复和平，反而使各方的怒火日益高涨。"像法国观察家之于巴黎的悲剧一样，莱瓦尔德也看到了柏林的危机在日益加深："在我看来，这场'无产者'与'有产者'之间的斗争似乎是历史的必然，在现在这场革命到来之前很久就已注定。现在战斗已经爆发，除了刺刀和炮弹，人们不知应当如何应对。"[77] 同时，自由主义者被迫站到了中间，他们不得不在两者之中做出选择：要么选择独裁，恢复秩序；要么守住辛苦赢得的自由，哪怕这种自由看起来是在激励那些"红色"人士。没有一个人，甚至包括保守派，准备好要发动一场全面的反革命活动。但是坎普豪森在 6 月 20 日辞职了，他不愿意让军队这种旧时绝对君主制的工具进入这个城市来保护议会。但是他的辞职让许多人相信极左翼已经失控。许多焦虑的自由主义者开始向保守派倾斜。其中一位名叫大卫·施特劳斯（David Strauss）的哲学家现在坦率地承认："像我这样性格的人，在原来的旧制度下生活也许更好，我们在街上安安静静的，也并不需要看到那些戴着新式宽边软帽、留着胡须、处于兴奋状态的人（激进主义者常以'狂野的红色'为标签，用皮帽与长胡须以示标新立异）。"[78] 施特劳斯几乎代表了那些希望获得和平与秩序的柏林人。而之前的敌人——王室军队，现在在街头受到热烈欢迎，他们又变成守法公民的保护者了。

所有这一切都对保守派大有裨益,他们开始采取行动。腓特烈·威廉四世受到革命的惊动,已经撤到较为平静的无忧宫。"他背负着沉重的耻辱和自责,"一名黑森公国大使写道,"他脸上的疲倦我们有目共睹。"[79] 国王曾花了短短几个小时的时间,前往柏林去咨询那些他一点儿也不信任的自由派官员,他让自己成为像利奥波德·冯·格拉赫这样的保守派的傀儡。格拉赫后来被奥托·冯·俾斯麦称为"高贵无私的人,是国王的忠实仆人"。[80] 他要求国王陛下坚定抵抗革命,"不能有丝毫动摇"。[81] 腓特烈·威廉四世洗耳恭听,私下里,他也认为革命是一种罪恶。他身负的王室使命是与那些敬爱他的"真正"的人民重新取得联系。俾斯麦也是王宫里的官员之一,他向国王保证:国王权力的基石依旧牢固。[82]

腓特烈·威廉四世正在重建信心的时候,议会中的保守派感觉到了舆论正在转向,人们开始抗拒革命,厌恶革命带来的混乱,于是保守派终于开始了反击。7月26日的宪法草案发布提供了时机。宪法委员会主席是来自威斯特伐利亚的年迈法官贝内迪克特·瓦尔德克(Benedikt Waldeck),他坚守严格的道德标准,信仰天主教,并清楚地了解日常生活的艰苦,这三点使他成了一个忠实的共和派人。人们戏称该草案为《瓦尔德克宪章》,而它却是一把匕首,刀尖直插普鲁士政治的传统核心——君主制、军事化和容克贵族。宪法赋予议会权力,使之可以掌控人民军队,还可以行使广泛的行政监督权(包括批准外交条约的权力)。它赋予国王的是悬置权,而不是完全的否决权。它废除了贵族的头衔和残余的领主特权。直到夏天,议会中的保守派至少还对君主立

上：1815年的克莱门斯·梅特涅，维也纳会议是他外交事业的巅峰，也是他重新缔造保守秩序的关键时刻

下：西里西亚的织工们正在向厂主交亚麻布，只要有一点小毛病，厂主就要恶意刁难，织工或因产品被拒收而绝望，或焦虑地等待着结果，最好的结果也只是拿到微薄的工钱。卡尔·威廉·许布纳（Carl Wilhelm Hübner）作于1844年

法国二月革命胜利,拉马丁及其他临时政府成员站在巴黎市政厅门前,拉马丁拒绝悬挂红旗。亨利·菲利波托(Henri Philippoteaux)绘

1848 年 3 月革命中的柏林。画面表现了柏林革命的残酷及革命者的不同派别。虽然都是黑红金三色,中间横条的三色旗代表的是君主派革命者,右边的两面竖条三色旗代表共和派革命者

米兰五日的高潮：3月22日攻占托萨门。这幅画表现了起义者之间的社会团结：一名神父挥舞着意大利三色旗，戴着大礼帽的资产阶级成员和工匠一起参加战斗，妇女则在一旁支持他们。卡洛·卡内拉（Carlo Canella）绘

意大利皮埃蒙特的卡洛·阿尔贝托签署《宪章》

法兰克福会议。德意志各邦派出代表聚集在法兰克福的圣保罗教堂中,召开第一次全德意志制宪会议。会议大厅上方悬挂的《日耳曼尼亚》画像创作于1848年3月底,象征着民主、统一的德意志

裴多菲在匈牙利国家博物馆前朗诵《民族之歌》

哈布斯堡王朝的三个救星

上：阿尔弗雷德·温迪施格雷茨

中：约西普·耶拉契奇

下：约瑟夫·拉德茨基

上：1848 年 4 月 23 日宣布废除法国殖民地的奴隶制。弗朗索瓦·奥古斯特·比亚尔（François Auguste Biard）作于 1849 年

下：1848 年 6 月巴黎圣莫尔街上的街垒被政府军队袭击后的景象。M. 蒂博（M. Thibault）令人印象深刻的银版照

上：1849年6月29日，威尼斯遭奥地利炮击，圣杰雷米亚教堂被炮火吞噬。路易吉·奎雷纳（Luigi Querena）作于1850年

下：奥地利帝国军队在阿尔弗雷德·温迪施格雷茨的带领下进攻维也纳

哈布斯堡对匈牙利的报复：1848年10月6日，奥军在阿拉得处决匈牙利军官。亚诺什·特尔默（János Thorme）绘

宪制表示口头支持，但现在他们却对"共和派"条款表示强烈的谴责。7月31日，在西里西亚的施韦德尼茨（Schweidnitz）小镇，在一场支持公民卫队的游行中，14人惨遭正规军队杀害，议会因此于8月9日通过了一项法令，要求所有士兵宣誓，表示自己忠于宪法，"远离反动活动"。[83]可以看出，议会只能通过这种绝望的方式试着确保军队的忠诚度，与此同时，新生的自由秩序在普鲁士军队面前有多么孱弱也就不言而喻了。

* * *

　　法兰克福也出现了类似的情况，德意志国民议会曾于5月18日在那里举行首次会议。选举的确切模式已经留给各邦国决定。4月7日发布的指导方针称选民必须是"独立"的成年男子，但这个术语没有明确的定义。因此，大多数德意志邦国的政府开始限定选民的范围，比如选民需要拥有财产，或者需缴纳某种类型、某个水平的税款，或者除工资外有别的生活来源。[84]绝大多数邦国采取间接投票的方式，这让一些地方上的知名人士获得了绝对的影响力，因为人们往往选举他们进入选举团。即便如此，在整个德意志，估计大约3/4的成年男性有投票权，而且投票率普遍较高。重要的是，像普鲁士这样有着更广泛选举权的国家，往往会选举出君主立宪派，甚至是保守派的代表。而那些选举权有限的地区，如巴登和萨克森，则更倾向于选择民主派代表。德意志的农村人口占据大多数，像大多数欧洲农民一样，他们保守而信奉君主主义。激进派吸引的主要是小城镇里的中产阶级。所以，只要选票不被农村地区的海量选票稀释，共和派候选人往往能取得更好的结果。[85] 几乎没有真正的保守派贵族成功当选，因为他们大多数人都很鄙视这种选举。所以结果就是，民众对君主制表示出强烈的支持，支持君主立宪的自由派在议会中占据了585个席位，占议员总数的一半，尽管他们之间也存在温和派和左翼的派系分裂。此外还有一个直言不讳的激进派团体，占据了议员总数的15%。他们均分为两派，一派以罗伯特·布卢姆为首，他们出于策略原因，愿意与君主立宪派合作；另一派则是更激进的民主派人士，他们不愿意对旧政权残余做出一丝一毫的妥协。这个议会也被称为"教授议会"，因为绝大多数代表都是中产阶级，接受过大学教育。但这个称号也意味着这些政界人士都充满了迂腐的学究气，没有实际的办法来应对当时的挑战。

最终，代表们并没有在象牙塔中寻得庇护。他们苦思冥想，试图为统一的德意志起草宪法，与此同时，他们也面临着一场国际危机，新生的自由秩序将会遇到强烈的反击。5月，在英国、俄国和瑞典的外交压力下，石勒苏益格－荷尔斯泰因地区的战争获得了不稳定休战。8月26日，普鲁士被迫在马尔默（Malmö）签署停战协议。根据这一协议，德意志和丹麦的部队都要撤回，石勒苏益格德意志人的临时政府将被解散，由丹麦－普鲁士联合行政部门代替。德意志立即掀起了一场抗议风暴。当时议会任命的中央政府由受人爱戴的哈布斯堡约翰大公领导，但无论舆论如何，他们也无力阻止普鲁士签署停战协议。真正的权力显然依旧握在旧政权手中，而不属于德意志联邦的勇敢新世界。右翼自由派之一历史学家弗里德里希·达尔曼（Friedrich Dahlmann）的发言引爆了整个议会,他声称停战的历史意义就是"将新德意志政府扼杀在萌芽中"。就屈服于国际压力一事,他警告说:"先生们,你们将永远不会再抬起你们骄傲的头颅!注意我的话:永远!"[86]而政治图谱的另一端,罗伯特·布卢姆警告说,如果批准停战,将引发一场起义暴动。议员们由于民族自豪感受挫,以及(又或者是)担心左翼发动起义,皆投票反对停战。约翰大公的那些自由派大臣们明白,这一投票相当于决定继续对丹麦的战争,并可能使英国和俄国出手干预,于是纷纷选择辞职。这些危险的想法最终于9月16日消散,议会也反转了投票结果(甚至达尔曼本人也改变了主意)。普鲁士的力量太强大,而且在议会的推波助澜下,欧洲发生全面战争的可能性太大了。

在法兰克福,这个大反转酿成了悲剧。第二天,有1.2万人响应了议会极端左翼成员的号召,进行公开集会,要求进行二次革命。人们都预料到会有大规模的抗议活动,称那些投票支持停战的人都是卖国贼,要求撤销命令。约翰大公任命的新任首相是犀利的奥地利人安东·冯·施梅林(Anton von Schmerling),他迅速地接手处理这一难题。他从黑森-达姆施塔特大公国、奥地利和普鲁士召集军队来保卫议会。翌日早些时候有2 000名士兵行军前往。9月18日,大量百姓聚集在圣保罗教堂周围的广场上,一些示威者发现了一个无人看守的议会后门。当拳头和斧头打破大门时,海因里希·冯·加格恩上前吼道:"我宣布,每一个侵犯这个圣地的人,都是祖国的叛徒!"[87]他的勇气让进攻戛然而止,随后人们立即撤离。其他示威者仍然留在教堂的闩门后。外面的广场上,军队横扫而过,而市中心的街垒路障也让黑森大公国的士兵以风卷残云之势清理干净。加格恩的孩子们藏在一辆马车里偷偷出了城，远远地还可以听到火枪的响声。总计有60名暴动人员和士兵丧生，其中包括两位保守派议员汉斯·冯·奥尔斯瓦尔德（Hans von Auerswald）和费利克斯·利赫诺夫斯基（Felix Lichnowsky）。他们到外面查看情况，遭到一群反抗分子围困，奥尔斯瓦尔德当场遭到杀害。利赫诺夫斯基是一个直脾气的人，是一个更惹人憎恨的保守派议员，所以他的死法更为痛苦和野蛮：人们对他千锤万打，直到骨头粉碎，将"歹徒"一词刻在他的脖子上，然后将他破碎的身体绑在一棵树上，当作靶子。

整个德意志都受到了冲击，但9月22日，在饱受苦难洗礼的巴登，顽固的古斯塔夫·斯特鲁韦和其他共和派人士从瑞士穿越边界而来，其中包括后来成为德意志社会民主党领袖的年轻的威廉·李卜克内西（Wilhelm Liebknecht）。他们占领了勒拉赫（Lörrach）的市政厅，宣布成立德意志共和国，承诺进行社会改革，并开始没收著名君主派人士的财产。自由派和保守派对此惊恐不已。他们还成功地招募起一支军队，斯特鲁韦很乐观地估计其规模可能超过1万人，但是装备不佳，只有两桶火药，其中一桶还不能用。所以4天后，当他们在施陶芬（Staufen）遭遇大公的军队时，仅仅2个小时就被击垮了。在斯特鲁韦和他妻子（本身也是一个积极的民主人士）被捕之前，他还遇上了一群忠实的政府支持者，他们愤怒至极，差点就将他生撕了。

9月危机使德意志革命几乎不可逆转地走上保守的路线。法兰克福现在处于戒严状态。血腥事件发生之后不久，卡尔·舒尔茨途经这个城市：

胜利的军队仍然围绕着燃烧的营火在街道上露营，路障还没有被拆除，路面上仍然血迹斑斑，随处都能听到巡逻队伍沉重的脚步声……国王的普鲁士政府成功地架空了代表德意志国家主权的国民议会。那些自称为"人民"的人，却对革命形成的人民主权的化身抱有敌意，而这个人民主权的化身还不得不向各邦国请求武力支援，来保护自己不会因"人民"的憎恨而受到伤害。因此，1848年3月开始的这场革命，其挺直的脊梁实质上已然粉碎。[88]

真正的权力不在法兰克福国民议会和自由派政府手中，而是在各个邦国及其君主手中，君主们仍然掌握着服从于他们的武装力量，这一点比以往任何时候都要清楚明了。

与此同时，革命自身也在分裂。像在法国一样，德意志的政治变得越来越两极化。自由主义者更愿意寻求专制的解决方案，以维护法治秩序。而左翼中，通情达理而又耐心的布卢姆绝望地给他的妻子写信，称如果不是抛弃民主派同仁会让自己蒙受耻辱，他更倾向于完全退出政界，从一个舒适的距离观望局势发展。舒尔茨评论说，议会会场里的右翼议员，"嘴角都带着胜利的微笑"。[89]虽然有些激进主义者愿意领导法兰克福起义，但大多数人都试图说服人群散去。战斗一开始，他们就努力寻找和平解决的办法，但往往都是徒劳，就像法国激进派所经历的一样，他们也因暴力事件而受到谴责。一个月后，范妮·莱瓦尔德前往法兰克福，查看议会的议事程序，她注意到了党派间仇恨的力量，她十分难过，因为她看到政客们如何没有信念、如何互相诋毁、如何不负责任、如何全盘否定对方的政见。她还指出，保守派如何冷酷地讨论了"子弹方案"。[90]克洛蒂尔德·科赫－贡塔德（Clotilde Koch-Gontard）是法兰克福著名实业家的女儿，她曾为温和自由派代表举办沙龙和晚宴。9月23日，她写道，她对革命感到失望。她谴责自由主义者和保守派人士的那种"德意志式的固执和懦弱"，但也相信左翼正在伺机找事："停战只是借口。即使没有停战事件，内战也会爆发，而我们现在也正在经历，这对我们来说再清楚不过了。左翼不能否认他们对德意志犯下的罪行。"[91]

III 维也纳起义与捷克民族主义的惨败

社会的恐慌也恰好被奥地利保守派利用。5月17日皇室集体出逃后，奥地利平民也对维也纳激进派进行了激烈的反抗，皮勒斯多夫男爵领导的政府感觉反击的时机到了。一项新的出版法规定，撰写叛国作品、侮辱皇帝，以及企图败坏公共道德的人将被处以监禁。5月25日，为了打击维也纳激进派的主体力量——学生，政府竟然下令解散"学生军"、关停大学。但是政府的做法太过激进了，必然会激起学生及其工人阶级盟友的抵抗，而政府的力量仍然没有强大到能应对这些抵抗。第二天，学生发动抗议游行，工人也手持器械、工具进入了市中心。他们从路上撬出许多沉重的花岗岩铺路石，建造了160个路障街垒。很多街垒甚至"有两层楼那么高……街垒上飘着或红或黑的旗帜——象征着鲜血或是死亡"。⁹² 然而，战斗并没有发生。政府自知无力维护自身权威，于 5 月 27 日屈服投降。皇帝出逃后，维也纳成立了"安全委员会"，现在政府委托"学生军"及国民卫队在安全委员会的指导下，维护维也纳的安全秩序。

5 月 26 日的起义是维也纳革命的高潮。事件的发展程度及速度已经超出了大多数奥地利人的想象。正如美国的外交官威廉·斯泰尔斯所说：支持宪法的温和派需要应对"双重冲突"……其一是人民与旧政府的冲突；其二是新政府与激进派及其他敌人的冲突。他丝毫不怀疑，在旧制度和更多动乱之间，两害相权，他们宁愿选择祸害较轻的前者。⁹³ 许多奥地利人都十分警惕那些支持德意志统一的激进武装分子，这可能会削弱曾经强大的奥地利帝国，让它成为更强大的德意志的附属，而统一的德意志很可能是一个共和国，更糟糕的是这个共和国将由他们所憎恨的普鲁士人领导。⁹⁴ 奥地利工人开始清晰地意识到自己所忍受的贫困，这加剧了社会焦虑。

1848 年夏天，由于政治局势不稳及富人陆续离开城市，市场需求下降，维也纳原本就困难的经济形势再次恶化。维纳斯工人最初几乎没有什么政治意识，他们相信学生，在与雇主发生纠纷时，他们往往会找学生寻求帮助。激进派记者很快开始呼吁无产阶级团结起来，呼声产生了一定影响。他们对富人口诛笔伐，要求政府更加关注穷人的生计。工人被排除在新的自由秩序之外，主要表现在：第一，他们被剥夺了成为国民卫队成员的资格，因此国民卫队本质上成了一个致力于保护财产的中产阶级民兵组织；第二，直到 5 月 15 日，那些按日或按周结工资的工人、仆从或是领取救济金的人都还没有选举权。

政府为解决城市 1.6 万工人的贫困问题做了一些努力。春天，政府降低或者废除了一些食物的税收，还建立了公共工程，如在多瑙河沿岸铺设道路。但这还不足以帮助那些在经济危机中遭受苦难的失业人员，失业人数还在不断增加。夏季，在公众集会上，降低租金或取消租金的呼声不绝于耳，维也纳工人第一次组织了游行，并迫使一些雇主答应了 10 小时工作制和加薪要求。裁缝也召开了会议，要求禁止妇女参与制作礼服和西装的工作，因为她们会降低男性的工资。一个法国女帽制造车间遭到洗劫。为了处理劳工阶层的暴力事件，安全委员会设立了劳工委员会，为失业人员提供食物，还在公共工程中为他们提供工作机会，同时阻止非维也纳人进城。一些工人的任务就是修理 3 月遭到破坏的机器，重建烧毁的工厂。然而，尽管采取了措施阻止外地人员进城，但还是有贫困到绝望的人悄悄进入城市，在公共工程中工作，工人数量不断膨胀，渐渐成了一支名副其实的军队。政府开始担心这个潜在的威胁会破坏秩序，耗尽城市已处在崩溃边缘的预算。

在这种政治紧张和社会恐惧的气氛中，奥地利进行了议会选举。结果是，大部分选民把票投给了保守派或温和派自由主义者，但依然有一小部分不容小觑的左翼人士，他们在后来的历史进程中变得极为重要。现在，支持"法律与秩序"的中立派议员占据着主导地位，他们支撑起政府部门，主持了 4 月 25 日宪法的制定。议会于 7 月 22 日开幕，在那之前，新任命的内阁由约翰·菲利普·冯·韦森伯格男爵领导，他是一个旧政权的奴才，时机一到就会把政策往君主主义方向引导。他手下的大臣里有一个就是从自由派倒戈而来的，即律师亚历山大·巴赫，他厌恶革命的不稳定和暴力，这让他很快改变了信念，加入了保守派阵营。夏天的阳光一天天变得炽热，政府对局势的控制也越来越紧。奥地利当局6月镇压了捷克革命，7月制服了意大利北部的皮埃蒙特人，同时政府还在集结克罗地亚军队准备打击匈牙利。到了8月，政府准备在帝国中央重申皇室权威。

不过现在，维也纳的革命气氛还十分狂热。约瑟夫·亚历山大·冯·许布纳伯爵从米兰的监禁中获释，回到了奥地利，途中还在瑞士度过了悠闲的假期。当他终于回到家中时，帝国皇都的剧变让他震惊不已：

> 我再也认不出这是维也纳，它曾经是那么美好……在街上能遇见的只有放荡不羁的学生、挥舞着军刀的国民卫队士兵、无产阶级和低级妓女。那些伟大的人民，那些骄傲的、黑黄旗下长大的帝国人民，他们曾在这个国家占据绝对的主导地位，现在却把自己关在家里或逃往城外避难，一边为皇帝祈祷，一边与家人一起瑟瑟发抖。[95]

斯泰尔斯说，这座城市曾是一个享乐不尽的花园，现在却像是一个枯燥无味的政治舞台：到处都是大型集会、游行、被神圣化的旗帜和兄弟会的庆祝活动。他还指出，皇室和贵族的逃离使得首都的开支急剧下滑，这对城市生产奢侈品的工匠也是一种打击——对此，恩格斯也表示认同。这样看来，不仅仅是中产阶级"要求恢复正常的政府组织和宫廷还都"。[96]得到一名议会议员的安全保证后，皇帝斐迪南一世最终于 8 月 12 日回到维也纳，人们兴高采烈地欢迎他。当皇室成员走下多瑙河上的汽船时，女孩们在他们走的路上撒下花瓣。在这场盛大的活动中，许布纳印象最深刻的一位皇室成员是皇帝 18 岁的侄子弗兰茨·约瑟夫（Franz Joseph），他当时身穿军服："他态度冷漠，外表严肃，这都泄露了他内心翻腾的情绪，那是一种悲伤而非沮丧，我应该说，那是一种极力压制的愤怒。对我来说，这是一个启示，也是一种希望。"[97]

激进派对斐迪南一世的回归做了回应，他们在奥登厅（Odeon Hall）举行了一场民主政治社团成员的大型集会，近万人参与，他们声称要坚持在法兰克福国民会中的极左翼立场。这引起了更偏向温和派的维也纳人的愤慨，他们指责学生军和激进派在助长共和思想。与此同时，社会上还存在经济危机，以及公共工程造成的问题。有了巴黎六月起义的前车之鉴，政府不愿意完全关闭这些项目。取而代之的是政府宣布要降低工资，这同样引发了危机。8 月 21 日，在市郊，妇女们带头举行了游行示威。第二天，工人们造了一座公共工程大臣的雕像，称其从失业人员身上攫取钱财，并躺在这些钱上窒息而亡，并给他办了一个嘲讽性质的葬礼。当国民卫队试图驱散示威者时，双方发生了冲突，8 月 23 日冲突升级。学生军尽管拒绝参与镇压，但也不愿配合叛乱分子，他们只是站在一旁，静观事态发展。由于缺乏精神领袖的支持，工人们没有一丝取胜的机会。示威者们在枪林弹雨中败下阵来。有 6—18 名工人遇害，36—152 人受重伤（具体数字取决于是相信政府还是相信激进派）。战斗结束后，城市富人区的妇女用鲜花装饰了国民卫队士兵们的刺刀。

与 6 月的巴黎一样，工人的抗议活动一直是自发的，激进派的政治领导很少牵扯其中。然而，人们会不可避免地得出这样的结论，如保守派的《维也纳报》(Wiener Zeitung)所述："手无寸铁的贫穷与全副武装的富有，工人们看到了这两者之间的鲜明对比。就在此刻，一个前所未有的无产阶级诞生了。"[98]中产阶级激进派试图否认社会分裂的存在。马克思当时正在维也纳，当他试图向人们解释暴力是无产阶级与资产阶级之间的阶级斗争形式时，民主俱乐部的成员大声喝止了他。对于恩格斯来说，8月23日是中产阶级放弃人民事业的日子："革命力量的团结和实力就这样被摧毁了。资产阶级和无产阶级之间的阶级斗争，在维也纳也演变成了流血的搏斗，而反革命的宫廷奸党则看到，它可以给出致命一击的日子已经临近了。"[99]但马克思发现，不仅中产阶级拒绝革命，即使在工人会议上，也没人赞同他的想法。9月7日，他离开维也纳，对工人的顽固感到失望，他们拒绝承认应该发动一场针对资产阶级的战争。然而，社会恐惧是真实存在的，虽然这种恐惧没有以马克思所预想的阶级术语形式表达出来。社会的紧张局势将让自由秩序分崩离析。

起初，事情进展得很缓慢。公共工程被叫停，但政府取而代之建立了"赤贫帮扶委员会"(Committee for the Assistance of Destitute Tradesmen)，试图帮助失业人员找工作。换句话说，国家不再直接干预，但该委员会至少热衷于做好自己的分内工作，他们咨询行会，研究政府该如何改善经济状况。国民卫队由内政部直接指挥，也负责治安。这表明安全委员会已经解散，委员会里的温和派成员于8月25日提交了解散议案。[100]

***

在维也纳，风头开始转向支持保守派。同时在布拉格，反革命已经成功。捷克和德意志之间的种族冲突也让捷克城市中的紧张局势变得更加扑朔迷离。社会冲突和民族冲突之间的关系十分复杂。工人是捷克人口中很小的一部分，但人们对他们1844年所展示的破坏能力记忆犹新，4年后的1848年，人们对"共产主义起义"[101]恐惧不已。尽管在布拉格，某些食品的价格下调，救济金也筹集完毕，公共工程开始吸纳失业人员，但是，对于贫困的根本原因，却没人做出一丁点的努力。同时，自由派报纸《波希米亚报》（Bohemia）提出的最好建议就是等待宪法的起草，称那肯定会给所有人带来更光明的未来。然而，这些工人实际上被排除在新的政治秩序之外。4月在布尔诺（Brno）举行的摩拉维亚议会会议和5月28日国民委员会起草的波希米亚选举法，都拒绝赋予工人选举权。像其他地方一样，政府成立了国民卫队来保护财产，维持工人秩序。工人们未获得选举权，随后原材料（如美国的棉花）的供应因信誉不足而下降，磨坊纷纷关闭，工人们失业的势头不减，此外还伴随着物价的大幅上涨。工人们焦虑不安，奥地利政府的崩溃却让他们有信心用暴力行为来宣泄自己的痛苦，这不得不说是一种小奇迹。5月初，他们占领了布拉格街头。俄斯特拉发（Ostrava）和布尔诺也发生了罢工。在维也纳，工人们在学生和民主媒体中找到了肯为自己发声的人，而在布拉格，工人几乎无法表达意愿。早在3月初，他们就请愿要求分配工作，提高工资，却被国民委员会悄悄搁置。捷克学生忙于关注政治问题、民族问题，甚至没有开始关注令工人焦虑不堪的生计问题。此外，还没有任何证据显示他们产生了社会主义式的阶级意识，捷克工人将自己的愤怒与绝望宣泄到更为传统的替罪羊（尤其是犹太人）身上。6月3日，纺织工人游行示威，要求得到更好的工作条件，但很轻易就被军队驱散了，市政府也因抗议者的"盲目固执"而对其施以严惩。[102]

不过，捷克工人在1848年6月确实成了一股政治力量。就像欧洲许多其他城市一样，工人们引起了其他人的恐惧，这也正中保守派的下怀。虽证据不详，但是帝国的军政大臣特奥多尔·冯·拉图尔似乎认为，拉德茨基在意大利的军队是一支"南方军"，需要由"北方"军的力量进行补充。[103]这意味着，至少还是有一些官员从战略上预测到了哈布斯堡帝国革命的失败。拉德茨基的军队在意大利向前推进的同时，性格火暴的阿尔弗雷德·温迪施格雷茨受命前往布拉格，指挥位于波希米亚的帝国军队。对北方的反革命领导人而言，没有更好的选择了：这位元帅曾经对3月的妥协行为表示强烈的反对，他并不分什么温和派还是激进派，而是认定他们都是反叛者，都要击毙。正是他镇压了布拉格工人1844年的暴动，所以他的回归似乎预示着维也纳会以一种新的无情的方式来处理捷克人的问题。

人们立即注意到部队活动变得频繁：巡逻人数翻了一番，布拉格驻军的数量增加了，火炮放置到了市中心的维谢赫拉德和彼得林高处。激进派媒体呼吁士兵不要成为保守思想的工具，要求将武器弹药移交给国民卫队和学生军，温迪施格雷茨当然不会同意。奇怪的是，6月10日举办的斯拉夫主题舞会上，捷克自由派人士、温迪施格雷茨和波希米亚总督莱奥·图恩（Leo Thun）都受邀参加。当元帅进入宴会厅时，人们也只是发出嘘声，并没有其他更恶劣的行为。

温迪施格雷茨对街头的情况也了如指掌：学生及他们的盟友——战斗力更强的国民卫队，加起来最多有3 000支步枪，而他却可以立即召集近1万人的军队。更加保守的德语区国民卫队也支持他。因此，自由派的胜率微乎其微，但双方都拒绝妥协，一场冲突在所难免。6月12日发生的事件如同一个火花，点燃了整个局势。听说圣瓦茨拉夫雕像下聚集了大批人后，国民卫队、斯夫诺斯特部队（纯捷克民兵）和失业工人（约2 500人，主要是在激进派学生的强烈要求下出动的）也加入游行，共同抗议温迪施格雷茨。德意志人联盟的一个代表无意碰上了这次游行示威，而他刚刚会见了元帅，并代表德意志人联盟答应支持他。随后，战斗全面爆发，工人、国民卫队、士兵都加入了这场战斗。捷克和德意志的民兵连队之间也有对峙。随着全城各处暴力事件的爆发，街垒也已建起，随之而来的是6天的全城动乱。起义者将总督图恩挟为人质，温迪施格雷茨的妻子被流弹击中并最终死亡，这两件事让结束战斗的希望消失殆尽。

革命者建立了400多处街垒，但其中大部分的位置都很糟糕：元帅估计他只用15个人就可以保证旧城和新城之间信息畅通。脆弱的防御工事匆匆建成，第一天结束时，奥地利军队以掷弹兵作为突击队带头进攻，忠诚的国民卫队紧随其后，他们势如破竹，夺取了城市的主要交通动脉。卡雷尔·哈夫利切克领导的起义者宣布他们的要求：将温迪施格雷茨免职、撤军，并设立一个新的临时政府。但此时起义者的处境已经相当被动。6月15日午夜，战火消停了片刻，温迪施格雷茨从街垒中撤走了自己的部队。这是一个不祥的预兆。然后，炮弹从高处倾泻而下，射向市中心。起义者有10人当场死亡，另有3人重伤不治身亡。战斗结束后，在瓦砾堆中发现了约30具支离破碎的尸体。6月17日，战斗全部结束，全城宣布戒严。这是自4月底克拉科夫事件以来哈布斯堡帝国反革命活动的第一次重大胜利。[104]

温迪施格雷茨建立了一个可疑的调查委员会，调查那些领导起义的人。他有意无意地告诉该委员会，要去"发现"这是斯拉夫人企图破坏、摧毁哈布斯堡君主制的巨大阴谋，一切都是这阴谋的恶果。斯拉夫会议当时正在布拉格举行，恰好撞到调查委员会的枪口上。这场会议由捷克人召集，目的是要让帕拉茨基对法兰克福持续发难，并团结所有斯拉夫人对抗来自德意志的谴责。因此，会议原计划召开的时间与5月德意志法兰克福国民议会的开幕时间相同。在此情况下，6月2日，385名代表在主席帕拉茨基的带领下齐聚布拉格。其他斯拉夫人也有召开类似民族大会的想法，比如鲁德维塔·什图尔这样的斯洛伐克人、波兹南的波兰国民委员会（他们有充足的理由害怕德意志民族主义），以及信仰"伊利里亚理想"的南斯拉夫人。[105]因此，大会议程安排得很满，准备讨论的内容包括：将哈布斯堡帝国中所有斯拉夫人联合起来的可能性，探讨斯拉夫人和帝国里其他民族之间的关系，探讨奥地利斯拉夫人与其他国家斯拉夫人之间的联系，以及所有斯拉夫人与整个欧洲的联系。即便是在斯拉夫人的团结这个最宽泛的概念上，问题也立时涌现出来：波兰人和乌克兰人就加利西亚问题争吵不休。俄国人几乎没有出席，于是大会坚称，不论是德意志人还是匈牙利人，都不能指责参与大会的斯拉夫人是沙皇反动派的工具。出席的 7 位俄国代表中有米哈伊尔·巴枯宁，这位无政府主义思想家几乎不能代表俄国的意见。捷克人害怕德意志人，但是对于斯洛伐克人来说，真正要担心的是匈牙利人。波兰人则和匈牙利人站在一起（因为他们都反对德意志和俄国），他们也只是想要调解南斯拉夫和匈牙利人之间的矛盾，而不是完全支持前者。[106] 巴枯宁对大会提出批评，称其主要关注奥地利的斯拉夫人，忽视了那些生活在奥斯曼帝国和俄罗斯帝国之下的人民的困境。[107] 正因为这些矛盾，斯拉夫会议就像刘易斯·内米尔说的那样，是"历史的苗圃"[108]，1918 年这些东欧小民族将成为东欧帝国的继承者，而这场会议揭示了他们各自的愿景、希望和利益之间的冲突。

从这一切来看，显而易见，这个大会不可能是阴谋分裂哈布斯堡君主制的策源地。6 月 12 日在布拉格发生战斗时，奥地利士兵袭击了大会会场——捷克民族博物馆，满心期待能发现武装到牙齿的斯拉夫人。但他们发现的只是博物馆的一个温和的图书管理员。但这并没有阻止温迪施格雷茨逮捕一些主要会议代表，并把他们赶出城市。帕拉茨基和其他组织者别无选择，只能无限期地暂停代表大会。历史学家哈夫利切克本人虽然是温和派成员，现在却受到警方的密切关注，并（因更多理由）于 7 月 3 日被捕，其报纸《民族报》(*Národní Noviny*) 的办公室遭到突击搜查，查出了"阴谋"的证据。这位受欢迎的捷克记者虽遭监禁，却因此在 5 个不同的选区当选为奥地利议会议员。可以预见，温迪施格雷茨的最终报告会指控该代表大会触犯了叛国罪，而议会一方，包括帕拉茨基在内的斯拉夫议员则对温迪施格雷茨的行为表示强烈抗议。这次虚假调查让皇室政府十分尴尬，大多数在 6 月以后遭到拘捕的人在 9 月中旬都获得了赦免。[109]

起义激化了民族分裂。确实有很多捷克人对布拉格工人阶级起义的前景表示警惕。那些镇压六月起义的国民卫队部队尽管大部分都由说德语的人组成，但并不全是。因此，一些捷克人更担忧社会革命，而不是之前的民族事业。另一个事实是，布拉格的大多数德意志公民虽并不爱戴温迪施格雷茨，但面对起义时要么躲开，要么积极参与镇压。由于起义者主要来自捷克学生和工人，所以对德语精英来说，社会矛盾与种族摩擦是一致的。在波希米亚之外，德意志民族主义者毫不怀疑，布拉格发生的战斗就是民族冲突。激进的《人民之友》（*Volksfreund*）在论战中恶毒地指责："这些捷克人组建的斯拉夫政党疯狂而又堕落……他们一心想将……奥地利变成一个斯拉夫帝国，而要牺牲的就是德意志人与匈牙利人。"它目光短浅，向元帅的胜利致敬，并称其为"一件令人愉快的事。德意志人在波希米亚地区、在帝国内的胜利永远不会变成不幸，因为德意志人把人性和自由带给了被征服者"。[110] 7 月 1 日，在法兰克福，议会委员会同意布拉格起义是创建斯拉夫帝国这个巨大阴谋的一部分，并建议将德意志部队派往波希米亚支持温迪施格雷茨。只有恩格斯具有足够的洞察力，他认识到，捷克人既不是俄国的工具，也不是反德意志的工具。

Ⅳ 匈牙利边境的动荡

在匈牙利，社会紧张局势与民族分裂强烈结合，但相较于捷克，匈牙利工业工人数量少，因为其工业化程度并不像波希米亚和摩拉维亚那么高。因此，匈牙利种族冲突最为严重的地方是农村，冲突主要发生在地主和农民之间，双方通常属于不同的民族。然而匈牙利工人确实是城市激进运动的一个潜在的力量来源。布达佩斯总人口为16万人，大约有1万名短工，8 000名学徒和1 000名工厂工人。他们往往是德意志人和捷克人，这让他们与占多数的匈牙利人产生了隔阂。从3月中旬到7月，他们提出了一些要求，和欧洲其他国家情况相仿，他们要求更好的工作条件、更短的工作时间、更高的货物价格和工会合法化。布达佩斯的工人和匈牙利北部的矿工为实现这些变革而发生骚动，自由派政府则做出了一些让步。他们这么做并没有什么负担，主要是因为政府官员多为匈牙利贵族，而雇主多为中产阶级德意志人，两者之间没什么重叠。4月到5月间，布达佩斯发生了罢工，工人要求提高工资、改善条件，这种罢工依然被视为对公共秩序的威胁，并遭到武力镇压。

由于没有拿出任何社会改革计划，激进派在动员工人上也是有心无力。匈牙利激进派的要求还停留于3月宣布的《十二条》上，所以除了农民解放之外，他们主要关注的还是政治。裴多菲写了一些诗，对爱国贫困者遭遇的困境表示同情，但诗歌（无论写得多好）并没有解决他们的物质需求。工人们自己也没有沉醉于新的社会主义思想。布达佩斯披拉沃克斯咖啡馆是激进派活动的中心，4 000 名学徒在附近游行，要求沃什瓦里·帕尔和裴多菲等人为他们发声，但年轻的工匠并没有像法国和捷克的工人那样要求建立工会组织。他们想"烧毁专横的行会法"。这种言辞听起来很激进，但他们也不过是希望能更容易地进入行会，并且不用支付高昂的费用。沃什瓦里承认工匠在发动暴动上的潜力，但即便是他，也建议工人向政府提出自己的诉求。工人和激进派之间的社会地位差距太大，激进派的大部分领导人都是从匈牙利绅士贵族阶层中涌现出来的。主要的激进派报刊《3 月 15 日》并没有报道这些罢工活动。4 月 22 日，工匠们散发了更激进的海报，他们要求稳定食品价格，将教会土地分给农民，并废除行会。激进派十分惊慌，他们在公共集会上驳斥了这些危险的观念。[111]

因此，匈牙利激进派的核心支柱仍然是学生、知识分子、专业人士和政府官员，此外就是一些办事员，他们很在意地主阶级精英在匈牙利政治中是否能持续占据统治地位。激进派要想在 6 月下旬到 7 月中旬举行的选举中取得绝对的成功，这个群众基础还是太窄了。大多数有选举权的匈牙利人都把票投给匈牙利为人熟知的政治精英——新议会中有 72% 的人是土地贵族。因此《3 月 15 日》气愤地宣称"人民"不过就是想"给贵族老爷干活"罢了。其余议员绝大多数都来自城市中产阶级，大多是律师和政府官员。人们一直保持着近乎顽固的顺从，这在一定程度上造成上述的选举结果。但由于农村地区的选举委员会成员普遍都是地主，城镇地区的选举委员会则主要由比较富裕的市民组成，所以这个制度也就掌控在有产者手中。此外，《十二条》这个激进的方案本身除了城市里的中产阶级支持之外,对其他人几乎没有吸引力。尽管匈牙利激进派对农民的关心远甚于对工人的关心,但大多数较贫穷的农民却不能投票。与此同时,包括裴多菲在内的许多激进派成员公开反对君主制,这让他们在选举中遭到大多数匈牙利人的抵制,因为对他们而言,国王仍然是神圣不可侵犯的。诗人裴多菲拙劣地写了一些文章试图淡化他早先的共和主义观点,但没有取得任何效果。他没有赢得选举,而且因冒犯他人,差点儿被一个醉酒的暴徒打死。最后,在下议院的414名成员中,大概只有50人赞成《十二条》。[112]

因此激进派必须依靠议会外的压力。他们发展了复杂的组织,协调政策,拉拢左翼议员参与更广泛的运动。7月中旬,"平等社"(Society for Equality)成立,同时还发行了杂志,名为《激进民主》(*Radical Democrat*)。该组织以18世纪90年代的法国雅各宾派为榜样,力图打造一个全国性的网络,把爱国的民主舆论凝聚起来,形成一股巨大的压力——可能是为第二次革命做准备。激进派可能没有太多的社会计划,但他们却有着匈牙利民族主义这一伟大武器,这种情绪在布达佩斯早已沸反盈天。人们怀疑维也纳宫廷,同时也质疑包贾尼为了稳定而做出的妥协,匈牙利爱国者们的焦虑情绪被搅动起来。这里的核心问题之一是谁控制了武装力量。5月,尽管有不好的迹象表明匈牙利可能将遭到克罗地亚人的袭击,布达佩斯驻军指挥官伊格纳兹·莱德雷尔(Ignaz Lederer)男爵依旧拒绝向国民卫队交出武器。激进派的三月俱乐部组织了大约2 000人游行,他们边打鼓边向莱德雷尔的住所进发,而政府委员会发现自己可以调用1.4万支步枪。帝国士兵手持刺刀,冲锋反抗,杀死了1名抗议者，并重伤 20 多人。裴多菲抓住这一事件，要求整改政府部门，惩罚相关部队，并撤回意大利境内帝国军队中的所有匈牙利武装力量。然而，包贾尼正在努力为《四月法案》搭建坚实的基础，无意挑衅维也纳宫廷。

为帝国服役的匈牙利军队现在是一个热门话题。像包贾尼和塞切尼这样的温和派，决心通过缓和匈牙利与奥地利的关系来使民族利益最大化（至少是他们认为的利益最大化）。因此，当奥地利政府于 7 月 2 日发出命令，要求匈牙利军队支援拉德茨基在意大利的战斗时，包贾尼告诉他的各部同僚，他们应该在维也纳要求的 20 万军队之外，再主动增加 4 万人。这将在维也纳增加匈牙利人的政治影响力，迫使克罗地亚人耶拉契奇谨慎行事。就连科苏特也同意这个计划，尽管这意味着要扭转早先"匈牙利人坚决拒绝支持镇压其他欧洲人民"的立场。[113]这一转折激怒了激进的左翼。他们最有说服力的发言人之一泰莱基·拉斯洛（Teleki László）伯爵直接指出：政府所相信的宫廷，是不会要求那个克罗地亚军区总督做出让步的。泰莱基直截了当地说，意大利人是为自由而战，耶拉契奇肯定不是。[114]事实将证明泰莱基的话是对的。然而，政府在 7 月 22 日以绝对优势赢得了最后的投票。尽管事实上，匈牙利部队并未被派往意大利，但政府的胜利再次表明，1848 年的欧洲自由主义者把自己的民族利益置于世界主义所追求的普遍自由和自决之上。

***

9月,将要横扫匈牙利的风暴正在特兰西瓦尼亚和军事边境沿线聚集力量。匈牙利撕毁布拉日计划,宣称特兰西瓦尼亚为匈牙利王国的一部分,特兰西瓦尼亚的局势越来越紧张。特兰西瓦尼亚面临着艰难的选择。他们可以与摩尔达维亚和瓦拉几亚联合,但这将引发与大公国的宗主苏丹的矛盾,抑或是与他们的"保护人"沙皇的冲突。或者,他们可以宣布他们忠于哈布斯堡王朝,这样就可以在奥地利帝国内获得独立的罗马尼亚自治权。布科维纳这片领土与匈牙利接壤,却直接由维也纳统治。在这里,赫尔扎克(Hurmuzaki)三兄弟提出了第二种方案让大家讨论。然而,现在这个想法并没有得到群众的支持,人们对其充耳不闻。[115] 在1848年的夏天,更有吸引力的选择是与两个多瑙河公国的合并。此外,这似乎是可行的——简而言之,是因为6月布加勒斯特(Bucharest)的一场革命推翻了执政的瓦拉几亚王公乔治乌·比贝斯库(Gheorgiu Bibescu),并建立了一个自由的临时政府。8月7日,身处特兰西瓦尼亚的罗马尼亚运动领袖迪米特里耶·戈列斯库(Dimitrie Golescu)凝视着一幅画着罗马尼亚全部土地,跨度从黑海到特兰西瓦尼亚边界的地图:"你知道,他们可能会建立起一个俊朗的小王国,形状美好,近乎圆形,鬼斧神工一般……我不知道为什么我会有这样的感觉,这个去年看起来似乎还是乌托邦的想法,今天看起来已触手可及。"[116] 原因是几周前的布加勒斯特革命。在那里,罗马尼亚的自由派全部都来自贵族家庭,其中许多都在巴黎接受过教育,他们渴望民族自由和统一,并对俄国的统治感到愤怒。其中更加激进的人也对他们生活的社会进行了批判。许多人认为，为了过上"感官主义的、罪恶的、利己主义的"生活（正如戈列斯库的表弟亚历山德鲁所说），贵族们对农民进行了剥削（几乎是奴役）。[117] 1843年，这样的批评家们在布加勒斯特成立了一个名为兄弟会（Frāța）的组织，其中就有康斯坦丁·罗塞蒂（Constantin Rosetti）和扬·布勒蒂亚努（Ion Brătianu），他们协调自由派知识分子和军队中的密谋革命者的活动。其最终目的是为革命做好万全准备。但其保密性，以及当局的密切监视，让它难以蓬勃发展，不过其成员在1848年成了自由派的领导人。同时，贵族也有不满，特别是在摩尔达维亚，他们对执政的米哈伊尔·斯图尔扎（Mihail Sturdza）王公的独裁作风十分憎恨，国王繁重的税收也让商人和制造商苦不堪言。在瓦拉几亚，贵族准确地意识到农村正在变得越来越躁动不安，因而试图说服比贝斯库王公进行政治和社会改革（包括废除农奴制）。在"饥饿的40年代"，农民在完成自己的工作时，总是拖拖拉拉。到1848年，他们完全拒绝了这种劳动服务。越来越多的农村爆发骚乱，越来越多的农奴越过边界逃离，寻找自由。[118]

1848年3月底，在摩尔达维亚首都雅西（Iași），亚历山德鲁·库扎（Alexandru Cuza）率领的自由党反对派向斯图尔扎请愿，要求以温和的改革来刺激经济增长，并建议组建一个比现有大会权力更大的议会——他们甚至不要求废除农奴制。斯图尔扎接受了大多数请愿，但并不是所有。于是自由派人士便到王宫觐见王公，试图说服他。一位自由派代表肆意妄为，他胆大包天地拿出了手表，告诉斯图尔扎他只有半小时的时间来做决定，这深深激怒了斯图尔扎。在俄国领事保证对其进行军事支持后，斯图尔扎强硬起来，他离开宫殿，调集军队，打倒了反对派，致数人死亡，200多人遭逮捕。自由派领导人双手被绑在背后，拖到街上，"被打得像条狗"。然后他们被押送到边境城市加拉茨（Galaţi），驱逐到了土耳其。[119]

斯图尔扎的铁蹄践踏着摩尔达维亚，而革命却在瓦拉几亚积聚着力量。这年3月，包括罗塞蒂、戈列斯库和扬·吉卡（Ion Ghica）在内的自由派人士成立了革命委员会，试图策划起义。这里没有温和的请愿，因为与摩尔达维亚不同，这里的反对派可以依靠重要的中层贵族和人数众多的商业中产阶级，他们对上层社会不满，并且对政府政策感到失望。然而，即使头脑发热的人迫不及待地想要起义，理智还是告诉他们要先做好万全的准备。与此同时，俄国政府以警告的形式隐晦地表达了对比贝斯库的支持，沙皇表示："为了瓦拉几亚的利益，也为了你自己的利益"，一定要防止任何"现在正在困扰整个欧洲的革命瘟疫"再次暴发。[120]这大大加强了王公反对革命的决心。俄方派迪阿梅尔（Duhamel）将军劝告比贝斯库，但由于担心俄方长期驻军，比贝斯库拒绝了俄方提供2万人军队的建议。到6月初，革命委员会已经准备就绪。一封古怪的"婚礼请柬"被送到有着自由派思想的贵族手中，告知他们奥尔泰尼亚省（Oltenia）多瑙河畔的一个边境小镇伊斯拉兹（Islaz）将要举行婚礼庆典。6月9日，在那里，东正教教士穿着厚重的长袍主持了弥撒，然后向瓦拉几亚军队、一群激动的镇民和农民宣读了宣言。其中一位教士说，他们"正在剪裁自由之衣"。

即将制定的"伊斯拉兹宪法"应包含欧洲自由主义的典型要求：废除审查制度，要求平等的公民权利，公平的税收，延长专利权，执政任期规定为5年，人人享有免费教育（男孩和女孩皆如此），废除农奴制（将土地分给重获自由的农民，同时补偿地主），让所有被奴役的吉卜赛人恢复自由，解放犹太人，以及废除贵族。制宪会议将根据这些原则草拟宪法。革命者们成立瓦拉几亚临时政府，但伊斯拉兹方案并不要求罗马尼亚完全独立。相反，它要求结束俄国的"保护"，同时获得在奥斯曼帝国苏丹治下的自治权。整个夏天，罗马尼亚革命者都在努力争取伊斯坦布尔的恩赐。他们很精明，而且清楚地知道，想要在奥地利、俄国和土耳其三大帝国之间生存下去，他们这个新政权至少需要获得其中一个帝国的支持。

奥尔泰尼亚起义的消息像是一道电光，激励布加勒斯特革命党人也投入到战斗中去。起义时间原定于6月10日，但是比列斯库先发制人，逮捕了一些革命委员会成员。然而，军队的忠诚度却令人怀疑，许多军官都已经有了自由主义思想，而且有传言称奥尔泰尼亚的革命军已经在前往首都的路上。6月11日，教堂的钟声打破了宁静，城市里的人如洪水般涌上街头，向宫殿聚集，一些人手中还挥舞着伊斯拉兹计划。正如人们所料，军队退居一旁，而逃脱逮捕的自由派领袖进入了宫殿，将新宪法推到比列斯库眼前。比列斯库无力抗拒，只得签署文件，勉强任命组建了一个新的临时政府。他问谁是新的警察局长，布拉提亚努直截了当地告诉他是"狱中人"罗塞蒂。两天后，比列斯库退位，并与其他保守派贵族一起越过特兰西瓦尼亚边境，逃往边境城市布拉索夫（Braşov）。6月15日，在布加勒斯特城外的自由广场上，人们举行了一场大型公众集会，颁布了新宪法。议会选举定于9月6日。新政府承诺在3个月内废除农奴制度，前提是农民要最后一次给地主收好庄稼。结果，农村发生骚乱，因为农民断然拒绝再提供服务。可悲的是，在废除农奴制之前，罗马尼亚革命就已破碎。[121]

　　沙皇尼古拉一世和奥斯曼帝国的苏丹阿卜杜勒－迈吉德一世看着事态发展，内心都感到忧虑。前者实际上是想一石二鸟：在反对革命，决心粉碎自由主义的同时，他也看到了一个机会，可以加强俄国在各公国的影响。俄国长期以来一直抱着拿下博斯普鲁斯海峡（Bosporus Strait）的野心，因为这将为他们提供一个安全可靠的东地中海出口。这意味着俄国要把势力范围南推至黑海地区，罗马尼亚革命阻碍了俄国的进程，挑战了俄国的战略利益。俄国甚至虚伪地向在特兰西瓦尼亚避难的比列斯库提出建议，让他制定摩尔达维亚和瓦拉几亚的新宪法，条件是尊沙皇的儿子为国王，这将有效地消除土耳其帝国的影响。俄国也毫不隐讳地告诉他，如果他拒绝这个慷慨的提议，俄国人会用"十万刺刀"来强制实施。[122] 俄国的入侵似乎已经近在眼前，罗马尼亚革命者希望通过外交寻求救援。临时政府派外交人员前往欧洲各地，希望能够获得大国的认可。扬·吉卡前往伊斯坦布尔，承诺罗马尼亚将履行对苏丹的所有义务，希望换取土耳其帝国的支持。但在1848年，欧洲其他国家政府可以拿来抵抗俄国武装力量的东西并不多。

　　7月7日，俄国军队进入摩尔达维亚。瓦拉几亚政府对邻国被入侵十分惊慌，一度逃到了山中，结果布加勒斯特的政权落到了反革命的手中。只有布拉提亚努积极出面，召集人民，几天后成功夺回政权。在这个阶段，沙皇的举动就是要迫使奥斯曼帝国政府拒绝罗马尼亚革命者的提议。就目前而言，俄国不再理会瓦拉几亚，临时政府回到了布加勒斯特，临时政府的处境不只是艰难，而是动荡不安，但仍然完好无损。土耳其在月底派遣自己的部队渡过多瑙河，同时奥斯曼苏丹的特使苏莱曼（Suleiman）帕夏前往布加勒斯特，与罗马尼亚人就自治条款进行谈判。其结果就是创建了一个短暂的君主代理政权，罗马尼亚拥有了一个自由派的内阁，但理论上来说，内阁要保证对苏丹的忠诚。通过这项协议，苏莱曼以一种胜利的姿态，带领200名土耳其骑兵进入了布加勒斯特，群众挥舞着罗马尼亚和土耳其旗帜欢呼雀跃。[123]

然而，就在自由派表面上获得支援的这一刻，阿卜杜勒-迈吉德一世却放弃了，因为一来有来自俄国的外交压力，二来保守派贵族也向伊斯坦布尔寻求支持。9月初，苏丹放弃了苏莱曼，让保守派的福阿德（Fuad）帕夏替代他，后者带着更多的土耳其部队前往瓦拉几亚，但是他们这次的任务却远非提供保护这么简单。9月13日，奥斯曼军队进攻布加勒斯特，临时政府召集了所有力量，甚至包括城市消防队来顽强守城，但依旧失败了。在激烈的战斗之后，自由派政府投降，土耳其人安排了一个保守派贵族担任新的执政王公。几天后，奥尔泰尼亚剩下的革命力量面对压倒性的力量差距，相继投降了。然而，沙皇依旧不相信苏丹能有效镇压革命。因此，9月15日，俄国军队涌入瓦拉几亚，横扫了奥斯曼军队，并进入布加勒斯特。政府已经彻底清洗，而特兰西瓦尼亚仍有一定的革命力量，所以俄国设立了警戒线，通往特兰西瓦尼亚的边界被彻底封锁。[124]

因此，当迪米特里耶·戈列斯库还在想着统一的罗马尼亚那美丽的版图时，民族命运成定局——至少在1848年是如此。然而，革命至少让统一大业看起来是有可能实现的，在革命的过程中，这种统一的观念令人惊叹地翻过喀尔巴阡山脉传到了特兰西瓦尼亚境内。6月初，奥地利讨论了如何动员南斯拉夫人，甚至是罗马尼亚人去反对匈牙利民族主义。军政大臣拉图尔提出了与罗马尼亚人结盟的可能性，这可能最终使奥地利帝国的势力范围扩大到黑海之畔，同时也制衡了中欧地区匈牙利的力量。然而现在，同僚们却认为政府还是太弱了，经不起这样的冒险。因此，当月晚些时候，他们拒绝了特兰西瓦尼亚罗马尼亚人的要求。不管怎样，随着各公国的革命走向失败，特兰西瓦尼亚的罗马尼亚人剩下的唯一现实希望就是与哈布斯堡王朝结盟，对抗匈牙利人。如此，除非匈牙利自己先妥协（如果匈牙利孤立无援的话，还是有可能的），否则罗马尼亚就可以因对奥地利的忠诚而在帝国中获得自治权。到了9月，奥地利政府感受到其对手渐渐强大，于是准备向罗马尼亚人提供军事支持以对抗匈牙利人，而匈牙利也清楚地知道，特兰西瓦尼亚地区正在酝酿着麻烦。

* * *

匈牙利在军事边境上也面临威胁，因为南部的斯拉夫人正在集结自己的军队。耶拉契奇依旧坚定不移，虽在6月10日他已被正式免除了军区总督的职务，但他毫不在意，依然决定向哈布斯堡王朝和民族同胞证明自己的价值。就在5天前，他身穿一件红色的大衣，手持一把弯刀，在克罗地亚议会会议开幕式上发言："匈牙利人的所作所为展现的并非兄弟之义……而是压迫者之恶，这种情况令人不悦。要让他们知道……我们手中的刀剑已经准备好了！"[125]同时，奥地利政府的"鹰派"继续支持他。此前拉图尔因为向克罗地亚输送武器还遭受过人们的谴责。6月24日，他得知匈牙利财政部部长科苏特断然拒绝向耶拉契奇提供资金后，他自己便给耶拉契奇输送资金，这让他轻松洗脱了之前的骂名。他说："如果我给了敌人哪怕一笔钱，我就活该被这个国家唾弃。"[126]弗朗茨·库尔默（Franz Kulmer）男爵是克罗地亚议会在哈布斯堡宫廷的代表，他秘密写信给耶拉契奇，向他保证："这里的每个人都站在你这边。6月10日的法令是无效的，因为各部大臣无一签字。"[127]

耶拉契奇决心为哈布斯堡的利益服务，然而这一行为的第一个受害者便是克罗地亚的自由主义者。7月9日，他让克罗地亚议会休会。月底，哈布斯堡的约翰大公试图通过调解来阻止匈牙利和克罗地亚之间爆发战争。包贾尼和耶拉契奇之间的会谈没有任何结果。而后者却充分利用这次机会在维也纳与帝国军队指挥官一起做了一些更加严密的部署。匈牙利政府十分精明，企图通过承诺进行土地改革来吸引克罗地亚边境居民，让他们离开耶拉契奇。于是，耶拉契奇提出他自己的改革方案，其中包括解散"扎德鲁加"（集体农场）和分割土地。耶拉契奇以此打败了匈牙利政府。他还为军队征集了更多的兵力，并在克罗地亚内部到奥斯曼帝国边界的区域内重新部署了兵力。匈牙利的妥协并不都是假的。自春天以来，包贾尼的部长们私下同意，他们应该努力工作，避免让耶拉契奇有任何借口与匈牙利彻底决裂。到8月底，科苏特甚至愿意让克罗地亚脱离，前提是，也是关键的一点，耶拉契奇和克罗地亚人"正在本着民族主义精神工作，而不是想着反抗……如果他们想要脱离的话，那就脱离好了，让他们自由，让他们快乐，但不要让两个民族为了一个外来的反动政权而遭受死伤与不幸"。[128]

然而，耶拉契奇之所以被选中，正是因为他是一个忠于哈布斯堡王朝的工具。据称，在与包贾尼的那次毫无成果的会面上，耶拉契奇说："你希望匈牙利成为一个自由而独立的匈牙利，但我向自己保证过要支持奥地利帝国的政治统一。如果你不同意的话，只有兵戎相见才能解决问题。"[129] 同时，他也在积聚自己的力量。拉德茨基在库斯托扎（Custozza）击败皮埃蒙特人后，把一些驻扎在意大利的克罗地亚部队放给了耶拉契奇，所以到9月初，后者麾下已有了5万备战中的军队。在维也纳，拉图尔命令给予施蒂里亚（Styria）的奥地利军事仓库额外的补给。与此同时，塞尔维亚人连连向耶拉契奇发出请求，希望他能够帮助塞尔维亚对抗匈牙利，他身上的压力越来越大，逼迫他采取攻势。耶拉契奇从来没有从皇帝那里收到任何明确的命令要求他这样做，维也纳宫廷在公开场合依旧试图阻止克罗地亚和匈牙利之间的战争。本来，皇帝的支持者想要耶拉契奇摧毁匈牙利的革命，但同时他们也担心如果他真的成功了，他手中的权势可能会太过强大。一些克罗地亚的历史学家认为，哈布斯堡王朝希望双方互相消耗，以便皇室恢复力量。[130] 最后，耶拉契奇不需要任何指示。当包贾尼和匈牙利司法部部长戴阿克·费伦茨（Deák Ferenc）仍然在维也纳试图阻止与奥地利的决裂时，帝国政府发布了正式宣言，申明皇帝反对匈牙利独立："匈牙利王国想要独立于奥地利帝国，这在政治上是不可行的。"[131] 9月4日，斐迪南一世正式恢复耶拉契奇之前的所有权力，这是对他充分的支持。9月11日，这个军区总督的军队终于渡过了德拉瓦河，匈牙利和克罗地亚正式开战。

耶拉契奇和维也纳政府正在进行复杂的调动部署，布达佩斯政府也正在狂热地组织匈牙利军队。此举的直接动机是镇压伏伊伏丁那的塞尔维亚起义。5月16日，包贾尼通过组建"常规"或"机动"国民卫队来应对起义，人员都从服役3年的志愿者中招募。这支新部队的优势在于，它完完全全处在匈牙利政府控制下，不像帝国皇家兵团那样接受维也纳的命令。新的机动国民卫队将从所有年龄在18—40岁间的男子中招募，没有财产的门槛，所以这不是一支用来保护财产的资产阶级军队，而是一支真正的人民军队，誓要"守卫祖国、国王和宪法"。他们的正式名称很快就被更受欢迎的词语 Honvéd 代替，意思是"国土捍卫者"。作为首相，包贾尼是这股新力量的总司令，这使他能够避开帝国的指挥体系直接领导军队。到8月中旬，政府已经为这支队伍招募了近万人。[132] 然而在这个夏天，许多匈牙利人还是产生了不祥的预感。裴多菲认为政府为应付威胁而做的准备工作太不充分了，于是写下了这样阴郁的诗句：

> 将旗子染成黑与红吧，
> 因为哀悼和鲜血
> 将是匈牙利的命运。[133]

站在政治图谱另一端的塞切尼对未来也有一个末日般的预感。7月18日，在他查看心爱的铁索桥的建造进度时，一条沉重的铁索断裂滑落，冲向了临时搭建的浮桥。没有人死亡，但塞切尼和数百名围观者中的很多人都跌入多瑙河中。这位伯爵拼命挣扎游到岸边，却又陷入黑色的绝望："我们迷失了，重新堕入了野蛮。毁灭我们的不是科苏特和他的同伙……而是一股更大的力量，是复仇女神。"[134]

V 库斯托扎战役

匈牙利自由派的宿敌当然也在积聚力量。铁索桥事故发生一周后，保守派再次取得胜利，这次是在意大利。拉德茨基元帅称自己胜券在握，6月，他终于说服了奥地利政府。这个老狐狸最近的言论十分尖锐，深深刺中了内阁的软肋：在6月21日给拉图尔的信中，他写道："我只希望……首相（皮勒斯多夫）在与我们这个时代的知识分子斗争时可以取得成功……就像我在与撒丁国王的战斗和冲突中取得的成功一样，尽管我们是少数派。"6天后，拉图尔下达了拉德茨基渴望已久的命令：在意大利发起一场决定性的战役，夺回奥地利的权力。[135] 预兆是好的。卡洛·阿尔贝托兵分两路，2.8万人在维罗纳前线，4.2万人围攻曼托瓦。拉德茨基现在有7.4万人的部队。他计划在皮埃蒙特人中打入一个楔子，将维罗纳城前的人赶回佩斯基耶拉。进攻从7月22日开始，第二天拉德茨基从正中间突破了皮埃蒙特人的防线，这条防线本用于守卫驻地以北的山顶上的几个村庄，人们就以这个地点为这个史诗般的战役命名：库斯托扎战役。7月24日的高温酷暑下，卡洛·阿尔贝托试图进行反击，国王一度看到意大利三色旗高高飘扬，但在第二天凌晨，拉德茨基动用了自己的全部力量，击垮了口干舌燥、筋疲力尽的意大利部队，把他们赶了回去。[136]

卡洛·阿尔贝托的部队撤回了米兰，后来人们才发现这只是皮埃蒙特人退出战争的开始。现在，米兰的政权已经从丧失信誉的君主派手中溜到共和派人手中，马志尼建议共和派人准备刨出土石、修筑街垒，在短时间内，尽可能收集所有可以收集到的金钱、弹药和补给，做好抵抗奥地利人的准备。食品和弹药很少，大部分能用的火炮都在皮亚琴察（Piacenza）。8月5日，卡洛·阿尔贝托向民众保证一定会开战，但事实上他已经在与拉德茨基进行谈判了。双方达成协定，皮埃蒙特人于8月6日撤出米兰，此后他们有一天时间完全从伦巴第撤退，并带走所有被革命"连累"的人。拉德茨基将于7日进城。8月5日夜至6日凌晨，这笔交易的消息泄露，愤怒的人们涌向卡洛·阿尔贝托所在的格雷皮宫（Greppi Palace）。部队已经开始撤离，国王在他们的护送下才得以脱身。[137]24小时后，凯旋的拉德茨基这样写道："米兰城是我们的，没有一个敌人还留在伦巴第的土地上。"[138]8月9日皮埃蒙特的萨拉斯科（Salasco）将军签署了停战协议。

拉德茨基一直不愿遵循政府早先的命令进行谈判，凭借这样的勇气和军事才华，他在意大利夺回了奥地利的权力。他还大大缓解了维也纳政府的压力，甚至为1848年哈布斯堡帝国的生存做出了巨大的贡献。对于意大利人来说，库斯托扎战役不仅是一场军事灾难，更是一颗政治上的重磅炸弹——人们对卡洛·阿尔贝托的信任，对君主派领导的意大利解放运动的信心都已土崩瓦解。共和派感觉他们的时机到了。人民群众广泛呼吁宪政，呼吁组建一个基于选举的全意大利宪法大会，希望能在掌权的君主之上建立一个统一国家。卡洛·卡塔内奥一直对皮埃蒙特人的动机持怀疑态度，现在他宣布（毫无疑问有点儿虚张声势的意思）："现在我们是自己的主人！"[139] 然而，考虑到巴黎比较安全，他仍然于8月8日逃离了米兰，并于16日到达巴黎。在那里，他撰写并出版了《1848年米兰起义》（*L'Insurrection de Milan en 1848*），旨在对抗卡洛·阿尔贝托的爪牙，他们正试图将这个夏季的灾难都算到共和派人身上。这本书一出版即大卖。[140]

与此同时，8月3日，马志尼手持火枪离开了米兰，加入了加里波第的志愿军。加里波第的志愿军此前因受到皮埃蒙特人的冷落，转而为伦巴第服务。他们那时身上穿的还不是那著名的红色衬衫，而是撤退的奥地利人留下的白色亚麻外套：一个目击者说他们看起来"像一队厨子"。[141] 库斯托扎战役的消息传来，加里波第准备回米兰保卫这座城市。在途中，他得知了停战的消息。"停战、投降、逃跑，这些消息像连击的闪电一般击中了我们，随后，恐惧和低落的情绪开始在人民和部队中蔓延。"[142] 他手下的一些人离开了，但残余的部队向北行进至科莫，加里波第希望在湖泊和山区间进行游击战。在"为了上帝与人民"的旗帜下，马志尼与他的追随者一同战斗。在科莫，他与加里波第分离，进入了瑞士，希望能指挥抵抗运动。卡塔内奥同意后，他在卢加诺（Lugano）创建了一个意大利国民委员会，宣布："王室的战争结束了，人民的战争开始了。"[143]

讽刺的是，马志尼和坚持战斗的加里波第还是发生了争吵。加里波第后来解释说："我曾犯了一个错误，马志尼从来没有原谅过我，我当时建议他说，在军队和志愿军还在与奥地利人作战的时候，不能拿建立共和国的愿景来赢取并保持年轻人对我们的支持。"[144] 意大利最终在 1860 年实现统一,这在很大程度上要归功于加里波第,为了统一大业,他对自己秉承的共和原则做出了妥协。这两人虽将成为意大利统一的伟大标志性人物,但在战术上还是会争吵不休。尽管存在分歧,加里波第还是接受了马志尼的命令,前往田园牧歌般的马焦雷湖(Maggiore)。在那里,他和士兵们征用了两艘轮船,湖边别墅的阳台上,妇女和孩子们挥舞着三色旗欢迎他们。他们击退了奥地利的进攻,并占领了卢伊诺(Luino)。[145] 马志尼本来希望一次小规模抵抗能在伦巴第山区激发更大规模的起义,但加里波第根据自己在南美洲游击队的经验,对情况进行了完全不同的解读。他写道:"这是第一次,我看到民族事业对当地农村居民的影响是多么的微小。"加里波第的小队穿过崎岖山路,趁夜翻越高山进入瑞士。行进中,队员一个个离开,当他们穿过边境时,夺取卢伊诺时的 800 人只剩下了 30 人。[146]

在意大利的其他地方,共和派的进展要好得多。之前,温和自由派政府将自己的命运交给了君主派的战争,因此,他们现在不得不承受巨大的压力。在皮埃蒙特,政府在公众对停战的强烈抗议中倒台。这届政府是 7 月初由所谓的"北意大利王国"人民选举出来的,由前米兰市长卡萨蒂领导。从第一次在库斯托扎失利到 1849 年在诺瓦拉(Novara)遭遇最终失败的这段时间里,皮埃蒙特至少出现过 6 届政府。这些继任政府都发出过批判的声音,要求重燃战火,这得到了大约 2.5 万名伦巴第难民的支持。到了秋天,战争的狂热几乎变得无法抑制,特别是在热那亚热闹的港口,民主派威胁要发动一场新的革命。为了缓解压力,政府在 10 月又征兵 5 万人。

＊＊＊

在一片奥地利势力的海洋中，威尼斯势单力薄。就像美国领事埃德蒙·弗拉格（Edmund Flagg）所说：库斯托扎战役失利和停战的消息"对威尼斯而言无疑是晴天霹雳"。[147] 威尼斯人关于"统一"问题的投票现在看来就是多余的，而达尼埃莱·马宁在危机中脱颖而出，声名远播。7月5日，君主派临时政府成立，这位戴着眼镜的小个子共和派人拒绝成为其中的一员，他说："我现在是共和派人，将来也是。在一个君主制国家里，我什么都不是。"[148] 马宁仿佛是要表示自己的坚决，他穿上了自己的公民卫队制服，并且以二等兵的身份执行哨兵职务，以一个简单的公民身份为他的城市尽力。君主派的"七月政府"不得不停下工作，因为由弗朗茨·冯·维登（Franz von Welden）元帅指挥的奥地利军队已经完全把这个城市与大陆隔离开来。他的部队大约有9 000人，他们将城市围了起来，像是一条警戒线。然而，这些部队中有许多人正在因疟疾而发抖。并没有一个行之有效的方法来击垮这个城市：城里的堡垒不少于54个，其中只有3个在大陆上。总计2.2万多人（其中1.2万人是从全意大利聚集而来的志愿兵和正规部队战士）的威尼斯军队指挥权已于6月15日交给了佩帕将军，这位将军此前已带着他那不勒斯兵团的残余部队从齐戈加（Chiogga）乘轮船到达了威尼斯。[149]

人民对君主派的敌意显而易见：不只是威尼斯，大陆各省都就"统一"问题进行了投票。随着库斯托扎战役的消息传来，威尼斯的愤怒沸腾了。8月3日，大约有150人受到马志尼思想的鼓动，聚集在百家赌场（Casino dei Cento），建立了意大利俱乐部，表面上是为了讨论当时的问题，实际上却形成了另一个共和主义的权力中心。皮埃蒙特委员会的委员们受派遣前往威尼斯，以卡洛·阿尔贝托的名义接管政权。4天后他们抵达时，迎接他们的却是一片敌意。8月10日，包括马宁和托马赛奥在内的主要共和派人员签署抗议书，要求召开威尼斯议会。政府试图援引奥地利的旧法规压制出版界和意大利俱乐部发出的批评声，但这个失策的举措却让政府自身失了民心。第二天，它就屈服了，同意成立一个由威尼斯议会选出的防御委员会。皮埃蒙特的特派员们都辞职了，但在圣马可广场上，一大群威尼斯人仍在要求政府把他们交出来，叫嚣着要打死他们。[150]

在这个危险的时刻，达尼埃莱·马宁正忙着在书店里看书。这件乐事被打断了，因为他受到传唤要与政府官员及皮埃蒙特委员们会面。他在广场边的阳台上一露面，下面的动荡就平息下来。马宁向人们保证，威尼斯议会将在8月13日召开第一次会议，同时他将掌权。他呼吁所有的威尼斯人一同捍卫自己的城市。刚才还想杀人的人群一下就爆发出狂喜的欢呼声："马宁万岁！前去堡垒！"城市的情绪从愤怒和困惑一下就变成了充满希望，一个领头的共和主义者的儿子后来回忆说："带着拯救故土的信心，我们坚守阵地——直至看到黎明的曙光照射到铁路桥上，照射到千疮百孔的舰队军舰上。"马宁成功地处理了这次政变，不仅仅是对抗君主派，他还抢先了马志尼主义者一步，这些人也一直虎视眈眈想夺权。马宁一直担心暴民统治的危险。对他来说，马志尼的革命思想似乎造成了巨大威胁，他的任务之一就是要防止这种"无政府状态"。在他看来，除非威尼斯的领导人把法律和秩序放在首位，否则这座城市很容易就会陷入巴黎 6 月时的那种血腥混乱。[151]

然而,更迫切的问题是与奥地利的战争,威尼斯现在实际上是孤立无援的。在 8 月 13 日的会议上,马宁同意与两名军事指挥官分享权力,一位是陆军上校乔瓦尼·卡维达利斯(Giovanni Cavedalis),另一位是海军上将莱昂内·格拉齐亚尼(Leone Graziani)。为了最大可能地保证团结,马宁甚至宣布威尼斯不会再成为共和国。他说,"从方方面面看",政府都只是临时的。这又抽了马志尼等人一记耳光。他们在威尼斯志愿军和部队之外获得了很多支持,本可以对这个新的三巨头构成相当大的挑战。但是马宁在更广泛的人民群众中声望还是更高,他得到了总指挥佩帕的支持。所以直到秋天之前马宁都一直成功地抵抗着意大利俱乐部(和马志尼本人)的压力,后者一直想把威尼斯变成意大利共和主义的坚硬核心,从而促使意大利其他地区发动革命。[152]

* * *

在托斯卡纳,人们对库斯托扎战役的反应可能比威尼斯更为强烈。科西莫·里多尔菲政府是一个保守派和温和派的联盟,长期以来对这场战争持不温不火的支持态度,因此受到贝蒂诺·里卡索利领导的中左翼自由主义反对派的谴责。当这场战争的消息引发暴乱时,里多尔菲的内阁也宣布辞职。佛罗伦萨四处都是失业者、逃兵,以及意志消沉但仍热衷战斗的士兵与志愿军,而激进派政治团体尖锐地要求发动一场马志尼所谓的"人民战争"。最后,温和自由派的吉诺·卡波尼(Gino Capponi)拿到了看似风光的权力,成了首相。他承诺如果奥地利和皮埃蒙特之间的停战协定破裂,他将不会辜负托斯卡纳为战争所做的努力。而真正戏剧性的事件发生在里窝那,这个地方总是会刺痛佛罗伦萨人的优越感,尤其是这里的码头,在经济低迷时挤满了失业工人。里窝那的民主精神是由加瓦齐神父唤醒的,他是口吐烈焰的修士,带来了圣战的战火,他无视政府施加的禁令,在港口登岸。8月23日,他被捕时,里窝那人民发动了起义,拆毁了铁路线,占领了兵工厂。里窝那威胁要建立一个事实上独立的城邦,卡波尼在绝望中派出了受人爱戴的激进主义者弗朗切斯科·圭拉齐(Francesco Guerrazzi),试图平息里窝那沸腾的民意。当年1月,圭拉齐因在佛罗伦萨发动起义而被捕,但现在他担心社会将陷入动乱。他必须充分发挥他道德权威的力量——并且动用一些武力——来阻止激进派成立共和国。尽管他的工作恢复了某种表面上的秩序,但卡波尼却不喜欢他,并且用狂热支持宪政的民主派人士朱塞佩·蒙塔内利教授代替了他,后者曾经在库尔塔托的一次战斗中成为受人敬仰的英雄。然而即便是他,在如何掌控这个城市的问题上也是焦头烂额。最终,为防止发生更多暴力事件,大公唯一的选择就是屈服于民主人士,并任命一个激进派的政府。10月,他选择了蒙塔内利,但蒙塔内利却说如果没有圭拉齐,自己也不愿效力,于是这两个激进派最终一起掌权执政。[153]

* * *

在罗马,马米亚尼首相试图让教皇担任宪政君主的角色,但担任这一职位对庇护九世而言困难重重。6月5日,新选举的议会首次召开会议,马米亚尼咽下了自己的激进自由主义思想,表达了对意大利民族事业的支持,但他坚持认为,统一必须采取意大利联盟的形式,教皇要承担调解人的角色。因为此事,他受到了由彼得罗·斯泰尔比尼(Pietro Sterbini)医生和波拿巴家族的卡尼诺(Canino)亲王领导的议会激进少数派的抨击。在议会外,"小胖子"能够联合起特韦雷河岸(Trastevere)的工人阶级,以及周围诸多拥挤的贫穷地区的人民。7月,奥地利人在意大利北部发动反攻,冲入罗马教皇国,并于7月14日短暂地重新占领了费拉拉。激进派们通过政治社团来动员罗马人,他们听从卡尼诺的领导,要求政府宣布进入紧急状态及战争状态。马米亚尼拒绝让步,但是人群闯入了议会下议院,吼叫着要获得武器来捍卫这个城市,很显然,政府已经难以控制民主派了。库斯托扎事件导致了一场政变,马米亚尼于8月3日辞职。教皇想要指派才华出众而又精明的佩赖格里诺·罗西继任,但大多数人都因为他是自由派中的温和派而表示反对,所以教皇不得不勉强应付着,代理了6个星期的首相职位。与此同时,意大利志愿军决心前往威尼斯守卫城池。为了阻击他们,奥地利军队试图占领博洛尼亚。白衣军于8月8日抵达该城的大门,但公民们坚决抵抗。城市贫民、学生、店主、工匠和资产阶级在野战炮的轰击下依旧坚守,还阻击了一伙试图进入城市的人。不到3个小时,奥地利撤军了,他们拿这座充满革命浪潮和爱国狂热的城市没有丝毫办法。[154]

***

5月15日，在意大利南部那不勒斯王国，斐迪南二世用火炮、步枪和刺刀重展王室权威，新生自由主义秩序就这样被慢慢地扼杀在摇篮里。然而，只要皮埃蒙特在北方继续挑战奥地利，那不勒斯反动派就感到没有足够的力量来收紧这颗螺丝钉——只要自由主义事业有一丝可能通过武力取得胜利，意大利就没人敢于背叛宪政。此外，西西里岛还在争取独立，而大陆大部分农村地区都在公然反抗政府，比如先后爆发的阿布鲁佐（Abruzzo）起义和卡拉布里亚（Calabria）大起义。对斐迪南二世而言，要撕毁他曾在1月给臣民许下的承诺，时机尚未成熟。所以，那不勒斯目前没有严格的审查制度，并且在6月15日举行的新的选举（尽管有选举权的人比以前更少）又选出了一个具有强烈自由主义色彩的议会。但是，旧秩序开始在重要的地方重申它的权威。耶稣会士返回王国，旧王室警察重新出现在街头，公开集会被禁止。政治潮流开始慢慢回归斐迪南二世偏爱的轨道，而激进派却没能把农民起义往政治方向上引导。一支约由600名西西里人组成的军队前往卡拉布里亚支持起义，却不愿意与农民有太多关系。7月底，国王派出一支8000人的军队前往镇压，起义就此平息。无论如何，许多起义者都非常乐意把他们的镰刀用在本该用的地方，因为还有丰收的庄稼需要收割。虽然下议院仍然由自由派主导，但议会并不掌握武装力量。上议院成员大多是保守派，国王的首相博泽利（Bozzelli）故意一再不参加议会辩论。

库斯托扎的消息一经传来，国王便知道重新掌握全部权力的时间快要到了。他主要关切的是要把西西里岛掌控在手中。3月初，当巴黎二月革命的消息传来，岛上领导起义的自由主义者就要求恢复1812年宪法，并因此处于政治的风口浪尖上。西西里议会于3月25日举行第一次会议，然后提出了进一步的要求，主张制定宪法，借此让西西里获得事实上的独立，这样它与那不勒斯唯一的联系就只是有着共同的王室——波旁王室而已。那不勒斯政府驳回了西西里的要求。4月13日，巴勒莫召开议会会议，议员主要由律师、知识分子和自由派贵族构成，议会宣布废除君主制："西西里并不要求建立新的制度。只是想恢复几个世纪以来一直都属于它的权利。"[155]西西里在这几个月里一直是一个独立的国家，它甚至没有用意大利的三色旗作为旗帜，而是采用了象征着西西里的三曲腿标志。面对这样的分裂主义，愤怒的那不勒斯人指责西西里是想对统一的意大利发动"内战"。尽管确实有像弗朗切斯科·克里斯皮（Francesco Crispi）这样激进的共和派少数派，但大多数西西里革命者都主张君主立宪。议会投票选举了备受尊敬的自由派老将鲁杰罗·塞蒂莫担任总统，直到选出新的王朝。

西西里除了立法机构薄弱外，还陷入了社会混乱。警察不停地遭到"组织"的谋杀，他们现在不但控制了大片农村，而且在巴勒莫内部也产生了影响力。随着波旁王朝的溃败，他们夺取了自己所在村庄的控制权，让"他们的"人进入了巴勒莫，享受着市民对他们的畏惧和恐慌。公民们可能会遭到"组织"的绑架或威胁，直到掏钱才被释放。为了捍卫西西里公民的财产和生命安全，政府成立了国民卫队。4月，这支由富裕阶级精英组成的军队开始与"组织"交战。"组织"中有一支队伍，由穿长裤、持手枪的泰斯塔·迪拉纳（Testa Di Lana）带领，这个强大到令人生畏的女人原来只是一个牧羊人，现在却能杀死警察。

在这样的混乱中，政府无力召集一支足够强大的军队来抵抗那不勒斯的反击，保卫西西里岛。到9月，这座岛能依靠的部队人数只有6 000，其中包括两个营的正规军，其余的则是匆匆训练就上战场的国民卫队。此外，岛上还有市井坊间心狠手辣的街头混混，以及难以捉摸但毫无疑问非常暴力的"组织"。西西里政府根本不是那不勒斯正规军的对手。8月，斐迪南二世在卡拉布里亚海岸集结了1万人的远征军，准备穿越墨西拿海峡（Strait of Messina）。为了在征服西西里岛时不再受政治干涉，他还关闭了那不勒斯议会。9月5日，警察唆使流浪汉攻击防守立法机关的激进派工匠。国民卫队人数大幅减少，自由派官员和法官都被驱散或殴打。至此，夺回西西里岛的战役已经开始。远征军来到墨西拿城堡支援王室驻军，这里是革命开始以来那不勒斯人所坚守的一座桥头堡。9月1—6日，堡垒的炮火无情地轰击着，之后部队向前进发，而对面则是准备仓促的国民卫队和城镇居民。王室军队极为冷酷，他们以烧毁街道的方式夺回墨西拿的街道。战斗结束后，2/3的城市都成了烧焦闷燃的废墟。从此斐迪南二世在西西里人中有了新的绰号："炮弹"。9月，受惊的英国和法国从中斡旋，促成了为期6个月的停战，战斗得以平息下来，但那不勒斯人对西西里岛的征服、王室的复仇，都已经开始了。[156]

* * *

1847年，德意志作家奥古斯特·冯·哈克斯特豪森（August

von Haxthausen)清楚地告诫读者可能会遇到的灾难：

> 赤贫和无产阶级是从现代国家的有机体中产生的化脓性溃疡。能治好吗？共产主义医生的提议是彻底摧毁并消灭现存的有机体……有一件事是肯定的，如果这些人获得了权力进行相关活动的话，发生的就不是政治革命，而是社会革命，一场反对所有有产者的战争，一种彻底的无政府状态。[157]

哈克斯特豪森是保守派人士，他（会带着一些同情）写一些关于俄国的事情。不过他表达出了更广泛的欧洲舆论中的深层恐惧。在他们看来，19世纪贫穷这个"社会问题"及痛苦的经济转型，给社会带来了危险。在1848年前几个月的政治胜利之后，自由派人士也感受到了这种恐惧，他们担心，激进主义者会设法利用这种普遍的痛苦，在自由主义秩序诞生的那一刻就将其杀死，发动第二次革命——社会革命。

温和派的担心是正确的。城市工人的贫困是1848年自由政权最终崩溃的最重要原因之一。工人的要求并不总是革命的，而是社会的。在任何一个国家，他们都不是占大多数的人口，但是他们以城市为根基，可以直接威胁新秩序的中央机构。自由主义者满足于宪政自由和组建中的政府，他们愿意赋予工人一些公民权利和政治权利，并且组织一些可以缓解当前经济困境的公共工程，但也仅此而已。长远来说，他们希望经济复苏，希望找到新的贸易伙伴，进行新的贸易探索，并且希望能借此熄灭劳工的革命精神。但在1848—1849年间，经济复苏的迹象并不明显（这些年政治上的动荡无疑是导致这个问题的原因),而自由派政府为消除贫困所采取的措施只不过是一种权宜之计,完全不能掩盖社会上存在的这种令人绝望的深重灾难。所以,即使工人们的要求是温和的,或者是出于社会贫困而非出于政治上的激进,激进派仍然常常能够利用他们的不满情绪,将他们引向自己的政治目标。与此同时,保守派则很容易看到工人阶级示威活动中的可怕力量,如他们在巴黎的六月起义、维也纳的八月起义和法兰克福的九月起义中表现的那样。保守派指责工人的行为意在摧毁社会秩序,甚至摧毁文明本身。现在,大多数自由主义者和中产阶级都十分震惊,所以如果能确保恢复社会秩序,他们甘愿牺牲一些来之不易的政治自由。在这种情况下,自由派与权威力量渐渐相互配合,工人则日益与激进派联系在一起,1848年革命的政治力量出现了致命的两极分化。然而对自由主义秩序而言,更危险的是社会分层或多或少地与种族差异结合在一起。这种致命的组合有效地煽动了中欧和东欧的农民,1848年农村人口给予了反革命势力相当大的支持。

第五章

反革命之秋

1848年6月，一位年轻的普鲁士贵族来到无忧宫朝见腓特烈·威廉四世。这位容克地主当年33岁，他尝试说服国王，镇压革命仅仅是一场维持保守秩序的"自卫战争"，但"我无法让国王相信，他丝毫不必担忧自己的权力会有所削弱"，也没能说服他抵抗普鲁士议会的"篡权"之举。[1] 这位贵族就是奥托·冯·俾斯麦，虽然目前还只是个小人物，但正如我们所知，他将会成为德意志历史上最杰出的——虽然是马基雅维利式的——政治家。事实上，俾斯麦也哀叹绝对主义的崩溃："过去的辉煌已经被埋葬……人力无法改变，现在君主本人也要为绝对主义的棺木添一抔土。"[2] 不过，这位容克地主很快重拾信心。革命之前，宫廷中的保守派已经注意到了他。在1847年的联合省议会中，俾斯麦的演讲充分表明了他是国王的忠实支持者。国王面前的红人、保守派利奥波德·冯·格拉赫注意到了他。1848年夏天，国王还不愿听取俾斯麦的意见，但到秋天时，形势已然大变，国王做好了打击革命派的准备。

全欧洲的保守派慢慢放松了神经，也在政治上夺回了主动权。这是有原因的。首先，夏季发生的一系列事件撼动了自由派的核心力量。社会革命和工人阶级动乱一触即发，对社会分裂的担忧让保守派日益壮大。可能在未来的动乱中蒙受损失的人都逐渐远离了政治中心，转而支持法律与秩序。在竭力维护社会稳定时，自由派虽然很不情愿，但却越来越意识到他们不得不与宿敌——保守派合作。经济和社会危机还在持续，保守派和激进派都想巩固自身的地位，革命因此分裂。自由派渐渐倒向保守派，并从后者那里获取他们曾经反对的镇压手段。正是这种左右翼的两极分化使保守派最终获胜，因为他们不仅力量强大，还逐步赢回了人民的支持，这都是自由派不具备的优势。

许多旧国家机构在1848年革命中毫发无伤。在欧洲大部分地区，革命者都建立了君主立宪制和法律体系，虽然各部大臣现在要向立法机构负责，但仍需得到君主任命。这一现象在奥地利最为突出，帝国的核心架构并未改变，君主、宫廷、大臣会议、帝国中的官僚制度和军队都得以保留。[3]这意味着，除非像在法国和奥地利的北意大利辖省一样，旧政权被完全推翻，否则人员不会有很大变动，大多数人还是更愿意追随君主，而不是那些刚崛起的自由派，因为不这样的话，君主就会罢免他们，转而任命自己的支持者。哈布斯堡帝国各地区的长官，比如加利西亚的施塔迪翁和波希米亚的图恩，仍是当地有权有势的人物，有能力利用废除农奴制等改革措施为皇帝争取人民的支持。在克罗地亚，虽然名义上人们受匈牙利政府的统治，但军区总督耶拉契奇命令他治下人民服从皇帝而非匈牙利政府。因此，自由派无法确定他们手下的行政人员和立法人员到底效忠于谁。甚至在法国也是如此，临时政府将委员派往各省，试图用共和派取代支持（或暗中支持）君主制的地方长官，并解散城镇议会。但这种针对地方机构的清洗并不像共和派想象的那么彻底。当然，在地方激进主义根深蒂固的东南地区，几乎所有当权人物都被撤换了，甚至最小村庄的村长也没能幸免。但在其他地区，那些现有的行政长官只要发誓效忠共和国，就会继续留在自己的职位上。这些人便是所谓的"明日共和主义者"——务实地转为共和主义者，却常常露出君主派的尾巴。[4] 匈牙利、意大利和德意志的情况类似，官员们选择展示民族的标志旗帜而非王朝的旗帜，以此宣告他们对新秩序（可疑）的忠诚。[5]

　　控制武装力量当然至关重要。法国军队向来为法国这一"国家"服务，尽管政治制度在民主制、君主制和专制间不断摇摆，但国家作为一个实体稳定存在，并且在革命与反革命的变迁中保持着连贯性。然而，最终当上法兰西第二共和国总统的竟然是路易-拿破仑·波拿巴，法国军队也变成了专制统治的工具。在其他地区，王室牢牢掌控着军队。教皇庇护九世和那不勒斯的斐迪南二世都有权命令自己的军队，让他们从与奥地利的冲突中抽身。后者还成功利用军队镇压了那不勒斯革命和西西里独立运动。在奥地利帝国，由于保守派大臣们仍听命于皇帝，拉德茨基、温迪施格雷茨和耶拉契奇都有兵权，并能以皇帝的名义调动军队。在德意志，军队由一个个小公国的政府掌控，其实也就是受各邦君主掌控。当德意志自由派为巴登共和运动的失败、波兰波兹南民族运动的失败，以及石勒苏益格-荷尔斯泰因的丹麦民族运动被镇压而鼓掌叫好时，他们其实是在玩火自焚。军权不仅掌握在旧政权统治者手中，还被用来满足旧德意志邦联的需求。这说明，首先，实权还是掌握在各个邦国，尤其是强大的普鲁士手中。其次，德意志邦国尽管是梅特涅留下的保守遗产，遭自由派厌恶，这一组织仍然相当有活力。正因为军队仍能为腓特烈·威廉四世所用，俾斯麦才会告诉他，他比自己想象的更有实力。"我是对的，"俾斯麦事后回忆道，"一道道不假思索而立刻被执行的军令证明了我的观点。"[6] 匈牙利是个例外，因为其自由派领袖来自有产政治贵族，所以自由派能掌握从国家到县各个级别的政治机关，以及大部分（虽然不是全部）马扎尔人率领的军队。

在其他地方，革命不过是在保守派势力的表面抓挠了几下。一旦重拾自信，保守派就开始使用一些自由派敌人的招数进行反击，如利用报纸和消息网来动员和传播政治观念。那个夏天，保守派的报纸和政治组织因第一次反革命的成功而迅速发展。奥地利出现了新的报刊，包括为天主教会辩护的《维也纳教会报》(*Wiener Kirchenzeitung*)，以及极尽低俗之能，攻击和污蔑革命的《苦难》(*Geissel*)。9月中旬，《苦难》的编辑、为人极为刻薄的J. F. 伯林格（J. F. Böhringer），因在编辑部办公室窗口挥舞帝国和黑金旗帜而被愤怒的维也纳暴民围攻，最终被国民卫队救了出来，这算是极其讽刺的一幕了。奥地利保守派终于组建了自己的政治团体——宪政俱乐部（Constitutional Club）。看这名字就知道，宪政俱乐部不打算让奥地利重回梅特涅的绝对主义时代，而是要捍卫自由与议会秩序，打击"一切共和主义的大胆侵犯"，它将共和主义看作"对祖国和宪政自由的背叛"。[7] 实际上，在维也纳除天主教会以外，只有这个组织能够团结所有恐惧激进派及其影响的人。于是很多不怎么关心宪政，而是关心国家的法律与秩序的人，都被宪政俱乐部吸引了。没多久，这一组织就吸纳了2.2万—3万名成员。许布纳伯爵认为，宪政俱乐部的成功"是个好兆头"。[8]

在动员群众的过程中，保守派还有一个有力的道德武器——宗教。在欧洲一些地区，真正让民众忠于旧秩序的是宗教。那时也有一些著名的激进派宗教人士，他们又叫"红"教士，比如意大利的加瓦齐神父和法国著名知识分子阿贝·费利西泰·罗贝尔·德·拉梅内（Abbé Félicité Robert de Lamennais）。拉梅内对民主社会主义的信仰直接源于其宗教信仰，他的畅销书《教徒之言》（*Paroles d'un croyant*）将耶稣刻画为穷人的朋友，他也相信上帝通过"人民"发声，人民的声音便是上帝的声音。1832年，他创办的报纸《未来报》（*L'Avenir*）遭教皇禁止。1848年，他被选入议会，与左翼站在一起，他也是议会中少数愿为6月的事件辩护的人。托克维尔曾与拉梅内一同起草第二共和国宪法，他注意到，拉梅内的绿色教士袍下似乎还穿着黄色马甲，但他的举止依旧十分谦虚，甚至有些窘迫，好像刚刚离开教堂的圣器室似的。[9]

然而，宗教的道德力量似乎更常站在保守派那边。在新教的普鲁士，路德教派牧师在组建保守派组织"国王与祖国"中发挥了领导作用。奥地利的蒂罗尔、那不勒斯王国的阿布鲁奇（Abruzzi）和法国的布列塔尼等地区都是天主教和保守势力的据点。[10]6月，在布列塔尼的雷恩，不知是谁锯倒了4月栽下的"自由之树"，树桩上贴了一张字条："臭名昭著的共和制就此终结！"当局宣称，这一难以置信的事件是6月初的补缺选举促成的，当时教士曾公开支持保王派候选人。[11]在一些国家，新兴组织的宣传和布道坛上教士的宣讲一样能激发人们的宗教虔诚。早在1848年3月，德意志就成立了第一个"庇护会"（Pius Associations），该团体以教皇的名字命名，目的是保护天主教会不受自由派世俗主义的破坏。10月底，整个德意志地区已经出现了400个类似的组织，成员多达10万。这些组织向议会施压，确保耶稣会会士仍能在德意志境内活动（当时所有思想自由的人都认为耶稣会会士是怪人），同时教会仍有权监督公立学校的宗教教育。[12] 宗教引导农民找回扎根于内心的忠诚，也保护了传统秩序（其实农民从未完全抛弃过传统）。广大农民的沉寂正是保守派手中的王牌。

I 废除农奴制

欧洲农民在1848年前3个月的革命中发挥了重要作用。农民起义加速了旧秩序的崩溃。在东欧，旧秩序主要指农奴制；在西欧则指税收制度、低薪、繁重的债务、地主残余的特权和对森林及草地的控制权。各党派成员都开始创办针对农民的报纸，这在很多地方前所未有。匈牙利激进派坦契奇·米哈伊（Táncsics Mihály）先后做过农民和裁缝，后来当了教师，他创办的《工人报》（Worker's Newspaper）从3月底开始发行。坦契奇所指的工人，不是城市中的学徒工，而是农村的劳动者。他号召实行男性普选，要求废除匈牙利自由派没能废除的封建残余。这些在集市日免费发放给农民的报纸使坦契奇成了少数当选匈牙利新议会议员的激进派成员。[13] 在其他地区，由于这次革命，农民第一次见到了投票箱。他们不一定明白现代政治的复杂概念。比如，捷克农民认为"立宪制"仅仅是指不用为庄园主提供义务劳动。自由派报刊抱怨捷克农民不懂"民主""反动""专制"和"等级制度"等政治术语。像"国家主权"这种本身含义模糊的术语,他们不明白也在情理之中,但他们不太可能连"贵族"是什么意思都不知道。[14] 无论如何,中欧大部分地区的农民第一次有了投票权,有些还被选为代表。7月22日,奥地利议会首次召开会议,会上有383名代表,其中92名是农民。5月31日的摩拉维亚议会声称,其247名代表中有97名农民,这可以称得上是"农民议会"了。

可见,1848年革命并不局限于城市地区,也前所未有地激发了许多农民对政治的兴趣。但是其发展的程度则由农民获得的利益决定。一旦农民的利益得以实现,他们就会回归中立,不再参与斗争。如果(像在法国)革命的激进化让有产农民感到不安,或者(像在匈牙利及意大利的大部分地区)自由派政权没有完全达到农民的期待,农民很容易转而支持新秩序的敌人。农民偶尔会变得很激进,但大部分时候都很保守。自由派要么本身就是地主,要么坚定地维护财产权,所以他们不会支持那些能满足农民要求的激进措施。比如,农奴制废除后,地主会收到补偿金,补偿金的一部分需要由农民自己承担,许多农民因此背上了几十年的债务。自由派政权显然没有兑现他们当初的承诺,这引起了农民的愤怒。尤其在春天的几场混乱过后,农民被严重的经济危机和革命带来的动乱所困扰,这种情况下,他们很容易重拾驯服的传统,更重要的是,从对地主的顺从和对君主的臣服中寻找安全感。那些实施普选或大部分男性都有投票权的地区,保守的农民成为自由派的障碍。不管在哪里,农民的保守性都是反革命的支柱,或者说是基石。

乡村革命在中欧和东欧的反响最为剧烈。因为在国家和地主的压迫下,农民要担负沉重的职责,包括农奴制。而在西欧,农民致力于清除传统领主制（有时候也叫封建制）的残余，到18世纪，领主制已经，或者说几乎已经被废除了。1848年，对扎克雷起义（Jacquerie）*的恐惧加快了中欧和东欧废除农奴制的进程。这类农民起义针对的是领主、政府官员和其他农民憎恨的群体，而其中的农民通常不受控制，行为难以预测。1846年，乌克兰农民屠杀了加利西亚的波兰贵族，有此先例，欧洲领主害怕自己的农奴和佃户将来也可能起义。到1848年春天，几乎所有中欧和东欧的农民都拒绝履行义务或缴纳地租，而政府的软弱又使地主无法依靠政府强制农民履行义务，甚至不能保护自己的生命和财产不受农民暴力的损害。最终，恢复秩序的唯一办法就是满足叛乱农民的要求，废除农民对领主的义务，并在依旧实施农奴制的地方废除农奴制。废除农奴制，意味着领主将失去免费劳动力，做出物质上的牺牲。此外，由于农奴对自己耕作的土地并没有所有权，给他们自由却不给他们土地，会让他们陷入贫困、不安，也可能引发叛乱。另一方面，给获得自由的农民土地，意味着从领主手中夺取土地，而领主会（根据自由派自己秉持的准则）声称这破坏了财产权。最终，人们同意，在解放农奴的过程中，领主可以因为失去农民劳动力及土地而获得赔偿。几乎不可能找到一个让各方都满意的解决方法。

4月11日，奥地利政府颁布声明，承诺自1849年1月1日起，所有农民不必再被迫为领主劳动或上缴劳动产品。实际上，维也纳早就在形式更紧张的地区开始了解放农奴的进程。3月，在波希米亚，捷克乡村地区农民对领主的强烈不满喷涌而出，农民谋杀

---

* 即农民暴乱，扎克雷起义是1358年发生于法国的一次农民起义，Jacquerie源自Jacques，是贵族对农民的蔑称。——编者注

领主，推行"人民正义"。布拉格的国民委员会里，来自超过 1 200 个村庄的 580 多份农民请愿书堆积如山，直到 6 月反革命活动到来前，请愿书还在不断涌来。惊慌的贵族要求政府立刻解决农村的危机。1848 年 3 月 28 日，波希米亚废除了令农民恨之入骨的强制劳役，从 1849 年 3 月 31 日开始实施。毫无疑问，摩拉维亚的"农民议会"就没那么有耐心了，他们废除强制劳役和封建地租的法案自 1848 年 7 月 1 日就开始生效。[15] 在奥地利，农奴制问题于 7 月 24 日被提交帝国议会裁决。年轻的西里西亚代表汉斯·库德里希（Hans Kudlich）是农民的后代，他向议会提出要废除"所有从属关系及其附带的权利和义务"。[16] 给农民自由不是问题，补偿金才是这个夏天纷争不断的缘由，革命力量出现了分裂。激进派强烈反对支付补偿金，而政府成员多是自由派和保守派，坚持认为补偿金是必要的。农民代表当然坚决反对补偿金，一位加利西亚的农民代表称，在他们那儿，农民在离贵族家 300 步远的地方就要脱帽以示尊敬，而地主嫌农民又脏又臭，不愿在家中接待他们。"受到如此不公的对待，我们现在还得给他们补偿金？"[17] 9 月 7 日，政府颁布法令，用折中的方式解决了这个问题：规定只对财产权受损的情况给予补偿，而对人身奴役的部分不予补偿。详细规定直到 1853 年才出台，政府和农民须各付 1/3 的补偿金，剩下的 1/3 作为税收从总补偿金中扣除，理由是政府日后将代替地主管理农民、负责司法和维护治安。

短期来看，这些规定使地主损失了大笔收入。他们现在必须给在土地上劳作的人付工资，还要自己花钱买马买牛，用来耕地和运输，而在过去的强制劳役下，马和牛都是用农民自己的。农民不再受土地的束缚，但地主收到的补偿金却比市价低了很多。脾气暴躁的温迪施格雷茨元帅对法令极其不满："最大胆的共产主义者也不敢效仿奥地利政府的做法。"[18] 虽然这种说法有些夸张，但却触到了政府更深层的动机，废除农奴制不仅是因为害怕乡村发生动乱。欧洲的局势早就说明，能获得农民支持的一方，更有可能在1848年革命中获胜。所以，加利西亚于4月22日突然废除农奴制，比奥地利其他地区早了好几个月。总督弗朗茨·施塔迪翁宣布立刻废除，是为了防止波兰民族主义者先解放农奴。R. 约翰·拉特（R. John Rath）认为，解放农民是"政府在革命期间做出的最明智的决定"。[19] 皇帝大可陶醉在农民的感激中，把自己看作满足农民最迫切需求的功臣。4月11日和9月7日颁布的废奴法案都将皇帝的名字写在顶端，于是，3月的乡村骚乱后，大多数农民都安定下来，享受刚获得的自由的甜蜜，不再参与1848年的其他革命暴动。9月24日，奥地利农民参与了一场2万人的活动，庆祝"封建制"的废除，他们不再跟随维也纳的激进派，而此前正是后者在议会中为农民的权利辩护。现在农民们站在了秩序的一方，以保护他们的胜利果实、宗教信仰和他们敬爱的皇帝。10月，维也纳的革命运动进入了尾声，可怜的激进派不得不深入乡村，在农民中寻求支持，其中就包括废奴法案的起草者汉斯·库德里希。但是，农民却用干草叉和捕鸟枪迎接他们，将他们送交政府。

长远来看，废奴法案中的条款也强化了乡村的保守秩序。尽管地主拿到的补偿金是原定金额的2/3，但他们却不用再对农民直接负责，节省了很多时间和花销。他们可以用补偿金革新农业技术，提升农场效益，而那些被解放的农民，不但耕地面积更小，还要花20

年分期缴纳补偿金，必然无法与地主竞争。[20] 在加利西亚，虽然政府承担了对地主的所有补偿金，但农民还是要通过有息贷款向政府偿还这笔钱，分期付款，还贷期长达 50 年。背负着沉重的债务，被解放的农民还是要找地主赊账，靠地主给他们土地和工作。捷克激进派 J. V. 弗里茨（J. V. Fric）后来"祝贺"1848 年议会"牺牲农民而不是贵族的利益"解决了农奴制问题。[21]

匈牙利革命刚刚爆发的时候，科苏特就于 3 月 18 日迅速通过了解放农民的法案。听说马上就能获得解放，农民把激动的心情化作了行动。他们占领领主的土地，拒缴地租和其他租金，蔑视领主特权，屠杀牲畜，闯入森林抢掠，销毁采邑记录。匈牙利议会在《四月法令》上白纸黑字地写着废除劳役、什一税、租赋及其他领主特权。在实践中，农民才发现他们的自由伴随着条件和限制。那些有产农民受益最多。从前，有产农民虽然拥有不从自己的土地上被驱逐的权利，却不能把土地传给自己的继承人，或者在不受领主干涉的情况下把土地合法地卖给他人。现在，他们不但拿回了自己财产的所有权，还摆脱了体力劳动的义务。而占人口多数的无地佃农受益较少。[22] 虽然不用再给领主服务，但他们还是要承担县里的体力劳动，要缴的税也没有变。匈牙利农民因而发起暴动，希望能推动更深层的改革。暴动愈演愈烈，6 月 21 日，内政部部长塞迈雷·拜尔陶隆（Szemere Bertalan）不得不宣布整个王国进入戒严状态，并派遣军队和国民卫队进入乡村，逮捕农民领袖。至少 10 人被处决后，乡村才恢复了平静。

失去劳动力来源的地主也获得了补偿。法律仍禁止农民拥有收益丰厚的葡萄园。贵族依然享有卖酒、开办集市、养鸟（以农民的种子为食)、捕猎和钓鱼的特权。贵族卡尔·莱宁根－韦斯特堡伯爵曾提醒妻子,他们得"大幅度缩减开支",但他很快发现可以利用其他特权来弥补收入的损失,例如在领地上收取通行费和摆渡费。[23] 改革本身有局限性,农民又坚信皇帝——而不是贵族——才是他们真正的保护者,因此,他们在面对1848年秋季匈牙利自由派引发的深重危机时,出现了几种不同的反应。有的担忧反革命运动会让他们重新变成农奴,有的则把帝国军队当作救世主来欢迎。

这种情况在中欧和东欧尤为显著,在那里,地主和农民不但分属不同社会阶级,而且分属不同民族。哈布斯堡王朝利用皇帝"农民保护者"的形象,成功让斯拉夫和罗马尼亚农民支持奥地利,反对马扎尔地主。在匈牙利南部地区,大多数斯拉夫农民都效忠于哈布斯堡王朝,反对马扎尔和德意志地主。在特兰西瓦尼亚,受哈布斯堡政府鼓动的罗马尼亚农民群起反抗马扎尔地主,制造了1848—1849年间持续时间最长、最血腥的一场种族斗争。在加利西亚,乌克兰农民对波兰地主满怀愤怒,又怀有强烈的民族热情,在他们看来,是4月22日奥地利派来的总督颁布了解放他们的法令。奥地利议会会议上,乌克兰农民代表恶狠狠地盯着波兰代表:"除了对皇帝的忠诚,农民心中充斥的就是对波兰贵族的仇恨,即便在议会会议这种场合中,也不时能看到他们眼中的愤怒,好像要立刻动手,打得他们头破血流。"[24]

虽然西欧农民的生活方式和东欧农民差别很大,但革命中两者的所作所为却相差不多:始于起义,终于反革命。西欧农民为应对农业经济变化带来的压力(在德意志是庄园制残余)找到了特别的反抗方式。独立小农曾经可以随意进入林地和公用地,获取燃料、食物、并在这些地区放牧。但随着大规模农业不断发展，地主和富农将林地和公共用地圈为他们的私人土地，小农的生存受到了威胁。于是，贵族、富农的房屋和财产便成了他们攻击的对象。在德意志西部，农民强占土地、烧毁豪宅，并一把火烧了税收登记处。在法国，政府曾于1827年出台《林地法》管理林地的使用。1848年法国农民不但赶走了看管国有和公有林地的护林员，还强占有争议的私有林地。这样的事在德意志西部和意大利北部也时有发生。大部分农民这样做都是因为生活困难。法国西南部图卢兹（Toulouse）的一位检察官说，很多住在山里的穷人，虽然身边都是树，却因买不起木材而不得不烧家具取暖，要么就在床上缩成一团，等待严冬过去。[25]

最初，农民对1848年革命有很高的期待，但革命却没给他们多少回报。法国的"45生丁税"给了有产农民沉重的打击，他们憎恨这项用于补贴工人的税收。由于经济危机实在太严重了，有些农民压根就缴不起税。农民也很怕好斗的"红色"市民，他们要求的社会共和似乎建立在剥夺农民土地的基础上。6月的事件激起的恐惧让有产者对工人的敌对情绪日益高涨，因而更加坚定地加入宣称维护"秩序"和"文明"的阵营。正如我们所见，外省对6月事件的反应很强烈，超过53个连组成的国民卫队赶到巴黎镇压激进派，当中包括许多农民。农民虽然对第二共和国本身没有恶意，但他们害怕社会主义，仇视工人，于是在反革命行动中发挥了重要作用。失望而恐惧的农民别无选择，只能求助于他们一直以来的保护者——乡绅，公然反对令他们厌恶的政策，或者从政治上寻求新的解决方法（此举显然并非吉兆）。在法国西南部，粮价下跌给农民带来了沉重的打击，他们拿起武器，反抗那些胆敢来征收"45生丁税"的征税人和政府执法者。9月,波城(Pau)的检察官汇报,大约1.8万名农民已经武装起来,拒绝缴税,并把援军拦在城外。11月,在阿让市(Agen)附近的一个村子里,农民用绳子把征税官捆了起来,还威胁要把他扔下悬崖,或者活活烧死,不过最后只烧了他的账本。北部的下夏朗德省(Charente-Inférieure),反对者高喊:"取消'45生丁税'!国王万岁!取消共和国!"路易-拿破仑·波拿巴的身影缓慢而确定地登上了历史舞台。[26]

三月革命让德意志农民看到了摆脱封建残余压迫和政府苛税的机会。东普鲁士农民的暴动持续了整个春季,因为这里虽然废除了农奴制,但负债累累的农民仍要依靠贵族地主生存,更别说还要承受经济危机的打击。作为回应,自由派政府撤销了容克地主的法庭和警察力量。暴乱最严重的是蒂尔西特(Tilsit)和厄兰(Ermland)之间的地区,那里私有地产最集中,1807年农奴制改革遗留的社会和经济问题对农民的伤害最大。德意志东部大多是国有土地,较有秩序。西部的大部分暴乱针对的都是采邑领主(Grundherren),他们仍然对自己的领地和领地上的人民保有许多合法权利。抗议的焦点主要是:尽管封建制已经废除了几十年,农民仍遭受着补偿金的压迫。[27]在德意志西南部的立宪制邦国,农民有参与政治的趋势。比如在拿骚的威斯巴登(Wiesbaden),农民上街游行,要求将王室土地国有化,并分给农民。他们还建立委员会,夺取了地方政府的控制权,令政府官员震惊不已。新自由派政府当然反对破坏财产权,但理论上来说,他们是反"封建制"的,为了平息农民的愤怒,他们愿意废除余下的农民义务。这种让步通常能够安抚农民,但两个地方例外:在巴登,共和派鼓励农民守住三月革命中占领的土地;

在莱茵－黑森（Rhein-Hessen），那里住在城镇的中产阶级极富同情心，他们与苦难深重的农民相结合。农村的和平让德意志君主们能集中精力反击自由派。在东普鲁士，虽然春季的暴动十分可怕，但农民即便不信任自己的领主和地方政府官员，也仍然信任国王。选举普鲁士议会时，有些农民甚至在选票上填了"腓特烈·威廉四世"。[28] 这种情况下，保守派打着"为了国王和祖国"的旗号，很容易就能招到新兵。因此，俾斯麦能以几乎完全坦诚的态度向腓特烈·威廉四世保证"他是国家的主人"。[29]

在意大利，革命刚爆发时，那不勒斯的农民占领了不少土地。他们背后有激进派的支持，但温和派却不赞成这种行为，国民卫队出面恢复秩序让他们松了口气。农民暴乱和自由派、中产阶级对君主制的反抗，不仅在不同层面上作用，还向不同方向发展。正因如此，斐迪南二世才能抓住机会，发动5月15日政变。比起回归专制，温和派更害怕社会革命，从此，他们开始依靠君主（准确地说，是君主的军队）维持法律和秩序。在意大利北部，革命派在争取农民支持时，几乎是寸步难行。伦巴第农民参与了3月的米兰暴动，自由派领主还为贫困农民提供面包。但奥地利生丝出口市场的关闭加重了经济危机，再加上征兵制的推行、强制贷款和皮埃蒙特的征用，革命渐渐失去了农民的支持。7月，他们积极反对一场在他们看来有利于自由派地主的战争。有些人甚至高喊："拉德茨基万岁！"斯特凡诺·亚奇尼（Stefano Jacini）等伦巴第自由派开始认为，与农民暴动即将释放的"无政府主义恶魔"相比，还是奥地利王政复辟好一点。在旁边的威尼西亚，农民最初对革命满怀热情，这热情来自对教皇的无比忠诚（他们亲切地称呼教皇"皮奥诺诺"）

和对奥地利征税官的仇恨，仿佛征税官是哈布斯堡王朝暴政的化身。达尼埃莱·马宁此前通过废除人头税和减少盐税赢得了民心。但很快，农民就开始要求金钱外的其他补偿。在春季的一次抗议中，他们要求自由进入森林，在他们认为属于公共用地的地区放牧。马宁没有满足这些要求，因为他不想失去当地领主的支持，毕竟重建的威尼西亚共和国在财政上还需要他们的帮助。到夏天，农民的热情便消退了。奥地利人开始在战争中逐渐取得优势，他们聪明地宣布永远废除人头税。这意味着奥地利的复辟不会损害农民的利益。[30]

II 维也纳的陷落

反革命浪潮首先冲击了维也纳，之后是柏林，德意志的形势总体来说非常严峻。奥地利帝国政府的力量在8月镇压了工人暴动后已有所增强，在9月11—13日的暴动中又得到进一步巩固。钟表匠奥古斯特·斯沃博达（August Swoboda）创建了一家"人民银行"，结果银行的小投资者发现，这根本是一场诈骗。工匠、店主、学徒和熟练手工业者聚在一起，向内政大臣安东·多布尔霍夫-迪尔（Anton Doblhoff-Dier）男爵和维也纳市议会抗议，要求政府帮助受害者摆脱困境。政府的拒绝激怒了民众，同时激进派学生利用这次游行要求重建安全委员会，逮捕某些政府大臣。9月12日，多布尔霍夫-迪尔的办公室被包围，民众涌进办公楼，沿路砸窗毁门，大臣趁乱逃走了。第二天，政府调集了全部国民卫队，还额外调用了正规军。然而，更激进的郊区民兵队加入了学生军，支持游行队伍。维也纳似乎又要经历一次流血冲突，但议会却把局势扳了回来。议会冷静地投票通过了200万弗罗林无息贷款，用于帮助在这个诈骗丑闻中受害最严重的维也纳小企业，并且政府将补偿股东20%的损失。同时议会也下令撤回正规军。议会代表用聪明的方式控制了游行，也没有向激进派的要求做任何让步。

最后一次大动乱即将发生，激进派费尽心思削弱自由秩序，却在这次动乱中因保护这一秩序牺牲了自己。10月发生起义的起因是哈布斯堡皇室和匈牙利的公开冲突。10月3日皇帝正式宣战后，维也纳激进派立刻表示反对：是马扎尔人的力量抵挡住了帝国境内的反动势力。从德意志人的角度来说，是马扎尔人控制住了斯拉夫人，防止他们继续给帝国添麻烦。工人和郊区的国民卫队在学生之前赶到现场，在革命中为学生军提供了些许支持，帮助他们重获革命主导权。奥地利人要是带着哈布斯堡王朝黑金徽章走在街上，便会遭人暴打。愤怒的工人还破坏了一些财物，有时甚至得到激进派的支持。社会上弥漫着仇视和怀疑的气氛。"像一朵黑云压在城市上空，"斯泰尔斯写道，"每天气氛都变得更沉重。每个人都能感到，也能预见到，坏事马上就会发生，但是大家都那么专注于自己的目的，好像入了迷似的，没人试着阻止或避免这场灾难。"[31]

10月6日清晨，遭人厌恨的保守派军政大臣拉图尔命令军队登上火车迅速前往匈牙利前线，而工人、学生和国民卫队则拼命阻止他们离开。古姆本道夫（Gumpendorf）近郊是工人阶级聚居的地方，在这里，掷弹兵违背上级命令，毁坏了这一地区的全部设施。拉图尔只得调来更多士兵，逼掷弹兵向火车站转移。因为国民卫队不断试图阻拦，转移的过程很艰难，而掷弹兵则击鼓召集他们的支持者。效果很明显，人们很快蜂拥到达火车站，拆毁了铁路。政府官员没有放弃，不顾士兵的不满，命他们通过泰伯桥（Tabor Bridge），去往第一个车站。但有些桥拱被毁，堆积的木材挡住了去路。帝国指挥官胡戈·冯·布雷迪（Hugo von Bredy）将军召集工兵清除路障，清除的过程中，一些工人上前抢夺军队的大炮，双方僵持起来。这惹恼了布雷迪，他下令向抢夺军队枪械的工人开火，学生军随即开枪反击，布雷迪被击中，摔下了战马。双方激烈交火，政府军队持续的射击杀死了大约30个掷弹兵。革命军的人数优势很快凸显出来，政府军被击败。革命军拖着两架劫来的大炮，戴着布雷迪的帽子、佩着军刀作为胜利的奖章，兴高采烈向城内进军。[32]

那时，帝国军队在维也纳各地都会遭到国民卫队、学生和工人的袭击。面对激进成员的暴力，国民卫队中较温和的成员不得不藏进圣斯特凡大教堂，但激进派很快破门而入并杀害了负责人。虽然议会和政府不断呼吁大家保持冷静，但市中心依然立起了一座座街垒。政府大臣得不到必要的保护，群众复仇的激情随时可能伤害他们。拉图尔在军政部周围布置了一圈士兵保护自己，但政府希望不再发生流血事件，于是下令士兵撤退。面对手拿斧子、长矛和铁棍的愤怒群众，这位大臣的处境无疑十分危险。他们撞开军政部的大门，嘴里喊着："拉图尔在哪？我们要杀了他！"一支议会代表团赶来平息暴乱，拉图尔则藏进阁楼里。群众根本没把代表团当回事，直接冲进军政部寻找他们的目标。他们发现拉图尔时，议员们还试图保护他，但被愤怒的群众推到了一边。愤怒的群众用锤子砸碎了他的头，用军刀把他劈成两半，之后，一把刺刀刺穿了他的胸膛。拉图尔的尸体被各种可怕的兵器一阵乱砍，伤痕累累，然后这具残破的尸体被拖到霍夫广场，在路灯柱上挂了14个小时。[33]

起义军还占领了军火库，在此之前，军火库的守军用霰弹攻击他们，造成了惨重的伤亡。起义军用抢来的康格里夫火箭炸了军火库，军火库燃起熊熊大火。起义军带走了上千把火枪，有人离开军火库时，穿着胸甲，戴着中世纪的头盔，带着不少有年头的兵器，比如土耳其弯刀。看见这个场景，斯泰尔斯轻蔑地说："比起他们，福斯塔夫*的兵团都称得上举止高贵了。"[34]

帝国政府军队撤出城市，革命军占领了维也纳。获胜的激进派开始提出他们的要求：撤回对匈牙利的宣战、将军区总督耶拉契奇革职、任命一届"更受欢迎的新政府"。唯一有权颁布这些命令的人就是皇帝，但皇室很快再次出逃，离开了美泉宫，带着大量卫兵逃向奥尔米茨（Olmütz）的摩拉维亚大城堡。没过多久，剩下的政府官员也纷纷出逃。外交大臣韦森伯格穿过人群时压根没人认出他，因此他成功离开了维也纳。许布纳穿着工人的衣服，头发剪短，戴着从仆人那借来的帽子顺利出城。[35] 议会里一些温和派议员也开始出城避难，维也纳对他们来说太危险了。议会现在由剩下的左翼议员控制，因为出逃的议员包括很多捷克人，所以残余的议会由德意志人主导。但是，有不少其他政治组织想来填补这个政治真空，包括市议会、学生委员会和激进派俱乐部（现在由一个"中央委员会"协调）。结果，尽管低等级的政府官员苦苦坚持，政府还是陷

---

* 莎士比亚《亨利四世》中的喜剧角色，道德败坏，又机灵幽默引人发笑。——编者注

入了瘫痪状态。议会成立了一个常务委员会来应对这场危机。常务委员会的任何决议本都应经过立法机构批准，但在紧急情况下，他们可以自由颁布命令。[36]

委员会的主要任务就是保护城市。10月8日，皇帝下令在维也纳城外召集军队，并将其编入驻扎在维也纳城外马克西米利安·奥尔施佩格伯爵1.2万人的兵团中。他们要面对的是国民卫队，然而皇帝希望用压倒性的兵力来保证这场战争的胜利。奥尔施佩格派信使深夜拜访耶拉契奇，想要寻求他的帮助。耶拉契奇感到最需要他的是帝国首都，而此时正好可以利用和马扎尔人休战的机会，将部队转移到维也纳。于是，接到奥尔施佩格的求助后，他立刻派出一部分兵力率先赶往帝国首都，并下令剩下的军队跟进。由于他令军队急行，10月9日，他和手下的1.2万名士兵距首都仅两小时路程。与此同时，匈牙利人革命热情高涨，对哈布斯堡王朝来说，时间就是关键，因为帝国军要在马扎尔人赶来支援之前镇压维也纳革命。匈牙利议会已经决定为维也纳人提供增援，但奥地利议会却陷入难以抉择的境地。一方面，既然他们宣称是奥地利合法的立宪制政权，就必须向皇帝斐迪南一世证明自己的忠诚，催促他回到维也纳并撤军。另一方面，大部分议会代表都知道，他们不能完全依赖于皇帝的善意，从现实层面考虑，求助匈牙利人是奥地利自由政府生存下去的唯一希望。但没人愿意主动解决这个问题，帝国议会和市议会把请求马扎尔人援助的事像打网球一样推来推去。不得已，学生和激进派向布达佩斯派出了一支代表团，请求马扎尔人的支援，但已经等在奥地利边界的马扎尔人回应说，只接受维也纳合法机构——议会的请求。[37]

皇帝断然拒绝了议会委员会撤军的请求。这意味着，立宪的中间道路走不通了，现在要么是革命胜利，要么是君主制胜利。更糟糕的是，10月10日晚，有人从圣斯特凡大教堂尖塔上的瞭望台中发现了耶拉契奇的克罗地亚军队。恐惧弥漫在维也纳上空，街上空空荡荡，只有沉默着穿过大街小巷的民兵、国民卫队、学生军，以及由议会出资新建的机动兵团。城墙上，守夜的火把整夜整夜地燃烧着。所有人心里都知道，只有匈牙利人及时赶来支援，他们才能获胜。约翰大公从法兰克福派来了两位德意志代表，在宫廷和城市之间斡旋，但帝国政府已经下定决心镇压革命，便冷淡地接待了他们。法兰克福国民议会投票反对支援维也纳后，德意志激进派议员又派来两位代表——罗伯特·布卢姆和尤利乌斯·弗勒贝尔（Julius Fröbel），为维也纳提供道德支持。他们于10月17日到达维也纳。[38]

哈布斯堡军队仍在城外积聚力量。10月16日，斐迪南一世将指挥权交给温迪施格雷茨，由他全权负责"恢复秩序"。10月20日，陆军元帅温迪施格雷茨的3万大军从波希米亚开赴维也纳。在许布纳执笔的一篇公告中，皇帝发出警告，要限制出版、集会和组建民兵组织的自由（虽然他需要和议会合作起草这些法令）。这引起了奥尔米茨一些捷克代表的恐慌，他们要求斐迪南一世保证仍然会起草一部宪法。[39]为此，10月22日，斐迪南一世命令议会离开维也纳，于11月15日前转移到摩拉维亚的克罗梅日什（Kroměřiž，离皇室不远，但这个距离足够安全），然而左翼代表没有执行他的命令。[40]

10月23日，温迪施格雷茨的军队已就位，7万大军包围了城市。耶拉契奇率领的克罗地亚军队守着东部的前线。马扎尔人还在45千米外的奥匈边界，等着残存的奥地利议会正式请求他们的支援。"我们不可以,"科苏特说道,"强迫没有表示想让我们支援的人接受支援。"[41]维也纳已完全和外界隔绝,甚至水和燃气都被切断了。城里有传言,说有人看到马扎尔人的哨兵已经快到城外。温迪施格雷茨完全明白,时间非常紧迫,他要求维也纳必须在48小时内投降。作为对温迪施格雷茨的回应,守城者第二天突袭了帝国军的前哨部队。10月26日,陆军元帅的最后通牒到期,攻击开始。维也纳城第一道城壕外的施美尔茨(Schmeltz)公墓有一架炮台,帝国军将炮台炸毁,并发动了袭击,将革命军的前哨部队逼回了城内。主要的进攻由耶拉契奇率领,他带领部队经过12小时的作战,在午夜成功挺进城市东部郊区。即便到了战争的最后阶段,依旧有人真心实意寻求和解。奥地利议会议员皮勒斯多夫男爵向温迪施格雷茨提议,让他做一些让步换取维也纳的投降。温迪施格雷茨粗暴地拒绝了这个提议。"那好吧,"皮勒斯多夫叹道,"愿所有流血牺牲的责任都由你来承担。"陆军元帅毫不在意地回答道:"我欣然接受。"[42]

10月27日的平静过后,城内的炮台开始向城外壕沟开火。早上9点,温迪施格雷茨亲率来自申布伦(Schönbronn)的军队攻入工业城郊,而耶拉契奇死死守住东部城郊。令人生畏的黑山人(穿着火红色斗篷,攀爬堡垒时会把弯刀咬在嘴里)带领南部斯拉夫人民肉搏清除了30个街垒。到了晚上,帝国军已经攻到了内城城墙。郊区到处是手榴弹、炮弹炸过的痕迹,火光冲天,康格里夫火箭"在夜空中划出美妙的弧线"。[43]轰炸持续了一整夜,第二天早上,温迪施格雷茨决定给维也纳人一些时间思考是否要投降,混乱才暂时停止。市议会的一支代表团来到陆军元帅位于申布伦的指挥部,提出维也纳将无条件投降。虽然大部分维也纳人都急切渴望停止战争，但很多革命派坚持，不获得政府的承诺绝不放下武器。正如斯泰尔斯所说，他们"是把绳索套在脖子上战斗"。[44] 然而，食物和军火极度短缺，那些想继续战斗的维也纳人也坚持不了多久了。

终于，国民卫队的指挥官文策尔·梅瑟豪瑟（Wenzel Messenhauser）将军在远方看到了匈牙利人的身影。他已经在教堂塔楼上连续站了整整两天，一边观战，一边期待地眺望远方。10月28日，科苏特带领1.2万名志愿者加入马扎尔军，使总兵力达到了2.5万人。他看着维也纳夜空中的火光，决定不再顾忌合不合法这种小事了。"维也纳还没倒下，"他说，"我们最忠诚的盟友维也纳人民对抗反动派的勇气仍然那么坚定。"[45] 匈牙利人穿过边境，进入奥地利，维也纳人能听到他们一路上发出的枪炮声，激进派、国民卫队、学生和工人拒绝接受市议会的和平提议，重新拿起武器战斗。温迪施格雷茨派遣耶拉契奇和奥尔施佩格率领2.8万人迎战匈牙利人。10月30日，马扎尔人距维也纳城仅有几千米。这是奥地利史上最微妙的瞬间，他们直冲向早就埋伏在施沃夏特（Schwechat）高地的60门大炮。哈布斯堡炮兵团开炮时，正如格尔盖伊·阿图尔（Görgey Arthur）上校所说，"确实是致命的，距离太近了"。匈牙利正规军冒着枪林弹雨艰难进攻，但"国土捍卫者"却无法承受而溃散了。第二天，匈牙利人被击退，像"受惊的兽群"般散落在边境线。[46] 绝望的维也纳人可以从城市的塔楼上一览无余地看到这一切：匈牙利人失败了，奥地利革命最后的希望也破灭了。

10月31日，经历了又一轮炮击后维也纳投降了，这轮炮击让圣斯特凡大教堂沐浴在深深浅浅的红色火光中。[47] 市议会代表团告诉温迪施格雷茨,大部分维也纳人都愿意投降,但不顾一切的激进学生、民主团体和工人恐吓他们,阻止他们投降。[48]塔楼的尖顶上升起白旗,但还有一些零星的抵抗。陆军元帅的部队打算炸开高大的维也纳堡门入城时,紧挨着大门的帝国宫殿着了火,几乎把皇帝的图书馆全部烧毁。但到了第二天,士兵们控制了城市,温迪施格雷茨和耶拉契奇正式入城。

2万人死于这场战争。既然维也纳首先破坏了投降的条款,陆军元帅也毫不心慈手软。他下令戒严,除非有书面批准,任何人不得进城出城。他还逮捕了2万革命者,解散了学生军和国民卫队,并实施审查制度。军事法庭审判并判处25名革命者死刑,其中有梅瑟豪瑟和布卢姆。布卢姆曾在公开演讲中鼓励维也纳人革命。尽管在生命的最后,他受激进派的诱惑,言辞更加激烈暴力,但他在法兰克福表现得十分温和,命运不该如此悲惨。11月9日,经即决军事法庭审判后,布卢姆立刻被行刑队处决,用奥地利军队中的黑话说,是"吞了枪子"。他的同僚弗勒贝尔虽被判有罪,但得到赦免,被驱逐出奥地利。据他自己说,他能被赦免,是因为曾出版过一本名为《维也纳、德意志和欧洲》的小册子,在小册子中,他说"德意志问题"不应通过分割奥地利帝国来解决。军事法庭判他死刑并将他带走时,他故意把小册子留在桌子上。主持法庭的温迪施格雷茨捡起小册子读了起来,并被深深触动,几小时后就签署了赦免令。[49]梅瑟豪瑟在城壕里被执行死刑,他拒绝蒙住双眼,但他行使了作为军官的特权,自己下令行刑手开枪。[50]

哈布斯堡黑金相间的旗帜在维也纳各处飘扬,11月19日,48岁的费利克斯·楚·施瓦岑贝格(Felix zu Schwarzenberg)亲王奉命组建新政府。他是温迪施格雷茨的妻弟，布拉格六月起义中温迪施格雷茨被杀的妻子就是他的姐姐。1848年年初他到过意大利，先是作为驻那不勒斯大使，之后是跟随拉德茨基的部队。与拉德茨基和温迪施格雷茨不同，施瓦岑贝格不是保守派。10月中旬，皇帝差点解散议会时，是他运用自己的影响力，确保了议会在克罗梅日什重新召开。[51]但最终，他还是支持传统的哈布斯堡式的、自上而下的改革："民主必须通过斗争才能获得，过度的民主需要质疑，但在没有其他方法的情况下，只有政府才能让我们获得自由。"[52]

施瓦岑贝格想恢复哈布斯堡王朝的权威，将君主权力集中，在某种程度上将权力德意志化。所以，他任命了一些和1848年自由政府有联系的人加入新政府，例如很快就会开始起草新帝国宪法的弗朗茨·施塔迪翁，以及曾经是民主主义者的亚历山大·巴赫。1848年前，巴赫是自由派法律—政治读书会的忠实成员，也是三月革命中比较激进的领导者。但在夏季，面对激进浪潮他越发谨慎，曾私下说他想要的是"进步，而不是动乱"。7月，他先被选入奥地利议会，又被任命为多布尔霍夫政府中的司法大臣，他感到，正如许布纳（他认识并很尊敬巴赫）所说，"他的脚下是无底深渊"。9月，他因为极力劝说帝国政府否决议会立法，与左翼彻底决裂。10月，拉图尔遭谋杀，进一步将巴赫推向保守派阵营："他从前对他们很有信心，但现在没有了"，因此他曾经的左翼同盟谴责他是叛徒。[53]12月2日，施瓦岑贝格政府劝斐迪南一世退位，并让他18岁的侄子弗兰茨·约瑟夫继位。新皇帝和1848年斐迪南一世对自由派做出的妥协没有任何关系，因此也不会受到它们的束缚。[54]

这一年发生的事件告诉弗兰茨·约瑟夫，军队和人民忠诚是哈布斯堡王朝的两根支柱。11月22日，制宪会议暂时获准召开，但时间比原定的稍晚了一些，而且更像是克罗梅日什议会的尾声，而此前克罗梅日什议会之所以存在，是因为皇帝为了和马扎尔人做最后的斗争需要向其寻求支持。目前，帝国议会可以颁布自由宪法，但政府的行为完全无视这一文件。1849年3月4日，议会强迫帝国接受了3项法令：议会制定的权利法案、补偿地主因农奴制的废除遭受的损失的法令，以及弗兰茨·约瑟夫一世"恩准"的宪法。宪法其实是施塔迪翁制定的，并且有些头重脚轻。皇帝拥有一切实权，包括立法倡议权和任命大臣的权力，而大臣应对皇帝而非议会负责。皇帝有权决定一切与帝国相关的事宜，而整个君主国是被看作统一的中央集权制国家，这就意味着，"一切事宜"指的就是政策的方方面面。1848年的一些重要遗产得以保留，例如废除农奴制和封建义务，宪法承认公民权利（包括法律面前人人平等），当然还有议会的保留等。然而，在颁布这些法令之后，政府于3月13日限制了出版和结社自由。各民族从此一律平等，帝国现在被统一划分为各行省，也就意味着，所有民族都无权拥有自己的政治身份。匈牙利王国因此不复存在。行政统一和中央集权解决了哈布斯堡帝国的民族问题，这不是个"联邦"的解决方式，而更像是个"中央集权"的方案。

Ⅲ 普鲁士保守势力的胜利

维也纳事件让普鲁士国王腓特烈·威廉四世最终下定决心，要一举扫清革命派。秋天,普鲁士政权还走在建立宪政的道路上——虽然这条路非常崎岖。普鲁士议会8月9日颁布的法令要求所有士兵"怀着敬意通力合作,支持宪法法制的建立",[55] 但因王室掌控军权,这一法令被宫廷认为是对王权的大胆羞辱。鲁道夫·冯·奥尔斯瓦特(Rudolf von Auerswald)领导的自由派政府没有逼军队接受这一法令,而是于9月8日主动辞职。有人上书请求国王从激进派手中拯救国家,无忧宫的阴谋集团重新获得了人民的支持后,便开始谋划反攻,对抗国民议会,但事情还没完全定下来。腓特烈·威廉四世任命恩斯特·冯·普菲尔为临时首相,普菲尔极力修复王室与议会之间的矛盾,并试图推行一个温和版的8月9日法令,但以失败告终。他认为要恢复秩序,就必须建立法律框架。10月初,他允许议会开始讨论普鲁士的宪法草案,试图安抚立法机关,但这并未缓和国王和国民议会之间的矛盾。保守派十分反感删除王室头衔中"神佑"的字眼,反对废除贵族头衔和死刑的提案。

反革命者正在积蓄力量。利奥波德·冯·格拉赫的弟弟恩斯特于7月创建了"国王与祖国会"(Association for King and Fatherland),旨在破坏1848年3月的革命成果,解散议会,重新树立王权。唯一的代表机构应该是掌握在土地贵族手中的各省等级会议。"祖国"指的是普鲁士,不是德意志,因为保守派知道,民众仍对普鲁士怀有深刻的爱国情感。8月6日,在向新德意志摄政约翰大公致敬的游行上,几千名农民挥舞着普鲁士黑白相间的旗帜,而非德意志的黑、红、金三色旗,很引人注目。许多普鲁士人担心,并入德意志会弱化人民对普鲁士的认同感,德意志各邦的软弱会拖累普鲁士的实力,和南方天主教力量的过密接触会威胁新教的发展。⁵⁶ 格拉赫还创办了极端保守的《新普鲁士报》(New Preussische Zeitung)，报头的铁十字架是从反抗拿破仑的"自由战争"时期流传下来的，象征着爱国。于是，人们很快开始叫这份报纸《十字报》(Kreuzzeitung)。这份报纸十分畅销，因为它结合了俏皮话、政治辩论和以事实为基础的论证。俾斯麦为《十字报》写了不少文章，他认为报纸不能只提供观点，更要提供确凿的事实，这样才能把影响力扩展到保守派本身的支持者以外。然而，这也并不妨碍他在报纸上写尖刻的文章，攻击保守派的敌人。⁵⁷ "国王与祖国会"在普鲁士各地迅速发展，成立了不少分支机构。到秋季，分支机构已经发展到100多个，第二年春季，其数量达到300多，吸纳了共6万多名成员。社团的迅猛发展，说明它绝不是保守乡绅一怒之下发起的运动。⁵⁸

一些老派社会精英对争取民众的支持感到十分不安，这对他们而言仿佛跳入深渊。可能是代沟作祟，格拉赫等老派保守人士往往憧憬革命前等级分明、下层服从上层的社会；而俾斯麦等年轻有冲劲的政治家，对大众的角色抱有更现实的看法。《十字报》和"土地财产利益保护会"的成员锤炼出了新形式保守主义的原则。"土地财产利益保护会"是俾斯麦及其盟友创建的，旨在团结普鲁士的容克地主和他们领地中的农民。因此，他们又在原名后面加上了"为保证各阶层人民福祉"，像是觉得社团的原名还不够长似的。8月18—19日，400人参加了在柏林召开的全员大会，反对派轻蔑地将其称为"容克议会"。俾斯麦认为，他不能像传统派一样，期待民众会恭敬地追随比他们社会地位高的人。相反，传统贵族必须强调，他们与人民群众有共同的物质利益。俾斯麦认为，自由主义这一意识形态仅适用于有产的城市中等阶级，覆盖面很小。其他支持自由主义的人，不论是农民、手工业者、小生意人，还是理想主义的普鲁士贵族，都是在背叛自己的社会和经济利益。俾斯麦倡导的保守主义，并非僵化地回归过去，而是推行能够满足农民和中产阶级下层需求的措施，例如确保为农民废除封建制残余，为小生意人取消关税。这样，传统贵族就能争取到民众的支持，与其结成坚定的联盟，对抗自由派和激进派。[59]

9月，腓特烈·威廉四世任命坚定的保守派弗里德里希·冯·弗兰格尔将军指挥柏林地区的军队。粗俗又古怪的弗兰格尔（总穿着一件抛光的骑兵胸甲）很快来到柏林，发表了一番拙劣的演说，向当地人保证他不希望向他们开枪。普鲁士历史上最伟大的将领之一赫尔穆特·冯·毛奇（Helmuth von Moltke）当时还是一位下级军官，在9月12日写给自己兄弟的信中，他说：

> 现在柏林有4万兵力，这里是解决德意志问题的关键。柏林稳定，整个国家就会稳定……他们现在掌握着武力，也完全有权运用它。如果他们这次不动手，我就准备和你一起移民去阿德莱德（Adelaide）。[60]

似乎是为了证明他的论断，柏林10月中旬爆发了一场新的起义。立宪制引发了激烈争论，这使激进派能够动员大量的政治团体，例如林登与弗里德里希·黑尔德的民主俱乐部。此外，3月以来，任何人都有权持有武器，除了政府任命的公民卫队，还出现了由工人、学生和手工业者组成的"机动联盟"。10月13日，艰难地保持中立的国民议会决定，解除激进派的武器，并投票决定宣布中产阶级公民卫队为唯一合法的警卫机构。这直接打击了自由派和民主派。10月16日，激进派在城市中发起了激烈的抗议，挖渠工人趁机发起对蒸汽泵的抵抗，因为他们认为蒸汽泵威胁了他们的生存。公民卫队镇压了这次暴动，射杀了11人。10月底，激进派的民主会议和"反议会"会议（意在与法兰克福更温和的德意志议会相抗衡）在柏林召开，这让国民议会的压力更大了。弗朗茨·策茨（Franz Zitz）和约翰·雅各比也在这些人之中。前者曾参与煽动9月的法兰克福危机，后者则呼吁普鲁士派兵支援维也纳，抗击哈布斯堡保守派。10月31日，1 000人手持红旗，在街头游行抗议，向普鲁士国民议会进发，要求普鲁士支持维也纳。然而，议会投票拒绝了他们的请愿，这令人民愤怒不已。一位代表离开议会厅时，被燃烧着的火炬砸中了头。其他议员不得不爬过储藏室和一架架梯子，才得以从侧门逃走。他们逃到街上时，枪声响起，手持棍棒的公民卫队和挥舞着火把的工人相互袭击，造成了一场大混乱。火车工人赶来希望阻止冲突，但公民卫队以为他们也是暴动分子，袭击了他们。[61]

这一事件表明，温和派与激进派左翼之间有不可弥合的分歧，这给保守派提供了机会。普菲尔辞职了，他的妥协努力就此失败。国王感到自由派与民主派之间的矛盾实在难以调和。他终于有机会出击，却犹豫起来。他问朋友，是应该"继续宪政的闹剧……还是和弗兰格尔立刻行动，以征服者的身份履行我的承诺"？[62]最后一句话含义深远，它说明国王不是彻底的反动，而是想开展"自上而下的革命"，也就是说推行改革，但要按照国王自己的条件进行。他考虑颁布一部"最自由的"宪法，但一旦时机合适，他就会按照自己满意的方式改造这部宪法。11月1日,他听从了俾斯麦的建议,任命保守的冯·勃兰登堡(von Brandenburg)伯爵担任首相。此后,局势坏到不可收拾。一队议会代表团到国王处,迫切希望阻止"政变",却被腓特烈·威廉四世严厉斥责。其中一位叫作雅各比的议员愤怒地说:"国王们的问题就是,他们从来不想听实话!"这激怒了1.5万名反对者,他们走上街头,爆发了激烈的抗议,并称其为"为祖国、权利和自由的最后一战"。另一方面,保守派报刊越来越激烈地呼吁要结束"无政府主义"和"毫无法纪"的现状。11月7日,范妮·莱瓦尔德回到城里,发现这里气氛压抑,政治带来的痛苦比以往任何时候都要深,"秩序的忠实维护者"正焦急地等待"由子弹做出的判决"。[63]

两天后,勃兰登堡伯爵来到议会,宣读了国王的决议,为了保护议员,议会暂时解散,月底在勃兰登堡重新召开议会。议会议长反对这一决定,认为这不合法,此举得到大部分议员的支持。直到现在,自由派和激进派才重新发现他们的共同利益,开始考虑整合双方兵力——也就是各民主团体和公民卫队——来保卫议会,但已经太迟了。剩下能做的都只是消极抵抗,公民卫队指挥官拒绝带兵反对议会,而这正给了政府借口,让他们有理由在11月10日,将弗兰格尔1.3万人的军队及60门大炮调至柏林。

现在是国民议会最有优势的时刻,有公民卫队的保护(尽管两百步外就是弗兰格尔的部队),公共旁听席上还有默默注视着他们的支持者。天色渐暗,路灯亮起,议会代表仍继续着他们的工作。他们谈到了废除羽毛笔税、狗粮税和农民"家养奶牛"的饲料税。"他们冷静地讨论着,"莱瓦尔德说,"因为他们知道自己的讨论建立在真正的法律基础之上。"代表们讨论时，议会议长给弗兰格尔送去了一封措辞礼貌的信，问他的军队还要在外面站多久，因为他们没必要出席会议。弗兰格尔是个粗人，没明白这么隐晦的幽默，直接回答他不会撤兵，因为他既不承认国民议会，也不承认议会议长。[64] 他随意地坐在队伍最前面的一把椅子上，时不时看看表，这位将军给了议会 15 分钟休会时间。最终，议会成员默默地解散了，公民卫队也放下了武器。就连人民运动的核心力量——愤怒地聚在王宫前的机车工——也没有勇气与弗兰格尔训练有素的士兵再打上一仗。他们象征性地抗议了一下就离开了广场。[65]

　　大批议会代表匆匆忙忙地在柏林的神枪手俱乐部集合（三月革命中，神枪手俱乐部曾给军队带来了很大打击），投票通过了一项激进的决议，号召普鲁士人民停止继续缴税。但勃兰登堡并未停止行动。11 月 12 日，他颁布了军事法令，弗兰格尔在城市各个地点安置了大炮。公民卫队被缴械，民主俱乐部被解散，报社被关闭。在柏林，到处都有穿着钉靴的士兵在大街上巡视，或在楼梯井里闲逛。博物馆现在变成了军营，步枪支在雕塑旁，古董上堆着头盔。街道时不时就会被封锁，因为巡逻队要挨家挨户搜寻武器。[66] 停止缴税带来的影响很小，因为缴税最多的人正是最希望城市恢复秩序的人。而保守派依然避免彻底走向反动。12 月 5 日，普鲁士"收到"了一部腓特烈·威廉四世"恩准"的宪法（尽管勃兰登堡等坚定的保守派激烈反对）。议会将包括上下两院，下议院由男性普选产生。议会对普鲁士各邦不再有控制权，权力集中在国王手中，包括军队的指挥权。士兵和政府官员必须发誓效忠国王而非议会。1849 年 5 月 30 日，腓特烈·威廉四世感觉时机已到，便颁布了修改过的选举法案，将每个选区的纳税人分为三个等级，保证1/3的代表由最富有的选举人选出。他还彻底废除了农民残余的义务，同时废除贵族在税收上的特权，以及容克地主对当地治安和司法的控制权。一些手工业者很满意在70个行业中恢复行会制度，但普鲁士革命真正地、彻底地结束了。[67]

* * *

奥地利和普鲁士保守派的胜利，让德意志其他地区的自由政权岌岌可危。一些对激进主义崛起十分担忧的温和派很欢迎腓特烈·威廉四世在柏林促成的不流血的变革。古斯塔夫·梅菲森（Gustav Mevissen）大力称赞这一"大胆的举动"，并呼吁所有有勇气的人"着手建立新的法律秩序，对抗即将到来的无政府状态"。[68]毕竟，普鲁士颁布了宪法，这一事实很重要。首先，这表明虽然革命已遭到普鲁士政府的镇压，但在这一过程中，国王接受了革命派关于法律和权利的一些观念。第二，这意味着普鲁士可以继续推进德意志统一理想，因为这证明普鲁士有能力领导一个统一的立宪制德意志。然而，其他的法兰克福代表强烈抗议国王发起的这场"政变"。春天时分裂的德意志左翼，终于又统一起来。温和左翼代表建立了中央三月联盟（Central March Association），希望联合各方保卫革命的成果，对抗日益强大的反革命力量。这一组织的关系网令人印象深刻，它宣称有950个附属组织，包括50万名成员。10月柏林的民主会议曾引起了不少麻烦，这背后有许多更激进的民主派参与，来自260个组织，但和中央三月联盟相比，他们的努力就相形见绌了。同时，法兰克福国民议会也在坚持奋斗，决心制造一部德意志宪法。

让代表们争论不休的一个重要问题是，德意志帝国是否应该包含奥地利德语区。温和派弗里德里希·达尔曼一针见血地指出，现在有两种选择：解散哈布斯堡帝国，把其中的德语区并入统一的德意志帝国；或者不解散哈布斯堡帝国，也就意味着不让奥地利加入德意志帝国。法兰克福国民议会在 10 月讨论这个问题时，维也纳在战斗的消息不时传来。代表们对未来德意志的形式抱有两种看法，这一分歧甚至超越了左翼和右翼的分歧。早期革命还如火如荼的时候，支持包含奥地利，或者说"大德意志"方案（Grossdeutsch）的人占多数。其中有天主教徒，他们害怕没有奥地利，北部德意志新教徒的数量就会占到总人口的 2/3，占据支配地位。民主派认为，没有了说德语的奥地利人，德意志民族国家就变得毫无意义，他们希望看到一个统一的、中央集权的、民主的德意志。不让奥地利加入，意味着相当一部分德意志人在面对哈布斯堡帝国的非德意志人时，会处于弱势地位。正如蒂宾根（Tübingen）的激进派路德维希·乌兰（Ludwig Uhland）所说，奥地利议会已经说明，人口占优势的斯拉夫人将成为政治的主导者，那么数量较少的奥地利—德意志人该怎么办？奥地利的目标是成为"德意志心脏上跳跃的动脉"。[69]

小德意志（或称 Kleindeutsch）方案则反对奥地利的加入。其支持者包括海因里希·冯·加格恩等温和自由派，加格恩认为这是建立统一德意志国家现实可行的唯一途径。议会想为"整个德意志民族"撰写一部宪法，加格恩提醒，"如果要制定一部可行的宪法"，代表们必须"考虑现实的情况和事实"。大德意志方案事实上要肢解奥地利帝国，在加格恩看来，这既不道德（"同盟国家中爆发了内战，冲突的火焰熊熊燃烧，我们不能火上浇油"），也不符合新德意志的利益，因为奥地利的解体会威胁整个中欧未来的安全与稳定。[70] 温和派也不想触碰哈布斯堡王朝的利益，所以他们认为最简单的办法就是在北部建立一个小一点儿的德意志国家，让它与奥地利和奥地利中的非德意志民族建立松散的邦联。因为小德意志方案排除了保守的、推崇天主教和贸易保护主义的奥地利，所以支持者大多是北方的新教自由派，他们推崇立宪和普鲁士自由贸易。威廉·维希曼（Wilhelm Wichmann）说出了大多数人的观点：

> 只有奥地利能给德意志的统一制造真正的障碍，而且也确实制造了。其他的德意志邦国要么主动并入统一的德意志，要么被吞并，要么沉入历史的海洋。但奥地利有太多的反德意志元素，人民的反对和觉醒，会对德意志已经起步的统一事业带来真正的障碍。[71]

排除了整个奥地利，小德意志方案也提前排除了另一个问题，那就是多少哈布斯堡帝国的非德意志地区能加入新德意志帝国。在维希曼看来，将这些民族包含在内非常危险。德意志要想和其他国家势均力敌，"必须尽可能保持我们民族的纯正，必须尽力排除其他异族的元素，才能成为一颗纯洁无瑕的水晶，从欧洲正在形成的各民族国家中脱颖而出"。[72] 与此形成鲜明对比的是大德意志方案的极端，即建立一个包括所有德意志邦国和整个哈布斯堡帝国的大帝国。大力支持这一方案的议会成员，代表了生活在哈布斯堡帝国非德意志地区的德意志人。生活在波希米亚的弗里德里希·冯·戴姆（Friedrich von Deym）伯爵说："我们的目标，是建立有7 000万，甚至8 000万或1亿人口的大国。"这个方案后来被称作中欧方案（Mitteleuropäisch），它能保证德意志的影响力一直延伸到东南欧，像巨大的堡垒一般抵御其他帝国，特别是俄国。德意志将"全副武装，抵抗西部的拉丁人、东部的斯拉夫人，从英国手中抢过海洋的控制权，成为世界上最伟大、最强大的国家。这就是德意志的未来"！[73] 20世纪这个中欧方案将把欧洲带入历史上最黑暗的时代，当然1848年提出这一方案的人并没有这个意思。不过，需要说明的是，小德意志方案的支持者在提到"殖民"东南欧时，也毫不畏惧。加格恩也说，德意志和奥地利的任务是携手将"德意志的文化、语言和生活方式沿多瑙河一路传播到黑海"。[74]

反革命浪潮席卷奥地利时，议会还在讨论这一棘手的问题和它将带来的种种后果。就在温迪施格雷茨的军队杀进维也纳之前几天，议会刚通过了德意志宪法的前3条，其规定：德意志帝国应包括旧邦联的全部领土（虽然波兹南和石勒苏益格－荷尔斯泰因的问题还有待解决）；在帝国内不得基于非德意志人的土地建州；德意志各乡镇与非德意志乡镇共同拥戴一位首领的，两者只能有纯粹的个人或王朝世袭的关系。[75] 换句话说，就在大德意志方案越发不现实的时候，宪法认可了这一方案。哈布斯堡皇室和帝国政府对德意志统一毫无兴趣，因为这会使奥地利降级为大德意志的一个省。黑、红、金三色旗只在奥地利军营的上空飘荡了一天，命运悲惨的拉图尔就命令他们换回帝国的黄黑双色旗，这充分说明了奥地利有多么不情愿。在维也纳仍需保持谦恭时，奥地利首相韦森伯格男爵给奥地利在德意志的所有外交官写信称："所有的革命都戴上了德意志的面具，德意志旗帜已经成了颠覆派的标志。"[76] 罗伯特·布卢姆和尤利乌斯·弗勒贝尔被判死刑时，一些保守派担心这种行为会激起德意志的不满，因为两人都是法兰克福国民议会的成员。施瓦岑贝格并不在意，直接告诉温迪施格雷茨，他们的议会特权"在奥地利没有法律效力。但戒严令对他们有特别效力"。[77] 没有什么举动能比枪毙两名德意志代表更有力地表达奥地利对德意志统一的不满。11月27日，施瓦岑贝格宣布哈布斯堡帝国是一个统一的国家，1849年3月，皇帝又颁布了帝国宪法，进一步强化了这一声明。大德意志不可能实现了，因为它要把"德意志"部分从哈布斯堡帝国身体上摘除。3月9日，施瓦岑贝格玩笑似的提出了一个对立的计划："大奥地利"，也就是整个哈布斯堡帝国和德意志联合，组成大中欧联盟。这对大多数法兰克福国民议会的成员来说，显然是无法接受的，因为这样就会将许多非德意志人包含进来。许多人仍在寻找除大德意志和小德意志之外的其他方案。虽然奥地利已经明确拒绝了德意志统一，但小德意志方案能够最终在投票中获胜，还是议会经过了一些暗中交易的结果。奥地利政府毫不妥协的态度正是其近期强大实力的体现，它已经镇压了1848年6月的布拉格革命，7月在库斯托扎击败了意大利人，10月战胜了维也纳激进派。尽管如此，1849年的春天，帝国仍面临两个大挑战：一是设法击败匈牙利人；二是让意大利乖乖听话。

Ⅳ 奥匈冲突

受哈布斯堡王室的激励,耶拉契奇于1848年9月11日率军队渡过德拉瓦河,入侵匈牙利。他宣称,保证要把匈牙利从一个"无能、可恶、反动的政府手中拯救出来"。[78] 与他率领的5万大军相比,匈牙利人只有寥寥5 000兵力,大多还是刚招募的新兵和国民卫队的士兵,国民卫队的指挥官是贵族泰莱基·亚当(Teleki Ádám)公爵,他是一名职业军人,不愿和宣誓效忠皇帝的同僚指挥官交手。他将军队撤回布达佩斯,在9月15日宣布和克罗地亚人交战是不道德的。匈牙利政府仍然执着于合法性问题,明知道斯蒂芬大公不太可能同意,但还是极力请求他指挥匈牙利部队。他拒绝了,因为皇帝斐迪南一世命令他不要和耶拉契奇作对。克罗地亚人因此得以毫无阻碍地进入布达佩斯,在乡间烧杀抢掠。耶拉契奇手下的一位军官写道:

> 还有4天我们就要到佩斯了,上帝保佑这座城吧,边民(耶拉契奇的士兵)那么痛苦、那么气愤,根本无法控制。他们已经做了很多过分的事,还凶恶地抢劫、偷窃。我们每天下令执行1 000多次鞭刑,但一点用也没有。连上帝都无法控制他们,更别说军官了。农民很友善地接待了我们,但每晚都能听到他们的抱怨声,士兵做的一些事十分可怕。我不知道该如何解决这些抢劫的问题,我都觉得自己像个强盗。[79]

耶拉契奇的入侵在布达佩斯激起了一场政治危机，效果很明显。从夏天开始，激进派就开始表示对包贾尼政府和"叛变"的斯蒂芬大公的不满。9月初，《3月15日》和平等社都在公开讨论要进行第二次革命。激进团体计划模仿法国在9月8日办一次大型宴会，向政府施压，逼迫除了科苏特和内政部部长塞迈雷之外的部长辞职。然而9月2日，科苏特亲自出现在议会上，说服激进派推迟集会。这位伟大而极受欢迎的演讲者解释道，政府正谨慎地与维也纳谈判，竭力避免公开宣战。有人担心布达佩斯的第二次革命会让斯蒂芬大公有借口召集帝国军队，彻底粉碎自由秩序。这并非杞人忧天，8月29日，斯蒂芬曾写信给布达佩斯上游科马罗姆（Komárom）城堡的奥地利卫戍指挥官，让他做好准备赶赴布达佩斯，打击"暴民精心策划的阴谋诡计"。但反革命势力也可能利用这些军队进行针对政府的政变。[80] 好在经过激烈争论，激进派同意了科苏特的请求。他们的报刊甚至同意，和皇帝争取最后的谈判是"拯救我们国家"的有效方法。《激进民主》解释道，政府高举"革命原则的神圣标准"，所以它号召所有人，支持政府的努力，避免危机发生。[81] 平等社也组织了一支1 000人的"民族防御队"，表面上说要在外交手段失败后保卫匈牙利，实际是要组织革命力量，一旦包贾尼政府陷入战争，就武力夺权。但这一准军事组织也在9月12日自愿解散。

那时，克罗地亚人已经入侵，匈牙利政府在外交努力失败后倒台。在最关键的两周，匈牙利没有中央政府。斯蒂芬大公请求包贾尼组建新内阁，但这位顽固的首相每次提名的内阁人选都会被王室否决，不管他们的资历多么完美、多么温和。那段时间里，真正统治匈牙利的是议会。8月，议会曾通过法案组建新军，现在，科苏特正迫切地完成这一任务。他让志愿者加入"国土捍卫者"下各营，敦促帝国正规军的士兵加入这些新的兵团。那些遵守科苏特命令的士兵摘掉身上黄黑相间的标识，换上了匈牙利的三色标识；有些士兵为了与奥地利人区分开来，剪掉了自己长外套的下摆，因为带"燕尾"的白色长外套是奥地利人的标志。科苏特加入了激进派阵营，而激进派呼吁在危机期间任命科苏特为首相，甚至让他实施独裁统治。科苏特在长期坚持法治之后，终于开始展现出他革命的本质。他问，如果斐迪南一世自己都不受法律约束，那支持宪法还有什么意义呢？他认为，用皇帝的法令毁灭宪法，是最蛮横专制的表现。[82]

科苏特的老对手塞切尼·伊斯特万伯爵反对他的观点，但很显然，皇室认为匈牙利在3月获得的一切权利都是无效的。所以，身为温和派（还十分敏感）的伯爵发现，理论上来说，他在1848年的所有努力可能都是违法的，还差点儿让自己深爱的祖国陷入灾难。塞切尼无法承受感情上的折磨，几乎精神崩溃。此前，他一直埋怨科苏特当时坚持要挑起奥地利危机；而现在，他发现他极度保守的改革似乎也惹怒了皇室。他夜夜失眠，白天去参加内阁会议时，绝望得一言不发。9月3日，在经历了一段时间的折磨之后，他终于忍不住冲入一位友人家中，将自己的痛苦一股脑儿地倾诉出来："到处都在流血！手足相残，各民族相互残杀，简直疯狂！有人用血迹在要烧毁的房子上做十字标记。佩斯迷失了。"他把大部分责任都揽到疲惫不堪的自己身上，笔尖狠狠地划破日记本："这一切都怪我！"[83]第二天，他迎来了人生最后一场危机。医生建议他去乡村别墅调养身体，含泪与他的铁索桥告别后，他起程前往岑克（Cenk）的家。两次自杀未遂后，他主动提出进入杜柏林（Döbling）的精神病院。他把自己藏在精神病院的大门后与世隔绝，在忏悔中度过余生。[84]

9月15日，耶拉契奇到达距布达佩斯65千米的地方。惊慌中，人们加紧在城外挖战壕。这时，科苏特应对危局，提出应该建立一个议会委员会，专门处理秘密军务，因为包贾尼还没有组建自己的内阁，无法承担这一重任。尽管首相反对，议会还是通过了这项决议，科苏特与激进派共同领导新的"卫国委员会"。没人知道危机将会向什么方向发展，敢于大胆冒险的人就掌握了主动权。9月23日，斯蒂芬大公辞职，离开匈牙利去往维也纳。匈牙利实际上已经是一个独立国家了，只是法律上还没有得到承认。很快，科苏特开始在匈牙利中部巡行，招募新兵，一位对他崇拜不已的激进派写道，他带来了"巨大的精神鼓舞，让沉浸在绝望中的人重获希望"。他回到布达佩斯后，宣布约1.2万志愿者加入了匈牙利军队。[85]

奥地利政府于9月25日任命兰贝格·费伦茨（Lamberg Ferenc）伯爵担任皇家委员和匈牙利军队总指挥，这一举动的本意是调和矛盾。兰贝格是保守派，但他也不是完全反对改革。他参加过1847—1848年的马扎尔改革议会，作为匈牙利人，他赢得了包贾尼的尊重。作为军人，奥地利政府中的鸽派人士希望兰贝格能威慑克罗地亚人和马扎尔人部队，让他们休战。奇怪的是，在耶拉契奇看起来马上就要攻下布达佩斯的时候，帝国政府却希望停战。可能是因为韦森伯格等比较温和的大臣害怕耶拉契奇大获全胜会让维也纳激进派再次掀起革命，或者让拉图尔等保守派权力变得更大，或者两者都可能会发生。

韦森伯格也许不喜欢维也纳激进派，但立宪派的他希望至少1848年革命的部分成果能保留下来。9月21日，他对斐迪南一世说，他害怕耶拉契奇的胜利可能会彻底抹杀宪法规定的自由。[86]

可惜，匈牙利人不认为任命兰贝格是奥地利政府抛出的橄榄枝。特别是奥地利政府也任命了保守派改革家沃伊·米克洛什（Vay Miklós）男爵为首相。根据4月颁布的法令，因为匈牙利政府没有批准，这些任命都是违法的。9月27日，匈牙利议会做出反击，宣誓了他们维护宪法的决心。第二天，兰贝格来到布达佩斯，他的马车经过一架浮桥时，让一群手工业者、学生和士兵看见了，他们把他拖出马车，又捶又捅，直至把他打死。随后国民卫队赶到，才阻止了他们把兰贝格伤痕累累、毫无生气的尸体挂起示众。[87]这次可怕的谋杀传开了，奥地利温和派不再期待和解，这也正中政府中反革命者的下怀，他们决心和耶拉契奇联手，用武力摧毁匈牙利革命。10月3日，战争不出意料地打响了。

到了这一步，包贾尼依旧没有放弃争取和平的努力。他去拜访了与克罗地亚人交手的部队，回来后立刻前往维也纳，再次请求和解，但维也纳冷漠地回应了他。因为没有正式的政府组织，匈牙利议会此时掌握了权力。匈牙利议会完全明白兰贝格惨死的后果，因此同意了科苏特的建议，大力谴责这一行径，并决心让参与者接受法律制裁。它还将卫国委员会转变为紧急状况下的执行政府，科苏特任主席。在这个关键时刻，激进派掌权后主动与温和派分享权力。委员会成员从6人增长到12人，所有新成员均来自上议院和前包贾尼内阁。尽管9月危机期间，《3月15日》上的确刊登了一篇文章，呼吁对叛国者使用绞刑架和断头台，但整体而言，匈牙利激进派和那些头脑发热的欧洲激进派不同，他们显得冷静多了，这有四方面的原因。第一，他们希望展现出，这个"非常"政府不是仅仅为激进派少数的利益服务，而是真正为整个民族着想。第二，和温和派一起保卫宪法符合激进派自己的利益。要是没有了宪法，他们理想中的民主匈牙利更无法实现。[88] 第三，平等社在整个匈牙利只有1 000名成员，夏天的选举说明他们缺乏人民的支持。要在布达佩斯独立执政，他们就必须将自己的意愿强加到其他国民身上，这样就会在匈牙利遭受侵略之际引发内战。第四，激进派放弃政治上的主导地位时，匈牙利刚刚在帕科兹迪村（Pákozd）击败耶拉契奇，取得了军事上的胜利，军事状况有所好转。

激进派不想分裂现已形成的民族统一体。他们把重点放在保护匈牙利不受外族入侵上。大部分激进派领导者，包括裴多菲和沃什瓦里都加入了"国土捍卫者"，两人均于1849年死于战场，而议会成员则以各种方式支持战争。因此，匈牙利9月的危机并没有挑起激进派革命。包含不少激进派成员的临时政府是由议会投票产生的，因此伊什特万·迪克（Istvan Deak）将1848—1849年匈牙利的革命称作"合法革命"。[89]

而且不像其他地方，危机没有把温和派从政治中心吓跑，转而投向保守派阵营。有人认为这是社会原因：欧洲其他地方的土地贵族大多是保守派或温和派，但匈牙利的权贵和有产乡绅则多是自由派或激进派。对他们来说，民族事业与确立和加强自己的政治影响力息息相关。这使塞切尼这样相对保守的改革者也卷入了革命的浪潮。此外，破坏财产的主要威胁并非来自激进的手工业者或工人，而是农民，农民一般对皇帝都很忠诚，因此马扎尔贵族最需要担心的是反革命力量。德意志贵族卡尔·莱宁根-韦斯特堡伯爵在伏伊伏丁那和巴纳特有大量地产，因此，当塞尔维亚起义者占领他的领地，烧毁他的农田时，他毫不犹豫地投身到匈牙利革命中，迫切希望自己的领地尽快恢复秩序。[90]在德意志出生和长大的他，对哈布斯堡王朝的敌意越来越强，认为哈布斯堡成员是叛徒，是建立德意志联邦的阻碍。但应该说明的是，他也真心爱着自己定居的土地，他的妻子莉齐（Lizzie）就是马扎尔人：

> 让恶魔自己和他的信念斗争吧，要是他愿意的话。不论发生什么，我都不愿和窃贼携手，让一个一直以来都很和平的国家陷入战争。我说不出有多么厌恶宫廷的阴谋诡计，耶拉契奇这个人在我看来简直荒唐极了，以为随随便便就能成为拿破仑！……木已成舟。我的命运与匈牙利紧紧相连……上帝不能背弃一项正义的事业。[91]

变化多样的局势，各不相同的动机，以及内心对忠诚的挣扎，让那些发过誓效忠哈布斯堡王朝的贵族军官尤为矛盾，这些都意味着革命无法得到所有贵族的支持。战争让贵族家庭分崩离析。莱宁根的堂兄克里斯蒂安（Christian）在泰梅什堡〔Temesvár，今天罗马尼亚的蒂米什瓦拉（Timişoara）〕担任指挥官，与其他军官一起支持哈布斯堡王朝镇压革命，并挑动当地的塞尔维亚和罗马尼亚农民对抗马扎尔人。激进派泰莱基·拉斯洛伯爵是泰莱基·亚当的弟弟，后者就是那个不愿和耶拉契奇对战，而选择辞职的将军。

拉图尔被杀的第二天，在莫高·亚诺什（Móga János）将军的领导下，匈牙利人终于与克罗地亚人正式开战。耶拉契奇部队之前烧杀抢掠的恶行，或许还有马扎尔革命者的爱国宣传，激发了农民对他们的反抗，削弱了他们兵力上的优势。军中爆发了一些小规模的斗争，尤其是在克罗地亚部队的后方，不过克罗地亚的兵力仍然远胜匈牙利。9月29日，匈牙利在距布达佩斯仅45千米的帕科兹迪击败了克罗地亚人。在东边的欧佐劳（Ozora），另一队又饥饿又狼狈的克罗地亚军也在10月7日向匈牙利投降。帕科兹迪之战后，耶拉契奇要求停战3天，并将疲惫的部队撤回维也纳，用他的话说，他是要支援哈布斯堡皇室。10月8日，在回维也纳的路上，他接到了城里激进派起义的消息，撤军因而成了正确的选择。两天后，他到达维也纳，在城门口等着温迪施格雷茨的部队从布拉格赶来。两天后，匈牙利军队追击至施沃夏特时，被耶拉契奇和温迪施格雷茨联军打败。

* * *

面对新的危机，卫国委员会动员了全部力量，调动王国的资源，才让匈牙利在奥地利有力的反击中支撑下来。反击并非从奥地利本土开始，而是从特兰西瓦尼亚开始。驻特兰瓦西尼亚的帝国军指挥官安东·冯·普赫纳（Anton von Puchner）将军允许罗马尼亚人于9月底在布拉日召开第二次大型议会会议，他的措辞很谨慎，避免让人以为他支持罗马尼亚独立。几天后，他收到了奥地利宣战的消息，他感到时机已到，应开始发动政变，推翻特兰西瓦尼亚的马扎尔人统治，并以皇帝的名义接管政权。他宣布布达佩斯的委员会是非法的，并呼吁所有忠诚爱国的特兰西瓦尼亚人"战斗到底，人人为我，我为人人"。10月8日，也就是普赫纳宣布决议的这天，马扎尔人中人数较少的一支塞凯什人宣布忠于匈牙利，包括边境部队在内的3万名士兵拿起了武器。罗马尼亚农民则热情地响应了普赫纳的号召，因为匈牙利军官一直劝他们加入"国土捍卫者"的部队，令他们既畏惧又气愤。普赫纳反其道而行之，宣布不得继续这样征兵，因此得到了农民的喜爱。罗马尼亚革命者也支持普赫纳。马扎尔爱国主义者的行为激怒了他们，他们现在认为，如果想多少保留一些对罗马尼亚精神的认可，奥地利是他们最大的希望。农民起义席卷特兰西瓦尼亚。马扎尔、德意志民族的地主和政府官员遭到一群群农民的追捕和屠杀。作为报复，塞凯什人和"国土捍卫者"军队追捕并大规模屠杀农民。几百个村庄被夷为平地。[92] 这场残酷的斗争，是1848—1849年间持续时间最长、最为血腥的民族斗争，4万人被杀，230个村庄化为炬灰。[93] 在驱散了一群曾和马扎尔人发生小规模冲突的武装农民后，莱宁根加入了正在向泰梅什堡行进的匈牙利兵团。他的记录体现出他矛盾的心情——既对士兵的行为感到厌恶，又无法摆脱民族仇恨的影响：

> 接着，让我极度厌恶的事情发生了。没过多久，村里的好多地方开始着火，士兵开始劫掠村民，还做出了很多其他可怕的事。我们花了好大工夫才把火势控制下来。但这些邪恶的瓦拉几亚人（罗马尼亚人中的一支）活该受到这些惩罚，因为他们天天都威胁要杀掉身边穷苦的匈牙利人。我慢慢骑马离开村庄时，看到一个军官带着30个憔悴而又可怜的俘虏。他们走

到我面前时,军官用瓦拉几亚语(这是我后来才知道的)朝他们大喊:"看见绅士还不跪下!去把马蹄上的土舔干净!"我实在看不下去,轻蔑地看了军官一眼就走了。[94]

同时,到 10 月底,普赫纳的帝国军队和罗马尼亚志愿军已经扫荡了特兰西瓦尼亚的大部分地区,只有几小拨马扎尔人还在顽强抵抗。然而,他们真正进攻匈牙利时,普赫纳遇到了一支匆匆组建起来的匈牙利军队,指挥官是被波兰流放的约瑟夫·贝姆(Józef Bem)将军,他 10 月时曾参加了维也纳之战,在温迪施格雷茨占领城市后逃走了。他赶走了奥地利—罗马尼亚军队,到 1 月底时,夺回了特兰西瓦尼亚的大部分地区。虽然帝国军坚守锡比乌(Sibiu)和布拉索夫,但当奥地利开始在西边发动猛攻时,贝姆成功守住了匈牙利的东部前线。至于罗马尼亚人,他们现在必须得权衡向俄国求助的利弊。在普赫纳的催促下,罗马尼亚国民委员会将安德烈尤·塞圭纳(Andreiu Şaguna)主教派往布加勒斯特,会见占领瓦拉几亚的俄军长官。没有沙皇的批准,俄国将军拒绝提供帮助,主教只得另寻方法,前去会见仍在奥尔米茨避难的奥地利皇帝。在奥尔米茨,塞圭纳提出了罗马尼亚非常温和的要求,即罗马尼亚希望在哈布斯堡帝国中建立自治的特兰西瓦尼亚公国。但奥地利宫廷的反革命行动正如火如荼,对罗马尼亚的请求不予理会。[95]

特兰西瓦尼亚周围的伏伊伏丁那和巴纳特也存在民族冲突的问题。夏天,巴纳特的塞尔维亚人(或称 Rascian)曾起义反抗马扎尔人和德意志人。10 月,莱宁根从他的连襟利奥波德[Leopold,昵称波尔迪(Poldi)]那儿听说,塞尔维亚人在贝切伊(Bečej,住在这个小镇的塞尔维亚人加入了起义军)郊外被击败后,"马扎尔人愤怒极了。有几个小时,气愤的马扎尔人对他们为所欲为,接着就是一场可怕的大屠杀。波尔迪估计有 250—300 人身亡。想想都那么可怕!这才是真正的灭族之战"。[96]11 月严冬来临时,人们还经常回忆起这次残酷的民族斗争:

> 每天,都有几马车的塞尔维亚人(大多是女人和孩子)来到我们的哨所,这些可怜人哀求我们,要做我们的俘虏,因为留在塞尔维亚人的营地只能饿肚子。他们个个面色苍白,形销骨立,求士兵给他们一点点面包,他们吞吃面包的样子就像一群饿狼。虽然部队指挥官为这些无家可归的人提供了住所,但政府可以随时驱逐他们。无数塞尔维亚人已被绞死,今天还有 3 个被处决。这是不是让他们屈服的好方法,我无权过问,但就我看来,这些方法实在恶心。[97]

整个冬天,马扎尔人占领了一个又一个村落,并将它们付之一炬。很难说这些恶行是在官方命令下进行的,士兵好像只是随意行动,发泄自己的愤怒和仇恨。从 12 月中旬持续到 2 月底的一场运动中,匈牙利人坚持要把塞尔维亚人赶尽杀绝。莱宁根辩护说村庄被烧毁都是有原因的,因为据称在伊兰科萨(Illancsa),塞尔维亚人攻击了住在附近的马扎尔人,并且在周围的匈牙利城镇展开了屠杀。在珈克伐扎(Jarkovácz),马扎尔人称塞尔维亚人十分奸诈,他们一面热情欢迎马扎尔人,一面在周围埋伏了步枪手。[98] 这就是种族矛盾最残酷、卑鄙的表现形式。

***

匈牙利人狠狠惩罚了造反的少数民族，但却没能阻止温迪施格雷茨领导的奥地利军，他们已于 12 月中旬攻进匈牙利。整个冬季，科苏特都竭尽全力试图通过美国驻维也纳代办威廉·斯泰尔斯达成休战协议。12 月 3 日，美方与施瓦岑贝格会面，但据斯泰尔斯所说，帝国政府正"为自己用之不竭的强大实力自傲"，所以施瓦岑贝格骄傲地拒绝了匈牙利的提议。一星期后，科苏特让斯泰尔斯去影响温迪施格雷茨，但陆军元帅粗暴地告诉美方："我不能轻易放过那些想造反的人。"斯特尔斯注意到，经历布拉格和维也纳的胜利后，新皇帝，也就是 12 月 2 日刚继承斐迪南一世帝位的弗兰茨·约瑟夫一世，同奥地利政府一样非常乐观。斯泰尔斯忧虑地记录道，与布拉格、维也纳的战斗只是皇帝与"他自己不守规矩、装备简陋"的臣民的战斗。[99] 他认为，匈牙利会出现完全不同的情景。事实也正是如此。

新任匈牙利指挥官是格尔盖伊·阿图尔，他年仅 30 岁，却已经在欧佐劳向科苏特证明了他是出色的谋略家和军事家，他在围攻克罗地亚军中起到过关键作用，施沃夏特事件后，他也是少数几个获得赞誉的指挥官之一。他出身北匈牙利的穷困乡绅家庭，19 岁就加入帝国军，开始了军事生涯。因囊中羞涩，为了按人们眼中军官的方式生活，他付出了很多（早年还是中尉时，他早餐只吃一片面包，从不吃晚饭），因为贫困，他的求婚还曾遭拒绝。深受打击的格尔盖伊选择退伍，修读了化学（他最感兴趣的学科）学位，但 1848 年，他饱含热情地加入了"国土捍卫者"部队，并获得上尉军衔。他的外表也让他在一众留着小胡子的军官中显得十分突出,他的崇拜者之一莱宁根曾这样描述他的外貌:"椭圆形的脸,前额很高,十分高贵,蓝眼睛中洋溢着真诚的光芒——有时候让他显得非常愉快,有时甚至有点怪异……他上下唇的胡子都不厚,修的很短,头发也是,他的下巴十分光滑。"[100]

从夏天开始,格尔盖伊一路高升。那时,包贾尼知道匈牙利军火不足,命他去国外采购军火,并了解雷管的制作方法。讽刺的是,包贾尼自己曾在维也纳新城(Wiener-Neustadt)的帝国兵工厂中充分学习过这项技艺。[101] 耶拉契奇发动袭击时,他已经升为少校。格尔盖伊凭借当兵时展现的聪明才智和坚定的信念快速晋升。战争刚开始时,他就表现出极度的冷酷无情,他曾逮捕保守派匈牙利贵族尤金·齐奇(Eugene Zichy)伯爵,只因为发现他身上带有耶拉契奇一篇声明的副本,便将他以叛国罪处死。[102] 格尔盖伊也曾公开反对匈牙利在帕科兹迪战胜耶拉契奇后签署停战协议。[103] 但长期看来,他的政策对匈牙利人来说是有问题的。他是温和制宪派,希望皇帝承认《四月法令》和匈牙利王国在哈布斯堡帝国中的独立地位,认为这样冲突就能结束。与科苏特不同,他不把希望放在大规模的"人民战争"上,而是寄希望于训练有素的职业士兵。这些不同点让两人之间产生了巨大分歧,损害了格尔盖伊的名誉,其影响持续了几个世纪。[104]

虽然格尔盖伊个性坚毅又有军事才华,但他总共只有3万名士兵、80门大炮,无论如何也抵挡不住温迪施格雷茨的5.2万精兵和210门大炮,奥地利人以压倒性的优势沿多瑙河挺进。格尔盖伊慢慢撤回兵力,打一些阻击战,他抱怨人民对战争的干扰,抱怨补给和军需品的缺乏。士兵们生活艰苦，从奥地利撤退的过程中，他们弄丢了亚麻布，士兵们个个身上长满了虱子，要是他们想洗内衣，"就要一整天光着身子穿斗篷"，[105] 这在寒冬中可不好过。科苏特很快就会竭尽全力保证军队补给充足，但他指责格尔盖伊不愿战斗，匈牙利需要战争来激励士气。军队陷入了军事和政治利益相冲突的经典困境。[106]

最终，格尔盖伊准确地判断了军事形势。布达佩斯上游的科马罗姆正竭力抵抗奥地利人，他预见到，温迪施格雷茨前进到布达佩斯时，供给线可能受到干扰，于是不愿继续前进。这样一来，格尔盖伊就能趁机撤退，整顿部队准备反击。他也知道，他对军队的掌控是重要的政治武器，如果他的军事策略奏效，就能支持匈牙利政府在帝国承认《四月法令》的基础上进行谈判。但这一军事计划没能得到政府官员的认可，月底，政府派派采尔（Perczel）将军（欧佐劳的胜利者）带领一小支兵力阻击温迪施格雷茨。派采尔的6 000兵力全被歼灭。通往布达佩斯的大门已经敞开（因为格尔盖伊坚持撤往匈牙利内部），12月31日，科苏特说服卫国委员会和国民议会（议会中一大批成员开始支持求和）迁往匈牙利东部的德布勒森（Debrecen）。1月3日，包贾尼带领一支代表团与温迪施格雷茨讨论停战条件，但这位陆军元帅坚持不接受除无条件投降外的任何条件。包贾尼得以回到位于布达佩斯的宫殿，但两天后，宫殿就落入了奥地利人手中，温迪施格雷茨下令逮捕了他。那时，科苏特、卫国委员会、议会和财政部成员都已离开布达佩斯。天气太冷，新铁路无法运行，身体较好的人步行前往向东225千米的德布勒森，不能走路的爬上农民的货车，一路颠簸驶向目的地。[107] 这是一个闭塞的乡村，没有路灯，更没有人行道和下水道，牛群在街上横蹿，而这里就是自由匈牙利政府领导者将坚守的阵地。

V　意大利城市的抵抗

哈布斯堡王朝及其盟友不断向匈牙利施压,同时也试图压制位于北意大利的威尼斯的顽固抵抗。1849年2月,施瓦岑贝格写道:"只要威尼斯革命政府还是意大利反叛精神的象征……和平的观念就不可能在半岛的其他地方获得胜利。"[108]这座城市还有很多斗争的空间,奥地利海军的封锁还远未到密不透风的地步,以普拉(Pula)和的里雅斯特为据点的奥地利舰队并没有几艘能出海的船,船员大多是意大利人,忠诚度也值得怀疑。更重要的是,潟湖中的潮水、沙洲和沟渠情况复杂,需要非常了解当地的情况才能应对,这当然是威尼斯人的优势。因此,奥地利人在潟湖入口处的防卫非常松懈。但奥地利海军的弱势反而让威尼斯海军指挥部选择不去加强城中已有舰队的实力,不给船只配置更多武器。而奥地利在革命刚爆发时,就把舰队转移到了的里雅斯特。卡洛·阿尔贝托因不满奥地利人破坏停火协议,命令停火时撤走的皮埃蒙特舰队返回潟湖,这让威尼斯海军深受鼓舞。但依靠他人的力量保卫潟湖显然十分危险,政府又那么不愿作为,意大利俱乐部中的马志尼派因而有理由语言攻击马宁和他的同僚。

面对陆上的困境,威尼斯人准备更充分。10月,奥地利登记在册的士兵有2.1万人,但其实1/3的士兵都患有疟疾。同时,威尼斯还掌控着铁路桥的两端，大陆上的那端有马格拉堡（Marghera Fort）保卫。佩帕领导的那不勒斯士兵非常专业，是部队的核心，负责训练大部分威尼斯新兵，还监管大炮和修建新的防御工事。政府一直努力储藏军需品，所以物资并不匮乏，兵工厂也由城市掌控。财政才是更棘手的问题：需要给士兵和兵工厂工人支付工资，整个夏天，统治威尼斯的三巨头采取强制借贷、征集珠宝的方式暂缓压力。要挺过围困需要更多资金，所以政府开始征收烟草税和啤酒税，而前者是被人民厌恶的奥地利税收制度的翻版，也正是当初激起革命的因素之一。米兰—威尼斯铁路的股票售空，政府又以保护威尼斯艺术作品和历史建筑的理由筹集新贷款（幸运的是，战争结束后，最富有的市民偿还了债务，拯救了城市的艺术珍宝）。7月，政府成立了储蓄银行，发行威尼斯自己的货币——"爱国币"。受加瓦齐和乌戈·巴西（Ugo Bassi）神父的启发，神职人员鼓励威尼斯人坚定意志、抵抗入侵，同时呼吁捐款。佩帕把他的俸禄全捐给了被围困的威尼斯。

他也帮助威尼斯人实现了一次非凡的胜利——尽管没有持续多久。10月27日，由佩帕和乔瓦尼·卡维达利斯（和马宁一样，是三巨头之一）亲自率领的3 000意大利军从马格拉堡出击。穿过厚厚的晨雾，他们刺死了把守道路的奥地利枪手，让梅斯特雷（Mestre）的卫兵措手不及。肉搏战的结果很糟糕，双方都死伤惨重，伤亡者共计444人（巴西冒着生命危险为阵亡者带去精神慰藉）。意大利获胜，抓获了500名奥地利俘虏。意大利人不能再继续向前进攻，但现在对奥地利指挥官维登（Welden）元帅来说，摧毁54个堡垒和八角形炮台这样坚固的防御显然并非易事。[109]

1848 年秋天，威尼斯无法再依靠任何其他意大利城邦的军事援助。奥地利和皮埃蒙特之间有休战协议，教皇国和那不勒斯退出了这场争端。现在只有外国干预才能拯救威尼斯，无论是通过外交还是武力。10 月，匈牙利和奥地利之间的战争爆发，威尼斯人有意与马扎尔人结盟，但马扎尔人自身难保。马宁很务实地把希望放在法国的入侵和英国的干预上，认为这样可以让威尼斯保持独立。他 8 月掌权后不久，就派尼科洛·托马赛奥向法国寻求帮助，在给法国外交部部长朱尔·巴斯蒂德的信中，他措辞优美地指出："现在就依仗英雄的法国人民的援助，来拯救这个曾为欧洲文明做出巨大贡献的民族。"[110] 库斯托扎之役后，法国几乎就要出手相助了，因为他们不想看到奥地利攻占皮埃蒙特——这样就会让拉德茨基接近法国边境。但法国政府也知道，法国激进派还笼罩在 6 月残酷镇压的恐惧中，一场战争势必会让他们群情激昂。因此，7 月，巴斯蒂德提出让法国和英国联手干预，以结束战争，前提是皮埃蒙特吞并伦巴第，威尼西亚仍由奥地利控制，但有一定自治权。不论马宁还是托马赛奥，都绝不可能接受这个方案。无论如何，奥地利政府认为祖国已足够强大，不需因外交压力进行谈判，他们有能力在意大利大获全胜。英法联合干预方案遭拒，触发了法国的内阁危机，一半的部长支持武力干预，另一半则希望和平。最后的决定票由卡芬雅克将军投出，他选择了和平。马宁期望法国来拯救威尼斯，但巴黎的一张选票让他的期望全部破灭了。[111]

同时，他在国内也面临强大的舆论反对，反对的声音来自马志尼的追随者建立的意大利俱乐部。10 月初，俱乐部和激进报刊曾大力批评政府，认为他没有尽全力推进战争。对于马宁来说，主要的危险在于，在军队中起着重要作用的并非威尼斯人，他们对马宁本人和这个城市都不是十分忠诚，而且越来越多地受到意大利俱乐部的影响。俱乐部的影响力日益增强，让支持三巨头统治的保守派十分恐慌，正如一位威尼斯贵族所说，他们害怕"新观念"在人民中传播，"尤其是未受过教育的人民，这些观念比红色共和派人的主张还要糟糕"。[112] 但马宁手里还有两张王牌：第一，如果真的到了巷战的地步，他还能指望威尼斯人对他的忠心；第二，他还有佩帕将军的支持。因此，马宁打击反对派时，没有发生大规模流血冲突。10月2日，意大利俱乐部的领导者被捕，并被驱逐出境。所有士兵一律禁止加入政治组织。一些非威尼斯士兵表示反对，但马宁机敏地化解了这次镇压导致的反弹，他向士兵保证10月11日将召开威尼斯议会，起草新选举法，这意味着大量保卫着城市的非威尼斯士兵将获得选举权。马志尼派的呼吁也被平息，他们此前一直要求和奥地利人打一场"人民的战争"。[113] 就像在匈牙利那样，奥地利反革命力量的增长，让人们把注意力都集中在现任政府上，保证了既没有大量温和派倒向保守派，也没有发生第二次革命。

* * *

在罗马，情况却并非如此，马志尼派出乎意料地迎来了新的生机。9月底，一直抵抗激进浪潮的教皇庇护九世终于任命了一位温和派人士——佩赖格里诺·罗西伯爵领导政府。罗西是律师和教师，头脑灵活，尖刻而机智，是位很有能力的政治家。他崇尚自由的名声已经在外，上任时，一位更激进的主教开玩笑地恭喜他说：

"我对您可以说是很了解了，先生，从你的画像被烧毁时就开始了。"[114]1848年，罗西61岁，早年他曾因支持拿破仑政权被意大利流放。最终，他选择在法国生活，担任七月王朝的外交官。他的自由主张相对比较保守，被基佐接受。之后，他作为罗马大使回到家乡，并赢得庇护九世的信任。1848年，他建议庇护九世出台新宪法，但反对进一步的政治改革。在罗西看来，长远来说，意大利应该走一条温和的道路，在教皇的领导下建立意大利联盟。他反对罗马卷入这场战争，不仅因为这会助长民族主义者的势力，而且因为他预见到，战争会促进皮埃蒙特的扩张。[115]他也害怕第二次革命——共和革命，那会导致外国势力的干预，让罗马被外来力量控制。

所以，罗西坚定地遵循教皇宪法中的规定，一点儿也不愿打破。"在我们这样的宪制政府中，"他说道，"如果全体人民的意见和行动不能为法律注入活力，所有事情都会变得混乱无序。"[116]他理想的改革是"自上而下"的，由政府主导，主要目的是提升政府的行政和财政效率。从上任开始，他就致力于促进行政改革，稳定国家财政，恢复法制与秩序。罗西计划铲除所有腐败官员，触动教士的利益进行财政改革，建设新铁路线和电报网。他还让自己的朋友卡洛·祖基（Carlo Zucchi）将军领导军队和整顿军纪（祖基是退伍革命老兵，曾在拿破仑手下服役）。罗西重新开始与其他意大利邦国谈判，包括皮埃蒙特和托斯卡纳（谈判也对谨慎、难以捉摸的那不勒斯开放），主张建立意大利联盟。罗马激进派非常讨厌罗西，因为他要建立君主制联盟，还不遗余力地维护宪法。托斯卡纳激进派蒙塔内利一直在努力召集制宪议会（costituente），这也是民主派所希望的，但罗西的意大利联盟成了一大阻碍。10月10—30日，卡洛·阿尔贝托的首相文森佐·乔贝蒂实践了另一种方案，在都灵召集自由君主制的制宪议会。罗西也反对这一方案，因为这会引发皮埃蒙特的干涉。面对这么多选择和期待，立宪制到底应该如何运作？意大利统一的道路还远未明确。[117]

激进派把一年来各种挫折、失望带来的低落都发泄在罗西身上，退伍士兵、返乡者和从南部来的那不勒斯难民加强了激进派的力量。10月24—25日，遭那不勒斯流放的文森佐·卡尔博内利（Vincenzo Carbonelli）计划召集罗马人民反对教皇，但并未成功，因为反对派中埋伏着警察，不断向政府汇报。维也纳10月革命胜利和匈牙利人打败耶拉契奇的消息传来，对意大利来说，这似乎是再次与奥地利作战的好机会——卡洛·阿尔贝托自己也的确在乔贝蒂召开制宪议会会议期间威胁奥地利要开战。罗马第一届议会将于11月15日召开会议，这之前的两周对罗西来说十分痛苦，但他以超凡的冷静和毅力，承受了激进派报刊对他的各种攻击。他被比作基佐和梅特涅一样的人，被指控想重建旧日的暴政。后来，激进派领袖斯泰尔比尼宣称，罗西的目标是"驯化民主，毁灭或是无限期推迟民族国家的建立"，他"嘲讽独立战争"，认为立宪"荒唐可笑"。[118]罗西收到很多匿名的辱骂信，但他对这些可怕的批评不屑一顾。信里的某些评论或许真的刺伤了罗西，因为他的儿子曾在伦巴第与奥地利人作战。

11月12日，罗西发起反击，逮捕了一批带头作乱的那不勒斯人，并将他们驱逐出境，其中包括卡尔博内利（他正准备在图拉真纪念柱再发起一次暴动）。后来具体发生了什么不太清楚，但似乎一群激进派成员于11月13日在人民广场附近的小酒馆集会，讨论除掉罗西的方法。参与者可能包括斯泰尔比尼和"小胖子"的儿子路易吉·布鲁内蒂（Luigi Brunetti）。那是一场紧张激烈而又小心翼翼的谈话，最终所有人都同意，在两天后议会开幕时刺杀罗西。但全城人民都以为激进派会组织大规模游行。

那不勒斯人遭到驱逐，并于11月14日被带到奇维塔韦基亚（Civita Vecchia）的一处港口，罗西命令一队队宪兵警察上街游行、炫耀武力，这些都激化了政治矛盾。11月15日中午，罗西抵达众议院，他下马车后，必须走过坎榭列利亚（Cancelleria Palace）的大门，再沿一条围满观众的过道走不到20米。警察早就注意到了"返乡者"，他们成群地穿着灰上衣和蓝裤子，十分显眼，手不断摸着自己的匕首，还大声抗议罗西。10分钟前，斯泰尔比尼出现在议会上时，他们爆发出热烈的欢呼。罗西的马车靠近了，人群安静下来，这是预期中的肃静。他面色苍白与身上的深蓝色大衣形成鲜明对比。罗西走上了围满群众的过道。虽然观众向他身边涌来，但他艰难地向路尽头的楼梯走去，脸上带着轻蔑傲慢的笑容。他刚踏上楼梯，一个年轻人就在一旁轻轻撞了他一下。罗西被撞得转向一侧，另一个杀手——据说是路易吉·布鲁内蒂——将匕首插入他的喉咙中，切断了他的颈动脉。血喷涌而出，周围的其他"返乡者"也纷纷掏出匕首，凶手趁乱逃走。血流不止的罗西被朋友们抬到了附近的一间房子里，死了。"在罗马，仅剩一个富有活力和智慧的人担当秩序的代表，"比利时大使写道，"就是罗西先生，这也正是他被杀的原因。"[119]

大使的评价很有预见性，接下来几个小时，一群共和派深入城市的各个角落，还没从震惊中缓过来的政府竟然显得毫无准备。议会休会,激进贵族卡尼诺尖声叫道:"为什么这么乱?是罗马皇帝死了吗?"[120] 奎里纳尔宫(Quirinal Palace)中的教皇接到朋友被杀的消息,十分震惊。没有了罗西的控制,宪兵警察和公民卫队的忠诚都有所动摇。宪兵警察开始和人民友好交往,甚至正规军的首领都担心他的手下不愿向人民开枪。为了缓和正在聚集的风暴,庇护九世不得不任命一位支持与奥地利重新开战,也支持立宪的大臣。激进派还要求更多,包括修改宪法。政府无法自我保护,也不愿向反对派低头,于是不得不下台。共和派的春天来了,斯泰尔比尼准备先发制人,他担任主席的人民俱乐部(Circolo Populare)动员罗马人民,给予他支持。那天晚上,一队俱乐部成员和"返乡者"走上大道,庆祝胜利,将刺杀罗西的杀手比作布鲁图*。他们停在罗西家的窗户下,残忍地嘲讽他悲痛的遗孀,喊道"保佑刺杀罗西的那只手"。[121] 相当多"令人讨厌的卑劣的爬虫"已经涌上了街头。[122]

第二天下午,一群人聚集在人民广场,之后前往奎里纳尔宫向教皇提出激进派的要求。一队包括瑞士警卫、忠诚的宪兵警察和贵族卫队在内的杂牌军在宫殿周围组成了一道薄弱的保卫防线。3点钟,人群涌向宫殿紧锁的大门,两个瑞士宫殿守卫逃出混乱,一个在阻拦抗议者时把长戟打断了,另一个的长戟直接被起义者夺走。教皇充满勇气地直面这绝望的局面,他已经任命了备受欢迎的朱塞佩·加莱蒂(Giuseppe Galletti)组建新政府,但不肯做更多让步。加莱蒂建议他做一些妥协,但他拒绝了,仿佛没听到宫殿外人们雷

---

* 罗马贵族,密谋刺杀恺撒。——编者注

鸣般的抗议声。抗议者越来越气愤，渐渐失去耐心，开始大喊"民主政府还是共和"。广场上聚集了大约 6 000 名武装群众，包括转投激进派的士兵、公民卫队和宪兵警察。群众试图烧毁宫殿的一个侧门以闯入宫殿时，第一轮枪声打响了。瑞士士兵本来只想朝天上打几枪，却将紧张的局势催化成了暴乱。抗议者爬上附近的塔楼，开火反击，子弹打穿了教皇一位秘书的办公室窗户，将他杀死。一架大炮炸开了宫殿大门，就连庇护九世也明白，让步的时候到了。他告诉外国大使（他们在危机中聚集在他身旁）他不得不妥协，并组建了包括斯泰尔比尼、加莱蒂和马米亚尼在内的新政府。

立宪政权正在一步步崩溃。议会十分混乱，无法有效运作。保守派和温和派被赶下议会旁听席。罗西之死引发了极大的恐慌，议员或辞职或缺席，众议院几乎空了。教皇的朋友和政治盟友只能偷偷拜访他，其中一个为了保护自己，带着手枪进出宫殿。压死骆驼的最后一根稻草是政府宣布正式宣战并召集全意大利制宪议会。11月 24 日晚，庇护九世穿着低等教区神父的长袍，爬上马车，经过 12 小时奔波，连夜穿过边境来到那不勒斯王国，在海边要塞加埃塔（Gaeta）小城避难。

教皇的出逃把罗马革命变成了国际大事。这彻底动摇了天主教欧洲的基础。除非奥地利以教皇被颠覆为借口攻入意大利中部，否则法国世俗政府不会有任何举动。12 月西班牙宣布庇护九世受所有天主教国家的保护，并提议召开国际会议解决这一问题。一直积极行动保护教皇的那不勒斯同意了，奥地利认为这是个机会，可以让"教皇治下的统一意大利"这一设想彻底破灭，也欣然同意。就庇护九世来说，他最初坚称，自己仍认可之前为人民颁布的宪法，但慢慢地，他受到了保守的那不勒斯人和自己随从的影响，包括阴暗的枢机主教安东内利（Antonelli）。自由和立宪的尝试在罗马失败，让安东内利看到了保守派的机会。他预计，保守派和激进派如果发生正面冲突，保守派会获胜，尤其是如果庇护九世能得到其他国家的帮助。因此，教皇拒绝承认罗马的新政府，12月，他找到"他最亲爱的儿子"、新皇帝弗兰茨·约瑟夫一世求助。[123]

罗马革命让所有意大利激进派找到了新的关注点。在托斯卡纳，圭拉齐和蒙塔内利看到了召集民主制宪议会的机会——这次可以直接在罗马开。加里波第和他的追随者也被吸引到了罗马。自从夏季从瑞士撤退，他们就一直在长途跋涉。加里波第从瑞士来到热那亚，受到西西里人的正式邀请，去帮他们抵抗那不勒斯人。他带领72名手下（大部分都是军官）登上一辆法国汽船，驶向南方的巴勒莫。但在沿途的一个停靠港口里窝那，激进派领袖告诉他，在托斯卡纳他能很快壮大自己的共和军。加里波第动心了，决定为圭拉齐和蒙塔内利效力，并给他们发去一封电报，提议带领一队托斯卡纳志愿兵去对抗那不勒斯国王。电报的结尾非常简洁，写着："同意否——加里波第。"[124]

答案当然是"不同意"。从一开始，这位经验丰富的老兵就被误导了：托斯卡纳，尤其是乡村地区，对大公非常忠诚，不喜欢共和派的种种讨好。第二，圭拉齐和蒙塔内利也不喜欢加里波第的突然出现。他们或许是激进派，圭拉齐也很懂得如何煽动人，但他们现在都掌握权力，自然希望证明自己有能力维护法律与秩序。此外，他们希望制宪议会是民主的，但参与者没必要都是共和派。蒙塔内利后来解释道，他们希望有一个能说服"立宪派、共和派、联邦派和统一派握手言和"的制宪议会,"共同为解放意大利做出贡献"。[125] 允许自由君主制支持者加入议会,让马志尼和加里波第等不愿妥协的共和派人不太高兴。此外,加里波第的兵力威胁到政府的稳定,而政府虽然比较激进,却在努力稳固自己的地位,以控制更加头脑发热的托斯卡纳民主派。"他们就像蝗灾,"圭拉齐这样形容加里波第的部下,"我们必须尽快赶走他们。"[126] 因此,面对加里波第的请求,托斯卡纳的回复非常含糊。虽然他的小部队受到了佛罗伦萨人的热烈欢迎,政府的态度却极其冷漠,也没有给他们提供行军需要的物资。[127] 加里波第带领的小军队翻过了积雪的亚平宁山脉,于11月9日抵达位于斐力加尔(Filigare)的教皇国边境。这时,离罗西被杀还有6天,祖基将军带领400名瑞士兵从博洛尼亚出发赶往费拉拉,拦截手下只有不到100人的加里波第。共和军的情况糟透了,加里波第后来痛苦地写道:"我们离开南美就为了在亚平宁山里对抗风雪?""看着这些年轻人在这么恶劣的天气里翻山越岭,我难过极了。他们大部分都只穿着单衣,有些甚至衣不蔽体,所有人都饥肠辘辘。"[128] 他们在斐力加尔停留期间,境况十分悲惨,这时博洛尼亚人恰好营救了他们。祖基不在,加瓦齐神父组织了一场浩大的游行,带领人们涌上街头,在祖基的副指挥官窗前大喊:"要么我们上去,要么你从阳台上下来。"[129] 游行的消息传到祖基耳朵里,他不愿激起大规模起义,同意做出让步。加里波第的部队可以从罗马涅(Romagna)穿过,但必须前往拉韦纳(Ravenna),从那去威尼斯支援马宁,抵御奥地利的入侵。

罗西之死和罗马激进派起义,给了加里波第向南进军的理由。他对罗西被杀的看法很激进:"为了除掉他,这个历史悠久的国际都市重现了昔日的辉煌。一位罗马年轻人，再一次拿起了布鲁图之剑，让暴君的鲜血洒满议会大厦的大理石台阶！"[130]他招募新军的工作初见成效，11月离开拉韦纳时，他手下已有500余人，大部分是年轻的中产阶级市民、工匠、工人和学生，他们"个个都帅气有礼貌，都来自全国大城市有教养的家庭"。[131]加里波第计划在翁布里亚（Umbria）过冬，但还是在12月中旬去了一趟罗马。据他说，是为了得到军事大臣的认可，让他为军队提供物资，"结束军队悲惨而无依无靠的现状，找一个更坚固的靠山"。[132]

等待加里波第的是一个分裂的罗马，激进派各分支之间、激进派和残余的温和派之间纷争不断，情况十分复杂。12月初，温和派提出，制宪议会应该采纳文森佐·乔贝蒂的联邦方案，但支持民主的激进派坚决反对。推崇共和的马志尼党在威尼斯受挫，又在罗马找到了舞台。有些人，比如马志尼本人，从实际的角度考虑，觉得现在召集全意大利制宪议会太早了，就算其他人都同意，皮埃蒙特人也永远不会同意，所以应当先把教皇国民主化，让它成为未来意大利共和国的核心。其他共和派人不同意这一方案，希望尽快举行全意大利选举。同时，罗马新政府的一些成员，例如马米亚尼，没有那么极端，也清楚地知道教皇的逃走在道德和经济上深刻影响了许多罗马人民。许多人坚信，如果庇护九世同意谈判，他就能回到罗马。当这个可能性仍然存在时，大臣们都不愿意走强硬的共和派路线，加里波第再次遭拒。他与部下在翁布里亚的福利尼奥（Foligno）过冬。然而，政府很快就无法抵抗激进政治组织的压力，他们有可能再次走上街头，发起暴动。而教皇无论如何都拒绝回到罗马，12月9日，政府别无选择，只能举行罗马制宪议会的选举，这明显是建立共和制的前奏。政治团体不断向罗马政府施压，1月16日，政府宣布在罗马制宪议会中获得选票最多的100多人，将代表罗马参加全意大利制宪议会，不论它在哪里召开。[133] 共和派分到了他们的蛋糕，似乎可以心满意足地享用了。

VI 路易-拿破仑·波拿巴上台

意大利共和派突然呼吸到了新鲜空气，法兰西第二共和国却在慢慢窒息。不过第二共和国要痛苦地支撑到1851年年底才灭亡。带来这种痛苦的，是一个看起来不太可能的人，他总是无精打采，身高不到1.68米，长着鹰钩鼻，留着长八字胡和尖尖的山羊胡，他就是路易-拿破仑·波拿巴。他出生于1808年，是拿破仑·波拿巴的侄子，母亲是奥尔唐斯·德·博阿尔内［Hortense de Beauharnais，约瑟芬（Joséphine）皇后第一次婚姻里生的女儿，即拿破仑的继女］，父亲是路易·波拿巴，拿破仑的弟弟，后来当了荷兰国王。路易-拿破仑为人神秘、怪异，有时又有些滑稽。1814年，拿破仑帝国崩溃后，他和宠爱他的母亲相互依靠，在流亡中度过了童年时光，最终在瑞士博登湖畔的阿伦南城堡中安顿下来。在那里，奥尔唐斯没有让路易-拿破仑忘记自己波拿巴家族的身份。1830年革命后，拿破仑帝位的第一继承人是拿破仑二世，赖希施泰特（Reichstadt）公爵，皇帝和他第二任妻子奥地利的玛丽-路易丝（Marie-Louise）的儿子。公爵一生都在申布伦的哈布斯堡宫殿这个

"金笼"中度过，最后却在1832年因肺结核而死。路易-拿破仑视他自己为正统继承人。在他看来，波拿巴主义是人民主权与专制主义的结合：皇帝负责执行人民的意愿，一个由普选（尽管是间接的）选出的议会负责传达民意。这是种种政治观念令人震惊的现代融合，独裁者宣称自己的权力是"人民"赋予的。然而，他在《拿破仑思想》(*Napoleonic Ideas*, 1839)一书中写道，政府必须为社会的利益服务，那就是用"必要的方式，为文明的进步开辟顺畅、便捷的道路"。[134] 路易-拿破仑把独裁、人民主权和社会进步相统一，吸引了大批群众，面对不同类型的群众时，他会有选择地强调不同方面，这样一来，他成功获得了所有人民的支持。后来，在他当上皇帝、成为拿破仑三世后，他对自己的亲信说："我怎么可能轻而易举地统治国家呢？皇后是个正统主义者，莫尼（Morny）是奥尔良派，我的堂兄热罗姆-拿破仑（Jérôme-Napoleon）是共和派，我是个社会主义者，只有佩尔西尼（Persigny）是波拿巴主义者，但他还是个疯子。"[135] 他的思想能有这么强大的感染力，是因为他给思想披上了一层拿破仑式的包装。许多人铭记拿破仑帝国，不是因为它的专制或可怕的战争，而是记住了它的荣耀和它对1789年革命精神的推崇。

利用意义模糊却极有影响力的波拿巴主义，路易-拿破仑做了两次鲁莽的尝试，意图煽动法国军队推翻七月王朝。第一次是1836年在斯特拉斯堡（Strasbourg），第二次是1840年在布洛涅（Boulogne）。第一次尝试失败后，他流亡到美国，但很快回到欧洲。第二次尝试完全是一场闹剧。路易-拿破仑坐着一艘名为"爱丁堡城堡号"（偏以这座阴森恐怖的古堡命名）的汽船来到布洛涅，起义军没有御雕能作为象征物，就找了一只没精打采的秃鹰凑合，这只茫然的动物被链子拴在桅杆上。布洛涅事件的结局是,路易－拿破仑被判终身监禁,在法国北部的哈姆堡(fortress of Ham)服刑。1844年,他在狱中写下了《消灭贫困》(The Extinction of Poverty),讨论了"社会问题"。他批判自由市场经济,提议激进的政府干预,以消除贫困现象。他的思想还远远算不上社会主义,但这为之后他和工人交朋友打下了基础,当然还有一些巴黎手工业者也注意到了他。写下这本小册子两年后,他成功越狱,在一次建筑整修时,他穿上工人的服装,随意扛起一块木板走出了大门,不到一天就赶到了伦敦。[136]

1848年革命期间,路易－拿破仑来到巴黎,但临时政府对他十分怀疑,可能也有警惕,拒绝了他为政府工作的申请,3月初他又回到了伦敦。4月10日,他在伦敦成了打击宪章派的特警。在法国,这意味着他支持秩序,反对"红色"恐怖。[137]但尽管顶着波拿巴的姓氏,他的政治立场依旧难以捉摸。

在伦敦期间,路易－拿破仑在6月4日举行的补缺选举中成为法国代表候选人。他在包括巴黎在内的4个不同的选区获胜。这引发了一场政治风暴。一方面,一些巴黎人欢呼雀跃,因为他那令人振奋的名字——波拿巴。工人们聚在大街上,他们打着民主社会主义的标语,喊着:"拿破仑万岁!我们要有拿破仑了!"他们在路易－拿破仑身上寄托了爱国的自豪,这份自豪来自他伯父统治的光荣年代,还寄托了他们对社会革命的期望。正是这种强大的吸引力让共和派不安。蒲鲁东在自己的报纸上警告称:"8天前,市民波拿巴不过是广阔天空中一颗不起眼的小黑点。前天,他还不过是一个让人捉摸不透的人。但今天,他就成了能呼风唤雨的乌云。"[138]民主社会主义团体"1793年革命俱乐部"(Club of the Revolution of

1793）对此也很担忧，讨论他们应该如何应对路易－拿破仑的胜利，一位成员认为，这是因为他们没有把"民主的旗帜传到更多地区"。[139] 6月12日，在制宪议会上，拉马丁和赖德律－洛兰提交一份议案，要求废除波拿巴的代表身份。他们说波拿巴是个骗子，曾两次企图非法夺权，这样的人不配担任代表。拉马丁强调："我们永远不会允许几个狂热分子用任何名义出卖共和国！"[140] 路易－拿破仑的支持者和国家工场的失业工人聚集在协和广场，高喊"皇帝万岁"。他们的喊声回荡在广场，传到了河对岸的制宪议会，议会虽有军队和国民卫队保护，但还是驳回了拉马丁的提议。拉马丁评论道："议会很少这么软弱。"按照达古的解释，议会做出这个奇怪的决定，是因为他们虽然害怕波拿巴，但更害怕正统主义者和奥尔良派，这些人在议会里的势力更强大。[141] 但波拿巴于6月16日主动辞职，缓和了局面，他坚称现在的自己支持法治："我渴望秩序，也支持一个智慧、伟大和明智的共和国，虽然并非所愿，但我也曾制造过混乱，对此我深表遗憾，并提交我的辞呈。"[142]

这一步棋走得太妙了。达古的评论一如既往地尖锐：

> 他的谦逊之举让人民更加尊重他，他也仍然代表着国家统治的原则，代表们自己似乎都对此有所怀疑……比起自由政府，没有文化、躁动、不理智和充满激情的民主派更偏爱理想化的革命独裁制……他就是这一制度的象征。[143]

更妙的是，这次辞职正好让路易－拿破仑在六月起义发生时得以留在伦敦。他没有参与关闭国家工场的投票，也不用在同情起义者和支持秩序之间进行艰难的政治选择。他的名望和家族的光环因此免受玷污。在曾投票支持他的约讷省（Yonne），检察官接到命令，关注波拿巴主义者的行动。7月2日，律师负责地汇报说，没有发现什么问题，但这不意味着路易-拿破仑的成功当选很快被人遗忘。不论何地，人们都有类似的议论：

> 只有路易-拿破仑才能把法国从财政危机中拯救出来。他家财万贯，能给政府捐好几百万，再也不会有"45生丁税"了！农民们两年都不用交任何税！为了得到这些好处，保证农业、工业和商业都能顺利运行，我们需要任命路易-拿破仑，先当议会代表，再当共和国总统，最后当皇帝！[144]

选举期间，写着"路易-拿破仑·波拿巴——皇帝！"的海报挂满了大街小巷。

秋天的局势证明律师的担忧并不是杞人忧天。在9月的补选中，路易-拿破仑向13个席位发起竞争，并且成功赢得5个席位。在巴黎，他在代表中排名第一，仔细挑选后，他选择担任偏僻的约讷省的代表，并于9月24日抵达约讷省首府。路易-拿破仑走马上任时，议会正在讨论第二共和国宪法（11月4日，宪法正式通过）。好运又一次降临在路易-拿破仑头上，新宪法规定实行总统制，尽管一些人担心这样权力会过于集中在一个人手中。路易·勃朗曾给议会提议，阻止路易-拿破仑担任总统的最简单方法就是不要采取总统制。[145] 但负责起草宪法的议会委员会在是否应该设立总统上没有分歧，只讨论了如何选出总统。托克维尔也是委员会成员，他提出在美国这种行政权很弱的国家中,让人民选举总统没什么不好,因为总统会受到强势立法机关的制约。但接着,他很有预见性地说道,在法国这种有很强的君主制传统、政治权力自古以来都很集中的国家,民选总统的权力会变得很大,会很危险。他警告,这个职位只适合想恢复君主制的人。这位伟大的历史学家和政治哲学家发表观点的时间,正是路易-拿破仑·波拿巴第一轮选举后的第二天,大家都知道托克维尔担心的是谁。[146] 另一个选择是让议会选出总统,这样波拿巴就完全失去了当选总统的机会。

最终,普选方案获胜,因为卡芬雅克不断敦促委员会规定总统由普选而非议会选举产生。因为6月的政治风波,保守派还占据上风,共和派的卡芬雅克把自己的政治前途压在对他心怀感激的选区上。此外,共和派也明白,议会中君主派占多数,如果真的让议会选举总统,也会产生很大的问题。10月7日,眼看保守派将通过议会选举拿到总统职位,拉马丁站了出来,劝服委员会采取普选的方式,暂时不考虑波拿巴主义者的威胁。在拉马丁看来,新专制政权的产生,需要两个条件:恶行带来的恐慌和极富魅力的军队领袖。1848年,法国这两个条件都不具备。[147] 那天,议会投票通过,总统由男性普选产生,任期4年,之后不可连任。10月9日,温和共和派安托万·图雷(Antoine Thouret)提出一项修正案,禁止来自历史上统治家族的成员参与总统选举。路易-拿破仑提出反对,他的演讲非常糟糕,带着长期流放中形成的德意志口音,看起来就像个弄臣。"这个傻子!"赖德律-洛兰兴奋地嘲笑他,"他彻底毁了。"[148] 图雷怀着对他的鄙夷撤回了修正案。

大部分代表都认为,维护法律与秩序的共和派英雄卡芬雅克会在 12 月 10 日第一次总统选举中大获全胜。但 10 月 26 日，路易－拿破仑宣布将参选总统。达古评价道，这次选举将是将军代表的"权威"和路易－拿破仑·波拿巴代表的"专制"之间的竞争。[149] 路易－拿破仑在 9 月的选举中再次获胜，说明不论政治精英多么看不起他，他在人民中依旧很受欢迎。在补缺选举中给他投票的人都来自巴黎或城郊的工人阶级街区。更重要的是，他的名字在农民中会产生奇效。在大众的记忆中，"伟大的"拿破仑是捍卫人民利益的"人民的皇帝"。在阿尔萨斯，农民回忆起这位皇帝时都带着喜爱之情，因为他在任时没有森林法来禁止农民进入林地。此外，人民对第二共和国已经很不满，把票投给路易－拿破仑能体现他们对当局政府和上层阶级的不满，也能避免走向社会主义。竞选总统时，路易－拿破仑·波拿巴的确是卡芬雅克强有力的竞争者。这次竞选其实是他们两人的竞争，一旦这个事实明确了，左翼激进派都选择支持路易－拿破仑，以免六月起义中残忍的"屠夫"获胜。同时，保守派抛弃了他们曾经的英雄，尽管不情愿，他们还是把票投给了路易－拿破仑。对他们来说，拿破仑式的传统意味着强大、有权威的政府。甚至君主派也愿意支持路易－拿破仑，希望他能铲除左翼，此后成为他们的傀儡，在总统制的外衣下，恢复君主制的道路将变得畅通无阻。奥尔良派的领袖人物阿道夫·梯也尔认为波拿巴是个"白痴"，但觉得他在政治上有利用价值，也选择支持他。相较之下，卡芬雅克就太强势、太共和派了，不容易被影响。

路易－拿破仑给不同人提供了很多互相矛盾的价值。选举中，他以巨大的优势获胜，得到了 540 万张选票，卡芬雅克只得到 140 万张票。共和左翼代表赖德律－洛兰和拉斯帕伊甚至没有造成什么威胁，分别只得到40万和3.7万票；拉马丁只得到8 000票，这让他感到十分震惊和丧气。公布结果的时候，他甚至无法面对议会成员，因为他的选票公布时，右翼的座席上发出阵阵嘲笑声。正统派候选人尚加尼耶（Changarnier）将军只得到了不到1 000张选票。[150]

12月20日，波拿巴宣誓就任总统。当他发誓将拥护宪法时，一些议会代表坐不住了。他们不明白这是波拿巴真的转向共和制，还是在发伪誓。波拿巴上任后，首先任命奥尔良派的奥迪隆·巴罗担任总理。这个信号很清楚了，这届内阁毫无疑问是反共和的。保王派的尚加尼耶作为政客并没有什么出色的成绩，但获得安慰奖，被任命为巴黎的军队指挥官。第二共和国开始走上反动的道路。

第六章

1849：大势已去

1848年毁灭性的战败并不意味着革命势力完全消失。并不是所有的反动势力都取得了胜利，即便保守派重新获得了控制权，他们也认为自己还远远没有强大到能够将新生的自由组织完全清除，大多数政府至少仍然在嘴上答应颁布宪法。自由派现在对于实现他们的自由理想并不乐观，但还是要捍卫他们所剩不多的成果。与此同时，欧洲的激进派要么努力推进他们的民主和社会计划，要么为保卫自由秩序进行为时已晚的抵抗。只有在第二波革命活动被镇压之后，19世纪中期的这场革命才走到了尽头。

　　领导德意志1849年革命的是民主主义者，而相当讽刺的是，这些民主主义者捍卫的却是残留的德意志国民议会颁布的自由宪法。由于军事危机，意大利和匈牙利的革命显得十分激进。1848年，法兰西的激进派在城市里遭受了严重的打击，开始转战各省及农村。民主社会主义者在法兰西乡下的基层民众中辛勤地工作，将不满转化为一张张选票，并在选举中获得了足够的优势，到1851年，民主社会主义者重拾信心，这让君主派和温和的共和派深深地感到不安。

I 法兰克福国民议会的解散

在新的一年，法兰克福国民议会不得不面临一个令人不快的现实：奥地利和普鲁士两个强国都没有给予这个德意志议会过多的关注。没有他们的支持，德意志联盟就像沙堆上的城堡，不堪一击。一些相对较小的邦因为自己十分弱小，不得不躲在更大的泛德意志政治保护伞下，所以对他们而言德意志议会和政府还有些用处。议会颁布了宪法。在1848年12月底，他们出台了《基本权利》（Basic Rights/Grundrechte），后续的立法机构，不论是联邦的还是各州，都不应该破坏这些基本权利。《基本权利》保证了人在法律和人身保护令面前的自由与平等。废除了贵族头衔和所有贵族特权，包括地主对农民的庄园司法权和治安权。它拒绝回归农奴制，而是主张宗教、教育、舆论和出版的自由。死刑、肉刑和示众枷被废除。议会的世俗理想体现在婚姻和教育条款中：民众可以通过世俗婚礼合法地结合；教育也从神职人员的手中解放出来。司法组织不再受政治因素的影响，从而确保分权制衡。同时，法案也保证了少数族裔"自己民族的发展"，尤其是他们在宗教、教育、法律和当地政府中有使用自己语言的平等权利。虽然它保障了财产权，但并没有提到社会权利，自由派坚定地认为自由贸易和公开竞争可以消除贫民的经济压力。因此，所有德意志公民将可以自由地去自己想去的地方旅行、生活，去赚取财富，去从事任何工作。换句话说，从政治意义上讲，这部法案是一部经典的自由主义文本。

当时，并不是每个德意志邦国都承认《基本权利》。巴登、符腾堡和黑森－达姆施塔特等邦在第一时间就承认了，而普鲁士、奥地利和巴伐利亚等邦则拒绝承认。有的政府令人惊异地表达出一些相当现代的焦虑，他们认为迁移自由会让所谓的"共产主义者"在本邦扎根，还有的政府担心大批的失业工人会遍布整个德意志。有人甚至抱怨称："每个邦和各个共同体所做的所有努力都会花费在为这些人提供工作机会和必要的支援上。"行会强硬地否认自由选择工作的权利，因为那意味着他们将失去对行业准入门槛的控制。[1]

德意志帝国的政治安排包括两院制议会（Reichstag）。上议院（参议院）的一半成员由各邦议会选出，另一半则由各邦政府指定。所以，宪法事实上确立了联邦的基本原则。此外，所有邦都必须通过普遍选举选出自己的议会，并且政府各部门对议会负责。下议院（众议院）成员则由人民投票选出。确立选举权的范围是一件麻烦的事：左翼党派当然希望男性都有选举权，而自由派则希望只让经济独立的人有选举权，这样就排除了学徒、工厂工人、熟练工、农场工人和家庭佣人。但在奥地利坚决拒绝德意志统一的情况下，自由派需要左翼的支持来推进普鲁士主导的小德意志方案，并且普鲁士王位世袭。两派最终达成一致，议会选举法规定："每一名品德优秀且年满25周岁的德意志人都有投票权。"虽然只有很小的优势，但"不记名投票"这一保密投票方法也获得了通过。因为反革命运动，这个选举法从未真正实行过。但令人意想不到的是，俾斯麦将它保存下来，并将其作为1871年德意志帝国宪法的基础。[2]

德意志帝国宪法于1849年3月27日通过，次日普鲁士国王腓特烈·威廉四世被选举为世袭皇帝，有权通过悬置法案推迟立法。人们劝他立刻接受皇位，他却犹豫了一个月。他的幕僚并非都反对普鲁士领导德意志,他们认为,同意宪法后他们就可以对宪法进行一些重大修订,包括对选举权的限制。与此同时,28个邦的自由派政府都接受立宪,但坏消息是,汉诺威、巴伐利亚和萨克森等大多数德意志中部的邦国都拒绝接受宪法。尽管如此,新政治秩序的可行性最终还要取决于普鲁士政府是否积极响应。在此情况下,4月中旬,28个签约邦向柏林递交了一份联名信,敦促普鲁士政府像他们一样支持立宪,而腓特烈·威廉四世则怀疑他们的同意是否出自本意。这时法兰克福国民议会焦急地派出23名以爱德华·西姆松为首的使团去觐见国王。他们于4月2日抵达。腓特烈·威廉四世承诺,他们可以永远依靠"普鲁士的盾和剑"来捍卫德意志的荣誉,抵御外忧内患,但他并没有其他承诺。腓特烈·威廉四世被《十字报》的人包围,耳边都是普鲁士人的观点。宪法把普鲁士国王置于不确定的德意志框架中,模糊了国王的身份,《十字报》圈子的人非常质疑这种做法。俾斯麦后来写道,他对"帝国皇冠"的敌意主要来自对1848年革命"本能的不信任",以及对"普鲁士王位与其就位者声望"的担忧。[3] 国王讨厌"德意志人民的皇帝"这个官方称号,这表明他的地位不是神赋的,而是无知的人民给的。在大臣面前,他戏称皇冠为"香肠三明治"和来自"屠夫和面包师大人"的礼物。[4] 在更黑暗的时期,他认为这个皇冠是"民众想用来把我拴在1848年革命上的狗链",是"给猪戴的",是"从臭水沟里来的"。此外,拒绝宪法还有一条外交理由:俄国会如何看待被普鲁士统治的统一德意志呢?4月21日,最后一根稻草终于落下。普鲁士新议院的两院都接受了德意志宪法,下院要求国王也必须接受。腓特烈·威廉四世对此立即做出反应:他解散了两院,并在一周后正式声明拒绝德意志皇位。糟糕的是,他还承诺向任何拒绝宪法的政府提供军事支持。

这项决定震动了法兰克福国民议会的核心,并动摇了整个德意志。起草该宪法的委员会成员卡尔·威尔克(Karl Welcker)忧虑地写道:"我们曾希望,这是我们伟大事业的结束。我们曾希望,我们最终将赢得革命胜利……现在看来,一场比1848年更大、更可怕、更艰难的革命正向我们袭来。"[5] 在等待腓特烈·威廉四世做出决定的漫长过程中,紧张的政治局势就已濒临崩溃。现在,他们失控了。5月4日,法兰克福国民议会议员签署了一项声明,要求所有德意志邦国政府接受宪法,并在7月15日召开下议院选举。如果腓特烈·威廉四世还是不置一词,就将从中部某邦国中选出另一位领导人当皇帝。普鲁士和保守派立刻利用这次最后通牒,谴责这是在煽动新一轮革命。适逢此时,萨克森爆发了一场支持宪法的起义,起义遭到进入萨克森的普鲁士军队镇压,法兰克福政府首领约翰大公拒绝谴责普鲁士的行为。为此,5月10日,海因里希·冯·加格恩辞去"帝国"部长职务,他曾竭力说和法兰克福国民议会和腓特烈·威廉四世。加格恩不支持进一步施加革命暴力,并且认为强迫德意志各邦接受宪法将导致内战,10天后,他带领60位议员离开了议会。这次出走只是议会遭到的众多打击之一。4月,奥地利政府召回议员。5月14日,普鲁士召回议员。随后,又有萨克森和汉诺威两邦拒绝承认宪法。作为全国大会,德意志议会濒临解体。

5月30日,仅剩的104位议员(其中大部分为左翼人士)撤到符腾堡的斯图加特(Stuttgart),以远离在美因茨蠢蠢欲动的奥地利和普鲁士军队。议会残余势力在新根据地受到了良好接待。4月

16 日，那里举行了一场大规模游行支持宪法。政府害怕军队倒向人民，不愿镇压抗议行动。因此，威廉国王不情愿地接受了宪法，但他随后就离开了斯图加特，定居路德维希堡（Ludwigsburg）。两天后，符腾堡议会在国王缺席的情况下正式同意了德意志宪法。对于德意志议会的残余势力在他的首都集会，威廉国王极为愤怒，并拒绝在他们离开之前回来。同时，普鲁士人正挥舞着刀枪，威胁不驱逐议员就动用武力。这种情况下，就连最坚定的德意志议员也能意识到，他们现在的使命是作为反抗精神的象征，而不是建设国家。约翰·雅各比给一位朋友写道："我们无法自欺欺人，德意志民众的冷漠，让胜利的希望……变得渺茫。但我们相信，我们应该维护帝国的尊严……进行最后一搏。"[6] 斯图加特政府被普鲁士的威胁激怒，首相弗里德里希·勒默尔（Friedrich Römer）甚至嘲讽柏林为符腾堡的新都，但斯图加特仍然面临着普鲁士入侵的可能。斯图加特政府屈服于武力，这也宣告了法兰克福议会的终结。6 月 17 日，王室军队封锁了所有出入斯图加特的道路，政府也禁止议会再次集会。次日，士兵踏上了城市街道。他们砸烂议会桌椅，撕毁德意志旗帜。一小群议员试图在一家酒店集会，但骑兵拦截了这只高贵的队伍，他们被驱逐出邦。之后，议员阿道夫·肖德（Adolf Schoder）安慰他的同僚："国民议会将在今日解体。也许在一段时间内，德意志事业将被碾入尘土，但同志们，你们无法碾碎它的精神。很快，它又将挣脱刀枪束缚，获得解脱。"[7]

* * *

最终，自由激进思潮席卷德意志，并在拥有 50 万成员的中央三月联盟的组织下，支持 1848 年革命。该联盟四处为支持宪法发起"运动"或"内战"，莱茵地区是重点地区之一。5 月 6 日之后的三四天内，在科隆 5 个省组织了议会，其中 2 个属自由派，3 个属民主派。一些民主和工人组织试图在莱茵地区发动一场全面起义。当普鲁士政府征召后备军（市民武装）以应对可能的起义时，反抗的火星被点燃。大部分莱茵政治社团和议会希望军队不要动用武力。5 月 8 日，在科隆召开的自由派会议上，来自 300 多个城乡委员会的成员要求腓特烈·威廉四世接受宪法，撤回征兵令，并解散普鲁士的保守派部门；否则，他就将眼看着普鲁士王国分裂。当议员们被问到是"德意志人"还是"普鲁士人"时，他们只有一个答案："德意志！德意志！脱离普鲁士！"[8]

这的确可能发生，因为后备军对政府的忠诚值得怀疑。卡尔·舒尔茨目击了后备军人在波恩（Bonn）长达一天的抗议，听见有人呼吁反抗普鲁士政府，还看着他们的人数不断增加，因为民兵正从周围的乡下赶来。[9] 5 月 3 日，后备军人在爱尔伯福（Elberfeld）举行大型集会，表示支持宪法。民主党人也希望起义能推动他们曾被法兰克福国民议会否决的提案。然而，马克思主办的《新莱茵报》建议读者不要参与维护宪法的运动，因为那些领袖不是为工人革命，而民主团体都暗藏着"背叛和自私"。[10] 马克思警告说，不成熟的运动收获甚少，只会让左翼人士继续受到压迫。他在科隆的会议主要是为 6 月莱比锡（Leipzig）的全国工人大会做准备。

不过，莱茵地区爆发了革命暴力。爱尔伯福、杜塞尔多夫（Düsseldorf）和索林根（Solingen）出现了民兵暴动。5月8日，有1 000人聚集在军营，俯瞰爱尔伯福，他们随后围攻了市中心，并在次日成功抵挡住常规军的攻击。在索林根，起义军里还有挥舞着左轮手枪和匕首的红巾妇女。在杜塞尔多夫，民主派建立了封锁线，但被移动火炮炸毁。起义蔓延到了乡村，村中的民主派约定敲响教堂钟声，作为起义的信号。5月10日，几千名武装农民到杜塞尔多夫支援受困的民主人士，却发现他们已被镇压。虽然起义军四散归乡，但各种起义、暴动已将当地政权的维稳能力压至极限。首先是爱尔伯福，接着索林根也被民主人士控制，他们建立了"安全委员会"指挥起义。这些委员会和自由党人、立宪派的君主主义者合作，尽力协调各方达成共识。当马克思的亲密同伴弗里德里希·恩格斯加入爱尔伯福的起义后，他很快就遭到排斥，因为有人指控他将革命从（宪法的）"黑、红、金"三色转变为（社会主义的、共和的）完全的"红色"。

不过普鲁士莱茵地区的起义很快就失败了。派往柏林的代表轻信了政府的承诺，以为腓特烈·威廉四世渴望团结。起义军拆除了街垒，普鲁士军队到达后完全没有遇到抵抗。不过，在腓特烈·威廉四世统治下最富裕的地区，仍有1万—1.5万人拿起武器保卫宪法。[11] 萨克森、巴伐利亚的普法尔茨地区和巴登也爆发了起义。女性在其中扮演了重要角色，她们不只参与了5月在萨克森德累斯顿（Dresden）的战斗，更多的是团结起来支持起义，并帮助起义失败后被关押或流放的人。

在萨克森，议会试图强迫国王腓特烈·奥古斯特二世接受法兰克福宪法。因得到普鲁士支持，国王表示拒绝，并在4月30日下令议会休会，任命了一届极端保守的政府。得知普鲁士正在边境集结军队支持国王，工人和手工业者冲上了德累斯顿的街道。5月3日，军队向人群开火，抗议随即转为暴力运动。国王逃跑，临时政府建立，成员包括斯特凡·博恩等激进人士、俄国无政府人士米哈伊尔·巴枯宁，以及作曲家威廉·理查德·瓦格纳（Wilhelm Richard Wagner，或许他从担任王室指挥起就开始背叛养他的政府了）。巴枯宁希望德累斯顿能掀起全欧洲的革命热潮。布拉格当局的确发现了一场受到德累斯顿起义鼓舞的密谋，该地开展突击搜查，并在夜间抓捕学生及知识分子，防止他们在5月12日组织起义。[12]德累斯顿的革命最后变得更加暴力。普鲁士军队于5月5日攻入城市，经过4天巷战，配备先进扳机的新式手枪造成了大规模伤亡。歌剧院在大火中毁于一旦。瓦格纳爬上了教堂塔楼，敲响钟声召集革命军，并监视普鲁士军队的动向。他和一位学者一边谈论宗教和哲学，一边看周围炮弹横飞。[13]

博恩利用他出色的组织才能动员了工人。他曾炸开楼的内墙，方便起义者从楼内通过，避开街上敌军可怕的炮火，保持通信畅通。暴动临近尾声时，巴枯宁一改以往对"业余"的萨克森革命的轻蔑态度，缓缓抽着雪茄，冷静地提出应该把剩余的所有军需物品集中在市政厅（当时的临时政府所在地），然后一起炸毁。然而他的同事却并没有打算牺牲自己。到现在，大约250名起义者被杀，400名受伤，超过869人被抓捕并审问，绝大多数都是工人。自从1848年3月的革命以来，约6 000人因行为不当被起诉。其中727人被判重罪。[14]在残破的城市废墟之上，博恩带着2 000名支持者，有序地撤出城市，然后独自逃跑，安全抵达瑞士。藏在朋友马车里的瓦格纳则逃到了苏黎世（Zürich）。

在巴伐利亚，国王马克西米利安二世在腓特烈·威廉四世的鼓励之下选择拒绝宪法。5月2日，在其王国莱茵河畔的凯泽斯劳滕（Kaiserslautern），秉持各种自由和激进思想、来自不同社团和组织的人士举办了一场大会。会议决定成立一个10人的"临时防御委员会"，并且在国王"恢复理智"之前，由委员会承担临时政府的职责。同时，在会议上，他们幽默地模仿保守派的语气，宣布巴伐利亚政府违犯宪法，犯有叛国罪，国王也因此成了叛徒。之后，临时政府要求全国其他地区遵守这一法令。由于普法尔茨地区维持"秩序"的力量衰弱，革命很快传播开来，人民也开始武装自己，保护宪法。在每一场地区性示威游行中，这些组织良好的激进派通过"人民联合会"领导运动。他们宣誓，插上红旗，赋予起义坚定的共和基调。卡尔·舒尔茨是参与革命的青年之一，他打包好所有行李，奔行至凯泽斯劳滕响应他的良师益友戈特弗里德·金克尔。金克尔已经成为临时防御委员会的秘书，释放着自己的革命激情。舒尔茨被任命为助理和特派员；他的主要任务是动员乡村军事力量准备迎接王室的反击。到5月17日，巴伐利亚莱茵河以西的几乎所有地区都被革命军掌控。这一成功也激励了附近莱茵-黑森的民主主义者，他们努力驱逐普鲁士驻扎在美因茨的军队，并前去支持凯泽斯劳滕的共和派。革命者也向受苦已久的巴登伸出了援手，他们正经历第三次革命。

在巴登，共和派的力量依赖于军队中普通士兵的支持。这些士兵已经被辖区内迅速发展的民主社团政治化了。最近的一次革命由一场兵变引发，5月12日，革命军占领拉施塔特（Rastatt）要塞。5月13日夜至14日凌晨，利奥波德大公逃离卡尔斯鲁厄，穿越边境来到安全的法国。巴登成了一个由临时政府领导的共和国。领导者都是温和的民主派，包括法兰克福议会议员弗朗茨·拉沃（Franz Raveaux），他在巴登共和国和德意志残余议会间起到沟通作用。他还尽力协调巴登、莱茵地区和普法尔茨地区的共和派人士之间的行动。协商后，他们同意沿着莱茵河向法兰克福进攻，以保护法兰克福议会不受普鲁士军队的威胁。同时，一支力量较小的普法尔茨军可以进攻莱茵－黑森地带，以分散注意。由弗朗茨·西格尔（弗里德里希·黑克尔的军事顾问）统领的巴登主力军的进攻以惨败告终，但普法尔茨人占领了沃尔姆斯（Worms）足足4天（5月25—29日），直到黑森军队轰炸了整座城市，起义军被迫投降。

在这个初夏，所有民主的希望都集中在巴登。曾领导波兰起义军对抗普鲁士的卢德维克·梅罗斯瓦夫斯基取代了无能的西格尔，担任前大公国部队指挥官。顽固的古斯塔夫·斯特鲁韦出狱后也东山再起。他组织了一支成分复杂的军队，包括工人、学生和曾经的共和主义流亡人士。舒尔茨后来写道："我们的人大多数都没有穿制服，每一位士兵多少都按自己的喜好来穿着，这样也留了一点儿展示自己品位的余地。很多人明摆着是在故意让自己显得野蛮可怕，如果他们的长相不是那么和蔼温厚，这样穿可能是有效的。"[15] 军营中有一支名为"罗伯特·布卢姆"的小分队，由他的女儿统率。她冲在队伍前列，穿着天鹅绒女骑手服，头戴宽檐帽，帽子上插着一根红羽毛，身上侧插着一把军刀和左轮手枪，她还撑着一张红旗，上面写着"为罗伯特·布卢姆复仇"。[16] 人们期望巴登成为伟大德意志共和国的中心，但很显然，其他邦国不论多么自由，都不会希望事情如此发展。于是，尽管普鲁士军队是反革命力量的支柱，黑森、拿骚和符腾堡政府还是都派出了分遣队。6月12日，这些军事力量首先进攻普法尔茨地区。舒尔茨随着共和派的队伍撤回巴登，他回忆起当时听到了"轮胎摩擦地面的隆隆声，行军队伍的沙沙声，马儿的低吟，还有黑暗中骑手把剑插入鞘中的声音"。[17]

普鲁士军队于6月14日抵达凯泽斯劳滕，他们疯狂地追捕撤退的民主派人士，于19日渡过莱茵河进攻巴登。看到穷凶极恶的普鲁士军队，人民群情沸腾，21日在瓦格霍伊瑟尔（Waghäusel），大约2万人群起抵抗，勇敢地对抗有绝对优势的敌人。梅罗斯瓦夫斯基老练地调遣军队，也取得了一些小规模胜利，但是面对巨大压力，他的军队也注定要被击溃。约2 000名战士逃往瑞士。

1848—1849年，德意志革命最后的抵抗集中在拉施塔特。守城者一直坚持抵抗，期盼梅罗斯瓦夫斯基的增援部队到来。得知援军不会来时，他们紧急开会讨论战事，其中有头脑发热的人坚持要战斗到最后。但绝大多数人都不希望这座城市继续承受普鲁士的轰炸，忍受被长期围困的恐惧，这些人的观点占了上风。7月23日，6 000名抵抗者投降。普鲁士军队的高级指挥是威廉王子，如今被轻蔑地称为"霰弹王子"，因为有传言说他曾在1848年3月18日下令向柏林市民开火。似乎是为证明这个名号，他否决了下属仁慈对待俘虏的建议，每10个俘虏中就有一个被杀，尸体被丢弃在乱坟岗。其他俘虏都被判长期徒刑。舒尔茨是普鲁士臣民，本也应该被射杀。但是他从地下排水系统逃出了城，和两名战友一起在一座小屋的阁楼上藏身。小屋很快被普鲁士骑兵控制，他们3人只得"像尸体一样僵硬地"躺着,小心地从木地板缝隙中观察敌人。经历了痛苦的几天后,他们趁着一天夜里骑兵们把酒畅饮时偷偷出逃。一位十分同情他们的劳工在他们途经莱茵河逃往法国避难时为其指路,在毫不知情的海关工作人员面前,他们宣称自己只是普通公民,没有应该申报的情况。[18]1850年,舒尔茨冒着生命危险再次回到德意志,只为营救他的良师益友——戈特弗里德·金克尔。他在拉施塔特城外被捕,现在在施潘道监狱服刑。之后,舒尔茨乘船去往美国,在那里,加入了由大约8万名受革命余波影响而移民北美的巴登人行列。舒尔茨在美国继续为进步事业奋斗,政途十分顺畅。他在内战中担任联邦军队的指挥官,之后被选入美国参议院,紧接着担任内政部部长。他去世于1906年,享年77岁。普鲁士军队对巴登的影响挥之不去,战火的记忆与压抑在这首可怖的摇篮曲中延续下来:

> 睡吧,我的孩子,不要哭了,
> 普鲁士军队正在走来,
> 他们在门前杀了你的父亲,
> 他们让你可怜的母亲一贫如洗,
> 聪明的话,就不要动,
> 否则他们也会戳瞎你的双眼,
> 睡吧我的孩子,不要哭了,
> 普鲁士军队正在走来。[19]

II 自由城市的陷落

1849年年初，意大利激进派已在罗马和托斯卡纳掌权，威尼斯共和派仍在坚持抵抗奥地利人。然而在南方，国王斐迪南二世一面压榨那不勒斯自由政策的残余价值，一面残忍地扼杀西西里的独立运动。他认为，此时完全除掉那不勒斯议会还不安全，但是他已经有目的地与托斯卡纳和皮埃蒙特建立了外交联系，以保护身在加埃塔的庇护九世。3月，皮埃蒙特和奥地利战火重燃，斐迪南二世站在哈布斯堡皇室一边加入战争。他重设奥地利大使并解散了议会。皮埃蒙特人在诺瓦拉被击溃，这使意大利民族主义者的希望彻底破灭。斐迪南二世现在知道，那不勒斯的民族运动再也不会给他制造麻烦了。自由派议会代表纷纷入狱，报纸被迫停刊，印刷厂和出版社也遭到摧毁。同样的专制举措也摧毁了西西里。3月29日，由法国和英国调解达成的休战协议到期，那不勒斯军队开始出击，西西里军仅有7 000人，军力分散，由卢德维克·梅罗斯瓦夫斯基指挥。这位波兰革命者不会说意大利语，让他们的战斗更加不便，不过好在他面对的是已经无法逆转的悬殊差距。他的队伍缺乏经验，组织混乱，还有一些存有叛变之心。在东海岸线，卡塔尼亚（Catania）绝望地战斗到最后一刻，但是这座城市被攻下后葬身火海的模样，以及双方都会处死囚犯的事实，削弱了其他城镇抵抗到底的决心，锡拉库萨（Syracuse）甚至还没战斗就先投降了。在卡塔尼亚之后，斐迪南二世的士兵一路所向披靡地攻向巴勒莫。

首府巴勒莫也并没有表现出强烈的抵抗意图。西西里人虽然厌恶斐迪南二世，但也害怕战争，害怕革命可能带来的动乱。重新进入战争状态时，"组织"暂时停止了他们的犯罪行动，但是独立运动土崩瓦解后，他们又回到以前的样子——打砸抢烧。西西里议会已经完全瓦解。2月，斐迪南二世下了最后通牒，如果人民承认他的王权，西西里就可以恢复1812年宪法，以及自己的议会和政府。斐迪南二世曾要求掌握西西里的军事力量和随意解散议会的权利，并遭到西西里拒绝。如今，为了免受那不勒斯的军事重创，西西里的温和派决定接受这些条款，并在4月中旬寻求法国的调解。即使西西里要求军队停战，也驱逐了一些不愿妥协的革命者，但一切都太晚了。4月26日，那不勒斯的舰队来到巴勒莫。一些狂热分子想要坚持抵抗，但国民卫队的大部分警力也只承诺保护财产不受人民暴动的损害。决定抗争到底的激进派弗朗切斯科·克里斯皮只能痛苦地写道："比起波旁王朝取胜，那些温和派更加害怕人民获胜。"[20]一座座街垒建起，上面盖着红旗，但这只是激起了温和派对社会革命的恐惧，他们开始与斐迪南二世谈判。同意由一些西西里自由派领导人帮忙把王室部队引入巴勒莫，当然，此时也给他们中那些缺乏抵抗力的革命者提供了逃离的机会。5月11日，西西里革命结束了，一年的独立之后，这个岛屿又回到了波旁王朝的统治之下。

* * *

在"炮弹国王"恢复对那不勒斯和西西里的专制统治时，罗马正无可挽回地向共和国方向发展。这是教皇出走后政治的两极分化造成的。庇护九世从加埃塔的避难所传出消息，表示决定不再让步。这让左翼，包括政治社团里的激进派、宪兵和公民卫队的一些部队，变得更不愿妥协。另一方面，得知原先的议会在 12 月 6 日解散，庇护九世预先把所有打算参与新罗马制宪议会选举的人都逐出教会。温和派曾希望通过协商让教皇返回罗马——只要他保证支持宪法，现在看来这也是不可行的。在罗马，在激进派游行示威的压力下，临时政府宣布实行男性普选。1 月 21 日的选举是温和派与自由人士的失败。投票时没有发生暴力或胁迫，但保守派和自由派因为心存反感（也可能是害怕末日的审判）根本没有参加选举，激进派获得了压倒性的胜利。虽然大部分代表仍然是地主或中产阶级专业人员，但他们对民主甚至共和都很同情。7 位外族人中，加里波第和马志尼被选为代表。

　　制宪议会于 2 月 5 日召开首次会议。现在迫在眉睫的问题是，既然教皇明显站在反动阵营里，下一步该怎么做。没有人预料到共和国的建立。热情的爱国主义者不仅把这次大会看作教皇国的合法议会会议，更是整个意大利的合法议会会议。它的目标就是人们盼望已久的立宪！蒙塔内利在托斯卡纳敦促罗马人不要废黜教皇，这样会和意大利投票者产生隔阂。马米亚尼等大会中较为冷静的人担忧罗马共和国根本没有机会生存，因为不论是反动的那不勒斯还是君主制下的皮埃蒙特，都无法容忍共和国的长久存在。但建立罗马共和国似乎是唯一的选择，因为庇护九世不可能妥协。而政局的不稳定也在把国家推向内战，在罗马涅，温和派与民主派之间的暴力冲突一触即发。2 月 9 日，制宪议会强势宣布，罗马是一个"纯粹的民主国家，这个国家被光荣地命名为罗马共和国"。"在事实上和法律上，临时的教皇政府宣告终结"，教皇将拥有"独立发挥个人精神影响的一切保障"。[21] 制宪议会当时并未拥有覆盖全意大利的影响力。蒙塔内利希望制宪议会是一个通过全意大利的民主选举产生议会，马志尼则更为现实一些。听到罗马传来这一振奋人心的消息时，流亡瑞士的马志尼以最快的速度赶回罗马。抵达罗马后，他指出不论皮埃蒙特还是那不勒斯都不会同意加入共和国议会。相反，罗马共和国应该得到巩固，成为未来统一民主的意大利的核心。而巩固的第一步就是让托斯卡纳和罗马共和国合并。

* * *

这一提议说明马志尼忽视了几天前在佛罗伦萨有人告诫过他的话。在那里，马志尼曾经的挚友圭拉齐看到他十分受欢迎，非常担忧，将他视为分裂势力。[22] 圭拉齐担心直接成立一个前途未卜的共和国会危害社会稳定。他认为，想再次与奥地利开战，社会稳定是重要的先决条件。圭拉齐还担心，建立民主托斯卡纳会引来皮埃蒙特的干预，因此他始终坚定地反对男性普选。他的主张带来了一系列后果，其中之一就是1848年11月20日在托斯卡纳选举期间由民主人士发动的骚乱。激进派现在将圭拉齐视为敌对势力，在佛罗伦萨，选举投票箱被骚乱者砸成碎片。1月10日托斯卡纳议会召开会议时，议会仍由自由温和派占主导，但罗马成立制宪议会的消息传来，民主派的反对变得更加激烈。3万名佛罗伦萨人举行示威游行，迫使政府实行男性普选，选举37名代表加入罗马制宪议会。1月31日，就在投票结束的第二天，利奥波德二世仓皇逃离，先是逃到锡耶纳（Siena），接着又去往小港口圣斯特凡诺（Santo Stefano）。由于利奥波德二世是哈布斯堡王朝的人，拉德茨基承诺只要"他清除掉皮埃蒙特的煽动者"，就立即给利奥波德二世提供军队援助。[23] 3周内，利奥波德二世就将收到那不勒斯国王斐迪南二世的邀请，去加埃塔与逃亡在外的庇护九世会合。

利奥波德二世在佛罗伦萨府邸的家族纹章被人砍了下来。在民主思想更为激进的里窝那，马志尼的到来（他在去罗马的路上途经这里）才阻止了这个城市宣称成为独立的城市共和国。在佛罗伦萨，大批人民蜂拥包围了维琪奥王宫（Palazzo Vecchio）的议事厅，托斯卡纳议会把权力赋予三巨头：圭拉齐、蒙塔内利和民主派的朱塞佩·马佐尼（Giuseppe Mazzoni）。3人一同会见了马志尼，听到人民持续不断的呼吁后，他们在2月18日宣布成立托斯卡纳共和国。马志尼统一托斯卡纳和罗马的建议，现在似乎变得可行了。然而圭拉齐坚决反对，坚持认为托斯卡纳应当维持独立。马志尼的统一民族主义最终无法战胜保守的地方势力，满腹失落的他离开了托斯卡纳，前往罗马。[24] 3月5日，托斯卡纳举行新一轮的制宪议会选举，同时选出了前往罗马制宪议会的议员代表。然而，此时的托斯卡纳已经处在内战的边缘。只有20%的选区投出了选举结果。三巨头的支持者获得压倒性胜利，因为保守派和温和派并不参与选举投票。圭拉齐不得不动员军队和公民卫队保护佛罗伦萨，抵御农民支持利奥波德二世复辟而发动的叛乱。另一方面，圭拉齐也是担心托斯卡纳共和国的成立将会引发与奥地利或皮埃蒙特的战争，同时带来更高的赋税。当整个国家都面临着奥地利的进攻威胁时，教士和地主的地位更加稳固，不费吹灰之力就煽动起这些农民叛军。

＊＊＊

奥地利军队对托斯卡纳的进攻，可以视为他们3月与皮埃蒙特战争的后续。卡洛·阿尔贝托面临着多重危机，这使他不得不奋起反击。在国内，他面临着来自民主派人士的巨大压力，这些民主派是库斯托扎战败之后唯一坚定支持意大利独立的派别。为了平息国内政治敌对势力的怒火，重拾国王自身的尊严，洗雪前耻，这位国王在3月12日撕毁休战协议，这一决策现在甚至获得了温和派的支持。英法两国曾试图从中斡旋，希望休战协议能换来长久的和平，然而奥地利和皮埃蒙特都不愿意放弃对伦巴第的主权。战争爆发后，毫无经验的罗马共和国表示愿意向卡洛·阿尔贝托提供1.5万人的军队援助，但这一来自共和国篡权者的提议却遭到卡洛·阿尔贝托轻蔑的拒绝。相比起1848年，这次战争更像是一场赤裸裸的王朝扩张。皮埃蒙特执政派十分仇视共和主义者，乃至自由派政治家、19世纪意大利的核心人物之一卡米洛·迪·加富尔伯爵都表示，与其让马志尼这样的人从胜利中分一杯羹，还不如让奥地利赢得战争。[25]

加富尔伯爵一语成谶。战争短暂得令人尴尬。皮埃蒙特拥有8万大军，但其中许多战士都是匆忙招募的，并未接受专业训练。这样的军队难以抵抗专业而强硬的奥地利人，也难以对抗拉德茨基的铁军，后者在3月23日指挥军队取得了诺瓦拉战争的胜利。胜利的美梦破碎后，卡洛·阿尔贝托冲向战事最酣的地方，希望像英雄一样战死沙场，但同样以失败告终。他苦涩地说："连死神都抛弃了我。"败退都灵之后，卡洛·阿尔贝托面临着失去王位的危险。奥地利可能侵占王国领土，国内民主派则欲颠覆王权。有谣言说，卡洛·阿尔贝托国王拒绝宪法，将港口拱手让给奥地利人。这个不实的消息传到了热那亚，当地暴乱四起。不过热那亚的反叛很快就被从诺瓦拉撤回的国王军队镇压下去了。国王军在街巷间苦战了两天，然后轰炸了这座城市，反叛军在4月10日投降。为了避免王朝遭受更多灾难，卡洛·阿尔贝托将王位传给自己的儿子维克托·伊曼纽尔二世（Victor Emmanuel II）。经过议会激烈的辩论后，双方最终签署了休战协议。协议条款对于战败方已经相当仁慈了，主要是因为拉德茨基既不想再次助长意大利的共和主义情绪，也不希望法国干涉其中。最后的和平条约允许皮埃蒙特维持其领土完整，但其代价是皮埃蒙特必须支付高达7 500万里拉的战争赔款（奥地利最初开出的价钱是2.3亿）。此外，维克托·伊曼纽尔二世不得主张其王国之外的土地的权利。奥地利答应特赦所有战俘，除了100名无可救药的威尼斯与伦巴第革命者。令人肃然起敬的是，皮埃蒙特议会尝试让这些坚定的革命者加入皮埃蒙特籍，以规避上述条款，让他们得到特赦。

皮埃蒙特因此得以在危机中幸存下来。更重要的是，新国王承诺他的子民，他将会继续遵守父亲统治时期的法律。这使得撒丁王国的君主制成为意大利独特的存在，因为它在革命被镇压后仍旧保留了宪法。对于19世纪50年代不停碰壁的意大利民族主义者而言，这一局面使得本就军事实力强盛的皮埃蒙特足以成为意大利统一的政治和精神领袖。维克托·伊曼纽尔二世宣称："我会坚定地守护三色旗。"他的内阁首相马西莫·达泽里奥（Massimo D'Azeglio）称皮埃蒙特是意大利联合王国的核心，他说："我将成为守护意大利独立之堡的首相。"[26]

* * *

皮埃蒙特失败后,留下托斯卡纳面对哈布斯堡王朝的复仇。圭拉齐意识到他唯一的任务就是使托斯卡纳免于即将到来的奥地利人的侵略。3月27日,他在议会中并公开宣布废除共和国,旨在为利奥波德二世的和平统治铺平道路。蒙塔内利让制宪议会推选圭拉齐为独裁者,随后出逃托斯卡纳。圭拉齐试图运用他的权力压制农村的反对势力,团结全国力量抵御不可避免的侵略者。然而,他与温和派就恢复利奥波德二世统治进行的谈判无疾而终。双方不得不选择直接粗暴的解决方式。4月11日,圭拉齐带领着一群激进蛮横的里窝那志愿兵与佛罗伦萨人在圣马利亚教堂外发生了冲突。温和派利用人民的群愤,领导郊区农民叛军攻进城市。随后,温和派掌控的市议会宣布他们现在是大公的临时政府。制宪议会被赶出维琪奥王宫。圭拉齐被群众围追堵截,不得已选择投降以寻求新的临时政府的庇护。但这一切都没能阻止奥地利入侵托斯卡纳。4月26日,1.5万人的奥地利军队攻入大公国。利奥波德二世甚至都没有随军回国,而是慢悠悠地等到了7月,才恢复他对臣民的统治。

诺瓦拉战场的失利刺激了马志尼统治下的罗马共和国。马志尼的统治只延续了100天,[27]这也是他一生中唯一的一次统治经历。当他于3月初抵达罗马时,他受到的是"一种近乎崇拜的深深的敬畏……感受到一股电流穿过他的身体——如获新生"。[28]很快他就重新发行了《意大利人民》,号召所有的意大利爱国者,不管其政治立场如何，都要团结对抗外部敌人的侵略。因此，当马志尼听闻皮埃蒙特军队镇压了热那亚起义时感到十分沮丧。为了将共和派的革命思想传播到据说愚钝无知的南方人民中，罗马共和派原本准备发动对那不勒斯的战争。然而皮埃蒙特溃败的消息使得他们转变想法，转而急切寻求北上。制宪议会任命了紧急政府，选举马志尼、律师卡洛·阿尔梅利尼（Carlo Armellini）和来自罗马涅的激进派奥利雷奥·萨菲（Aurelio Saffi）为三巨头。赋予他们广泛的权力，是为了准备与奥地利开战，保证共和国不受侵害。尤其是马志尼，仍旧小心翼翼地行使自己的权力，连惯于批评他的人都承认他是一个温和、苦干，且时常显露智慧的人。不同于罗马之前的统治者，他生活简单，居住在单间室里，且没有卫兵看守，与广大群众接触频繁，常与各种人在当地餐厅共同用餐。

他的言行深受他内心信念的驱使，马志尼认为共和国不可能生存下来，但它必须被后代铭记。他在议会中发言称："我们必须随时保持警觉，如同敌人就在门外，我们必须为了永恒的事业而奋斗。"[29] 在马志尼执政的 100 天里，这些理念在他身上体现得淋漓尽致。在那个很可能发生反宗教和反教会暴动的共和国时期，宗教信仰得到了实实在在的保护。当时确实发生了一些可怕的谋杀，但并不是政府支持的，且事后受到了政府的制裁。穷凶极恶的极端主义者卡力马科·赞比安基（Callimaco Zambianchi）与他的一小群追随者射杀了一名天主教会修道士，并杀害了住在特韦雷河岸贫民窟一家女修道院中的 6 位居民，随后遭到政府逮捕。在安科纳，这种暴力行为更为普遍。政府特派员费利切·奥尔西尼（Felice Orsini）对"恐怖分子"实施了严厉打击。1858 年，他将因企图炸死拿破仑三世而臭名远扬，并被送上断头台，这真是十分讽刺。宗教裁判所与审查制度被废除，世俗法庭取代了教会法庭，教会对教育的控制也被削弱。一些教堂充公，用于收留无家可归之人。为了减轻农民负担，税收制度也被重新修改。所有这些都是急需的举措。因为罗西被杀之后，罗马的许多富贵家庭都逃走了，他们经常赞助的商人和工匠突然面临失业的危险。不过马志尼为维护天主教徒的感情做出了很大努力，他大张旗鼓地在圣彼得大教堂参加复活节弥撒，而共和政府也宣布，所有宗教信仰都受到保护。

对普通市民来说，比起昔日教皇治下的罗马，如今街道上更加安全了，而且这个民主政体还刚刚废除了死刑。对马志尼作为"共产主义者"或如加富尔所称"当代罗伯斯庇尔"的指责没有因此加重。三巨头在 4 月 5 日决定："不进行阶级斗争，不仇富……只进行一系列调整，来改善较不富裕阶级的物质条件。"[30] 那段日子里见过马志尼的人都对他印象深刻。美国领事刘易斯·卡斯（Lewis Cass）形容他是"一个非常正直且博闻强识的人"。[31] 法国于 5 月派驻罗马的大使费迪南·德·莱塞普（Ferdinand de Lesseps）则惊讶地写道：有许多虔诚的天主教徒非常希望见到教皇重回梵蒂冈，但仅仅是作为宗教首领，而非作为拥有绝对权力的统治者。尽管如此，共和国也没能长久。共和国并没有像最初大家以为的那样毁于奥地利的入侵，而是败在法国对罗马的一场攻击之下。最残酷且令人意想不到的是，1848—1849 年，意大利的共和派人士一直都在渴望法国的介入能够拯救他们。法国最终来了，但却不是站在革命这边。

依靠外部入侵恢复教皇制度的想法自庇护九世出逃到加埃塔之时就被提上了议程。2 月，枢机主教安东内利提出，那不勒斯、西班牙、奥地利，或许再算上法国，几国的天主教势力应联合起来占领教皇国。斐迪南二世是个狂热的反动分子，他早已在那不勒斯北方边境集结了自己的兵力。奥地利人已经收复了费拉拉，正盘算着再次对博洛尼亚发动进攻。西班牙正在部署一次海上远征。而法国态度尚未明了。而得知诺瓦拉战役的路易-拿破仑·波拿巴一开始想要与奥地利人作战。虽然法国许多保守派都同情教皇，但出于爱国情怀，他们也畏惧和鄙视奥地利强权。3月末，制宪议会批准，由尼古拉·乌迪诺（Nicolas Oudinot）将军带领6 000法国精兵占领罗马港口奇维塔韦基亚。但乌迪诺不会向城市进军，除非他能肯定迎接他的不是热铅弹。表面上看，这次任务是要保护罗马免受奥地利的攻击，但波拿巴给乌迪诺下了密令，要消灭罗马共和国。这样一来，法国总统就因为照顾了法国天主教会的情感而巩固了自己的保守统治。4月24日，法军登陆。6天之后，他们进军梵蒂冈，但加里波第等人率领9 000名成分复杂的意大利民主军队击退了法军，并造成大规模伤亡，法军死伤500人。

乌迪诺厚颜无耻地声称此次灾难性的行动只是一次"侦察行动"，而且得到了"光荣的执行"。[32]但这件事让路易-拿破仑非常难堪，他受到法国选民的欢迎与他伯父辉煌的战绩密不可分。现在，路易-拿破仑的政治压力很大，整个制宪议会都对乌迪诺的"新"任务充满敌意。5月7日，在一场由朱尔·法夫雷（Jules Favre）牵头的共和派人的问责中，政府的政策遭议会否定。而新一轮的选举中，保守派占了大多数，这满足了波拿巴的需要。此外，很明显，除非他动作迅速，否则他将失去取胜的机会，因为奥地利人、西班牙人和那不勒斯人都已经开始行动了。奥地利人在5月8

日对博洛尼亚全面开战。鏖战 8 天后，奥地利人用一场轰炸击碎了博洛尼亚的抵抗。之后奥地利人又进军至安科纳，包围了这座港口城市。法国人非常担心讨厌的奥地利人很快就会攻下至关重要的罗马。梯也尔后来写道："要知道，让奥地利人的旗帜在圣天使古堡（Castle of Saint Angelo）上空飞扬，是法国人无法容忍的耻辱。"新任法国外交部部长阿历克西·德·托克维尔也认同这一点。他在 6 月 2 日就职，对他来说，维护法国的大国地位至关重要。[33] 西班牙已经派出 5 000 人大军剑指菲乌米奇诺（Fiumicino）。那不勒斯人也攻打并占领了帕莱斯特里那（Palestrina）周围的乡村，但 5 月 19 日，他们又在韦莱特里（Velletri）被加里波第击败。斐迪南二世的残兵败将从前线溃败回来时，那些曾看到穿着醒目红衫的加里波第的人，将他描述为一个刀枪不入的"红色魔鬼"。到法国人行动的时候了，他们的和平大使德·莱塞普受召回国。乌迪诺配备了威力巨大的新武器，重型攻城炮被运往奇维塔韦基亚岸边。

即将爆发的战争双方实力太过悬殊，令人绝望，乌迪诺手下有 3 万人，对手虽然意志坚定，却是由 1.6 万名王室正规军、宪兵、城市卫兵和志愿市民组成的杂牌军。当然其中也有加里波第的人，有些人从南美就一直跟着他。鉴于 4 月的挫败，乌迪诺转而重点袭击贾尼科洛山（Janiculum Hill）。这座山很长，罗马城西边的防线就建在其上。乌迪诺能在保证自己毫发无伤的情况下从山上架起大炮对罗马城狂轰滥炸，这也正是加里波第要不顾一切坚守此地的原因。6 月 3 日凌晨，法国军队突袭意大利人的前哨潘菲利（Pamfili）和科尔西尼（Corsini）。法军轻易地攻下了前者，而科尔西尼的位置在一个小山丘上，可以俯瞰圣潘克拉齐奥（San Pancrazio）城门，在经历了 16 个小时的狂轰滥炸后,科尔西尼终于沦陷。6 月 4 日战争结束时,意大利死伤约 550 人,大多数伤亡都发生在圣潘克拉齐奥门和科尔西尼之间狭窄的街道上,这里的建筑如马蜂窝一般,密集地部署了意大利兵力。最终,整条道路被法国人占领,只有瓦斯西罗(Vascello)这栋建筑因城墙上意大利大炮的支撑而没有沦陷。

加里波第写道:"6 月 3 日决定了罗马的命运。"[34] 法方累计伤亡至少 264 人,且失去了突袭城区的机会。马志尼是一位优秀的领袖(虽然加里波第不愿承认这一点。此时总惹麻烦的斯泰尔比尼想推举加里波第当独裁官)。每一个普通市民,不论男女,都投身于保卫城市的战斗之中。法国发射的炮弹没能打击到人们的士气,尤其是那些落在特韦雷(就在贾尼科洛山山脚下)狭窄的街道和房屋中的炮弹。将近 6 000 名妇女主动提供帮助,贝尔娇约索公主还领导了一队志愿护士。与此同时,法军饱受疟疾的摧残。罗马或许可以撑到唤起英国进行外交干涉的时候,那时法兰西人也当筋疲力尽,愿意接受调停。但最终被拖垮的是罗马人。纯粹依靠人数优势,6 月 21 日夜至 22 日凌晨,离圣潘克拉齐奥门南侧不远处的几个堡垒终于进入乌迪诺军队大炮的射程范围内。当几个堡垒被攻破后,法兰西人总算是登上了城墙。值得一提的是,瓦斯西罗在此之后还坚守了 8 天,在无情的炮火摧残下,这栋楼最终成了硝烟弥漫的废墟。加里波第的军队撤至第二道防线,徘徊在斯帕达别墅(Villa Spada,现爱尔兰驻梵蒂冈大使馆)附近,几天后这栋别墅也被炮火炸毁(加里波第坚强的孕妻阿妮塔就在此时决定陪同丈夫行军)。

意大利人在绝望中坚持着,6 月 29 日夜至 30 日凌晨,经过激烈的战斗,法国军队占领了斯帕达的废墟。守城者因身着红衫而闻名,这种制服在前一天第一次被加里波第的军队正式采用。6月30日晚,听过加里波第对于当前军事形势的判断之后,立宪议会不顾马志尼的反对,通过了投降的决议。然而,作为反抗的最后一块纪念碑,议会代表们通过了罗马共和国宪法,宪法虽然是在法军炮弹轰炸中创作的,它仍然写道:"共和国宣称所有国家皆姐妹;尊重每一个国家;支持意大利。"[35]

和马志尼一样,加里波第希望继续战斗。他将自己剩余势力中那些愿意追随他的人集结在圣彼得广场,带着3 000人离开了罗马,其中有"小胖子"、乌戈·巴西(自春天以来一直担任加里波第军中的神父)和剪短头发、直到怀孕后期还穿着绿色军队制服的阿妮塔。[36] 在翻越亚平宁山脉的长途跋涉中,后有法国追兵,前有惊慌躲开的农民。由于筋疲力尽、疾病和士兵逃跑,加里波第的军队慢慢瓦解了。当加里波第到达亚得里亚海的时候,身边只剩下不足200名忠实的追随者。他们抢夺船只想要前往威尼斯,却在海边被奥地利人发现了。上岸之后,加里波第只能带着一小部分追随者躲在科马基奥(Comacchio)丛林里。这时,加里波第怀中的阿妮塔已经病入膏肓(她在长途行军过程中开始发烧,极有可能染上了疟疾)。当阿妮塔带着腹中的孩子死去的时候,加里波第悲痛欲绝,人们好不容易才让他放下了阿妮塔冰冷的尸体。[37] 奥地利人抓住了巴西,在射杀他之前,他们扒下了他手上和额头上(巴西当初在按立圣职典礼上被施礼的位置)的皮肤,用一种近乎野蛮的方式复仇。加里波第再次翻越群山,抵达托斯卡纳海岸,并从那里前往热那亚。在那里,皮埃蒙特当局先把他送进监狱,又将他流放。此后,他辗转去了世界上很多地方,从事各种不同的工作,10年后终于光荣归来。

马志尼在法军进城之后又在罗马停留了一周。对于已经完成使命的法国人来说，当务之急是要确保没有报复行动发生。最后马志尼登上一艘开往马赛的法国船，从马赛出发回到瑞士，开始了漫漫流亡之路。

在罗马，乌迪诺于7月中旬宣布恢复教皇制度，并将权力移交给"红色三巨头"（Red Triumvirate），之所以叫这个名字是因为它由3位穿着猩红色教士袍的枢机主教组成。法国士兵举起刺刀，阻止共和国制宪议会再次集会，审查制度也随之恢复，但路易-拿破仑仍旧巧言令色试图劝说庇护九世保留1848年革命的某些成果："法兰西共和国，"他用波拿巴主义者的架势对教皇说，"向罗马派军并不是为了摧毁意大利的自由，而是为了让自由更加规范，防止自由走向极端。"[38] 庇护九世的回应是拒绝回到罗马，愤怒地撤回斐迪南二世在波蒂奇（Portici）的行宫。在那里，教皇于9月12日发表了声明，同意做出微小的让步，而事实上恢复了绝对权力。由于他只赦免了一小部分人，大部分人仍有被起诉的危险，这严重阻碍了镇压。证人拒绝提供证词，导致受审判的人中最后只有38个受到惩罚。与此同时"红色三巨头"重设了宗教裁判所，极刑（用断头台行刑）、鞭刑也随之恢复。就连温和自由派也遭到了流放，共和国时期被授予全部公民权利的犹太人又被赶回犹太人聚居区。教皇于1850年回到罗马时，罗马人反应沉闷。

* * *

现在只剩下威尼斯，意大利反抗运动的最后一块阵地。尽管信仰共和主义，此时的马宁已经意识到了，1849年一开始，因为法兰西和英国的调解毫无进展，威尼斯城的命运就取决于皮埃蒙特能否取得胜利。马宁试图在尽可能不激怒皮埃蒙特政府的情况下与托斯卡纳和罗马建立了外交关系，但他却因为承认罗马共和国而遭到虔诚的天主教徒、憎恨反教皇革命的托马赛奥的严厉谴责。所幸在1月的选举中，马宁依然很受选民欢迎，当上了新威尼斯议会的议员。还有一些反对派：马志尼的支持者试图在政府10月的镇压之后重新取得主动权；保守派希望通过和奥地利达成协议来结束这场战争。这些来自左翼和右翼的反对派在大会上组成了一个看似不可能的联盟，但马宁还是得到了威尼斯大部分工人的支持，其中包括威尼斯船夫（工人阶级中的精英），船夫群体的领导人对三巨头表示了大力支持。3月5日，威尼斯热心群众在公民卫队真诚的号召下，云集议会所在的总督府（Doge's Palace），要求马宁实行独裁统治。还是这个小个子男人自己拔出剑来，独自拦在路上劝说人群散开。两天之后，议会还是决定授予马宁一切权力，包括解散议会15天的权力，并可以在休会期间颁布紧急法令。当皮埃蒙特再次和奥地利开战，卡洛·阿尔贝托的船队再次出现在潟湖上时，人们重新燃起了希望。[39]然而4月2日，毁灭性的消息从诺瓦拉传来。

议会遇到了新的难题，马宁将现在的危急处境告诉了城市代表，并在演讲最后号召大家誓死抵抗："议会希望抵抗敌人吗？""是的。"代表们大声回复。"不计代价？"代表们站起来咆哮着："是的。"奥地利人即将大举进攻威尼斯，奥地利的工兵为围城而挖的战壕一步步向他们进攻的核心——马格拉堡逼近。[40]从5月4日起，要塞就被约6万颗炮弹和火箭弹轮番轰炸，在轰炸最猛烈的 5 月 25 日，仅一天就发射了总弹药量的 1/4。威尼斯人用仅有的 130 门加农炮和迫击炮进行了回击，但是他们的军需品严重不足。到要塞（此时已是一片废墟）沦陷时，1/3 的炮手阵亡。除了屠杀，守城军队还饱受霍乱和疟疾之苦。5 月 26 日，奥地利战壕里挤满了人，这个不祥的信号预示着即将到来的袭击。幸存的士兵被迫或者通过铁路桥，或者划船撤回城里。为了阻止奥地利人进攻，5 座拱桥悉数被毁。桥上的临时火车站台用大炮加固，被分配到前方炮台的人已经难逃一死。每天经受奥地利炮火的洗礼，前线死伤的威尼斯人只能在晚上破碎的防御得到加固的时候被运回城里。

当奥地利攻城战进入白热化阶段的时候，换掉佩帕的呼声响起，这些人认为佩帕年事已高，反应迟钝，不足以继续领导威尼斯人。意大利俱乐部邀请所有士兵参加他们的会议，并让士兵们说出自己的观点。马宁意识到纪律和自己的权威都受到了挑战，于 6 月 3 日下令关闭意大利俱乐部，但同时也迫于压力做出了重要的让步：组建一个新的三人军事委员会来领导武装力量，其中包括在马格拉堡守卫战中顽强抵抗的英雄——乌略亚（Ulloa）将军。佩帕辞职，但乌略亚巧妙地让他担任了三人委员会的主席。这个机构的设立是意大利俱乐部要求改革的成果之一，议会接受这一变化后，马宁在会上表示服从决议。[41] 与此同时，威尼斯获得了一个新盟友：匈牙利。5 月，科苏特派来一位公使同马宁谈判，那时，他相信马扎尔人的军队也许会穿过克罗地亚，占领帝国舰队的老家的里雅斯特。威尼斯和匈牙利于 5 月 20 日正式结成同盟，匈牙利承诺为威尼斯提供经济支持，作为交换，威尼斯将会在马扎尔人抵达海边的时候发起突围分散敌方的注意力。[42]

这一同盟的缔结为威尼斯人带来了不切实际的希望。奥地利人的围攻缓慢，但一定会紧紧勒住威尼斯。拉德茨基发起招降，马宁提出了要在帝国内实行自治的条件，而拉德茨基表示只能赦免士兵，并为任何选择流亡的人打开通道。忠于他们抵抗的诺言，6月底，大会以压倒性的票数拒绝了这些招降条款。这一抵抗之举让这座勇敢的城市付出了惨重的代价。士兵们在潟湖上厮杀，威尼斯人经受着持续的炮火轰炸。炮筒从马车上卸下，装进与地面成45°角的特制木滑架，将约11千克的炮弹射向夜空，在潟湖上空飞过5.6千米的距离落入威尼斯城。[43] 轰炸从7月29日夜开始持续了3周。然而轰炸造成的死亡人数及引发的火灾数量却远远低于人们的预期，一方面是因为威尼斯人在消防方面做出了努力，但也可能是炮弹在长距离的发射过程中渐渐冷却，威力被大大削弱。炮弹打穿屋顶，但往往无法发挥全部威力，甚至很多时候都没有落到建筑底层。威尼斯的节日庆典和游行还在继续，剧院里也还照常演出。奥地利人一天要往威尼斯投放1 000颗炸弹，而威尼斯轻蔑地称它们为"维也纳的橘子"。[44]

然而威尼斯仍然面临着两个强大的敌人：疾病和饥饿。整个夏天，约4 000威尼斯人死于伤寒和霍乱。所有市民都在忍饥挨饿，只能靠蔬菜和稀粥勉强度日，因为战时肉和鱼都成了稀缺物资，一只鸡要花掉普通工人一周的收入。医疗用品也已经用光了，酒也没了（在霍乱时期酒更显珍贵，因为酒精可以杀死细菌）。此外，军队的弹药也将耗尽。7月中旬，形势变得更加严峻，在攻城战中坚定不移的威尼斯人开始躁动。一位神父提醒军事委员会："曾聚在一起买面包的女人现在在一起咒骂和祈祷，她们摘下自己的耳环，取下自己手上的婚戒……我们不能坐以待毙，等着市民揭竿而起。"[45] 在大规模暴动的威胁下，7月16日，托马赛奥提出的定量配给方案被采纳。人们从最易遭炮火袭击的城西搬出来，威尼斯剩下的地方挤满了人，许多人都住在阴冷潮湿的一层，有时还要和死人或染上霍乱的将死之人睡在一起。马宁知道威尼斯的食物供给最多只能坚持到8月底，因此他决定与奥地利谈判。这个方案遭到托马赛奥的强烈反对，但获得了佩帕的支持。8月6日，议会以微弱多数通过谈判的决定。对马宁来说，那是难熬的一天。8月13日，他站在圣马可广场上最后一次向威尼斯市民演讲。由于情绪激动，他甚至都无法完成演讲。他在露台上退后了几步，宣布："这样的民族！却不得不向那样的民族投降！"[46] 威尼斯人甚至都无法指望匈牙利的援助，消息传来，8月18日，马扎尔人向俄国投降了。5天之后，威尼斯负责守卫铁路桥的志愿兵看到一辆小船出现在了潟湖岸边，里面坐着马宁的同僚，三巨头之一——卡维达利斯。8月22日晚些时候，他签署了投降书，告诉士兵们回城升起白旗。

在这样的情势下，投降书的条款是慷慨的：除了40名领导人将被流放外，所有参加威尼斯革命的人都将得到赦免。马宁及其家人、佩帕、乌略亚、托马赛奥等人乘坐法国领事出于同情提供的汽船离开了。[47] 马宁在巴黎落脚。帝国军队在攻城战中由于疾病和战争共损失了8 000人。8月27日，帝国军队进入威尼斯，领头的是马扎尔军队。1848年夏，科苏特因为希望奥地利人能永远承认《四月法令》，拒绝将这支军队召回匈牙利。这令人慨然的讽刺恰好展现了1848年革命中尖锐的矛盾。

Ⅲ 围剿匈牙利

对匈牙利来说，1849年的开端阴云笼罩。奥地利人控制了布达佩斯，国民议会在偏僻的德布勒森重新召开会议，1月9日第一次开会时，415名代表中只有145人出席。代表的人数最终将增长到300人，但目前这个残余议会中想和奥地利人谈判的人占了多数。自由的匈牙利之所以还在坚持，离不开政府在调配全国物资和支持反击方面所做的不懈努力。决心和意志成了决定年轻官员晋升的主要品质。尽管军官中大多数仍是贵族出身，但非贵族出身的普通士兵也得到了晋升。在1849年春天决心赶走奥地利人的军队，大多是"国土捍卫者"这个民兵组织。从1848年9月至1849年6月，"国土捍卫者"旗下的队伍数量从16个激增到140个。与此同时，包括正规军在内，军队人数从10万增长到了17万。这些主要归功于在战争爆发之初实行的征兵制，军队中1/10的人是学生、知识分子和地主，大多数新兵（约2/3）来自更加贫穷的农民阶级。1/5是工匠和散工。这些数据在很大程度上反映了当时的现实，那些在征兵中抽到短草的富人可以花钱请（通常更穷的）人代为服役。但是这些并不能减少军队中的爱国热情，比如，在第九营，"红帽军"就以其献身精神和顽强的意志而著称。领导团体的高品格使得爱国主义核心得到了进一步加强。旧帝国军队军官加入"国土捍卫者"部队的，通常可以获得更高的军衔，士官被提升为军官，受过教育的志愿者被任命为士官。这些经验丰富的战士和知识群体形成了一个强有力的指挥团体，将训练其余的士兵。在心存反抗的罗马尼亚人和南部斯拉夫人中征兵收效甚微，因此应征入伍的主要是马扎尔人。不过军官中有很多波兰人和德意志人，1849年年初，他们大约占据军官总人数的15%，莱宁根绝不是个例。[48]

科苏特领导的卫国委员会用匈牙利的黄金储备从国外购买、走私武器。与此同时，匈牙利的工厂设法一天造出近500支步枪。剩余的武器则是1848年夏包贾尼政府从国外——主要是比利时——采购的。相比招募新军，武装军队似乎是更大的挑战。直到战争爆发，许多志愿军还没有分到斗篷，随着气温一天天降低，靴子修补的速度也渐渐跟不上了。为了渡过这一危机，政府将原材料分发给各省，给当地手工工人下订单，直接供应给当地驻军。[49]委员会向生产商提供了大额贷款用于战时生产，从"国土捍卫者"军队中剔除熟练工人，让他们回到工厂继续工作，收购剩余粮食供应军需，还设立了一个军官学校和新的战地医院，并把印钞机从布达佩斯运到德布勒森。80多位掌握广泛，甚至绝对权力的政府特派员被派往全国各地动员群众，筹集物资，做战时准备，同时对军队进行监督并上报委员会。这一时期急需特派员与地方官员抗衡，因为后者令人担忧地随着年初的政治潮流倒向奥地利。

不幸的是，匈牙利的抵抗运动中也出现了内部斗争。这次危机增长了激进派的气焰，在德布勒森，他们要求实行男性普选，要求宣布成立共和国，废除贵族制，并要求将少数族裔争取民族权利的行为定性为叛国。议会的回应是设立革命法庭审判叛国者。激进派和温和派对于少数族裔的抵抗同样愤怒。最终，法庭宣布了122个死刑判决，其中大多是针对非马扎尔人。[50]

政府面临的另一个问题来自他们自己的指挥官——格尔盖伊。

这位将军的政治信仰建立在《四月法令》的基础之上，现在他担心匈牙利最终会走上共和的道路。他的军队被持异见者分裂，那些心存不满的军官认为只要是为了宪法而战，法律就会站在他们一边，但他们不能有更激进的行动。整个军官团体都想叛逃到帝国军队一边。看着自己的军队在自己的眼皮底下分崩离析，格尔盖伊于1月5日在瓦茨（Vác）郑重宣布："多瑙河上游的兵团将会守卫通往布达佩斯的道路，这支军队将效忠于匈牙利宪法，保卫宪法不受任何外敌的威胁"，并将遵守合法的军事部门长官的指令，即经过国王批准、向匈牙利议会而不是委员会负责的正式部长。这是在拒绝激进自由主义者和也许存在的共和主义者领导匈牙利革命。[51] 大胆的宣言有效阻止了逃兵现象，卡尔·莱宁根称，他终于看到了一个坚决反对共和派，并一心只想恢复1848年宪法的领导人。[52] 面对这场反对委员会的兵变，科苏特私下里将格尔盖伊定为叛国者。这位将军其实没有叛变。温迪施格雷茨向他招降，让他带着军队加入奥地利人时，他表示只能在《四月法令》的基础上同奥地利人进行谈判。他几乎没有任何政治力量的支持，德布勒森的和平主义者理应把他视作盟友，但是他们担心格尔盖伊想要实行军事独裁。士兵们毫不避讳地表现出对他的不信任，认为所有政客都有见不得人的一面。但事实很快就证明了格尔盖伊确实是当时自由政体的救世主。奥地利人占领布达佩斯以后，格尔盖伊带领他的军队毫发无损地撤到斯洛伐克的深山里。寒冷的冬季，群山之中，他的军队遭遇了正摸索着前往德布勒森的奥地利人，在格尔盖伊军队的打击下，奥地利人不得不撤退，到西部寻求温迪施格雷茨主力军的庇护。之后，格尔盖伊向南朝着蒂萨河（Tisza）进发。那里，匈牙利人的主力部署了对抗奥地利人的防线。

由于格尔盖伊出色的军事能力,科苏特最终只能任命他指挥春季反攻,但却不肯将他任命为最高指挥官。4月初,匈牙利打了几场硬仗,奋力向布达佩斯进发。格尔盖伊试图劝说科苏特不要让大部队直接去夺回首都,而应该顺势包围,夺取具有重要战略意义的科马罗姆要塞。就在匈牙利人向奥地利人步步紧逼时,发生了一起重大事件。4月14日,科苏特在议会向兴奋的人群宣布匈牙利独立:"这是最后的必要手段,"他在第一段断言,"以此来保证一个被迫害到无法忍耐的国家免遭彻底摧毁。"[53] 这份宣言于5日后正式发布。

皇帝于3月5日实行的新帝国宪法正是这一事件发生的导火索。新宪法废除了匈牙利的《四月宪法》,缩减了匈牙利的领土并打击了其在帝国内的地位。换句话说,匈牙利的自由政权和维也纳的君主政权之间的矛盾变得无法调和。帝国宪法让匈牙利的和平主义者颜面扫地,马扎尔自由派只有继续战争并宣布独立这一个选择。此外,帝国宪法还释放出一个令王国其他民族感到十分气馁的信号。1848年起,伏伊伏丁那的塞尔维亚人在匈牙利南部一直忍受着剧烈的种族冲突带来的恐惧,此时他们发现自己的愿望落空了,皇帝不会以满足他们民族诉求的方式褒奖他们的忠诚。塞尔维亚人厌倦了残暴的种族冲突,对匈牙利人的抵抗开始瓦解。在特兰西瓦尼亚的贝姆将军结合军事手段与灵活的政策平息了叛乱。而他赦免所有缴械投降的罗马尼亚战士的行为激起了科苏特的怒火。贝姆试图通过建立不同程度的自治政府、保留当地语言的形式来安抚群众。但对于科苏特和其他民族主义者来说,特兰西瓦尼亚是圣斯蒂芬不可分割的领土，完全没有必要做出这些让步。尽管自己发布了独立宣言，科苏特还是把手伸向了罗马尼亚，他派一名罗马尼亚议员去特兰西瓦尼亚和山上残余的游击队员见面，游击队却杀死了他，没有做出正面回答。[54]

* * *

究竟是实行共和制还是君主制，科苏特将新匈牙利国家的组织形式这一问题留给了战后的制宪议会。4月23日布达佩斯的奥地利人在意识到格尔盖伊进军（随后很快攻下）科马罗姆之后，为了避免被围困，只得弃城而逃。不过他们在布达城堡留下了一批守军。匈军几小时后入城时受到了热烈的欢迎。被科苏特任命为军政部部长的格尔盖伊认为，部队需要休整，他也知道许多军官可能会受到独立宣言的影响而产生动摇。然而，科苏特坚信布达佩斯的完全解放会使独立后的匈牙利得到国际上的外交认可。时间紧迫，奥地利人很快会在诺瓦拉之后从意大利调派援军。格尔盖伊迫于政治压力只能将他的"国土捍卫者"军队主力从科马罗姆调来攻打布达城堡。[55] 这是一个致命的错误，如果匈牙利人进攻维也纳，他们至少可以通过谈判获取和平。

5月4日，4万匈牙利士兵将城堡所在的山头团团围住。残酷的战争持续了两周半。在这个关键时刻，奥地利人的炮弹从城堡射向了城市，他们甚至将炮火对准了塞切尼索桥——不过没有成功。匈牙利人从科马罗姆要塞卸下的攻城炮终于在城墙上打开了缺口，在5月20日发起的一次夜袭中，"国土捍卫者"军队顶着奥地利人的炮火冲上斜坡。格尔盖伊下令必须坚守阵地。这样近距离的作战，黑暗中点燃的地雷和步枪发出刺眼的闪光简直令人绝望，既残酷又血腥。奥地利人也决心要奋战到最后。仅仅一个晚上，就有1 000多个奥地利人死于这场战斗。[56] 尽管这是一个重要的标志性胜利，但匈牙利军队失去了宝贵的几个星期——他们本可以把奥地利人赶到更往西的地方。格尔盖伊害怕的事情发生了，他的手下现在已经筋疲力尽，无法继续进军奥地利，而帝国军仍然驻扎在国家的西部边缘。此外，随着胜利和独立的到来，匈牙利革命者现在开始为国内的政治利益而战。

国民议会选举科苏特担任匈牙利元首，但他并不是独裁者。自5月2日起，他指定他的亲密同事塞迈雷·拜尔陶隆组建内阁，格尔盖伊担任军政部部长。议会仍然有一席之地，政府也赢得了多数人的支持。5月14日，科苏特宣誓就职，他虽拥有政策总方针的决策权，但也欣然同意部长必须联名签署他提出的法令，他决心服从国民议会通过的法律。[57] 因此，科苏特的元首权力和议会的立法权陷入相互矛盾的窘境。5月底，塞迈雷要求议会休会，并将于7月2日在布达佩斯再次召开会议。

这时，勒死自由匈牙利的索套也在收紧。沙皇尼古拉一世答应了皇帝弗兰茨·约瑟夫一世的请求，同意俄国以"反对无政府主义的神圣斗争"的名义进行军事干预。[58] 格尔盖伊作为军政部部长，全面监督所有的匈牙利军队，更是第一个看出不祥之兆的人。他从不想战斗到悲惨的最后一刻，他和其他许多军官都想谈判，而不希望匈牙利遭受屠杀。这时，两名匈牙利军官被奥地利人俘虏，他们草草被审判为叛军，并于6月5日，在新任奥地利指挥官、残忍的路德维希·海瑙（Ludwig Haynau）将军的命令下被杀。海瑙是从意大利调来的，曾在布雷西亚（Brescia）残酷地镇压了一场起义，鞭打包括妇女在内的平民。这件事后，军官们更加希望迅速通过谈判达成和平。但只要是科苏特掌权，和平谈判是不可能的。格尔盖伊考虑过发动军事政变的可能性，却没能得到非军方政治家的支持，最后他愤怒地回到军队。

在听到皇帝要笼络沙皇的消息后，科苏特第一时间呼吁匈牙利人民起来反抗俄国人。政府没有为匈牙利独立争取到国际社会的支持，因为俄国军队力量的激增可能会危及中欧。不幸的是，普鲁士与匈牙利完全敌对。普鲁士的保守派政府自然也害怕俄国军事干预的后果，于是它非但没有帮助匈牙利，反而提出派遣自己的军队参与俄方入侵，这样普鲁士就能在一定程度上控制局势。西方大国则没有那么强烈的敌意，但仍然没有提供任何帮助。法国的路易－拿破仑无暇挑战俄军，况且他正忙于旨在摧毁罗马共和国的征战。法国左翼激进派最同情匈牙利，但只能通过报纸发出一些噪音。巴黎政府冷漠地对待匈牙利的请求。与此同时，英国人坚持认为，在法律上，匈牙利仍然是奥地利帝国的一部分。因此，匈牙利唯一的盟友是马宁的威尼斯共和国。美国对此表示同情，但也只是在外交上认可匈牙利。而且美国距离遥远，等特使抵达华盛顿时，国内的革命早被镇压了。[59]

匈牙利政府做了迟来的努力，他们希望通过与罗马尼亚民族主义者谈判，确保其东部前线的安全。罗马尼亚人在7月中旬同意支持马扎尔人，但作为回报，他们必须承认罗马尼亚语是当地政治、法律和教育的官方语言，并承认废除强制农民劳役。7月28日颁布的民族法令将这些妥协条款普及到所有王国内的少数民族中，它保证每个民族都有发展自己民族身份的自由。虽然匈牙利语是中央政府的语言，但各县可以使用适合当地的语言。同日，犹太人被赋予与其他公民同等的权利。政府还试图鼓动农民奋起反抗奥地利。4月19日，政府通过一项保护农民财产权利的法令。当贵族和农民因土地所有权的问题发生争端时，法律会把双方争夺的权益判给农民。它将有效缓解一年前解放法令颁布带来的紧张局势。然而，不论是针对农民还是针对少数民族的法令，作用都太小了，也来得太迟了，最后也无法拯救匈牙利。再没有一项影响深远的社会改革方案能激起广大人民群众斗争的热情。此外，关于民族的法条为少数民族提供的利益，比皇帝在1849年3月颁布的中央宪法还少。

沙皇尼古拉一世帮助年轻的弗兰茨·约瑟夫一世镇压匈牙利革命，是有他自己的考虑的。他怀疑匈牙利人试图在多瑙河各公国煽动革命，担心独立后的匈牙利会削弱奥地利的实力，让普鲁士统治德意志。他还担心匈牙利这样的先例会对他长期叛逆的波兰臣民们产生影响。1849年1月，匈军在特兰西瓦尼亚的波兰指挥官约瑟夫·贝姆令军队涌入布科维那，引起了驻扎在临近的波兰地区的俄国官员的注意，并让尼古拉一世的担忧加重了。因此，尼古拉一世命令在波兰的陆军元帅伊凡·帕斯科维奇，如果奥地利官员发出请求，他可以全权处理，越过边境与叛乱分子交战。新任奥地利外交大臣施瓦岑贝格还没有向俄国请求支援，现在，既然匈牙利人濒临垮台，他也就不愿意将大熊卷入中欧了。他想证明奥地利"足够强大，能够平息国内的暴动"。[60] 其实，俄国人曾突袭特兰西瓦尼亚，不是应维也纳的官方邀请，而是应地方普赫纳将军的请求对付马扎尔人。这支 6 000 人的俄国小分队，在春天被贝姆连同帝国军和罗马尼亚军一起轰出特兰西瓦尼亚，这让维也纳而不是俄国陷入僵局，但俄国顽固地以"人道"的名义反对匈牙利人在革命中的劫掠行径。

无论如何，这对俄国人来说也是一种耻辱性的失败。4 月，当格尔盖伊把温迪施格雷茨的军队几乎完全赶出匈牙利时，沙皇仍然对前事耿耿于怀。于是，当施瓦岑贝格抑制住自己奥地利人的高傲，授意奥地利驻圣彼得堡大使正式向俄国提出援助请求时，尼古拉一世欣然同意。虽然他私下向帕斯科维奇表示他无意卷入匈牙利的事务，但他在贝姆和匈牙利的其他"流氓"中，"看到的不仅是奥地利的敌人，还是整个世界秩序和安宁的敌人。恶棍、流氓、破坏者的化身，为了我们自身的安宁，我们必须毁灭他们"。[61] 于是，5 月 21 日，弗兰茨·约瑟夫一世亲自向尼古拉一世呼吁联合哈布斯堡王朝将"现代社会从毁灭中"拯救出来，共同分享"消灭无政府状态、维护社会秩序的神圣斗争"带来的荣耀。[62] 年轻的哈布斯堡皇帝来到华沙会见沙皇，沙皇很高兴看到奥地利人跪下亲吻他的手。

匈牙利人有 500 门大炮，最多动用 17 万兵力。而敌对的奥地利人和俄国人集结的武装力量具有压倒性的优势，总共有 37.5 万名士兵被分配在各个方向。在西部地区，海瑙手下有 8.3 万士兵，330 门大炮。在南方，耶拉契奇麾下有 4.4 万人，190 门大炮。此外，在特兰西瓦尼亚大约有 4.8 万名罗马尼亚游击队员和帝国军队。其余的是帕斯科维奇领导的俄罗斯人。他曾是高加索战争的老兵，还是 1831 年镇压波兰起义的英雄（如果真的有人这么称呼他的话）。他手下有多达20万士兵，配备600门大炮，集结在罗马尼亚各公国和波兰，然而，他不准备受没有耐心的奥地利人限制，拒绝进行不成熟的攻击。尽管俄国曾承诺在6月17日之前入侵，帕塞科维奇还是等到他对部队的准备情况完全满意，储备了足够的物资和装备来维持他的军队后才动身。因此，好战的海瑙首先从西部袭击了匈牙利，他明智地绕过科马罗姆，直捣布达佩斯。与此同时，南方在上演一场围绕种族冲突展开的恐怖战争。

当俄国人最终袭击东部时，他们没有遭到什么抵抗，因为奥地利人已经和匈牙利人开战。帕斯科维奇强行进入特兰西瓦尼亚，在那里，仅仅俄国人的数量就多到足以使优势向罗马尼亚和帝国军队倾斜。与人们的预料相反，俄国人表现得很克制，匈牙利的囚犯受到很好的待遇，他们也没有抢劫或伤害当地居民。很显然，俄国入侵者和马扎尔人都认为：真正的恶棍是"胆小、贪婪的奥地利人"。[63] 当俄国人缓缓深入匈牙利东部，遭受着可怕的霍乱时，西部的奥地利人则迅速推进，在7月13日占领了布达佩斯。格尔盖伊把他的军队完整地撤回到蒂萨河，他的手下精疲力竭，许多人还光着脚，但以他的能力和决心也只能延缓匈牙利的最终崩溃。7月8日，匈牙利议会和政府再次逃离布达佩斯，在遥远的南方城市塞格德（Szeged）重新召开会议。现在的国民会议有200人，人们希望在这里进行匈牙利革命最后的伟大一战。7月21—28日，革命的匈牙利议会在和德布勒森一样街道泥泞、房屋简陋的塞格德举行最后一次会议。也正是在这里，匈牙利人向犹太人和少数民族做出了他们迟来的让步。同时，格尔盖伊正带着他的部队南下塞格德，他正与俄国人协商他个人的投降条款，不切实际地希望沙皇支持《四月法令》基础上的和平。格尔盖伊厚颜无耻地将他自作主张的外交告知了科苏特，这让科苏特愤怒不已。无论如何，帕斯科维奇都不会接受无条件投降外的任何条款。匈牙利政府和议会在7月30日再次出逃，这一次逃到了阿拉德（Arad）。一天前，担任贝姆将军副官的激进诗人裴多菲·山陀尔在特兰西瓦尼亚的战斗中被哥萨克杀害，尸体一直下落不明。海瑙的军队目前已经深入匈牙利，抵达泰梅什堡。8月9日，那里的一场猛烈交战吓坏了"国土捍卫者"的士兵，他们中的大部分人之后都在逃跑时惨死在奥地利重骑兵的铁蹄下。

科苏特在8月11日听闻这场灾难后，主动辞职并直接将政权和军权移交给了格尔盖伊。他刮去了自己标志性的山羊胡和狮式鬓角，带上两本假护照开始逃亡，第一站逃到了伊斯坦布尔。塞迈雷紧随其后，他偷走了圣斯蒂芬的王冠，将其埋在奥斯曼帝国的边界地带奥尔绍瓦（Orşova）。8月11日当天，议会的12名成员在阿拉德会面并解散了议会。同时，格尔盖伊已率他的部队和俄国人达成投降协议，以保证自己手下的军官不受奥地利人的残暴虐待。两天后，投降仪式在靠近阿拉德的维拉戈什（Világos）村举行，但匈牙利在科马罗姆的最后一次抵抗直到10月2日才被彻底清剿。双方共死亡5万人。在奥俄联军这一方，大部分死者来自奥地利。而俄国人所受的疾病之苦大于战争的伤痛，他们在战场上失去了550人，却有1.1万人死于霍乱。[64]

俄国人（及尼古拉一世本人）都敬佩他们匈牙利对手的勇气，要求全面大赦。但维也纳政府在8月20日声明这场特赦只针对普通士兵和下级军官，这些士兵将被招入帝国军队，格尔盖伊也获得了特赦。其余人都面临着军事法庭的即决审判。到1850年年底，已进行的 120 桩审判中，超过 4 600 名匈牙利人接受了审判，其中 500 人被判处死刑。有 1 500 人被判处长期服刑，刑期通常为 10—20 年。法庭对科苏特、塞迈雷和其他逃亡者进行了缺席审判，判处其有罪，并将他们的名字刻在布达佩斯军事监狱的绞刑架上，以象征性地执行绞刑。最凶残的处决发生在 10 月 6 日清晨的阿拉德，14 名匈牙利指挥官被处决。同一天，包贾尼在布达佩斯被执行死刑。在阿拉德，犯人或被绞死或被射杀，其中包括莱宁根。他在上绞刑架前，还给他深爱的妻子莉齐写了最后一封信，内容十分感人。他到达绞刑架时还和守卫开玩笑："他们至少应该给我们提供一顿早餐。"死刑是一个个执行的，所以整场行刑仪式持续了 3 小时，直到一具具尸体失去活力晃荡在绞刑架上或是掉入其洞中，过程十分煎熬。[65] 包贾尼于 8 月在奥尔米茨的军事法庭被审判，施瓦岑贝格亲自下令处以绞刑。包贾尼被转送到布达佩斯，并且用妻子偷偷送进监狱来的匕首割开了自己的喉咙。虽然还是活了下来，不过伤口让他免于被绳索处死。于是，他在 10 月 6 日的黄昏被行刑队枪决，他拒绝蒙眼并坚持由自己下令开枪。[66]

* * *

"独立战争"（正如在匈牙利人民记忆中的那样）为何失败是个有争议的话题。在伊什特万·迪克看来，种族纷争，尤其是发生在特兰西瓦尼亚的匈牙利和罗马尼亚之间的冲突，是失败的关键因素，因为这些冲突完全可以避免。如果匈牙利人及时妥协让步，在他们先后面临南方耶拉契奇的入侵和西部奥地利的攻击时，特兰西瓦尼亚地区至少能维持稳定。然而，正如艾伦·斯基德（Alan Sked）所说，匈牙利人经历过克罗地亚人的挑战并在特兰西瓦尼亚受到首次攻击后，很快又掌握了大局。斯基德和迪克似乎都同意俄国干预不太重要。帕斯科维奇并没有计划与匈牙利人决战，其庞大的军队只是在匈牙利东部缓缓而行。如果战争拖延的时间能再长一点，俄国或许会更深地介入战争，这也会表现在它的伤亡人数上。正如历史呈现的那样，1849年夏天，是奥地利反复打击并决定性地战胜了匈牙利。于是，匈牙利失败的最终原因似乎是奥地利在集结军事力量方面的优势，尤其是在后勤方面，这看似小事，实则至关重要。与仓促召集的匈牙利军队不同，奥地利军队衣食供应充足，武器装备齐全，而且受到了正规训练。尽管匈牙利临时成立的兵工厂每天制作的枪支数量惊人，但质量却不怎么样。战斗中，火枪每射击4次就失火1次。武器的短缺意味着战争的需求无法得到满足。在武器制造能力方面，包括在至关重要的钢铁制造领域，奥地利拥有绝对优势。尽管匈牙利竭力弥补弹药短缺的不足（格尔盖伊亲自参与弹药生产），但两者之间的鸿沟从未缩小过。此外，匈牙利的兵工厂设在布达佩斯，而布达佩斯在1848—1849年两次被奥地利人占领，厂址被迫迁到瑙吉瓦劳德（Nagyvárad），这些都导致了生产的中断。而且，1849年大部分时间，匈牙利与外部隔绝，不可能通过进口弥补武器和弹药方面的不足。[67]

尽管奥地利固有军事力量的强大不可否认，相比而言，匈牙利的确处于弱势；但是，战败的关键在于种族冲突和俄国的干预这一结论也很难驳斥。有确凿的证据表明，这两个因素在哈布斯堡帝国的胜利中共同起了决定性作用。诚然，1848年，匈牙利人能较为轻松地应对耶拉契奇，贝姆将军也设法打退了罗马尼亚，但南部斯拉夫人和罗马尼亚人一直在对抗匈牙利民族主义，这就意味着，当奥地利发起反击时，匈牙利不可能将全部力量集中在西部驱赶奥地利军队。实际情况是，当时匈牙利武装部队的人数共计17万，但格尔盖伊只能以6.3万名士兵面对8.3万人的奥地利大军。其余的人必须留在内部，准备对抗克罗地亚人、塞尔维亚人或罗马尼亚人。他们也在准备应对俄国的入侵。因此，尽管俄国的打击并没有像人们预料的那样惨绝人寰，但潜在的危险仍让匈牙利自由主义政权直至最后时刻也无法集中力量进行战斗。格尔盖伊与奥地利军队的数量差距也许并不算大，如果情况稍有变化，指挥官能够派遣相同或更多的战士上场，战争的胜利可能就会倾向匈牙利。

持续的匈牙利革命给哈布斯堡帝国的其他地方带来了惨痛的后果。奥地利政府以此为借口拒绝召集1849年3月宪法承诺的议会。使用德语的官僚、军队和警察统治着整个帝国。此外，一旦匈牙利和意大利的革命被消灭，政府就强大到可以完全撤销先前的宪法。1850年10月19日，弗兰茨·约瑟夫要求保守主义者卡尔·冯·屈贝克（Karl von Kubéck）男爵定义帝国议会的角色，实际上是要把帝国议会定义为由皇帝任命的上议院。皇帝和屈贝克合力战胜了更具改革意识的施瓦岑贝格。帝国议会将成为宪法中唯一得到执行的部分。换言之，皇帝无意与经公民选举产生的下议院分享任何权力。帝国议会在1851年4月首次召开会议。8月，帝国议会受命研究1849年3月宪法的可行性。不出所料，帝国议会报告称宪法行不通。1851年12月31日，"西尔维斯特特令"（Sylvester Patent）废除宪法，绝对主义制度在哈布斯堡帝国内重建。

此时的中央集权比1848年之前更加彻底。匈牙利宪法被撕毁，并且随着俄国和奥地利军队的挺进，亲奥官员掌握了匈牙利政府的政权。他们采用了奥地利法律，撤销了布达佩斯最高法院。自此，所有申诉均在维也纳开审。匈牙利的警察和骑兵被奥地利的乡村警察取代。从此，帝国由多民族国家转变为"单一民族国家"，各民族作为皇帝平等的臣民被统一在一起。但实际上，由于德语作为国家官僚机构的语言，德意志人占据了政治优势。在匈牙利，曾袭击该国的讲德语的官员身穿一种由著名的匈牙利骑兵制服改造而成的特别制服，人们戏称这些官员为"巴赫的轻骑兵"，用来讽刺强行通过同化政策的议员巴赫。罗马尼亚人希望自己的忠诚得到肯定，但这一希望迅速破灭了。随着匈牙利革命被镇压，奥地利官员在强大军队的支持下，袭击了特兰西瓦尼亚、布科维纳和巴纳特，正如在匈牙利一般，奥地利人要求这些地方的少数民族无差别地一致服从皇帝。[68] 忠诚的塞尔维亚人和克罗地亚人也未因为顽强反抗匈牙利而得到任何奖赏。1853年，耶拉契奇被撤职，一名奥地利将军继任克罗地亚总督。伏伊伏丁那在理论上成为一个独立的省，但省长由另一位奥地利陆军司令担任。一位克罗地亚人向他的匈牙利朋友叹息：我们得到的奖励跟你们得到的惩罚一样。他的说法没错，匈牙利的军事管制可能一直延续至1854年，但作为一个边境地区，克罗地亚实际上一直由帝国军队控制。[69]

Ⅳ 第二共和国的终结

革命结束半个世纪后，与马志尼相识并且十分同情意大利事业的博尔顿·金（Bolton King）尖锐地评论：在使一个伟大民族遭受耻辱的行动中，法国对罗马的干预最卑鄙。的确，当乌迪诺将军率军占领罗马城时，有人亲眼看到有些军人露出了羞愧的神情。[70] 而这种压榨姐妹共和国人民生命的行为激怒了法国激进派，他们于1849年7月13日在巴黎举行起义。自从路易－拿破仑在1848年12月的总统选举中获胜以来，民主社会主义的力量持续壮大。巴黎许多政客依然认为波拿巴仅仅是梯也尔等君主派的傀儡，这些君主派利用他破坏1848年2月取得的胜利，从内部腐蚀共和国。其后路易－拿破仑让奥尔良主义者奥迪隆·巴罗组建政府，更加深了这一印象。巴罗内阁仅有一名共和派人，其余各部部长均为君主派，他们着手清除自1848年2月革命后任命的各级行政人员。制宪议会中大多是温和的共和派，他们与政府一样执迷于"秩序"。但很明显，现在政府的行为已经远远超出了防御社会革命，他们开始了全面反对共和主义的运动。于是，政府的压迫产生了显著的作用，议会变得激进。6月还支持卡芬雅克的温和共和派人突然得到了他们此前的批判者——左翼激进者的支持。[71] 这实际上是共和派为防御君主派和专制主义回潮而组成的脆弱联盟。

议会坚称自己不会解散，他们要表决通过10部组织机构法（用于协调现有机构和新宪法），充分展示自己的实力。此外，在新的一年即将到来之际，巴罗采取传统的财政政策应对持续的金融危机：他强制恢复了年初废除的不得人心的盐税和酒税。作为间接税收，它们实际上给穷人强加了难以承受的负担。波拿巴似乎揭掉了自己的平民主义面具，比起农民群众，他更关心旧精英阶层的利益。正如卡尔·马克思一语双关的讽刺："随着盐税（salt tax）的恢复，波拿巴就失去了自己身上那点儿革命的味道（revolutionary salt）。"[72] 这个议案提交议会后，共和派人对其大力删改，大幅削减了这两项税，盐税削减到原来的 1/3。1 月 26 日，议会否决了政府禁止所有政治团体的提议，左翼代表甚至援引法案，弹劾负责该提议的内政部部长莱昂·福谢（Léon Faucher）。保守派政府在共和派明显占多数席位的议会中竭力争取多数人支持，但波拿巴坚称他对内阁依然有信心。换言之，他暗示政府部长们对他负责，而非对议会负责。这让任何崇尚议会政府的人都警觉起来。[73] 另外，很明显，总统和他的部长们都同意尽快解散这个麻烦的议会，以便重新选举。

保守派的挑战再次激起了激进的巴黎运动。赖德律-洛兰竭力保持平静，但他也在 1 月 28 日发表于《改革报》的一篇文章中表示，"侵犯人民的基本自由"总会敲响革命的警钟。[74] 这种赤裸裸的起义威胁揭示了政府和共和派运动两极分化的状况。然而，正如卡尔·马克思敏锐地指出的，当时的起义会直接被巴罗和波拿巴利用，是因为他们能够"借口维护公共安全来解散制宪议会，就可以为了宪法本身来破坏宪法"。[75] 赖德律-洛兰的文章刊登后，政府提议早日解散议会。保王派将军尚加尼耶的军队令人生畏地出现，以支持这一政府提议，他以保卫议会不受民众起义侵犯为借口包围了议会。公平地说，起义的可能性并不仅仅是反应过度的保守派臆想出来的。激进的左翼动员了旧革命组织人权社的武装力量，而国民卫队第六军团在法国工艺学院为议员开辟了替代的会议场所。后一行为本身就展示了革命的姿态,因为这意味着议会将继续集会,以反抗政府和军队。此外,新起义的威胁也足以破坏温和派和激进的共和派之间本就不牢固的联盟,他们一致同意迅速解散议会。大选定于5月13日举行。议会解散前的最重大活动之一,便是于5月7日决议,禁止政府再进行反对罗马共和国的运动。

自1848年6月以来,选举一直在政治两极化和社会恐惧的气氛中举行。温和共和派人士选择走中间路线,但注定将以"沉船"告终。[76] 保守派利用他们的财力和地方影响力确保自己青睐的候选人能够在选举名单中处于领先位置。尽管他们很少公开发表君主制思想,但很明显,自1848年2月以来,这个圈子里的人一直轻视共和派的举动,他们这一态度反映在竞选文字中,而他们的文字瞄准了更加广泛的农民读者。"社会主义意味着饥荒",一份面向农村选民的传单以警告的口吻写道。其矛头直指临时政府,"45生丁税"尤其是矛头所向。与社会改革相关的共和派人——如民主人道主义者赖德律-洛兰、社会主义改革者勃朗、煽动革命的"共产主义者"拉斯帕伊和布朗基——被不加区别地统称为"红党"。保守派得到了政府官员的帮助,他们阻碍左翼文学的出版和发行,并"建议"选民选举反对"破坏社会的学说"的候选人。一些温和共和派人士,尽管也强调"秩序"存在的必要性,但反对政府权力过度和政府镇压。但他们的声音被淹没了,他们的中间立场也坍塌了。

激进派希望在这些选举中打个漂亮仗。他们已经意识到,除非他们赢得农民的选票,否则在新议会中,他们只能得到很少一部分选票。社会党记者皮埃尔·茹瓦尼奥(Pierre Joigneaux)在旧议会担任代表期间,曾做了一年《改革报》的编辑,他写道:"因为普选,无论我们喜欢与否,都必须考虑到农村人群。大量的选票在农村。"[77] 他于1850年1月写了这些话,但他实际上只是重申了激进派于1849年已经开始实施的战略。1848年4月的选举及其后果表明,仅仅依靠城市工人和工匠的支持是不够的。《改革报》承认:"自第一共和国成立以来,没有人重视农村。但从现在起,我们将不得不转移注意力。"[78] 持续的经济危机有利于激进派,经济危机在农村影响深远,农村地区的经济有赖于向市场出售农产品,但现在葡萄酒、丝绸、谷物和大麻价格暴跌。不过单纯的经济困境几乎不足以使农民变得激进,转而支持民主社会主义(在这一阶段,他们被简单化为"社会主义者")。过去,农村也曾遭受贫困和饥荒的摧残,但农民并没有发起革命。的确,有些历史学家认为人们对第二共和国农民政治化的证据的理解是有误的。例如欧金·韦伯(Eugen Weber)认为,农民仅仅是出于对自己当地经济问题或村庄封地的关心而行事,他们跟随农村重要人士的脚步,其中一些的确可称为"红党"。韦伯认为,农民激进化不纯粹、程度较低,而且相当肤浅,只是披上了现代政治外衣,而其传统的忠诚、冲突和关注点并没有改变。[79] 但正如韦伯之后在自己的文章中所写,在某种意义上,这并不重要,全体男性的选举权至少使农民有权在相互对立的地方政客之中进行选择,并用政治术语来表达,这就标志着农村群体已开始被纳入国家政治的范围了。[80]

这在很大程度上依赖于激进派的宣传者,他们不仅采用了显而易见的策略,即利用农民的经济窘迫和他们对波拿巴总统期望的幻灭,还以容易被农民接受的方式进行宣传。农村年历上,在政治性文章中间，穿插刊登着关于农业、气候和救济的建议，有时以对话的形式书写，内容为：学识渊博（发音与民主社会接近）的农民成功地使一个无知的同伴接受了激进、共和及智慧的行事方式。订阅激进报刊的往往是有文化的村民，如教师、咖啡店主、村长、邮政工作人员、医生和兽医，他们与更广阔的世界有一定的文化联系，扮演着"文化经纪人"的角色，向更广泛的听众传播这些思想。尤其是咖啡店主，他们有强烈的不满情绪，他们的生意因酒税而受到了严重影响，所以他们有充分的理由团结顾客反对政府。[81] 在1849年的竞选活动中，知识分子不仅反复讨论金色的乌托邦式的未来，还为当前的农村危机提供了切实可行的解决方案。他们承诺将减少税收、降低贷款利息，这两项方案对当时绝望的小农都极具吸引力。在一些地区，"红色"候选人助力农民抵制"45生丁税"。民主社会委员会在巴黎成立，委员是从幸存的政治社团和工人组织中选出的工人、店主和知识分子，代表了广泛的左翼成员。4月，委员会第一次下定决心努力创造过去缺乏的东西——一个真正的全国性选举组织。在这个选举组织当中，各省委员会相互联络、沟通信息，同时与即将离任的议会的左翼成员共商相关政策。此外，他们还为所有巴黎及周围地区的民主社会主义候选人提供了单一的选举方案，宣布议员将抵制所有的违宪行为，并主张"工作权是所有人权中最重要的权利，是生命的权利"。[82] 大家印象中难以驾驭的法国左翼在选举前能够一直保持团结，一个原因是去年夏天以来，许多极端主义的领导者一直在监狱服刑，来自这些人的压力变小了。

选举时，750个席位中有500个被保守派占据，其中大多数是君主派，有200名为极端保王派，即正统主义者。不出所料，中间势力崩塌，只有 70 个席位落到了温和共和派手中。激进主义者和民主社会主义者占据的席位数目可观，多达 180 席。左翼候选人面对官方的敌对和阻碍，仍然在选举中取得了巨大的成功，而且不仅仅局限于历来较为激进的选区——巴黎和里昂（在里昂，民主社会主义者获得了 70% 的选票）。他们在一些乡村地区人气也很高，在中央高原地区（Massif Central）、罗讷省（Rhône）、索恩河谷（Saône）及阿尔萨斯获得了 40% 的选票，在南部和最北边也成果显著。可以说，当时的法国呈现出一派"红色"景象。[83] 民主社会主义的政治宣传在小土地所有制占主导的地区取得的成效最为显著。在那里，农民容易受到 19 世纪 40 年代末期低迷不振的经济的冲击，大地主势力也相对较弱。这种情况在南部种植葡萄和橄榄的地区尤为普遍。小农户们不是孤立地住在农场，而是群居在村子里，方便彼此之间的合作，同时促进了思想的交流。在这种社会环境中，往往还存在一小部分作为"文化中间人"的中产阶级，他们渴望挑战当地的贵族权威。在那些与城镇频繁互动且相互依存的村庄，民主社会主义的影响非常深远。法国东南部的一些城镇和村镇（带有集市）为周边村庄居民的定期集会和贸易提供了场所。这些城镇成了激进共和派思想传播到乡村的重要渠道，分散的政治组织在这里悄然活跃，同时也未引起地方当局不怀好意的关注。在其中一些地区，左翼的政治影响力持续了 100 多年。[84] 在近期，民主社会主义者希望以 1849 年的胜利为基础，赢得下一届全国大选。那时，新的立法机构 3 年任期期满，同时波拿巴总统也任期届满。左翼坚信，1852 年将会是属于的他们时代。

面对野心勃勃的左翼，保守派忧心忡忡。正如托克维尔所写：

"到处弥漫着恐怖的气氛。"君主派很清楚,当时共和派势头正旺,新的立法议会无法完全摆脱共和体制。托克维尔写道:保守派开始"重拾包容和谦逊的美德,这是他们自 1848 年 2 月以来一直践行,而最近 6 个月又抛之脑后的美德"。[85] 然而他们也一直在寻找能够一劳永逸地打败激进派的办法。短期的镇压和阻挠似乎是缓兵之计,更重要的是寻求一个长期可行的权威的解决方案。早在 5 月 16 日,路易-拿破仑同母异父弟莫尼公爵给一位朋友写信时就说:"回归帝国是拯救这一局面的唯一出路。一些政治领军人物早已萌生了这个想法。"[86] 保守派和共和派左翼的对抗只会日益加剧。

第一次冲突发生在 6 月,乌迪诺的军队攻打罗马帝国。这一举动是非法的,违背了议会禁止武力对抗罗马的法令,同时也违反了宪法的规定:"第二共和国尊重其他国家,正如她自己希望得到其他国家的尊重。她不会发动任何征服战争,也不会为剥夺其他国家的自由而使用武力。"[87] 刚刚上任的外交部部长托克维尔担心这一公然违抗法律的行为将在国内产生的影响:

> 我在(6 月 2 日)加入内阁后知道的第一件事,就是进攻罗马的命令已经于 3 天前下达给了我方军队。这一行为公然违抗至高无上的议会颁布的禁令,因本国发生革命而攻打正在进行革命的别国,不顾宪法的明文条款……这些都让大家一直担心的冲突不可避免地步步逼近。我们收到的各省长官的来信及警方报告,无一不使我们感到极度恐慌。[88]

这是托克维尔事后的回顾,这种说法不够坦诚,因为他当时认为对罗马发动战争有助于树立法国的威望。但他提到这次干涉点燃了下一次国内政治冲突的导火线，这一说法毫不夸张。1849年夏，巴黎在政治上处于狂热状态，同时霍乱席卷了整个巴黎城，使这个城市更加躁动不安。民主社会主义委员会在得知法国要远征罗马这一消息后，在4月计划中宣称："国与国之间，应如同人与人之间，有相互的义务。让法国军队去剥夺其他国家的自由是一种罪行，也违犯了宪法。"[89]5月，选举之后不久，民主社会主义委员会派代表团向议会发出警告，若政府仍坚持使用武力对付罗马，它将被赶下台。尽管乌迪诺是秘密接到命令，但第一次进攻罗马的消息很快在6月10日传到了巴黎。山岳党，即议会的左翼，在第二天的会议中大发雷霆。左翼反对党领袖赖德律－洛兰公开谴责这场战争，宣称自己和同伴将全力捍卫宪法，甚至不惜诉诸武力。他呼吁弹劾波拿巴总统及其内阁。议会展开了一场激烈的争辩，[90]然而面对占压倒性多数的保守派，左翼的力量微乎其微，能做的也只能是在言论上攻击政府。很快，弹劾政府的提议不可避免地被打压下去。

然而，远征罗马这一举动却成了巴黎激进派鼓动其拥护者的理由。6月11日早晨，在议会辩论之前，民主社会主义委员会的代表就已经与共和派报刊的编辑们商讨过对策。他们一致同意举行大规模示威活动，他们十分清楚这将会带来什么后果。如他们的成员维克多·孔西代朗所说，示威活动必将导致暴力冲突。只有《新闻报》的主编埃米尔·吉拉尔丹反对这一提议，他认为霍乱的暴发已经大大削弱了人们参加运动的热情。最终，他们计划举行和平的非武装游行示威，并向立法议会进发，在那里，山岳党的议员将宣布现任政府和议会无能，进而取而代之组建新的国民公会（National Convention）。同日早晨，山岳党（民主社会主义者的绰号，让人回忆起1789年大革命）的核心成员在议院碰头，他们同意这个计划，因此当赖德律-洛兰呼吁发起弹劾时，他和他的同僚们其实早已承诺支持这场实际上是一场革命（尽管希望是不流血）的政变了。这并不是一时冲动，而是源于一种真诚的信念：他们是在捍卫法国和海外的民主。坦率地说，这也是政治选举失败后的夺权。左翼用4月计划中模棱两可的口号为自己辩护，称"共和国优于多数人的权利"。[91]

6月13日上午，巴黎人民醒来后发现3条公告贴满了大街，并发表在共和派的媒体上。山岳党宣称：第一，议会和政府违犯宪法，并"与国王站在一起对抗人民"，议会已经失去了它合法的权力；第二，民主社会主义者呼吁国民卫队和军队支持民众的抗议；第三，召集全体人民进行"平静的示威"，捍卫宪法。

早上，在艾蒂安·阿拉戈的带领下，2.5万人聚集在林荫大道上，其中包括大约5 000名国民卫队队员。马克思当时住在里尔街，他被一名德意志流亡同伴叫了出来，或许参与了游行。赫尔岑确实参与了，还作为目击者留下了生动的叙述：人群沿着林荫大道行进，唱着《马赛曲》，高喊"宪法万岁！共和国万岁！"赫尔岑写道："成千上万的人共同唱着《马赛曲》，他们犹豫不决而又紧张兴奋，在某些冲突之前这种情况不可避免。一个人如果没有听过这样的《马赛曲》，很难意识到革命赞美诗的压倒性作用。"[92]但马克思却不为所动，他对山岳党的领导人表示怀疑，认为他们颇有"小资产阶级"性质。他确信，"1848年6月的记忆，从未这样强烈地使巴黎无产阶级的队伍激动过"。但他认为游行者在喊这个口号时是"机械的、冷漠的、违心的"。[93]当这一纵队到达和平街的时候,他们遭遇了由尚加尼耶领导的步兵和骑兵。尚加尼耶成功地将游行队伍分成了两部分,一部分人被驱逐到北边,远离林荫大道。一部分抗议者用他们的胸膛迎接刺刀,打赌士兵不敢刺向他们。其他人则呼吁士兵保卫共和国,并为罗马的事业辩护。赫尔岑发现他自己"与一匹马面对面,那匹马几乎在我的脸上喷着鼻息。我面前同样也有一个骂骂咧咧的龙骑兵,他威胁说如果我不挪开,他就给我一马刀"。他跑向阿拉戈,后者在逃离骑兵队追捕时,臀部脱臼了。[94]

尚加尼耶的干预是迅速而果断的。根据最初的计划,山岳党想要在立法议会等待游行队伍的到来,但是他们已经被阻断、驱散了。因此,赖德律-洛兰和他的同僚们被孤立起来,直到一支左翼国民卫队到达来保护他们。下午2点15分,他们到达了法国工艺学院,在一个设有街垒的警戒线后开始商议。左翼核心成员(最初119人)号召人民武装起来,但是巴黎没有像1848年6月那样被点燃。重要原因是尚加尼耶迅速采取的行动确保了所有主要十字路口和战略要地的安全。一些被尚加尼耶驱散的示威者当然是又跑回家,收拾他们的武器,筑起路障,但这些仓促建造的防御工事很容易被政府军清理,例如其中一个路障仅仅是由一堆从附近的咖啡馆里抢来的柳条椅搭成的。当军队逼近学院的时候,山岳党开始任命临时政府。但尚加尼耶的人闯入院子时,这一徒劳的工作被打断了。一些代表误以为士兵是增援部队,冲出去迎接他们,但他们发现自己竟然被逼到了墙边。他们似乎马上就要被枪毙了,但不知为何,这时军队突然撤退,除了6名代表被捕,其他代表都从后门或窗户逃走,随后开始流亡。赖德律-洛兰成功逃到了伦敦，但首先（据说）他不得不把他那肥胖的身体从学院的窗户挤出来。赫尔岑拿起他的护照，离开法国前往日内瓦，成功逃脱了逮捕。

这次叛乱似乎已经失败了，它最初的计划实际上是一场以武力威胁做支撑的议会政变，这个计划已经被尚加尼耶无情而果断的反应粉碎了。由于当时没有应急计划，当山岳党试图在学院建立革命政府时，秩序的力量已经赢得了主动，阻止了起义升级。与尚加尼耶形成鲜明对比的是，山岳党不得不指挥一场完全没有计划的起义。从这个角度看，缺乏布朗基这类战斗经验丰富的极端左翼革命领导人，是战略上弱点。运动需要富有激情的领导者，领导者应该在街垒战中经历枪林弹雨，这样才能成为坚定的工人阶级革命核心。[95] 托克维尔直言不讳地指出："1848年6月，领导人缺乏军队。1849年6月，军队缺乏领导人。"[96] 赫尔岑同意这个观点。当临时政府还在建立时，他看到工人们漫无目的地在大街上游荡，"他们带着迷茫的表情，发现既听不到任何建议也看不到任何领导人，（他们）回到了家，再次确信，这个国家的建立者——山岳党——倒下了"。赫尔岑遇到这么一个人，他忍住眼泪，抽泣着说："一切都不复存在了！"[97] 巴黎起义在阿列省（Allier）和罗讷省得到了热烈回应，这也说明民主社会主义的宣传取得了成功。里昂的起义尤为激烈，织工筑起的街垒只能用大炮炸开。在战斗中双方均有25人被杀，后来1 200名起义分子被逮捕，部分士兵因为加入起义被行刑队枪杀。[98]

镇压性法令随后颁布。法令规定政府有权取缔任何政治组织，禁止任何公众集会。出版法规定了新的犯罪行为，其中包括侮辱总统和煽动士兵不服从命令。同时，法律要求贩卖政治文学作品的小贩（流动商贩——印刷文字传到农村的一种传统渠道）从事经营活动之前要得到地方行政长官的许可。在凡尔赛举行的一次法庭会议上，大约34名山岳党议员遭到谴责，一些最有经验、德高望重的左翼领导人被撤职。不过，起义主要在城市中爆发，其中最激烈的斗争发生在巴黎和里昂。普选制度依然存在，宪法虽然遭到破坏，但基本完整，所以左翼激进主义者虽然在1849年6月一时受挫，士气稍有减退，但幸存下来的左翼仍然在农村选区满怀信心地工作。[99]

1849年6月13日后，驱逐和逮捕造成大量议员席位空缺。递补选举于1850年3月10日正式举行。民主社会主义者只保住了其中11个席位，左翼势力选举的巅峰时刻已经过去。但保守派仍然对左翼占据了巴黎的3个席位耿耿于怀，这说明在巴黎对激进派的打击并没有使其元气大伤。在保守派看来，这个选举结果并不表明左翼已奄奄一息，相反表明左翼的顽固和坚持。3月15日，议会投票通过一个保守的教育法案，右翼以此方式宣示自己的立法权。这个教育法案由包括梯也尔在内的教育委员会制定，得到保王派法卢伯爵的支持。法案削减了小学课程，只保留宗教科目、基本读写和简单的算术。一方面，天主教在公立教育体系中的影响逐渐增加；另一方面，私立学校被允许建立，当然这主要意味着天主教可以建立自己的学校。教区神父负责监督公立学校教师，并向当地领导汇报。教育法案之所以产生是因为保守派心存焦虑，他们认为共和派的教师散布颠覆思想，恶名昭彰。法卢伯爵亲笔写道：教育法案加强了教会和教义的权威，及时有效，是针对"现有社会威胁"的一剂良药。[100]教育法案旨在向年轻人灌输保守思想。政府早已先发制人，解雇了1 200名"不可靠"的教师。然而，4月28日，巴黎的另一场补选迎来了一名法卢法案的反对者欧仁·苏（Eugène Sue），他直言不讳，大胆敢言。

投票结果显然是对保守派的抗议，并且进一步表明左翼的威胁依旧存在，因此议会在5月31日通过了选举法。它剥夺了一切有犯罪记录者的选举权。同时，如果一个人在固定选区生活少于3年，或不能通过税务登记来证明自己的居住情况，同样没有选举权。这些规定再次表明保守派的担忧，他们将1849年6月以来所有政治上的不稳定都归咎于这些居无定所、有一些犯罪前科的底层人民。约280万人失去了选举权，占所有选民的30%。由于工人需要四处走动以寻找廉价住房，所以某些地区的数据相对较高，例如在巴黎是62%，北部工业区是51%。左翼中不少人认为这项法案是右翼的刻意挑衅，迫使民主社会主义为维护男性普选权发动起义，右翼从而可以轻易对他们进行打压、定罪。左翼及温和的共和派告诫支持者切勿鲁莽行事。民主社会主义者组织了一场请愿活动，募集了5万签名，大多数来自农村，这进一步反映出激进的共和派正进军法国广大农村。不过，基层共和派也顺理成章地回归旧手段，将活动转到了地下。他们以里昂为中心，向法国东南部扩散，建立了秘密的共和组织网。虽然警察在1850年8月发现了这个组织网，但他们并未找到其策划起义活动的任何证据。1851年春，其中3位领导者接受审讯，并被判处流放到遥远的马克萨斯群岛（Marquesas），严厉的判决让这一事件轰动一时。

然而，随着1852年的到来，民主社会主义势头猛涨，保守派如惊弓之鸟。1852年是属于民主社会主义者的一年。路易-拿破仑·波拿巴任期将满，依照宪法，他不能连任。可是，他是唯一能获得足够票数，在总统选举中挫败民主社会主义者的右翼候选人。大文豪维克多·雨果的朋友向他讲述了自己的噩梦：数匹脱缰的烈马突然奔向悬崖，后面的马车燃着熊熊烈火。听后，雨果这样评论："你梦到的是1852年的场景。"[101] 对保守派来说，波拿巴是唯一一个站在秩序和灾难之间的人物。因此他们中的不少人支持修改宪法以实现波拿巴连任。托克维尔是保守派中的聪明人，他认为路易-拿破仑同"红党"一样可怕。他在讽刺路易-拿破仑时这样说：某些不满"人民"破坏宪法（参考6月13日事件）的人，如今却在干着同样的事。[102]

与此同时，波拿巴一直努力赚取群众支持，更重要的是撇清与右翼的反动政策的关系。1849年9月7日他透露了一封发给在罗马的法国指挥官的电报。他在电报中谴责了枢机主教的专制统治，并对法国外交政策转向反动表示惋惜。面对多数议会成员的强烈反对时，奥迪隆·巴罗没能维护总统。于是波拿巴于1849年10月31日解散内阁。他向立法议会解释道，他认为自己高于党派政治，代表人民意志，并且有能力给这个国家所需要的坚强领导：

> 1848年12月10日，一套制度赢得胜利，因为拿破仑这个名字本身就意味着一套制度。于内，它意味着秩序、权威、宗教和人民福祉。于外，它便是民族自尊。自我赢得大选之日起，我将在立法议会和全体人民的支持下，让这一制度走向辉煌的顶峰。[103]

保守派也意识到波拿巴并非他们的傀儡，他也有自己的思想。

法卢等一些保守派如梦初醒，发觉到了"恺撒主义"的弊端。托克维尔表示，路易－拿破仑经常会见议会君主派领导，但"他不耐烦地忍受着束缚，他能表面上谦虚地听从指导，但私下一心想着逃离"。[104]然而，与路易－拿破仑的专制平民主义相比，多数右翼更畏惧"红党"。因此，当路易－拿破仑任命了新政府，坚持让政府对他而非议会负责时，保守派的反对是微弱的。此外，保守派不会同意替换波拿巴，因为这时奥尔良派支持路易－菲利普国王的继承人，而正统派支持的人选是波旁家族的尚博尔（Chambord）伯爵。1849—1851年间，波拿巴巡游全国不下14次。为了竞选，他视察军营，奖赏士兵大量的美酒、香肠，时常听到一些士兵高喊"吾皇万岁"。旅途中，遇到田里劳作的农民时他会停下来，和他们闲谈。参加公众集会时，他会直白露骨地说些听众喜欢的话。对共和主义者，他表示支持1848年宪法（依据该宪法，1850年5月的选举法完全应受到谴责）。背地里，他暗示保守主义者，支持王朝复辟。他利用总统权力任命自己的支持者为省长、军事长官和政府官员。立法议会中，右翼分裂为正统派、奥尔良派，以及那些倾向于支持波拿巴的人，最后一派认为波拿巴是维持秩序的最佳人选。

1851年春，波拿巴的支持者迫切要求修改宪法，他们的请愿书收集到了150万个签名。7月末，共和派和奥尔良派联合，没有让议会通过宪法修正案。他们认为此时波拿巴是危险的帝制分子。而正统派支持波拿巴，因为他们自己也要修改宪法，但他们自身力量不足以获得3/4的选票，不能通过修正案。此时，路易－拿破仑也不再囿于合法手段，开始谋划政变。11月4号，他向立法议会提议恢复全国男性普选权。提案被否决，但结果是削弱了议会的民主合法性，让波拿巴成了人民主权的捍卫者，为他打下了民众基础。

军事政变的时间定在12月2日，即拿破仑一世在奥斯特利茨（Austerlitz）取得伟大军事胜利的纪念日。当天晚上警察逮捕反对派领导人，包括奥尔良派的梯也尔、民主社会主义派的议员、共和派的军官（包括卡芬雅克），以及80位著名的激进主义者——他们被视为反波拿巴起义的潜在领导人。政变获得成功，一部分是因为政变本身目的不是为了获得权力，而是进一步强化权力。路易-拿破仑早已掌握实权，警察、军队和内政部这些关键部门部长都忠于他。前一天晚上国家印刷部门被悄悄占领，印刷他下达的布告，巡逻警察随后四处张贴布告。波拿巴的目的是让专制统治合法化，他越过那些所谓腐败且分帮拉派的代表，直接向"人民"呼吁。他说："国家议会篡夺人民意志直接授予我的权力，是邪恶的温床，危害法国稳定，我已将其解散，邀请全体人民在它和我之间做出决断。"[105] 为了对付议会的反抗，他先发制人，派军队占领了议会大厦，但这并没有阻止住议员们的行动，大约220位议员——包括托克维尔、巴罗、法卢和雷米萨——在巴黎第十区（大约相当于现在的第六区）区政府召开临时会议，在那里，他们宣布此次事件为军事政变。很快，他们被士兵驱逐，被草率地抓进监狱。12月3日，一些共和主义议员试图在工人区组织抵抗，修筑街垒。但是，波拿巴狡猾的布告宣称恢复男性普选权，令共和运动本身受到质疑。到12月4日，巴黎所有的抵抗运动均被镇压。

然而在外省，政变需要面对"法国19世纪以来最大规模的地方起义"。[106] 至少从775个村镇动员的近7万民众武装起来抵抗政府，男人们开赴战场时，妇女也站起来保卫村庄。其中，近2.7万人与军队或宪兵发生暴力冲突。武装抵抗的中心在法国东南部和中部的农村地区。起义一般先从小集镇开始，周边村落迅速加入。相比之下，大一点儿的市镇中，居民多是和平抗议。大约100个乡村、市镇的起义者驱逐了政府官员，任命他们的代表履行职责。这些夺权行为是对民主社会主义领导人号召的直接回应，这也表明，他们已成功地建立了散布于农村地区的激进共和主义组织。可是这些起义离权力中心（尤其是巴黎）太远，产生不了什么威胁。起义者获得的仅仅是小村镇的政权，那里的武装力量只有少量的宪兵。起义者仅在下阿尔卑斯省*成功地占领了首府，但也没有占领太长时间。一旦当政者成功调集力量，指挥军队奔向起义的地方，起义者很容易就会被镇压。[107]

短期来看，起义让波拿巴的政变合法化，他的支持者轻信了民主社会主义者是稳定秩序的破坏者这一说法。巴黎警察局局长夏尔马涅·德·莫帕（Charlemagne de Maupas）曾说："强盗、小偷、杀人犯、强奸犯、纵火犯，都是1852年这场令人惋惜的起义中最不需要的。"[108] 镇压高效而迅速。近2.7万人被逮捕。其中239人被流放到人间地狱——法属圭亚那的魔岛，那里因致命的恶劣环境而得名"不流血的断头台"。大约9 500人被流放阿尔及利亚，3 000人入狱，另有5 000人处于警察的监视中。自称平民主义者的波拿巴不想招来广泛的指责，减轻了几千人的刑罚。虽然他以男性普选权的借口发动政变，却引发了意想不到的动乱，镇压的火药味笼罩着新的统治，结果是很多共和主义者不可能与新的统治和解。[109] 无论如

---

* 今天的上普罗旺斯阿尔卑斯省。——编者注

何,"红色威胁"鲜活地展现了他们的暴力。于是,当 12 月 20 日波拿巴发起公投的时候,保守主义者站在了他这边。夏尔·德·蒙塔朗贝尔(Charles de Montalembert)伯爵在奥尔良派报纸《宪法报》上写道:"投票反对路易-拿破仑意味着向社会主义革命投降……就是让红色专制取代权贵专制,而过去的 3 年中,法律与秩序的事业、天主教事业在波拿巴的领导下发展得相当好。"[110] 这次公投,群众以压倒性的 750 万票赞成、64 万票反对认可了军事政变。另外,有 150 万人投了弃权票,而 32 个省还在军事管制中,这毫无疑问妨碍了反对意见的传播。

就这样,第二共和国被成功废除。路易-拿破仑如今的官方头衔是"殿下"。1852 年 11 月,通过后来的公投,他成功地成为"法国皇帝",在军事政变的第一个纪念日加冕为拿破仑三世。维克多·雨果讽刺他为"小拿破仑"(Napoleon le Petit),以此嘲讽他和"伟大"的拿破仑的区别。由于这些轻蔑言行,雨果被迫逃离巴黎,流亡到英属海峡群岛(Channel Islands)。他的抗议机智而充满愤恨,19 世纪中叶的革命彻底结束了。

总结

本书以1847年亚历山大·赫尔岑的欧洲希望之旅为开端,以希望的幻灭为结尾。19世纪中叶见证了这位俄国社会主义者的个人悲剧和政治悲剧。逃离法国后,赫尔岑和妻子娜塔莉住在日内瓦,然后去了尼斯与格奥尔格同住,最后德意志共和主义者艾玛·赫尔韦格(Emma Herwegh)也加入了他们。1851年年初,娜塔莉承认和格奥尔格有染,接下来便是数月的指责和忧愁。祸不单行,悲惨的命运又一次降临。11月,赫尔岑的母亲和他7岁的儿子科里亚从巴黎返回尼斯的途中,乘坐的船只失事,两人都遇难了。1852年5月娜塔莉伤心过度,与世长辞。精神受到创伤的赫尔岑整个夏天都在欧洲旅行,直到1852年秋天,他和13岁的儿子萨沙[1]定居伦敦。他把自己对1848年革命的深刻见解写给儿子。这位沮丧的男人写下《来自彼岸》(*From the other Shore*),并在1855年把书作为新年礼物送给了儿子。对赫尔岑来说,旧的社会政治秩序在革命中会被完全破坏,这是历史的必然。但是很明显,这件事情并没有发生在1848年。这一代人要做的是根除旧的统治,只有这样,后人才能收获他们播种的果实。他告诉萨沙:"这一代人只是修了座桥,给将来的陌生人使用。你也许会在某天见到他……我恳求你不要停留在此岸……宁愿与革命一起灭亡也不要领取反动政府的救济。"[2]

尽管革命失败了，但我们也不需太过悲观。1848年革命让数百万欧洲人第一次体味到了政治：工人、农民能在选举中投票，成为候选人，甚至成为议员。那一年公民自由的迅速繁荣为欧洲人民（包括妇女）提供了自由空间，他们通过政治社团和工人组织参与政治。尽管有些人是保守主义者而非自由主义者或激进主义者，但这并不削弱结论，因为保守主义本身也是一种政治立场，得到很多人真诚的支持。也许最伟大的成就是废除农奴制，废除了强加在农民身上的劳役。除了社会经济影响外，农奴制改革还具有深远的政治影响：它削弱了土地贵族的势力，增强了政府权力。随着劳役制度的终结，农奴的解放也摧毁了土地贵族对农民享有的司法权，农民进而能够直接生活在国家司法体制之下。换句话说，土地贵族不再扮演农民和政府的中间人，农民和其他阶层适用同样的法律，享有同样的民权。长远来看，这为他们成为现代国家的完整公民铺平了道路。[3]此外，1848年暴露出来的诸如宪政、公民权利、社会和民族主义等问题，并不因为反革命运动试图压制民众的讨论和抗议而消散。现实证明，保守主义者越发需要解决这些问题，因为在19世纪后半叶，经济、社会变革的步伐在加快。部分现实的保守派人士在自由主义体制崩溃后很快就意识到了这一点。历史学家利奥波德·冯·兰克（Leopold von Ranke）曾对腓特烈·威廉四世的一位顾问说过："如今的风暴必须以如今的制度来应对。"[4]社会改革、民族统一这些解决方案最终还是被采用了，但实现它们的是专制政府而不是立宪政府，并且往往出于保守派利益的考虑。但是，这些解决方案最初是由"48年人"提出的。有时,那些与保守派秩序言归于好的悔改的革命人士甚至会帮助实现这些方案。这样的例子真实存在。1867年,奥地利弗兰茨·约瑟夫一世的绝对君主制不得不屈服于革新的压力,他与马扎尔人谈判妥协,代价是牺牲其他更小的民族。曾经的奥地利帝国变成奥匈帝国,这两个部分理论上是平等的,并且分别设立了匈牙利、奥地利和整个帝国的代表机构。值得一提的是,匈牙利方面的两位缔造者安德拉希·久洛(Andrássy Gyula)和戴阿克·费伦茨都是曾经的"48年人"。然而,顽固的科苏特·拉约什坚决拒绝与哈布斯堡皇室往来,他在流亡中度过了余生,并于1894年在都灵逝世,享年92岁。

长期以来,在民族主义历史叙事的语境中,1848年被公认为是被"错过"的一年,大部分欧洲国家错失了一劳永逸地走上自由法治道路的机会。这个观点暗示,假如革命成功,20世纪的极权主义恐慌将得以避免。艾伦·约翰·珀西瓦尔·泰勒(Alan John Percivale Taylor)发表过著名的言论,称1848年是一个历史的转折点,但"德意志没能转过这个弯"。[5] 历史学家认为当年的革命可以使德意志通过自由的、议会的方式实现"自下而上"的统一,而非通过俾斯麦的铁血政策进行"自上而下"的强制统一(这一过程在1871年完成)。俾斯麦统治下的德意志帝国虽然也有议会制度,但这个帝国主义国家信奉的是专制主义和军国主义。理论进而认为,法国的中产阶级是民主革命运动的中坚力量,但德意志的中产阶级屈服于德意志容克地主的统治。有些历史学家进一步提出了德意志历史发展中的"特殊道路"这一概念,他们在19世纪晚期专制的德意志帝国里,发现了更黑暗、更残酷的20世纪第三帝国的种子。[6] 这一理论推断，1848革命的失败带来的是一场灾难性的悲剧。革命的失败让人们深刻体会到只有强权的领导，特别是普鲁士强权的领导，才能带来德意志的统一。1848年的革命之所以没能完成统一大业，就是因为革命者本身没有掌握军事权力，因而最终被保守的德意志各邦国军队击败。俾斯麦在1862年发表的一段言论，激怒了他崇尚自由主义的普鲁士听众，他说："当代的重大问题并不是通过演说和多数派决议就能解决的，这是1848年和1849年犯下的最大错误，而是要用铁和血来解决。"[7] 就德意志的"48年人"来说，他们也并不是单纯的理想主义者，他们同样追求权力，尤其是追求德意志的权力，这从他们关于德意志未来进程的争论可以看出。当要在国家统一和政治自由之间做出选择时，绝大多数自由主义人士选择了前者，只有约翰·雅各比这些例外选择自由。这让1848年的悲剧显得更加深刻——连自由主义者也做好了放弃自由、向权力低头的准备。

意大利也经历了类似的过程。20世纪30年代，被墨索里尼抓捕入狱的意大利马克思主义学者安东尼奥·葛兰西（Antonio Gramsci）一直在尝试解释，1860年完成了统一意大利为何没能避免陷入法西斯的独裁统治。他把原因归结于意大利中产阶级自由派的软弱。正是这些人在1848—1849年领导人们追求民族统一与政治自由。与德意志相类似，人们从意大利革命的失败中总结的教训是，自由和统一的实现，需要皮埃蒙特君主武装力量的支持，需要土地贵族的合作。由此可见，统一是一场"消极的革命"，由保守派力量自上而下强制推行，而不是像朱塞佩·马志尼及其他共和主义者希望的那样，由人民推动。在这种情况下形成的意大利王国，议会制度基础薄弱，却挣扎着想要发展出可行的民主制度。结果只是让这个国家轻易地陷入了法西斯反革命势力的手中。[8]1848年，我们再次看到，为了权力和更远大的民族统一事业，革命者愿意搁置或放弃他们的民主及自由思想。1848—1849年的意大利革命者为日后的专制主义埋下了祸根。革命本身就是一场战争，革命后，英雄们愿意为了国家事业而牺牲自我的无私精神备受推崇。这种英雄主义的典型代表就是加里波第，他的事迹加强了这种英雄神话。除了将军国主义的种子引入民族自由运动之外，英雄神话与失败的现实之间形成强烈反差，这也将颓废与背叛的思想注入了意大利复兴运动——或者说是意大利民族的"复活"。[9]一方面是英雄主义、军事荣耀与自我牺牲，另一方面却是意大利现实政治与社会的腐败，两者对立造成的紧张导致后来的人们在权威主义中寻求意大利问题的解决方法。

　　法国的情况就很不同了。人们普遍认为曾经短暂存在的法兰西第二共和国是一个巨大的成功。这一阶段被莫里斯·阿居隆（Maurice Agulhon）等人称为共和主义的"准备期"，[10]是为法国永远成为民主议会制国家奠定基础的一段时期。经历了风雨飘摇的几十年，1870年法兰西第三共和国的出现可以说是期待已久的1789年革命原则的胜利，如同弗朗索瓦·菲雷（François Furet）所言"法国大革命的船只终于驶进了港口"。[11]然而，这并不能弥合法国社会内部根深蒂固的政治分歧，这些矛盾在19世纪90年代德雷福斯事件中集中爆发，在纳粹占领及维希政权统治期间持续激化，此后一直延续到20世纪40年代。历史学家还必须解释一个问题，为何法兰西建立长久的议会民主制的过程如此激烈、艰难，从1789年到1945年，法兰西经历了3个君主国、2个波拿巴帝国、5个共和国,颁布了至少15部宪法。在饱含艰难与鲜血的道路上,与其他废弃的政体相比较,1848年革命不像民主的准备期,反而更像一次失败,一次寻求可行的政治解决方案的失败。一方面,自由主义者、民主主义者继承了1789年遗产;另一方面,保守主义者抗拒大革命的原则。只有弥合两者之间的鸿沟,或者像一些历史学家说的那样终结"法国人与法国人的战争",法国的政治制度才能稳定生存。[12]

在对1848年的悲观评价中,核心问题是认识到了民主不总是进步的。1848年4月法国的选举选出了带有强烈保守主义色彩的议会,普鲁东愤怒地表示"普选是反革命的"。[13]这一论断先后被路易-拿破仑·波拿巴和俾斯麦证实。前者通过公决成为皇帝。德意志社会主义者费迪南德·拉萨尔(Ferdinand Lassalle)则向俾斯麦保证:"给我普选权,我就给你100万选票。"[14]欧洲的自由主义反对派由数量较少的中产阶级或地主精英组成,欧洲盛行的保守主义和民族主义便成了权威政府可以欺压和削弱自由主义反对派的借口。然而,虽然法国的例外论、德意志的"特殊道路"和意大利的"被动的革命"理论都有一定的解释力,但更重要的是不能局限于此。这些理解方式会导致人们对历史的发展形成偏狭看法。举一个最极端的例子,"特殊道路"的理论可能让人们认为所有德意志道路都将不可避免地导致纳粹和大屠杀。从1848年到1933年还有很长的路要走。一个清醒的德意志"48年人"、作曲家威廉·理查德·瓦格纳早已预见了这黑暗的未来,他悲痛地写道:1848年的德意志人误解了"法兰西-犹太-德意志民主"的真正本质,所以"真正的德意志人突然发现自己和自己的名字被一群完全陌生的人代表了"。[15]

尽管瓦格纳当时表达了一种潜伏于德意志社会的反犹太主义，但要到19世纪晚期，随着德意志的统一，民粹主义和极端民族主义的潮流渗入到德意志的社会讨论中，大众政治逐渐兴起，这种反犹主义才逐渐成为政治版图的重要部分。在此之前，犹太自由主义者都乐于为德意志的统一而努力。对他们来说，这一进程标志着他们在自己解放的道路上取得了进一步的进展。

人们可以争辩说（正如本书作者所说），虽然20世纪专制主义的发展趋势确实根植于19世纪的观念、运动和问题，但是第一次世界大战的灾难和战火给欧洲的政治和社会带来的巨大压力，保证了极权主义在战争发生后的几十年中能够占据主导地位。[16]然而，在1848年，这种趋势虽然不像20世纪那样长成过于茂盛的丛林，但也已像发芽的鳞茎，人们可以轻易分辨。因此，刘易斯·内米尔将1848年比作"历史的苗圃"。[17]1848年作为"历史的苗圃"表现在另一个重要方面——"社会问题"上。"社会问题"在1848年以前引起了极大的焦虑，在1848年猛然成了政治议题。

当1848年德意志民主人士路德维希·班伯格第一次听到巴黎六月起义的消息时，他马上关注到了在工业时代引发躁动的重大问题——如何调和社会正义与个人自由。不管对共产主义还是对自由资本主义，这都是一个重要的道德和政治问题，并且拥有许多不同的答案。班伯格认为："'社会问题'已经把它的刀剑投入到政治斗争中，再也不会从战斗中离开，政治自由获胜即便不是不可能的，也是困难重重。"[18]由于没有达成革命共识，1848年的社会问题使得自由主义政权溃败。首先，革命者没有就新的政治秩序将采取的形式达成共识——共和国还是君主制，民主主义还是自由主义，单一制还是联邦制度。其次,对于革命应该以何种程度改造社会关系,国家应该在减轻贫困、调解劳资纠纷和调节经济活动中进行何种程度的干预,自由主义者和激进主义者有不同的看法。换句话说,新政权应该在多大程度上超越政治改革,进入社会革命?这两类问题是紧密联系在一起的,因为如果无法解决第一个问题,就意味着没有一个各方都信服的法律架构,也就无法通过政治途径和平解决第二个问题。1848年,革命派没能制定出可以团结经济危机最严重地区的人民的宪法,这一政治上的失败,不可避免地导致了革命无法解决社会问题。

这便是1848年欧洲革命最大的悲剧之一,即社会与政治上的团结保证了革命爆发初期反对派的胜利,但这种团结终究是脆弱的。一些历史学家强烈谴责激进派,指责他们在自由秩序仍处于脆弱的初生阶段,对它造成了无可挽回的损害。例如,弗兰克·艾克(Frank Eyck)曾说,长期来看,激进派也许是对的,"但短期看来,在他们还无法通过和平手段达到目的时候,他们用暴力的方式破坏了宪政和新生的代议制政府。他们让建立一个温和的自由政府这件事变得不可能"。[19] 也许有人会和笔者一样赞同此观点。但尽管激进派并不能像他们说的那样真正代表穷苦大众,他们的确表达了民众对社会的普遍失望,并且提出了解决贫困问题的建设性意见(即便有时显得不现实)。长期来看,资本主义的确大大改善了欧洲的整体生活质量。因此在事后看来,艾克谴责激进派对初生自由秩序毫无耐心,是完全合理的。他认为,如果激进派在1848年能多克制一些,自由秩序也许就能得以幸存,经过一代人或者几代人,欧洲人就能够同时享受立宪政府和成熟的工业经济创造的财富。然而事实是，1848年的人们还远不知道，资本主义将带来持久的经济增长和繁荣。赫尔岑1848年曾在巴黎生动地说："当旧的社会秩序在以感受不到的速度发生变化时，你要如何说服一个工人忍受饥寒和贫穷？"[20]

内米尔发明的术语"历史的苗圃"可以应用在社会方面，还因为这一年的革命见证了两种势力之间长期剑拔弩张所带来的致命后果：一方面，自由派强调政治自由与解放公民；另一方面，社会主义者强调社会公平，调解个人与社会之间的矛盾。自1848年起，这一对立问题激发了各方的讨论，自由资本主义者、极权主义者，以及两派之间的其他派别纷纷进行了回应。今天，大部分现代民主主义者都能够妥善处理这个问题，因为他们能在宪政框架下进行讨论，这个架构多少能被所有派别认可，并且能保护民主自由。然而在1848年，大部分欧洲国家远未达成政治共识。因此上面提到的问题也无法在宪政框架下和平解决。所有现代国家的革命都面临着巨大的挑战，即如何将广大人民群众纳入国家体制，如何在不引起社会动荡的情况下解决社会问题。一些国家，如法兰西第三共和国及英国，试图借助传统来达成政治共识（法国就是借用了1789年的民主文化遗产），人们因而得以通过自由的议会制实现社会变革。其他一些国家在专制政体下进行了自上而下的改革，例如19世纪80年代俾斯麦统治下的德意志。第三种方式就是革命，当无法协调广大群众，或者根本未经认真尝试，抑或类似俄国，严重的阶级分化给旧制度带来了颠覆性挑战，结果便是通过极权主义的方法来解决社会问题，将整个国家和社会的需求置于个人自由之上。

1848年被称为"历史的苗圃"的另外一个原因在于，1848年革命是一个真正的欧洲现象，不同国家的自由派和激进派因相似的目标和理想紧紧团结在一起，当时的环境又迅速让他们分崩离析。1848年可以算是欧洲历史上伟大的"革命之年"。但是问题在于，1848—1849年发生的革命可否算是真正意义上的"欧洲革命"，如果是的话，如何体现？历史学家针对这个问题争论许久。[21] 这个问题之所以重要，是因为在它的背后隐藏着更广泛、更现代问题：欧洲的政治和社会发展是否基于共同的历史经验；或者反过来说，是否由于各国家间差异巨大，以至于"欧洲历史"只不过是各个组成部分的简单叠加。当然，一些历史学家认为1848年是一个复杂的年份，革命并没有什么普遍的欧洲历史背景，而是"各地事件的总和"。[22] 毫无疑问，不同国家在这一年经历的革命各不相同。例如，鲁道夫·施塔德尔曼（Rudolph Stadelmann）强调，德意志革命期间，多数自由派的革命目的表明，"德意志自由主义是独立的，与法国的例子不同。德意志人更注重在君主立宪制的基础上进行国家建设，而不是出于共和主义或社会主义的冲动追求过于激进的政治变革。[23] 这种说法的隐含意义可以从两个矛盾的角度来解读：其一，德意志革命更温和，同时更注重合法性、稳定性及历史连续性；其二，德意志重视国家建设和君主制，将民族主义和保守主义置于自由解放之上。另外，并不是所有的欧洲国家都经历了革命，英国、瑞典、挪威、低地国家、西班牙、葡萄牙、俄国和奥斯曼帝国欧洲地区（除了罗马尼亚各公国）并没怎么被革命困扰。

如果不把每个国家都发生革命当作将1848年视为"欧洲现象"的前提，那么我们也可以说，没有一个国家能完全免受革命大潮的影响，即使它们并没有直接经历革命的浪潮。英国、比利时、低地国家、瑞典和挪威即使没有直面起义，也感受到了革命的震动。并且，在更广泛的国际政治框架下，所有的欧洲政权都或多或少受到了影响。英国和俄国在革命的不同阶段，都感到干涉革命的必要性。在石勒苏益格－荷尔斯泰因危机期间，两国纷纷动用外交手段向冲突各方施压。俄国甚至直接出兵干涉罗马尼亚和匈牙利的革命。1848年没有沦为一场拿破仑式或者"一战"式的欧洲大冲突，主要归因于五大欧洲政权——英国、法国、普鲁士、奥地利和俄国——都在竭力避免全面战争。所有的政府——甚至包括法兰西第二共和国——都明白这样的事实，一场全面的欧洲冲突会激化本就危在旦夕的欧洲政治局势，甚至会导致欧洲中部和东部那些多民族帝国的解体。如果爆发大规模战争，此后维系持久的和平要比现在更加困难。另外，除了法国以外，外交和军权都掌握在那些最想保持现存欧洲秩序的君主手中。结果，当德意志狂热的自由主义者要求发动一场针对俄国的民族战争时，普鲁士政府拒绝了，并且在对石勒苏益格－荷尔斯泰因的侵略中，迫于英俄联合干预而撤军。当俄国入侵罗马尼亚和匈牙利时，英国和法国保持中立。当然，俄国是因为奥地利请求军事支援才入侵匈牙利。1849年，法国入侵了罗马，前提是各国都很担忧教皇的处境，并且当法军占领罗马时，西班牙、那不勒斯和奥地利都参与了更大规模的冲突。这些例子说明，欧洲大陆上的国际体系依旧根植于五大霸权，并未改变。并且最终反革命会从这一体系中受益。[24] 很显然，当1854—1856年克里米亚战争（Crimean War）爆发时，这些霸权国家把注意力从维护国际现状上移开，"48年人"的基本目标（意大利人、德意志人和罗马尼亚人的民族统一事业）都在不到20年之内变为现实。

1848年革命是在欧洲大陆各地同时发生的，从这个角度来说，这场革命也的确是"欧洲的"。对比之下，1789年法国大革命后，对欧洲旧制度的攻击也许得到了不同地区当地雅各宾派的支持，但是不可否认，主要的动力还是来源于法国。缺少法国军队的帮助，拿破仑时代的欧洲政治大变动是不可能发生的。1848年，虽然是法国革命给了欧洲唯一一次重击，但实际上，3月梅特涅的倒台才是推动革命爆发的真正力量。在意大利北部、匈牙利、特兰西瓦尼亚、波希米亚和普鲁士，矛盾一直在积累，但导致革命爆发的并非巴黎事件，而是维也纳起义。换句话说，1848年革命的爆发之所以是真正意义上的"欧洲现象"，恰恰是因为它们诞生于不同的源泉。1848年欧洲革命本质上是多中心的，这表现在各个地区的自由主义含义不尽相同，新兴自由政权所面临的困境也各有特点。但各地自由主义的总体和主要目标具有相似性，革命经历的模式也高度相似，这又把自由主义者绑在了一起。

欧洲各国从政治、经济到文化结构都很不同，革命经历的众多相似点因而更加令人惊叹。为什么在1848年，如此多的国家都经历了革命，最浅显的解释就是，在这些国家，人民都在经受农业和工业危机。即便不同人民在不同的方面遭受着苦难，依旧是这个潜在因素给了革命一个泛欧洲的维度。除了都遭遇经济危机这个中心问题，欧洲大陆上的革命明显是照着一样的模式发展。首先，革命的成功源自人民不信任现存政府处理社会危机和政治问题的能力。其次，他们的胜利也应归功于自由主义者和激进主义者的政治联合，归功于由中产阶级、工人、农民有时甚至包括贵族反旧秩序结成的社会联盟。这种联盟一旦无法维系，出现分裂，那么问题就会发生。

自由派和激进派都想决定新政权的发展方向。有产者希望保护自己的财产，免受第二次、更激进的革命破坏。农民已经在之前的起义中得到了自己想要的东西，便回归保守主义。随着短暂的革命联盟分崩离析（有时伴随着血腥冲突），政治出现两极化，中间派立场坍塌，温和派寻求专制的途径对抗二次革命、社会革命的威胁。从这个角度来看，革命因革命派的相互残杀而自毁。1848年年末，保守派缓过神来，利用他们强大的优势（对军队的控制和农民的忠诚），重夺主动权。

欧洲自由派不但经历了类似的革命历程，也拥有相似的目标，用约翰·布鲁伊（John Breuilly）的话来说是"极其相似"。[25]虽然各地的革命目标和意识形态各不相同，所有自由派都期望看到政治改革，希望实行宪政，赋予公民有限的选举权，希望国家（除法国外）能由一位仁慈的立宪君主统治。而大多数激进派则希望建立共和制，实现男性普选，或者说基本的男性普选。同一国家的自由派和激进派都知道，他们和欧洲其他国家的人民有着相似的目标。哈特穆特·波格·冯·斯特兰德曼（Hartmut Pogge von Strandmann）举了个很有说服力的例子，德意志共和派曾于1848年4月3日在柏林召集人民大会，宣传海报上说会上将有德语、英语和法语演讲，并分别用这3种语言赞颂了共和制。[26]

观点最"欧洲化"的革命者通常来自最能从欧洲政治变革中受益的民族。三月革命结束后不久，卡洛·卡塔内奥就在匈牙利议会中发表演讲，提醒马扎尔人在过去的几个世纪中，波兰、匈牙利和威尼斯都团结一致，分别作为左翼、中间和右翼力量抵抗了土耳其的侵略。现在，这些民族（"威尼斯"就代表了"意大利"）要再一次联合对抗另一个共同的敌人：俄国。[27] 卡塔内奥在演讲中称这3个民族为同盟并非巧合，也不只是措辞需要，事实上这3个民族能从欧洲国家体系的重建中获得最大利益。尤其是被三股强大的东方势力瓜分的波兰，能从欧洲的政治动荡中获得最多利益。这反映在1848年3月28日"波兰民主社会"向法国请求武力协助时所使用的国际主义话语中：

> 法国人！你们的革命并没有得到一个合理的结果！你们建立共和国那天，我们以为欧洲会解放……但是没有……因为缺少一个独立的波兰的保护，整个欧洲的自由体系将暴露在绝对主义者反扑的狂风暴雨中。各族人民的团结还只是一句空话……法国人！这就是你们想要的结果吗？……你们想要这种自私的"人各为己"的君主制民族主义吗？不！永远都不是！你们自己的政府在撕毁破坏自由的《维也纳条约》时宣布，它将人民的意愿，而不是篡夺了人民权利的内阁的意愿，作为未来国际关系的基础。[28]

波兰民主主义者还将一次次强调波兰在对抗反动派镇压力量、保卫欧洲中的重要作用。

虽然这一援助请求表达了对欧洲整体利益的关切，但波兰人并不是和平主义者。因为每个人都明白，要想光复波兰，就要发动全面的欧洲战争。而说到底，1848年所有的欧洲民族主义者首先想实现的是他们本民族的自由、独立和伟大之梦。因此，世界主义者的语言不过是空洞的修辞。由于每个国家自由主义者的民族诉求总是与邻国有冲突之处，所谓欧洲、世界民族的团结不过是大话。没有更大规模的全欧洲自由运动来保护 1848 年革命的成果。再者，自由主义者的活动基于他们自己的国情，且最终以自己国家的利益为重。国家之间的利益冲突也是革命失败的主要原因之一。[29] 正如阿克塞尔·克尔纳（Axel Körner）所说："虽然革命包含着一些理想主义，但欧洲整体的利益并不是革命者优先考虑的事情。"[30] 之后，欧洲人因为忽略了 1848 年这次惨痛的教训而付出了巨大的代价。在经过两次血雨腥风的世界大战和近期的几次种族冲突后，覆盖整个欧洲的政治和经济组织才真正确立起来，希望在未来各国家利益产生冲突时，这些组织能成为和平解决冲突的通道。赖因哈特·科泽勒克（Reinhart Koselleck）认为，从 1848 年起，欧洲的各民族主义极端事件及其带来的长达一个半世纪的冲突，让欧洲人有足够的理由记住这场他们共同经历的 19 世纪中叶的革命。[31]

在欧洲的一些地方，历史从未被遗忘。抛开他们留下的复杂棘手的问题，1848 年的革命对后代来说还是有启示性的。社会主义者认为，那年夏天工人阶级经历的血腥镇压，正证明了拥有资产的中产阶级终将背叛工人阶级利益及民主本身。在德意志民主共和国，共产主义政权将 1848 年的遗产视为"德意志民主共和国革命传统中不可缺少的一部分"。这表明，"德意志社会主义者所获得的成就扎根于革命大众在 1848 年的战斗和努力"。[32] 对其他人来说，1848 年革命确定了民主原则。在 1918 年魏玛共和国建立后，社会民主党（Social Democratic）总理弗里德里希·埃伯特（Friedrich Ebert）努力找回 1848 年自由主义的遗产。1923 年，在法兰克福圣保罗教堂举行的纪念第一届德意志议会召开 75 周年的活动上,他对台下的众多观众说:1848 年 5 月 18 日是德意志人民从反动政府手中逃出的日子,也是德意志人民掌握自己命运的日子。这间教堂在"二战"时被炸毁,又在革命百年纪念时重建,现在被视为"德意志民主的象征"。[33] 匈牙利人民也牢记 1848 年革命,1941 年,左翼游行示威者反对当权政府在"二战"时选择加入纳粹德国的阵营,在具有象征意义的 5 月 15 日,他们在科苏特与裴多菲的雕像上放了花环。战后的共产主义政权认为这些革命人物是他们的英雄,他们也成了反抗极权主义的象征。在 1956 年匈牙利十月事件中,人们吟唱裴多菲创作的爱国诗歌,在占领了国家广播电台后,他们称之为"科苏特之声"。[34]

最后,1989 年欧洲中部和东部的剧变与 1848 年革命相仿。但两者并不是完全一致的,因为领导反苏联共产主义运动的大部分知识分子和持不同政见者都坚定不移地想要切断与欧洲革命的关系,而不是重新点燃革命。除此之外,他们尤其希望自己领导的革命是一场"反革命的革命",抛弃 1945 年后强加于东欧人民身上的革命传统。小说家和社会学家康拉德·哲尔吉(Konrád György)把这种传统命名为"雅各宾—列宁主义"传统,明确地将 1789 年和 1917 年联系起来。1984 年,捷克剧作家瓦茨拉夫·哈维尔(Václav Havel)称自己想要的是"反政治的政治",[35] 他的意思是要让公民社会中的文化反对派比压迫政权拥有更高的位置。康拉德认为,采取集中政治权力的对立措施,即"分散思想权力",革命传统定会遭到抛弃。[36]

无论如何,1989 年的革命让哈维尔自己成功夺取了政权,成为捷克斯洛伐克首位后共产主义时期的总统。在旧政权下,一个持不同意见者说"反政治"是一回事，现在旧政权被新民主政权取代，这个新政权还需要建立它的人付出更多努力。因此，1989年的革命不只是东欧和中欧人民远离1917年俄国革命遗产的过程，也是他们重新熟悉1789年法国大革命的传统，重新熟悉自由、民主、民权社会和独立国家等原则的过程。[37]但是这些理想不单纯是从西方引进的；它们早已渗入了东欧和中欧的历史。在苏联解体前夕，蒂莫西·加顿·阿什（Timothy Garton Ash）说："捷克人、匈牙利人和波兰人正重新发现自己的历史，他们正在重塑历史。"[38]他们正重新在1848年革命中探寻民族历史发展的轨迹。

注释

前言

1. 主要有：Priscilla Robertson, *Revolutions of 1848: A Social History* (Princeton: Princeton University Press, 1952); Jonathan Sperber, *The European Revolutions, 1848-1851* (Cambridge: Cambridge University Press, 1994); Roger Price, *The Revolutions of 1848* (Basingstoke: Macmillan, 1998); David Ward, *1848: The Fall of Metternich and the Year of Revolution* (London: Hamish Hamilton, 1970)。
2. J. A. Hawgood, '1848 in Central Europe: An Essay in Historical Synchronisation', *Slavonic and East European Review*, Vol. 26 (1947—8), pp. 314—328.
3. J. Keates, *The Siege of Venice* (London: Chatto and Windus, 2005), p. 2.

第一章

1. A. Herzen, *My Past and Thoughts: The Memoirs of Alexander Herzen* (Berkeley, Los Angeles, London: University of California Press, 1982), pp. 313—314.
2. 关于 Herzen, 参见 E. H. Carr, *The Romantic Exiles* (London: Serif, 1998); I. Berlin, 'Introduction', in A. Herzen, *From the Other Shore* (Oxford: Oxford University Press, 1979), pp. vii—xxv; J. E. Zimmerman, *Midpassage: Alexander Herzen and European Revolution, 1847—1852* (Pittsburgh: University of Pittsburgh Press, 1989); E. Acton, *Alexander Herzen and The Role of the Intellectual Revolutionary* (Cambridge: Cambridge University Press, 1979)。
3. R. Tombs, *France 1814—1914* (London: Longman, 1996), p. 357.

4 引自 A. Palmer, *Mettemich, Councillor of Europe* (London: Phoenix, 1997), p.132。
5 同上, p. 35。
6 Prince Richard de Metternich (ed.), *Mémoires, documents, et écrits divers laissés par le Prince de Metternich*, Vol. 3 (Paris, 1881), pp. 440—441.
7 同上, Vol. 3, p. 444。
8 I. Deak, *The Lawful Revolution: Louis Kossuth and the Hungarians 1848—1849* (New York: Columbia University Press, 1979), pp. 3—4, 15—16.
9 P. Robertson, *Revolutions of 1848: A Social History* (Princeton: Princeton University Press, 1952), pp. 335—336.
10 A. Sked, *The Decline and Fall of the Habsburg Empire 1815—1918* (London: Longman, 1989), pp. 46—50.
11 R. Okey, *The Habsburg Monarchy c. 1765—1918: From Enlightenment to Eclipse* (Basingstoke: Macmillan, 2001), p. 78.
12 R. Tempest, 'Madman or Criminal: Government Attitude to Petr Chaadaev in 1836', *Slavic Review*, Vol. 43 (1984), pp. 281—287.
13 引自 H. A. Winkler, *Germany: The Long Road West, 1789—1933* (Oxford: Oxford University Press, 2006), p. 78。
14 同上, pp. 64—65。
15 引自 S. J. Woolf, *A History of Italy 1700—1860: The Social Constraints of Political Change* (London: Routledge, 1991), p. 227。
16 引自 Sked, *Decline and Fall*, p. 10。
17 引自同上, p. 10。
18 引自 Palmer, *Metternich*, p. 246。
19 Metternich, *Mémoires*, Vol. 3, p. 629.
20 R. Gildea, *The Past in French History* (New Haven and London: Yale University Press, 1994), p. 35.
21 D. Mack Smith, *Mazzini* (New Haven and London: Yale University Press, 1994), pp. 33—34.
22 引自同上, pp. 35—36。
23 引自 L. Riall, *Garibaldi: Invention of a Hero* (New Haven and London: Yale University Press, 2007), p. 10。
24 引自 Mack Smith, *Mazzini*, p. 13。
25 Herzen, *My Past and Thoughts*, p. 366.

26 引自 Mack Smith, *Mazzini*, p. 12。

27 同上 , p. 50。

28 同 上, p. 31—32; Carr, *Romantic Exiles*, p. 29; J. Ridley, *Garibaldi* (London: Phoenix, 2001), pp. 105—106。

29 M. Rapport, *Nineteenth Century Europe, 1789—1914* (Basingstoke: Palgrave, 2005), p. 66.

30 引自 D. Blackbourn, *The Fontana History of Germany 1780—1918: The Long Nineteenth Century* (London: Fontana, 1997), p. 128。

31 Herzen, *My Past and Thoughts*, p. 321.

32 J. Keates, *The Siege of Venice* (London: Chatto and Windus, 2005), pp. 61—62.

33 M. Price, *The Perilous Crown: France between Revolutions 1814—1848* (London: Pan Macmillan, 2007), pp. 165—171.

34 F. Crouzet, 'French Economic Growth in the Nineteenth Century Reconsidered', *History*, Vol. 59 (1974), pp. 167—179.

35 J. Harsin, *Barricades: The War of the Streets in Revolutionary Paris, 1830—1848* (New York: Palgrave, 2002), pp. 101—102.

36 引自 T. E. B. Howarth, *Citizen-King: The Life of Louis-Philippe, King of the French* (London: Eyre and Spottiswoode, 1961), p. 229。

37 Tombs, *France*, p. 363.

38 引自 R. J. Goldstein, *Political Repression in Nineteenth-Century Europe* (London: Croom Helm, 1983), p. 148。

39 Harsin, *Barricades*, pp. 114—115.

40 摘自 D. Beales and E. F. Biagini, *The Risorgimento and the Unification of Italy*, 2nd edn (Harlow: Pearson Education, 2002), pp. 229—233。

41 H. Kohn, *Absolutism and Democracy 1814—1852* (Princeton: Van Nostrand, 1965), pp. 156—157。

42 引自 Winkler, *Germany*, p. 75。

43 C. A. Macartney, *The Habsburg Empire 1790—1918* (London: Weidenfeld and Nicolson, 1968), p. 218.

44 J. Droz, *Les Révolutions Allemandes de 1848* (Paris: Presses Universitaires de France, 1957), pp. 106—107.

45 J. Polišenský, *Aristocrats and the Crowd in the Revolutionary Year 1848: A Contribution to the History of the Revolution and Counter-Revolution in Austria* (Albany, N.Y.: State

University of New York Press, 1980), p. 39.
46 引自 L. O'Boyle, 'The Problem of an Excess of Educated Men in Western Europe, 1800—1850', *Journal of Modern History*, Vol. 42 (1970), p. 488。
47 Droz, *Révolutions Allemandes*, p. 81.
48 S. Z. Pech, 'Czech Peasantry in 1848', in M. Rechcigl, Jr., *Czechoslovakia Past and Present* (The Hague and Paris: Mouton, 1968), pp. 1277—1279.
49 J.-P. Himka, *Galician Villagers and the Ukrainian National Movement in the Nineteenth Century* (Basingstoke: Macmillan, 1988), pp. 2—3, 11, 13—14.
50 Droz, *Révolutions Allemandes*, p. 78.
51 Polišenský, *Aristocrats and the Crowd*, p. 39.
52 同上, p. 39。
53 引自 W. H. Sewell, *Work and Revolution in France: The Language of Labour from the Old Regime to 1848* (Cambridge: Cambridge University Press, 1980), p. 224。
54 引自 L. Chevalier, *Labouring Classes and Dangerous Classes: Paris during the First Half of the Nineteenth Century* (London: Routledge and Kegan Paul, 1973), p. 206。
55 Droz, *Révolutions Allemandes*, pp. 79—80; Polišenský, *Aristocrats and the Crowd*, p. 54.
56 引自 R. J. W. Evans, *Death in Hamburg: Society and Politics in the Cholera Years, 1830—1910* (Oxford: Oxford University Press, 1987), p. 119。
57 M. Gailus, 'Food Riots in Germany in the late 1840s', *Past and Present*, No. 145 (1994).
58 Price, *Perilous Crown*, pp. 326—327.
59 Sked, *Decline and Fall*, p. 76.
60 引自 L. Namier, *1848: The Revolution of the Intellectuals* (London: Oxford University Press, 1946), p. 5。
61 E. Hobsbawm, *The Age of Revolution, 1789—1848* (London: Abacus, 1977), p. 370.
62 引自 Robertson, *Revolutions of 1848*, p. 11。
63 S. Kieniewicz, *The Emancipation of the Polish Peasantry* (Chicago: Chicago University Press, 1969), pp. 113—126.
64 引自 Namier, *1848*, p. 3。
65 Herzen, *My Past and Thoughts*, p. 332.

第二章

1 A. de Tocqueville, *Souvenirs* (Paris: Gallimard, 1999), pp. 23—26.
2 D. Beales and E. F. Biagini, *The Risorgimento and the Unification of Italy*, 2nd edn (Harlow: Longman, 2002), pp. 87—88; Ward, *1848*, p. 118.
3 引自 Sked, *Decline and Fall*, pp. 62—63。
4 P. Ginsborg, *Daniele Manin and the Venetian Revolution of 1848—49* (Cambridge: Cambridge University Press, 1979), pp. 67—80.
5 D. Mack Smith, *A History of Sicily: Modem Sicily after 1713* (London: Chatto and Windus, 1968), pp. 415—418; S. J. Woolf, *A History of Italy 1700—1860: The Social Constraints of Political Change* (London: Routledge, 1991), pp. 373—375; D. Mack Smith (ed), *The Making of Italy 1796—1870* (London: Macmillan, 1968), pp. 126—135.
6 A. Herzen, *Letters from France and Italy 1847—1851*, J. E. Zimmerman 译 (Pittsburgh: University of Pittsburgh Press, 1995), pp. 98,100。
7 G. Pepe, *Histoire des révolutions et des guerres d'Italie en 1847,1848 et 1849*, 3 vols (Paris, 1850), i, pp. 14—15.
8 有关塞滕布里尼的内容见于 Beales and Biagini, *Risorgimento*, p. 249。
9 Herzen, *Letters from France and Italy*, p. 87; 利德凯尔克·德·博福尔（Liedekerke de Beaufort）伯爵有关内容引自 Beales and Biagini, *Risorgimento*, pp. 239—240。
10 Robertson, *Revolutions of 1848*, p. 329。
11 Archives Nationalcs, Paris（以下简称 AN）, BB/30/296 (Jacques Richard's testimony)。
12 D. Stern, *Histoire de la Révolution de 1848* [1850—1852] (Paris: Balland, 1985), p. 98.
13 同上, p. 100。
14 同上, p. 101。
15 Lamartine, *History of the French Revolution of 1848*, 2 vols (Boston, 1852), i, p. 35.
16 J. Harsin, *Barricades: The War of the Streets in Revolutionary Paris, 1830—1848* (New York: Palgrave, 2002), pp. 255—256.
17 Stern, *Histoire*, p. 103.
18 AN, BB/30/298（卷宗 9843）。
19 Stern, *Histoire*, p. 110.
20 同上, p. 111; Tocqueville, *Souvenirs*, pp. 43—45; D. Johnson, *Guizot: Aspects of French History 1787—1874* (London: Routledge and Kegan Paul, 1973), pp. 258—259。
21 AN, BB/30/298（卷宗 'Dispositions des citoyens ayant combattu contre les troupes'); G.

Duveau, *1848: The Making of a Revolution* (London: Routledge and Kegan Paul, 1967), p. 30, Stern, *Histoire*, p. 122。

22 同上, pp. 124—125。

23 Tocqueville, *Souvenirs*, pp. 54—55.

24 同上, pp. 60—61。

25 Harsin, *Barricades*, p. 258.

26 Tocqueville, *Souvenirs*, pp. 78—79.

27 A. de Circourt, *Souvenirs d'une Mission à Berlin en 1848*, 2 vols (Paris: Picard,1908), ⅰ, pp. 37—38.

28 G. Flaubert, *L'Education sentimentale* [1869] (Paris: Gallimard, 1965), pp. 314—316. 企鹅出版了一个非常有用的英译本 *Sentimental Education* (London, 2004), 由 Robert Baldick 翻译，Geoffrey Wall 注释。

29 Stern, *Histoire*, pp. 150—154,157—158.

30 AN, BB/30/298 (卷宗 'Dispositions des citoyens ayant combattu contre les troupes')。

31 T. E. B. Howarth, *Citizen-King: The Life of Louis-Philippe, King of the French* (London: Eyre and Spottiswoode, 1961), pp. 324—334.

32 Flaubert, *L'Education sentimentale*, pp. 316—318; Stern, *Histoire*, p. 169.

33 Tocqueville, *Souvenirs*, pp. 66, 68, 77—78.

34 Lamartine, *History*, ⅰ, p. 89.

35 引自 Duveau, *1848*, p. 50。

36 W. H. Stiles, *Austria in 1848—49: Being a History of the Late Political Movements in Vienna, Milan, Venice, and Prague*, 2 vols (New York, 1852), ⅰ, p. 96.

37 C. Schurz, *The Reminiscences of Carl Schurz*, 3 vols (London: John Murray,1909), ⅰ, pp. 111, 116.

38 'Declaration of the Heidelberg Assembly', in F. Eyck, *The Revolutions of 1848—49* (Edinburgh: Oliver and Boyd, 1972), pp. 48—50.

39 Stiles, *Austria in 1848—49*, ⅰ, p. 102.

40 C. A. Macartney, *The Habsburg Empire, 1790—1918* (London: Weidenfeld and Nicolson, 1968), p. 323.

41 多处引自同上, p. 323; L. Deme, *The Radical Left in the Hungarian Revolution of 1848* (Boulder and New York: East European Quarterly and Columbia University Press, 1976), p. 15; I. Deak, *The Lawful Revolution: Louis Kossuth and the Hungarians, 1848—1849* [1979] (New York: Columbia University Press, 1979), p. 67。

42 R. J. Rath, *The Viennese Revolution of 1848* [1957] (New York: Greenwood Press, 1969), p. 43—44.
43 Robertson, *Revolutions of 1848*, p. 207; Palmer, *Metternich*, p. 307.
44 August Silberstein 所述, 引自 Rath, *Viennese Revolution*, p. 49。
45 引自 Palmer, *Metternich*, p. 309。
46 菲施霍夫的讲话全文引自 Rath, *Viennese Revolution*, pp. 59—60。
47 Stiles, *Austria in 1848—49*, i, p. 105。
48 C. von Hugel, 'The Story of the Escape of Prince von Metternich', *National Review*, Vol. I (1883), p. 590.
49 同上, p. 589。
50 W. Siemann, *The German Revolution of 1848—49* (Basingstoke: Macmillan, 1998), pp. 61—62.
51 Rath, *Viennese Revolution*, p. 66.
52 Stiles, *Austria in 1848—49*, i, p. 106.
53 Hugel, 'The Story', pp. 594—601; Palmer, *Metternich*, p. 310.
54 引自 Macartney, *Habsburg Empire*, p. 332。
55 Stiles, *Austria in 1848—49*, i, p. 112.
56 引自 Rath, *Viennese Revolution*, p. 85。
57 引自 G. Spira, *A Hungarian Count in the Revolution of 1848* (Budapest: Akadèmai Kiadó,1974), p. 67。
58 L. Deme, 'The First Soldiers of the Hungarian Revolution: The National Guard in Pest in March—April, 1848', in B. K. Király and G. E. Rothenberg (eds), *War and Society in East Central Europe*, Vol. 1, *Special Topics and Generalizations on the 18th and 19th Centuries* (New York: Brooklyn College Press, 1979), p. 82.
59 引自 C.-L. Chassin, *Alexandre Petoefi: poète de la révolution hongroise* (Brussels and Paris, 1860), p. 201。
60 引自 Deme, *Radical Left*, p. 18; Deak, *Lawful Revolution*, p. 71。
61 Eyewitness Ákos Birányi, 引自 Deme, *Radical Left*, p. 19。
62 Deme, 'First Soldiers', p. 83.
63 引自 Deme, *Radical Left*, p. 20。
64 引自 Deak, *Lawful Revolution*, p. 73。
65 S. Z. Pech, *The Czech Revolution of 1848* (Chapel Hill: University of North Carolina Press, 1969), pp. 3—4.

66 同上, p. 58。

67 同上, pp. 66, 68。

68 Stiles, *Austria in 1848—49*, i, p. 377.

69 同上。

70 Pech, *Czech Revolution*, p. 62.

71 Circourt, *Souvenirs*, i, p. 150.

72 引自同上, p. 125 n。

73 R. Stadelmann, *Social and Political History of the German Revolution* (Athens, Ohio: Ohio University Press, 1975), p. 56.

74 同上。

75 Eyck, *Revolutions of 1848—49*, pp. 51—53。

76 Circourt, *Souvenirs*, i, p. 148.

77 引自 Eyck, *Revolutions of 1848—49*, p. 53。

78 佚名者的记录, 引自同上, p. 62。

79 佚名者的记录, 引自同上, pp. 63—64。

80 引自 G. A. Craig, *The Politics of the Prussian Army 1640—1945* (Oxford: Clarendon Press, 1955), p. 99。

81 格拉赫与匿名者的记录, 引自 Eyck, *Revolutions of 1848—49*, pp. 64—65。

82 同上格拉赫的记录, p. 56。

83 引自 Stadelmann, *Social and Political History*, p. 61。

84 格拉赫的记录, 引自 Eyck, *Revolutions of 1848—49*, p. 57。

85 全文引自 Circourt, *Souvenirs*, i, pp. 172—174。

86 格拉赫的记录, 引自 Eyck, *Revolutions of 1848—49*, p. 58。

87 V. Valentin, *1848: Chapter of German History* (London: Allen and Unwin, 1940), pp. 210—211。

88 引自 Robertson, *Revolutions of 1848*, p. 122。

89 3 月 21 日宣言, 引自 Eyck, *Revolutions of 1848—49*, pp. 68—69。

90 引自 Robertson, *Revolutions of 1848*, p. 122。

91 Siemann, *The German Revolution*, p. 66.

92 O. von Bismarck, *Reflections and Reminiscences*, 2 vols (London, 1898), i, p. 27.

93 节选自 Beales and Biagini, *Risorgimento*, pp. 254—255。

94 Ginsborg, *Daniele Manin*, p. 132.

95 J. de Hübner, *Une Année de ma vie, 1848—1849* (Paris, 1891), pp. 22—23。

96 C. Cattaneo, 'L'Irisurrection de Milan en 1848', in *Tutti le opere di Carlo Cattaneo*, ed. L. Ambrosoli, 7 vols (Verona: Arnoldo Mondadori, 1967), iv , pp. 199, 205.

97 Hübner, *Une Année*, p. 54.

98 Ginsborg, *Daniele Manin*, p. 132 n.

99 C. Osio, 'Alcuni fatti delle Cinque Gloriose Giornate', in F. Della Peruta (ed.), *Milan nel Risorgimento dall'età napoleonica all' Cinque Giornate* (Milan: Edizione Comune dil Milano, 1998), pp. 215—216.

100 引自 Ginsborg, *Daniele Manin*, p. 133。

101 Hübner, *Une Année*, p. 60.

102 Cattaneo, 'L'Insurrection', p. 212.

103 Osio, 'Alcuni fatti', p. 216.

104 Cattaneo, 'L'Insurrection', pp. 215, 227.

105 Hübner, *Une Année*, pp. 60—63, 66—78, 80.

106 Cattaneo, 'L'Insurrection', p. 247.

107 同上 , p. 219; Robertson, *Revolutions of 1848*, p. 344。

108 Cattaneo, 'L'Insurrection', p. 228.

109 Hübner, *Une Année*, pp. 78—79, 81—83.

110 Cattaneo, 'L'Insurrection', pp. 223—225.

111 同上 , pp. 229—231。

112 Ginsborg, *Daniele Manin*, pp. 135—136.

113 Cattaneo, 'L'Insurrection', p. 238.

114 同上 , p. 245。

115 同上 , p. 245。

116 Ginsborg, *Daniele Manin*, pp. 133, 138—141.

117 Osio, 'Alcuni fatti', pp. 222—227.

118 Hübner, *Une Année*, pp. 104, 107.

119 引自 F. Walker, *The Man Verdi* (London: Dent and Sons, 1962), p. 188。

120 J. Keates, *The Siege of Venice* (London: Chatto and Windus, 2005), pp. 97—104.

121 J. Quero Morales, 'Spain in 1848', in F. Fejtö (ed.), *The Opening of an Era: 1848, an Historical Symposium* (London: Allan Wingate, 1948), pp. 148, 155—156.

122 R. Carr, *Spain, 1808—1975* (Oxford: Clarendon Press, 1982), p. 242; Rapport, *Nineteenth Century Europe*, pp. 124—125.

123 E. J. Evans, *The Forging of the Modem State: Early Industrial Britain, 1783—1870*

(London: Longman, 1983), pp. 261—262.

124 引自 J. Saville, *1848: The British State and the Chartist Movement* (Cambridge: Cambridge University Press, 1987), p. 89。

125 引自 L. Mitchell, 'Britain's Reaction to the Revolutions', in R. J. W. Evans and H. Pogge von Strandmann, *The Revolutions in Europe, 1848—49: From Reform to Reaction* (Oxford: Oxford University Press, 2000), p. 93。

126 引自 Saville, *1848*, p. 105。

127 引自 Mitchell, 'Britain's Reaction', p. 92。

128 Saville, *1848*, p. 112.

129 奥康纳与琼斯相关内容引自 Saville, *1848*, p. 119。

130 引自 J. P. T. Bury, 'Great Britain and the Revolution of 1848', in Fejtö, *Opening of an Era*, p. 186。

131 R. Davis, *Revolutionary Imperialist: William Smith O'Brien* (Dublin: Lilliput Press, 1998), p. 224.

132 同上, pp. 266—276。

133 本部分对爱尔兰的描写很大程度借鉴了小 J. S. Donnelly 的犀利的观点: J. S. Donnelly, Jr., 'A Famine in Irish Politics', in W. E. Vaughan (ed.), *A New History of Ireland*, Vol. 5, *Ireland under the Union (Part One)*, 1801—70 (Oxford: Clarendon Press, 1989), pp. 366—371. 还可参见 R. F. Foster, *Modem Ireland, 1600—1972* (Harmondsworth: Penguin, 1989), p. 314。

134 引自 G. D. Homan, 'Constitutional Reform in the Netherlands in 1848', *Historian*, Vol. 28, No. 3 (May 1966), p. 413。

135 引自同上, p. 425. 还可参见 E. H. Kossmann, *The Low Countries 1780—1940* (Oxford: Clarendon Press, 1978), pp. 192—195。

136 同上, p. 195。

137 J. Barrier, 'Belgium in 1848', in Fejtö, *The Opening of an Era*, pp. 160—166.

138 T. K. Derry, *A History of Scandinavia: Norway; Sweden, Denmark, Finland and Iceland* (London and Minneapolis: University of Minnesota Press, 1979), p. 223.

139 同上, pp. 224—225; L. Tissot, 'The Events of 1848 in Scandinavia', in Fejtö, *Opening of an Era*, p. 170。

140 引自 D. Saunders, *Russia in the Age of Reaction and Reform 1801—1881* (London: Longman, 1992), p. 190。

141 引自同上, p. 170 ('to meet') and in B. Goriely, 'The Russia of Nicholas I in 1848', in

Fejtö, *Opening of an Era*, p. 394 ('unless')。

142 引自 Saunders, *Russia*, p. 171。

143 I. Berlin, 'Russia and 1848', *Slavonic and East European Review*, Vol. 26 (1947—8), p. 348.

144 J. H. Seddon, *The Petrashevtsy: A Study of the Russian Revolutionaries of 1848* (Manchester: Manchester University Press, 1985), pp. 194—195, 208—227; Saunders, *Russia*, p. 194.

145 引自 Goriely, 'Russia of Nicolas I', p. 395。

146 D. Saunders, 'A Pyrrhic Victory: The Russian Empire in 1848', in Evans and Pogge von Strandmann, *Revolutions in Europe*, pp. 135—155.

147 N. V. Riasonovsky, *A Parting of Ways: Government and the Educated Public in Russia, 1801—1855* (Oxford: Clarendon Press, 1976), pp. 248—290.

148 Berlin, 'Russia and 1848', p. 358.

149 J. Breuilly, '1848: Connected or Comparable Revolutions?', in A. Körner (ed.), *1848: A European Revolution/International Ideas and National Memories of 1848* (Basingstoke: Palgrave, 2000), pp, 32—33.

150 格拉赫的记录，引自 Eyck, *Revolutions of 1848—49*, p. 56。

151 Circourt, *Souvenirs*, i, p. 169。

152 雷米萨的表述引自 R. Price, *Documents on the French Revolution of 1848* (Basingstoke: Macmillan, 1996), p. 43。

153 Hübner, *Une Année*, pp. 8, 10.

154 Cattaneo, 'L'Insurrection', p. 252.

155 Hübner, *Une Année*, pp. 95—96.

156 C. Osio, 'Alcuni fatti', p. 215.

157 匿名者记录，见于 Eyck, *Revolutions of 1848—49*, p. 63。

158 Tocqueville, *Souvenirs*, pp. 56—57.

159 Duveau, *1848*, pp. 53—104.

第三章

1 F. Lewald, *A Year of Revolutions: Fanny Lewald's 'Recollections of 1848'*, H. B. Lewis 译 (Oxford: Berghahn, 1997), p. 24。

2 海德堡宣言见于 Eyck, *Revolutions of 1848—49*, p. 49。

3 针对二月革命的外交和军事应对措施参见 L. C. Jennings, *France and Europe in 1848: A Study of French Foreign Affairs in Time of Crisis* (Oxford: Clarendon Press, 1973), pp. 1—5。

4 R. C. Canevali, 'The "False French Alarm": Revolutionary Panic in Baden, 1848', *Central European History*, Vol. 18 (1985), pp. 119—142.

5 Jennings, *France and Europe*, pp. 22—23.

6 L. M. Caussidière, *Mémoires de Caussidière: ex-préfet de police et représentant du peuple*, 2 vols, 3rd edn (Paris, 1849), ⅰ, pp. 199—200.

7 E. J. Kisluk, *Brothers from the North: The Polish Democratic Society and the European Revolutions of 1848—1849* (Boulder, Co.: East European Monographs, 2005), p. 33.

8 引自 J. D. Randers-Pehrson, *Germans and the Revolution of 1848—1849* (New York: Lang, 1999), p. 323。

9 Kisluk, *Brothers from the North*, p. 38.

10 这是1791年7月17日发生在马尔斯校场上的屠杀事件，当时国民卫队向共和派请愿人开枪，50名抗议者被杀害。在此之前，巴黎当局按照法律要求，举起了红旗，表明已经宣布了戒严令——这是旗帜象征主义的早期起源。

11 引自 Duveau, *1848*, p. 61。

12 引自 Saville, *1848*, p. 82。

13 Lamartine, *History*, ⅱ, p. 12. 这段文本的英译版见 pp. 19—24。

14 M. L. Stewart-McDougall, *The Artisan Republic: Revolution, Reaction, and Resistance in Lyon 1848—1851* (Kingston, Montreal, and Gloucester: McGill-Queen's University Press and Aan Sutton, 1984), pp. 50—54.

15 Jennings, *France and Europe*, pp. 54—56; Caussidière, *Mémoires*, ⅰ, pp. 201—207.

16 Stewart-McDougall, *Artisan Republic*, pp. 50—54; Jennings, *France and Europe*, pp. 51—53.

17 同上, pp. 57—59。

18 引自 Siemann, *The German Revolution*, p. 58。

19 Schurz, *Reminiscences*, ⅰ, pp. 124—125.

20 Valentin, *1848*, pp. 218—220; Randers-Pehrson, *Germans and the Revolution*, pp. 305—306.

21 Lewald, *Year of Revolutions*, p. 124.

22 引自 J. J. Sheehan, *German Liberalism in the Nineteenth Century* (London: Methuen, 1982), p. 54。

23 Valentin, *1848*, pp. 118—120; Robertson, *Revolutions of 1848*, pp. 150—151.
24 Schurz, *Reminiscences*, ⅰ, p. 137.
25 Siemann, *German Revolution*, p. 68.
26 Valentin, *1848*, pp. 224—227; Randers-Pehrson, *Germans and the Revolution*, pp. 321—322 (von Arnim is quoted on p. 322).
27 同上，pp. 328—329。
28 Jennings, *France and Europe*, pp. 68—69; Valentin, *1848*, pp. 228—229.
29 Randers-Pehrson, *Germans and the Revolution*, pp. 335—336; Valentin, *1848*, p. 231.
30 Randers-Pehrson, *Germans and the Revolution*, pp. 339—341.
31 引自同上, p. 341。
32 Siemann, *German Revolution*, pp. 69—71.
33 L. Tissot, 'The Events of 1848 in Scandinavia', in Fejtö, *Opening of an Era*, p. 171.
34 Derry, *History of Scandinavia*, p. 223.
35 Tissot, 'Events of 1848 in Scandinavia', pp. 168—169, 171—174; Derry, *History of Scandinavia*, p. 224.
36 宣言见于 Eyck, *Revolutions of 1848—49*, p. 70。
37 Schurz, *Reminiscences*, ⅰ, pp. 129—131.
38 Robertson, *Revolutions of 1848*, p. 158.
39 N. Davies, *God's Playground: A History of Poland*, 2 vols (Oxford: Clarendon Press, 1981), ⅱ, pp. 340—346.
40 参见 M. K. Dziewanowski, '1848 and the Hotel Lambert', *Slavonic and East European Review*, Vol. 26 (1947—8), pp. 361—373。
41 Kisluk, *Brothers from the North*, pp. 1—15.
42 Namier, *1848*, p. 58.
43 引自 P. S. Wandycz, *The Lands of Partitioned Poland, 1795—1918* (Seattle: University of Washington Press, 1975), p. 139; 准议会决议见于 Eyck, *Revolutions of 1848—49*, pp. 83—84。
44 引自 Namier, *1848*, p. 55。
45 Circourt, *Souvenirs*, ⅰ, pp. 303, 315.
46 K. Popiołk and F. Popiołek, '1848 in Silesia', *Slavonic and East European Review*, Vol. 26 (1947—1948), pp. 374—381.
47 引自 Namier, *1848*, pp. 71, 73. 其他细节参见 A. Zamoyski, *Holy Madness: Romantics, Patriots and Revolutionaries 1776—1871* (London: Phoenix, 2001), pp. 330—331;

Kisluk, *Brothers from the North*, pp. 49—52。

48 同上, pp. 66—67; Zamoyski, *Holy Madness*, p. 346; Wandycz, *Lands of Partitioned Poland*, pp. 140—141; Namier, *1848*, pp. 76—77。

49 Namier, *1848*, pp. 88—89。

50 引自同上, p. 87。

51 Stiles, *Austria in 1848—49*, ⅰ, p. 119。

52 K. A. Graf von Leiningen-Westerburg, *Letters and Journal (1848—49) of Count Charles Leiningen-Westerburg: General in the Hungarian Army* (London: Duckworth, 1911), p. 86。

53 Pech, *Czech Revolution*, pp. 74—80。

54 这是由 W. 比尔德莫尔翻译的'Letter sent by František Palacký to Frankfurt', *Slavonic and East European Review*, Vol. 26 (1947—1948), pp. 303—308. 还可参见 J. Polišenský, *Aristocrats and the Crowd in the Revolutionary Year 1848: A Contribution to the History of Revolution and Counter-Revolution in Austria* (Albany: State University of New York Press, 1980), pp. 129—130, and Pech, *Czech Revolution*, pp. 80—85。

55 Polišenský, *Aristocrats and the Crowd*, pp. 61—70。

56 关于这一问题, 参见 A. G. Whiteside, 'The Germans as an Integrative Force in Imperial Austria: The Dilemma of Dominance', *Austrian History Yearbook*, Vol. 3 (1967), pp. 157—200。

57 Pech, *Czech Revolution*, pp. 89—90; Polišenský, *Aristocrats and the Crowd*, p. 131。

58 引自 Pech, *Czech Revolution*, p. 93。

59 Deak, *Lawful Revolution*, p. 109。

60 Stiles, *Austria in 1848—49*, ⅰ, pp. 127—128。

61 同上, p.129。

62 同上, pp. 131—132。

63 引自 Rath, *Viennese Revolution*, p. 196。

64 引自同上, p. 178。

65 关于加利西亚革命, 参见 Kisluk, *Brothers from the North*, pp. 52—64; Wandycz, *Lands of Partitioned Poland*, pp. 141—145。

66 引自 J.-P. Himka, *Galician Villagers and the Ukrainian National Movement in the Nineteenth Century* (Basingstoke: Macmillan, 1988), pp. 32—33。

67 S. Kieniewicz, 'The Social Visage of Poland in 1848', *Slavonic and East European Review*, Vol. 27 (1948—1949), pp. 101—103。

68 Deme, *Radical Left,* pp. 39, 40.
69 Deak, *Lawful Revolution*, pp. 95—99.
70 Deme, *Radical Left*, p. 25.
71 同上, p. 43。
72 引自 Deak, *Lawful Revolution*, p. 122。
73 引自 I. Deak, 'István Széchenyi, Miklós Wesseléyi, Lajos Kossuth and the Problem of Romanian Nationalism', *Austrian History Yearbook*, vols 12—13 (1976—1977), p. 75。
74 'Carpathinus', '1848 and Roumanian Unification', *Slavonic Review*, Vol. 26 (1947—8), p. 392.
75 K. Hitchins, *The Romanians 1774—1866* (Oxford: Clarendon Press, 1996), pp. 251—252.
76 引自 Deme, *Radical Left*, pp. 72—73。
77 Hitchins, *The Romanians*, pp. 253—255.
78 引自 'Carpathinus', '1848 and Roumanian Unification', p. 400。
79 Hitchins, *The Romanians*, p. 257.
80 M. Glenny, *The Balkans 1804—1999: Nationalism, War and the Great Powers* (London: Granta, 1999), pp. 39—40.
81 G. E. Rothenberg, 'Jelačić, the Croatian Military Border, and the Intervention against Hungary in 1848', *Austrian History Yearbook*, Vol. 1 (1965), pp. 50—52.
82 Hitchins, *The Romanians*, pp. 261—262.
83 引自 Glenny, *The Balkans*, p. 40。
84 Sked, *Decline and Falk,* pp.126—128.
85 Rothenberg, 'Jelačić', pp. 53—56.
86 引自 G. F. H. Berkeley and J. Berkeley, *Italy in the Making*, 3 vols (Cambridge: Cambridge University Press, 1940), iii, p. 173。
87 Herzen, *Letters from France and Italy*, p. 113.
88 D. Mack Smith, 'The Revolutions of 1848—1849 in Italy', in Evans and Pogge von Strandmann, *Revolutions in Europe*, p. 67.
89 Herzen, *Letters from France and Italy*, pp. 115—117.
90 Berkeley and Berkeley, *Italy in the Making*, iii, pp. 154—155.
91 同上, pp. 130, 139。
92 Mack Smith, *History of Sicily*, p. 418.
93 Princess C. T. de Belgiojoso, 'Les Journées révolutionnaires à Milan', in J. Godechot, *Les Révolutions de 1848* (Paris: Albin Michel, 1971), pp. 375—376.

94 G. M. Trevelyan, *Manin and the Venetian Revolution of 1848* (London: Longman, Green and Co., 1923), p. 184.

95 下院文件, *Correspondence Respecting the Affairs of Italy*, Part II (January—30 June 1848) (London, 1849), p. 522。

96 同上, p. 498。

97 Pepe, *Histoire*, i, pp. 67—72, 76, 79—80.

98 'Carlo Alberto's proclamation of 23 March 1848', in Mack Smith, *Making of Italy*, p. 148.

99 多处引自 H. Hearder, *Cavour* (London: Longman, 1994), p. 35; 以及 Woolf, *History of Italy*, p. 380。

100 G. Mazzini, *Mazzini's Letters to an English Family 1844—1854*, ed. E. F. Richards (London, 1920), p. 79.

101 'Indirizzo dell' Associazione italiana in Parigi ai Lombardi', in G. Mazzini, *Scritti editi e inediti di Giuseppe Mazzini*, 12 vols (Milan, 1863), vi, pp. 165—167.

102 Ginsborg, *Daniele Manin*, pp. 141—142.

103 Mazzini, *Letters to an English Family*, p. 85.

104 D. Mack Smith, *Mazzini* (New Haven, Conn., and London: Yale University Press, 1994), p. 60; Mack Smith, 'The Revolutions of 1848—1849 in Italy', p. 66.

105 Mack Smith, *Making of Italy*, pp. 149—150.

106 Mazzini, *Scritti*, vi, p. 172.

107 引自 Ginsborg, *Daniele Manin*, p. 206。

108 Mazzini, *Scritti*, vi, p, 214.

109 B. King, *A History of Italian Unity, Being a Political History of Italy from 1814 to 1871*, 2 vols (London, 1899), i, p. 244; Berkeley and Berkeley, *Italy in the Making*, iii, p. 327.

110 引自 Keates, *Siege of Venice*, p. 176。

111 引自 Ginsborg, *Daniele Manin*, p. 185。

112 同上, pp. 207—208。

113 Mack Smith, 'Revolutions of 1848—1849 in Italy', pp. 66—67.

114 引自 Berkeley and Berkeley, *Italy in the Making*, iii, p. 164。

115 Text in Mack Smith, *The Making of Italy*, pp. 151—152.

116 引自 Berkeley and Berkeley, *Italy in the Making*, iii, pp. 183—184。

117 B. King, *History of Italian Unity*, pp. 236—239; Woolf, *History of Italy*, p. 384.

118 下议院文件, *Correspondence Respecting the Affairs of Italy*, Part II, pp. 482—484,

495—497, 511—513; B. King, *History of Italian Unity*, p. 240。

119 Pepe, *Histoire*, i, pp. 89—107.

120 关于1848年意大利北部军事活动的详情可参阅 Berkeley and Berkeley, *Italy in the Making*, iii, pp. 111—127, 195—270, 287—319。

121 G. Garibaldi, *My Life*, S. Parkin 译 (London: Hesperus Classics, 2004), pp. 6—7.

122 引自 A. Sked, *The Survival of the Habsburg Empire: Radetzky, the Imperial Army and the Class War, 1848* (London: Longman, 1979), p. 142。

123 F. Eyck, *The Frankfurt Parliament 1848—49* (London: Macmillan, 1968), pp. 99—100.

124 同上, pp. 241—245。

125 Siemann, *German Revolution*, p. 186.

126 Eyck, *Frankfurt Parliament*, p. 241.

127 Pech, *Czech Revolution*, pp. 139—140, 293—294.

128 引自 Macartney, *Habsburg Empire*, p. 356 n。

129 Deak, *Lawful Revolution*, pp. 85—86.

130 Deme, *Radical Left*, pp. 29—30, 48—49.

131 Deak, *Lawful Revolution*, pp. 102, 113—116.

132 Siemann, *German Revolution*, p. 186.

133 R. Price, *The French Second Republic: A Social History* (London: Batsford, 1972), p. 119.

134 AN, BB/18/1461 (卷宗 5282A)。

135 M. Agulhon, *1848 ou l'apprentissage de la République 1848—1852* (Paris: Seuil, 1973), pp. 150—152.

136 引自 S. Zucker, 'German Women and the Revolution of 1848: Kathinka Zitz-Halein and the Humania Association', *Central European History*, Vol. 13, No. 3 (1980), p. 240。

137 引自 J. Sperber, *Rhineland Radicals: The Democratic Movement and the Revolution of 1848—1849* (Princeton: Princeton University Press, 1991), p. 252.

138 T. M, Roberts and D. W. Howe, 'The United States and the Revolutions of 1848', in Evans and Pogge von Strandmann, *Revolutions in Europe*, p. 175.

139 引自 Pech, *Czech Revolution*, p. 327。

140 W. Walton, 'Writing the 1848 Revolution: Politics, Gender, and Feminism in the Works of French Women of Letters', *French Historical Studies*, Vol. 18, No. 4 (1994), p. 1013.

141 Sheehan, *German Liberalism*, p. 49.

142　F. Engels, *Germany: Revolution and Counter-Revolution* (London: Lawrence and Wishart, 1969), p. 57. 译文参考恩格斯:《德国的革命和反革命》,中共中央马克思恩格斯列宁斯大林著作编译局编译,北京:人民出版社 2016 年版,第 53 页。

143　引自 Namier, *1848*, p. 51。

144　最近引自 T. Baycroft and M. Hewitson, 'Introduction: What Was a Nation in Nineteenth-Century Europe?', T. Baycroft and M. Hewitson (eds), *What is a Nation? Europe 1789—1914* (Oxford: Oxford University Press, 2006), p. 1.

145　A. D. Smith, *National Identity* (Harmondsworth: Penguin, 1991), pp. 8—13; A.-M. Thiesse, *La Création des identités nationales: Europe XVIIIe — XXe siècle* (Paris: Seuil, 1999), p. 14.

第四章

1　Tocqueville, *Souvenirs*, p. 156.

2　同上, p. 160。

3　引自 M. Dommanget, *Auguste Blanqui et la révolution de 1848* (Paris: Mouton, 1972), p. 34。

4　引自同上, p. 86。

5　引自 Harsin, *Barricades*, p. 289。

6　5 月 15 日的记录引自同上, pp. 288—293; Tocqueville, *Souvenirs*, pp. 154—169。

7　同上, pp. 117—118。

8　PH. Amman, *Revolution and Mass Democracy: The Paris Club Movement in 1848* (Princeton: Princeton University Press, 1975), p. 196.

9　引自 Price, *French Second Republic*, p. 99。

10　引自同上, p. 109。

11　Tocqueville, *Souvenirs*, pp. 129—130。

12　引自 Price, *French Second Republic*, p. 145。

13　AN, BB/30/333 (卷宗 1)。

14　Amman, *Revolution and Mass Democracy*, pp. 192, 194.

15　Dommanget, *Auguste Blanqui*, p. 159.

16　From Sobrier's letter-book, pp. 192—193, in AN, W//574 ('Pièces concernant Sobrier').

17　引自 Harsin, *Barricades*, p. 295。

18　引自 M. Agulhon (ed.), *Les Quarante-huitards* (Paris: Gallimard- Julliard, 1975), p. 152。

19 引自 Price, *Documents*, pp. 79—80。
20 引自同上 , pp. 83—84。
21 M. du Camp, *Souvenirs de l'année 1848* (Paris, 1876), pp. 238—239.
22 同上 , p. 241。
23 Caussidière, *Mémoires*, ii , p. 222.
24 K. Marx, *Class Struggles in France 1848—1850* (New York: International Publishers, 1964), p. 56. 译文参考马克思：《1848 年至 1850 年的法兰西阶级斗争》，中共中央马克思恩格斯列宁斯大林著作编译局编译，北京：人民出版社 2014 年版，第 47 页。
25 摘自 Price, *Documents*, p. 83。
26 F. A. de Luna, *The French Republic under Cavaignac* (Princeton: Princeton University Press, 1969), pp. 135—136.
27 A. Herzen, *From the Other Shore* (Oxford: Oxford University Press, 1979), p. 46.
28 引自 Agulhon, *Quarante-huitards*, pp. 155—156。
29 Herzen, *From the Other Shore*, p. 46.
30 Price, *French Second Republic*, p. 171.
31 Du Camp, *Souvenirs*, p. 242.
32 引自 de Luna, *French Republic*, p. 140。
33 罗伯森, *Revolutions of 1848*, p. 90. 罗伯森写道，这两个女人叫到："软蛋们，你们敢对着女人的肚子打枪吗？"有人质疑当时她们说的并不是"肚子"这个词。笔者认为，此故事源自维克多·雨果。
34 引自 de Luna, *French Republic*, p. 142。
35 Tocqueville, *Souvenirs*, p. 196.
36 Du Camp, *Souvenirs*, pp. 253, 256—257.
37 同上 , pp. 270—272。
38 引自 Price, *Documents*, p. 94。
39 同上 , pp. 94—95。
40 Price, *French Second Republic*, pp. 176—177.
41 AN, BB/18/1465A (卷宗 59: Insurrection du 23 juin à Paris).
42 Caiissidière, *Mémoires*, ii , p. 224.
43 Price, *French Second Republic*, pp. 159, 168, 171.
44 L. Blanc, *Histoire de la Révolution de 1848*, 5th edn (Paris, 1880), ii , pp. 153—154.
45 同上 , pp. 153—154。
46 R. L. Hoffman, *Revolutionary Justice: The Social and Political Theory of P.-J. Proudhon*

(Urbana, Chicago and London: University of Illinois Press, 1972), pp. 137—138.

47 Blanc, *Histoire*, ii, p. 147.
48 引自 de Luna, *French Republic*, p. 147。
49 摘自 Agulhon, *Quarante-huitards*, p. 168。
50 摘自 Price, *Documents*, pp. 101—102。
51 同上, p. 98。
52 De Luna, *French Republic*, p. 150; Price, *French Second Republic*, p. 187; Marx, *Class Struggles*, pp. 56—57, 译文参考马克思：《1848年至1850年的法兰西阶级斗争》, 第48页。
53 Flaubert, *Sentimental Education*, Part 3, Chapter 1.
54 Caussidière, *Mémoires*, ii, pp. 232—233.
55 Herzen, *From the Other Shore*, p. 47.
56 Tocqueville, *Souvenirs*, pp. 190—191.
57 同上, p. 182。
58 Marx, *Class Struggles*, p. 56. 译文参考马克思：《1848年至1850年的法兰西阶级斗争》, 第48页。
59 Price, *French Second Republic*, pp. 162—166.
60 引自 S. Zucker, *Ludwig Bamberger: German Liberal Politician and Social Critic, 1823—1899* (Pittsburgh: University of Pittsburgh Press, 1975), p. 26。
61 Engels, *Germany: Revolution and Counter-Revolution*, p. 63. 译文参考恩格斯：《德国的革命和反革命》, 第60页。
62 引自 Siemann, *German Revolution*, p. 92。
63 引自 Stadelmann, *Social and Political History*, p. 163。
64 'Demands of the Communist Party in Germany', in Engels, *Germany: Revolution and Counter-Revolution*, pp. 132—134.
65 Sperber, *Rhineland Radicals*, p. 228.
66 引自同上, p. 227。
67 Zucker, *Ludwig Bamberger*, p. 25.
68 Stadelmann, *Social and Political History*, p. 170; Siemann, *German Revolution*, p. 90.
69 引自同上, p. 90。
70 Stadelmann, *Social and Political History*, pp. 168—169.
71 同上, pp. 170—173。
72 Siemann, *German Revolution*, p. 91.

73 Lewald, *Year of Revolutions*, pp. 102—103.
74 Sheehan, *German Liberalism*, p. 53.
75 Lewald, *Year of Revolutions*, pp. 97,100.
76 Siemann, *German Revolution*, pp. 137—138.
77 Lewald, *Year of Revolutions*, pp. 113—114.
78 引自 Robertson, *Revolutions of 1848*, p. 135。
79 引自 Valentin, *1848*, pp. 293—294。
80 Bismarck, *Reflections and Reminiscences*, i, p. 52.
81 引自 Valentin, *1848*, p. 294。
82 Bismarck, *Reflections and Reminiscences*, i, p. 50.
83 Siemann, *German Revolution*, p. 166.
84 H. W. Koch, *A Constitutional History of Germany in the Nineteenth and Twentieth Centuries* (London: Longman, 1984), pp. 55—56.
85 Siemann, *German Revolution*, pp. 80—81.
86 引自 Winkler, *Germany: The Long Road West*, Vol. 1, p. 98。
87 Theodor Paur1848 年 9 月 19 日的信件，引自 Eyck, *Revolutions of 1848—49*, p. 112.
88 Schurz, *Reminiscences*, i, pp. 142—143。
89 同上, Vol. i, p. 143。
90 Lewald, *Year of Revolutions*, pp. 121,129,133.
91 科赫－贡塔德的信件，引自 Eyck, *Revolutions of 1848—49*, p. 112。
92 Stiles, *Austria in 1848—49*, i, p. 136.
93 同上, Vol. 1, p. 142。
94 Rath, *Viennese Revolution*, p. 253.
95 Hübner, *Une Année*, pp. 267—269.
96 Stiles, *Austria in 1848—49*, i, p. 153; Engels, *Germany: Revolution and Counter-Revolution*, p. 68, 译文参考恩格斯:《德国的革命和反革命》，第 66 页。
97 Hübner, *Une Année*, pp. 278—279; Stiles, *Austria in 1848—49*, i, p. 156.
98 引自 Rath, *Viennese Revolution*, p. 296。
99 Engels, *Germany: Revolution and Counter-Revolution*, p. 68. 译文参考恩格斯:《德国的革命和反革命》，第 67 页。
100 Rath, *Viennese Revolution*, pp. 292—296.
101 Pech, *Czech Revolution*, p. 291.
102 Polišenský, *Aristocrats and the Crowd*, pp. 127—128; Pech, *Czech Revolution*, p. 140.

103 Polišenský, *Aristocrats and the Crowd,* pp. 138—139.
104 同上, pp. 153—162; Pech, *Czech Revolution,* pp. 145—147。
105 L. D. Orton, *The Prague Slav Congress of 1848* (Boulder, Col.: East European Quarterly, 1978), pp. 33—36.
106 Namier, *1848,* p. 111.
107 Orton, *Prague Slav Congress,* p. 94.
108 Namier, *1848,* p. 103.
109 Orton, *Prague Slav Congress,* pp. 107—115.
110 引自 Rath, *Viennese Revolution,* pp. 262—263。
111 Deme, *Radical Left,* pp. 49—51.
112 同上, pp. 60—65, 75; Deak, *Lawful Revolution,* pp. 142—144。
113 Spira, *Hungarian Count,* p. 229.
114 Deak, *Lawful Revolution,* p. 146.
115 Hitchins, *The Romanians,* pp. 262—263.
116 引自 'Carpathinus', '1848 and Roumanian Unification', pp. 393—394。
117 引自 Hitchins, *The Romanians,* p. 233。
118 Glenny, *The Balkans,* pp. 61—63; Hitchins, *The Romanians,* pp. 233—236.
119 同上, pp. 237—238; D. V. Pleshoyano, *Colonel Nicolae Pleşoianu and the National Regeneration Movement in Walachia* (Boulder, Col.: East European Monographs, 1991), pp. 18—19。
120 引自 Pleshoyano, *Colonel Nicolae Pleşoianu,* p. 26。
121 Hitchins, *The Romanians,* pp. 238—245; Glenny, *The Balkans,* p. 63.
122 'Carpathinus', '1848 and Roumanian Unification', p. 403.
123 Pleshoyano, *Colonel Nicolae Pleşoianu,* pp. 80—82
124 Hitchins, *The Romanians,* pp. 240, 245—249; Pleshoyano, *Colonel Nicolae Pleşoianu,* pp. 70—71, 86—96.
125 引自 Glenny, *The Balkans,* pp. 40—41。
126 引自 Deak, *Lawful Revolution,* p. 139。
127 引自 Rothenberg, 'Jelačić', p. 55。
128 引自 Sked, *Decline and Fall,* p. 97。
129 引自同上, p. 98。
130 Glenny, *The Balkans,* pp. 54—55.
131 引自 Deme, *Radical Left,* p. 99。

132 A. Urbán, 'The Hungarian Army of 1848—1849', Kiraty and Rothenberg, *War and Society in East Central Europe*, Vol. 1, pp. 97—100.
133 引自 Deme, *Radical Left*, p. 91。
134 引自 Spira, *Hungarian Count*, p. 247。
135 Sked, *Survival of the Habsburg Empire*, pp. 145—146.
136 Berkeley and Berkeley, *Italy in the Making*, ⅲ, pp. 352—373.
137 B. King, *History of Italian Unity*, ⅰ, pp. 259—260.
138 引自 Sked, *Survival of the Habsburg Empire*, p. 149。
139 引自 B. King, *History of Italian Unity*, ⅰ, p. 263。
140 L. Ambrosoli, notes to Cattaneo, 'L'Insurrection', pp. 957—958.
141 C. Hibbert, *Garibaldi and his Enemies: The Clash of Arms and Personalities in the Making of Italy* (Harmondsworth: Penguin, 1987), p. 32.
142 Garibaldi, *My Life*, p. 8.
143 引自 Woolf, *History of Italy*, p. 393。
144 Garibaldi, *My Life*, p. 8.
145 同上, pp. 10—11。
146 Mack Smith, *Mazzini*, p. 63; Garibaldi, *My Life*, pp. 12—14.
147 E. Flagg, *Venice: The City of the Sea from Napoleon to Radetzky*, 2 vols (New York: Scribners, 1853), ⅱ, p. 92.
148 引自 Ginsborg, *Daniele Manin*, p. 254。
149 Pepe, *Histoire*, pp. 124—130.
150 Ginsborg, *Daniele Manin*, pp. 254—266; Keates, *Siege of Venice*, pp. 233—249.
151 Ginsborg, *Daniele Manin*, pp. 266—269; Keates, *Siege of Venice*, pp. 250—251.
152 Woolf, *History of Italy*, pp. 393—394; Ginsborg, *Daniele Manin*, pp. 269—274.
153 B. King, *History of Italian Unity*, ⅰ, pp. 269—272; Berkeley and Berkeley, *Italy in the Making*, ⅲ, pp. 389—390.
154 同上, pp. 333—351, 388—389; Bolton King, *History of Italian Unity*, ⅰ, pp. 273—277。
155 引自 Mack Smith, *History of Sicily*, p. 418。
156 同上, pp. 416—422; B. King, *History of Italian Unity*, ⅰ, pp. 308—310, 316。
157 引自 Hobsbawm, *Age of Revolution*, p. 359。

第五章

1. Bismarck, *Reflections and Reminiscences*, i, p. 50.
2. 引自 L. Gall, *Bismarck: The White Revolutionary*, 2 vols (London: Allen and Unwin, 1986), i, p. 45。
3. Sperber, *European Revolutions*, p. 131.
4. Agulhon, *1848*, pp. 62—63.
5. Sperber, *European Revolutions*, p. 140.
6. Bismarck, *Reflections and Reminiscences*, i, p. 50.
7. 引自 Rath, *Viennese Revolution*, p. 304。
8. Hübner, *Une Année*, p. 302.
9. Tocqueville, *Souvenirs*, p. 228.
10. Sperber, *European Revolutions*, pp. 184—185.
11. AN, BB/30/333（卷宗 1: Avocat-général of Rennes to the Minister of Justice, 6 June 1848）。
12. Siemann, *German Revolution*, pp. 103—4; Sperber, *European Revolutions*, p. 162.
13. Deme, *Radical Left*, pp. 53—54.
14. Pech, *Czech Revolution*, pp. 67—68.
15. S. Z. Pech, 'Czech Peasantry in 1848', M. Rechcigl, Jr, *Czechoslovakia Past and Present*, 2 vols (The Hague and Paris: Mouton, 1968), ii, pp. 1280—1283.
16. 引自 Blum, *End of the Old Order*, p. 382。
17. 引自 Pech, 'Czech Peasantry', p. 1285。
18. 引自 Blum, *End of the Old Order*, p. 402。
19. Rath, *Viennese Revolution*, p. 127.
20. Blum, *End of the Old Order*, pp. 389—390.
21. 引自 Pech, 'Czech Peasantry', p. 1289。
22. Deme, *Radical Left*, pp. 51—52.
23. Leiningen-Westerburg, *Letters and Journal*, pp. 73, 74—75.
24. 引自 Himka, *Galician Villagers*, p. 27 n。
25. Price, *French Second Republic*, p. 118.
26. AN, BB/30/333, 卷宗 1。
27. Blum, *End of the Old Order*, p. 371.
28. W. J. Orr, Jr., 'East Prussia and the Revolution of 1848', *Central European History*, Vol.

13 (1980), pp. 303—331, p. 316.
29 Bismarck, *Reflections and Reminiscences*, ⅰ, p. 49.
30 P. Ginsborg, 'Peasants and Revolutionaries in Venice and the Veneto', *Historical Journal*, Vol. 17 (1974), pp. 503—550, p. 537.
31 Stiles, *Austria in 1848—49*, ⅰ, p. 172.
32 同上, ⅱ, pp. 92—96; Rath, *Viennese Revolution*, pp. 324—326。
33 Stiles, *Austria in 1848—49*, ⅱ, pp. 97—101; Rath, *Viennese Revolution*, pp. 326—329。
34 Stiles, *Austria in 1848—49*, ⅱ, p. 110.
35 Hübner, *Une Année*, p. 342.
36 Rath, *Viennese Revolution*, pp. 331—334.
37 同上, p. 343。
38 同上, p. 345。
39 Hübner, *Une Année*, pp. 359—360.
40 Rath, *Viennese Revolution*, pp. 346—348.
41 引自 Deak, *Lawful Revolution*, p. 180。
42 Stiles, *Austria in 1848—49*, ⅱ, p. 129.
43 Hübner, *Une Année*, p. 396.
44 Stiles, *Austria in 1848—49*, ⅱ, p. 132.
45 A. Görgey, *My Life and Acts in Hungary in the Years 1848 and 1849*, 2 vols (London, 1852), ⅰ, p. 70.
46 Deak, *Lawful Revolution*, pp. 180—182. 参见 Görgey, *My Life and Acts*, ⅰ, pp. 78—92。
47 Hübner, *Une Année*, p. 396.
48 同上, p. 393。
49 Fröbel 的证词, 引自 Eyck, *Revolutions of 1848—49*, pp. 127—133。
50 Hübner, *Une Année*, pp. 434—435.
51 Sked, *Decline and Fall*, pp. 137—139.
52 引自同上, p. 133。
53 Hübner, *Une Année*, p. 451—452.
54 Rath, *Viennese Revolution*, p. 364.
55 引自 Siemann, *German Revolution*, p. 166。
56 Valentin, *1848*, pp. 340—341.
57 Gall, *Bismarck*, ⅰ, p. 50.
58 Siemann, *German Revolution*, pp. 105—107; Sperber, *European Revolutions*, p. 161.

59 Gall, *Bismarck*, i, pp. 46—51.
60 引自 Craig, *Politics of the Prussian Army*, p. 117。
61 Randers-Pehrson, *Germans and the Revolution*, pp. 424—429.
62 引自 Craig, *Politics of the Prussian Army*, p. 119。
63 Lewald, *Year of Revolutions*, p. 141; Stadelmann, *German Revolution*, p. 154.
64 Lewald, *Year of Revolutions*, pp. 145—146.
65 Craig, *Politics of the Prussian Army*, p. 120.
66 Lewald, *Year of Revolutions*, pp. 148—149.
67 Randers-Pehrson, *Germans and the Revolution*, pp. 431—436; Siemann, *German Revolution*, pp. 168—169; Stadelmann, *Social and Political History*, p. 155; Koch, *Constitutional History*, p. 71.
68 引自 Winkler, *Germany: The Long Road West*, i, p. 104。
69 Allen and Hughes, *German Parliamentary Debates*, p. 33.
70 同上, p. 92。
71 同上, p. 53。
72 同上, p. 57。
73 同上, p. 50。
74 同上, pp. 97—98; Winkler, *Germany: The Long Road West*, i, pp. 104—107。
75 德意志宪法内容引自 Eyck, *Revolutions of 1848—49*, pp. 149—160。
76 引自 Stiles, *Austria in 1848—49*, ii, p. 142。
77 引自 Hübner, *Une Année*, pp. 426—427。
78 引自 Eyck, *Revolutions of 1848—49*, p. 122。
79 引自 Sked, *Decline and Fall*, p. 125。
80 Spira, *Hungarian Count*, p. 275.
81 引自 Deme, *Radical Left*, p. 101。
82 同上, p. 105。
83 引自 Spira, *Hungarian Count*, pp. 284 ('这一切都怪我'), 289 ('科苏特的名字')。
84 Spira, *Hungarian Count*, pp. 295—301.
85 引自 Deme, *Radical Left*, p. 109。
86 Deak, *Lawful Revolution*, pp. 171—172.
87 同上, p. 172。
88 Deme, *Radical Left*, pp. 112—113.

89 Deak, *Lawful Revolution*, p. 174.
90 Leiningen-Westerburg, *Letters and Journal*, pp. 92—95.
91 同上, pp. 99, 103。
92 Deak, *Lawful Revolution*, pp. 208—210; Hitchins, *The Romanians*, p. 259.
93 R. R. Florescu, 'Debunking a Myth: The Magyar-Romanian National Struggle of 1848—1849', *Austrian History Yearbook*, Vols 12—13 (1976), p. 82.
94 Leiningen-Westerburg, *Letters and Journal*, p. 112.
95 Hitchins, *The Romanians*, pp. 259—260.
96 Leiningen-Westerburg, *Letters and Journal*, pp. 94—95
97 同上, p. 105。
98 同上, pp. 144, 154。
99 Stiles, *Austria in 1848—49*, ii, pp. 155—157.
100 Leiningen-Westerburg, *Letters and Journal*, pp. 207—208.
101 Görgey, *Life and Acts*, i, p. 2.
102 Deak, *Lawful Revolution*, p. 186; 格尔盖伊关于其军事法庭和审判的相关记录参见, *Life and Acts*, i, pp. 8—31。
103 同上, p. 54。
104 Deak, *Lawful Revolution*, pp. 182—187.
105 Görgey, *Life and Acts*, i, p. 109.
106 同上, p. 120。
107 Deak, *Lawful Revolution*, pp. 211—215
108 引自 Ginsborg, *Daniele Manin*, p. 296。
109 参见 Pepe, *Histoire*, pp. 185—188; Keates, *Siege of Venice*, pp. 270—272, 278—279, 284—286; Ginsborg, *Daniele Manin*, pp. 296—301; Trevelyan, *Manin*, p. 215; Bolton King, *History of Italian Unity*, i, pp. 342—343。
110 引自 Ginsborg, *Daniele Manin*, p. 278; 参见 Keates, *Siege of Venice*, pp. 256—257.
111 Ginsborg, *Daniele Manin*, pp. 279—289.
112 引自同上, p. 276。
113 同上, pp. 274—277。
114 引自 Berkeley and Berkeley, *Italy in the Making*, iii, p. 411。
115 Woolf, *History of Italy*, p. 392.
116 引自 Berkeley and Berkeley, *Italy in the Making*, iii, p. 401。
117 Bolton King, *History of Italian Unity*, i, p. 288.

118 引自 Berkeley and Berkeley, *Italy in the Making*, iii, p. 425。

119 引自 Beales and Biagini, *Risorgimento*, p. 245。

120 引自 Berkeley and Berkeley, *Italy in the Making*, iii, p. 434。

121 引自 G. M. Trevelyan, *Garibaldi's Defence of the Roman Republic 1848—1849* (London: Longman, 1988), p. 88。

122 Berkeley and Berkeley, *Italy in the Making*, iii, pp. 440—441。

123 关于罗西政府、他被刺杀和罗马11月革命的细节，参见 同上, pp. 395—463; Bolton King, *History of Italian Unity*, i, pp. 280—285。

124 引自 Trevelyan, *Garibaldi's Defence*, p. 78。

125 引自 Woolf, *History of Italy*, p. 396。

126 引自 Hibbert, *Garibaldi and his Enemies*, p. 33。

127 Garibaldi, *My Life*, p. 16。

128 同上, p. 17。

129 引自 Trevelyan, *Garibaldi's Defence*, p. 85。

130 Garibaldi, *My Life*, p. 19。

131 同上, p. 21。

132 同上, p. 20。

133 Woolf, *History of Italy*, pp. 397—399。

134 引自 J. E Macmillan, *Napoleon III* (Harlow: Longman, 1991), p. 13。

135 引自 Tombs, *France*, p. 398。

136 路易-拿破仑早年生活的细节，参见 Macmillan, *Napoleon III*, pp. 7—17; Stern, *Histoire*, pp. 556—565。

137 Macmillan, *Napoleon III*, p. 28。

138 引自 Stern, *Histoire*, p. 568。

139 AN, W/574, pc. 17 (minutes of the Club de la Révolution de 1793—1848, 17 June).

140 Lamartine, *History*, ii, p. 259。

141 Stern, *Histoire*, p. 567。

142 引自同上, p. 582。

143 同上, p. 583。

144 AN, BB/18/1465A (letter to the Minister of Justice, 2 July 1848).

145 Stern, *Histoire*, p. 578。

146 Tocqueville, *Souvenirs*, pp. 236—237.

147 De Luna, *French Republic*, pp. 366—367.

148 引自同上, p. 369。
149 Stern, *Histoire*, p. 572.
150 Agulhon, *1848*, pp. 97, 100—101.

第六章

1. Eyck, *Revolutions of 1848—49*, pp. 156—159; Koch, *Constitutional History*, p. 65; 'every state and every community', 引自 Randers-Pehrson, *Germans and the Revolution*, p. 446。
2. Eyck, *Revolutions of 1848—49*, pp. 159—160; Koch, *Constitutional History*, pp. 65—66.
3. Bismarck, *Reflections and Reminiscences*, i, p. 63.
4. Valentin, *1848*, p. 373.
5. 引自 Siemann, *German Revolution*, p. 200。
6. 引自 Randers-Pehrson, *Germans and the Revolution*, p. 463。
7. 引自 Valentin, *1848*, p. 407。
8. 引自 Sperber, *Rhineland Radicals*, p. 360。
9. Schurz, *Reminscences*, i, p. 170.
10. 引自 Sperber, *Rhineland Radicals*, p. 364。
11. 莱茵地区革命的详细记录和分析,请参见 Sperber, *Rhineland Radicals*, pp. 349—465。
12. 关于所布拉格倒霉的"五月阴谋",参见 Stanley Pech, *Czech Revolution*, pp. 237—260。
13. E. Newman, *The Life of Richard Wagner*, 4 vols (New York: Knopf, 1968), ii, p. 80.
14. Siemann, *German Revolution*, p. 205.
15. Schurz, *Reminiscences*, i, pp. 195—196.
16. Stadelmann, *Social and Political History*, p. 188.
17. Schurz, *Reminiscences*, i, pp. 195—196.
18. 同上, pp. 211—232。
19. 引自 Valentin, *1848*, p. 420。
20. 引自 Mack Smith, *History of Sicily*, ii, p. 424。
21. 引自 Mack Smith, *Making of Italy*, p. 162。
22. Mack Smith, *Mazzini*, p. 65.

23 引自 B. King, *History of Italian Unity*, Vol. 1, p. 294。
24 Mack Smith, *Mazzini*, p. 65。
25 同上, p. 66。
26 引自 B. King, *History of Italian Unity*, ⅰ, pp. 356 (Victor Emmanuel) and 361 (D'Azeglio)。
27 以下段落参考了 Trevelyan, *Garibaldi's Defence*, pp. 99—228; B. King, *History of Italian Unity*, ⅰ, pp. 326—340; Mack Smith, *Mazzini*, pp. 67—76。
28 引自 Trevelyan, *Garibaldi's Defence*, p. 98。
29 引自同上, p. 99。
30 引自同上, p. 107。
31 引自 Mack Smith, *Mazzini*, p. 68。
32 引自 B. King, *History of Italian Unity*, ⅰ, p. 335。
33 H. Brogan, *Alexis de Tocqueville: A Biography* (London: Profile, 2006), pp. 481—482 (Thiers quotation on p. 481),
34 Garibaldi, *My Life*, p. 34.
35 宪法的内容摘自 Beales and Biagini, *Risorgimento*, pp. 245—247。
36 J. Ridley, *Garibaldi* (London: Phoenix, 2001), pp. 306, 311, 317.
37 Garibaldi, *My Life*, p. 42.
38 引自 B. King, *History of Italian Unity*, ⅰ, p. 364。
39 Trevelyan, *Manin*, pp. 217—219.
40 同上, pp. 221, 223。
41 Ginsborg, *Daniele Manin*, pp. 340—341.
42 同上, p. 345。
43 Flagg, *Venice*, ⅱ, pp. 418—419.
44 Ginsborg, *Daniele Manin*, p. 352.
45 引自同上, p. 349。
46 引自同上, p. 333。
47 Trevelyan, *Manin*, pp. 237—240; Ginsborg, *Daniele Manin*, pp. 362—363.
48 Urbán, 'Hungarian Army', pp. 100—105, 109.
49 同上, p. 102。
50 Deak, *Lawful Revolution*, p. 220.
51 Stiles, *Austria in 1848—49*, ⅱ, pp. 406—408.
52 Leiningen-Westerburg, *Letters and Journal*, p. 235.
53 Stiles, *Austria in 1848—49*, Vol. 2, p. 409.

54 Deak, *Lawful Revolution*, pp. 270—273.

55 同上, pp. 267—270。

56 同上, p. 273。

57 同上, p.279。

58 引自同上, p. 289。

59 同上, pp. 291—300.

60 引自 K. W. Rock, 'Schwarzenberg versus Nicholas Ⅰ, Round One: The Negotiation of the Habsburg-Romanov Alliance against Hungary in 1849', *Austrian History Yearbook*, Vol. 6 (1970), p. 119。

61 引自同上, p. 135。

62 引自同上, p. 136。

63 引自 Deak, *Lawful Revolution*, p. 306。

64 同上, p. 329。

65 Stiles, *Austria in 1848—49*, ⅱ, p. 443.

66 Deak, *Lawful Revolution*, pp. 321—337.

67 同上, pp. 127, 305—306; Sked, *Decline and Fall*, pp. 94—95, 101—102, 107—108。

68 Hitchins, *The Romanians*, pp. 264—266.

69 Sked, *Decline and Fall*, p. 147.

70 B. King, *History of Italian Unity*, ⅰ, p. 340.

71 Agulhon, *1848*, p. 102.

72 Marx, *Class Struggles*, p. 69. 译文参考马克思:《1848 年至 1850 年的法兰西阶级斗争》, 第 68 页。

73 Price, *French Second Republic*, p. 227.

74 引自 B. H. Moss, 'June 13, 1849: The Abortive Uprising of French Radicalism', *French Historical Studies*, Vol. 13 (1984), p. 397。

75 Marx, *Class Struggles*, p. 75. 译文参考马克思:《1848 年至 1850 年的法兰西阶级斗争》, 第 74 页。

76 Price, *French Second Republic*, p. 227.

77 引自 R. W. Magraw, 'Pierre Joigneaux and Socialist Propaganda in the French Countryside, 1849—1851', *French Historical Studies*, Vol. 10 (1978), p. 602。

78 引自 Tombs, *France*, p. 389。

79 E. Weber, 'The Second Republic, Politics, and the Peasant', *French Historical Studies*, Vol. Ⅱ (1980), pp. 521—550.

80 E. Weber, 'Comment la Politique Vint aux Paysans: A Second Look at Peasant Politicization', *American Historical Review*, Vol. 87 (1982), p. 365.

81 Price, *French Second Republic*, p. 241.

82 引自 Moss, 'June 13, 1849', p 399。

83 Price, *French Second Republic*, p.238.

84 T.W. Margadant, *French Peasants in Revolt: The Insurrection of 1851* (Princeton: Princeton University Press,1979), pp.338—341.

85 Tocqueville, *Souvenirs*, p.252

86 In Price, *Documents*, p.123.

87 Agulhon, *Quarante-huitards*, p.229.

88 Tocqueville, *Souvenirs*, pp. 271—272.

89 转引自 Moss, 'June 13, 1849', p.399。

90 Tocqueville, *Souvenirs*, pp. 275—276.

91 Moss, 'June 13, 1849', pp. 402—403(April programme 引自 p. 399)。

92 Herzen, *My Past and Thoughts*, p. 355.

93 Marx, *Class Struggles*, pp. 90, 92. 译文参考马克思:《1848 年至 1850 年的法兰西阶级斗争》,第 90,92 页。

94 Herzen, *My Past and Thoughts*, p. 355.

95 Moss, 'June 13, 1849', pp. 411—414.

96 Tocqueville, *Souvenirs*, p. 280.

97 Herzen, *My Past and Thoughts*, pp. 356—357.

98 Moss, 'June 13, 1849', pp. 405—411.

99 Agulhon, *1848*, p. 108.

100 转引自 Price, *French Second Republic*, p. 255。

101 Tombs, *France*, p. 390.

102 Tocqueville, *Souvenirs*, p. 294.

103 路易 - 拿破仑向制宪议会的陈述,参见 Price, *Documents*, p. 128。

104 Tocqueville, *Souvenirs*, p. 295.

105 Price, *Documents*, p. 142.

106 Margadant, *French Peasants*, p. 8

107 同上, pp. 3—39。

108 同上, p. xix。

109 Macmillan, *Napoleon III*, p. 48.

110 Price, *Documents*, p. 167.

总结

1. Zimmerman, *Midpassage*, pp. 175—177.
2. Herzen, *From the Other Shore*, p. 3.
3. Blum, *End of the Old Order*, pp. 364, 373—374.
4. 引自 J. J. Sheehan, *German History 1770—1866* (Oxford: Oxford University Press, 1989), p. 727。
5. A. J. P. Taylor, *The Course of German History* (London: Routledge, 1978), p. 69.
6. 想了解 Sonderweg（特殊道路）的英文阐释，请参见 D. Blackbourn and G. Eley, *The Peculiarities of German History: Bourgeois Society and Politics in Nineteenth-Century Germany* (Oxford: Oxford University Press, 1984), pp. 1—35。
7. 引自 G. Mann, *The History of Germany since 1789* (Harmondsworth: Penguin, 1974), p. 204。
8. J. A. Davis, 'Introduction: Italy's Difficult Modernization', in *Italy in the Nineteenth Century* (Oxford: Oxford University Press, 2000), pp. 15—16.
9. L. Riall, *Garibaldi: Invention of a Hero* (New Haven, Conn., and London: Yale University Press, 2007), pp. 93—97.
10. Agulhon, *1848*, 副标题为 'L'Apprentissage de la République'（共和国的学徒时代）。
11. F. Furet, *Revolutionary France 1770—1880* (Oxford: Blackwell, 1992), p. 537.
12. Tombs, *France*, pp. 2—3.
13. 引自 A. J. P. Taylor, *Europe: Grandeur and Decline* (Harmondsworth: Penguin, 1967), p. 30。
14. 引自 A. J. P. Taylor, *Bismarck: The Man and the Statesman* (London, 1965), p. 47。
15. 引自 Winkler, *Germany: The Long Road West*, p. 205。
16. Rapport, *Nineteenth Century Europe*, p. 363.
17. L. Namier, '1848: Seed-Plot of History', *Vanished Supremacies: Essays on European History, 1812—1918* (Harmondsworth: Penguin, 1962), pp. 34—45.
18. 引自 S. Zucker, *Ludwig Bamberger*, p. 26。
19. Eyck, *Revolutions of 1848—49*, p. 180.
20. Herzen, *From the Other Shore*, p. 68.
21. 参见文章，例如，Axel Körner, John Breuilly and Reinhart Koselleck in A. Körner

(ed.), *1848: A European Revolution? International Ideas and National Memories of 1848* (Basingstoke: Palgrave, 2000), pp. 3—28, 31—49, 209—221 and H. Pogge von Strandmann, '1848—1849: A European Revolution?', in Evans and Pogge von Strandmann, *Revolutions in Europe*, pp. 1—8。

22 Charles Pouthas 引自同上, p. 6。
23 Stadelmann, *German Revolution*, p. 50.
24 Reinhart Koselleck, 'How European was the Revolution of 1848/49?', in Körner, *1848*, p. 213.
25 John Breuilly, '1848: Connected or Comparable Revolutions?', in Körner, *1848*, p. 31.
26 Pogge von Strandmann, '1848—1849', pp. 3—4.
27 C. Cattaneo, 'Indirizzo alla Dieta Ungarica', *Tutti le Opere*, Vol. 4 (1967), p. 118.
28 AN, W//574, pièce 25 ('Au nom du Peuple de Pologne').
29 Koselleck, 'How European was the Revolution of 1848/49?', p. 212.
30 A. Körner, 'The European Dimension in the Ideas of 1848 and the Nationalization of its Memories', in Körner, *1848*, p. 17.
31 Koselleck, 'How European was the Revolution of 1848/49?', p. 221.
32 引自 Siemann, *German Revolution*, p. 6。
33 R. Gildea, '1848 in European Collective Memory', in Evans and Pogge von Strandmann, *Revolutions in Europe*, pp. 207—208, 213.
34 同上, pp. 229—230。
35 引自 T. Garton Ash, *The Uses of Adversity: Essays on the Fate of Central Europe* (London: Penguin, 1999), p. 170。
36 引自 R. Sakwa, 'The Age of Paradox: The Anti-Revolutionary Revolutions of 1989—91', in M. Donald and T. Rees (eds), *Reinterpreting Revolution in Twentieth-Century Europe* (Basingstoke: Macmillan, 2001), p. 165。
37 K. Kumar, 'The Revolutionary Idea in the Twentieth-Century World', in Donald and Rees, *Reinterpreting Revolution*, p. 193.
38 Garton Ash, *Uses of Adversity*, p. 258.

致谢

在本书写作过程中,笔者得到很多帮助和支持,要感谢的人很多。我的博士生导师和朋友威廉·多伊尔向小布朗出版社的蒂姆·怀廷引荐了我,让我们有机会"致以兄弟般的敬礼"。对蒂姆在本书创作早期给予的热情帮助我深表感激。我还要感激蒂姆的继任者史蒂夫·吉斯,他是一个耐心、善良而又慷慨的编辑。我还要感谢小布朗出版社的伊恩·亨特、克丽·查皮、菲利普·帕尔(一位优秀的文案编辑,能够发现我在判断以及陈述事实方面的所有过失和错误)和珍妮·弗赖伊,感谢他们在编辑和出版过程中所做的杰出工作。在同事中,我要向吉姆·史密斯致敬,他是我的好朋友,还是一位优秀的学院主管。还有鲍勃·麦基恩,对于他的退休我们深表遗憾,他慷慨大方,激情澎湃,对我的工作一直关照有加。除了历史学院之外,我还要感谢斯特林大学,感谢它给我一学期的假期,让我能够在2005年秋天顺利开工。凯文·亚当森在一些关键细节上给了我正确答案,达妮埃拉·路易贾·卡廖蒂给了我他收藏的有关1848年意大利南部外国新教徒的有趣文章的副本。我的朋友和同事、优秀的戴夫·安德烈斯通读了本书的打印稿。如果这本书有可圈可点之处，那么他独到的意见绝对功不可没。向来友善的斯特林大学图书馆馆员给我提供了很大帮助。尤其值得一提的是，如果没有文件传递服务部门称职的工作人员，这本书就不可能写成。还需要说明的一点是，格拉斯哥大学图书馆的工作人员十分优秀，图书馆的藏书也非常棒。此外，我还要感谢苏格兰国家图书馆、法国国家图书馆和巴黎的国家档案馆。还要感谢我的母亲和迈克，感谢他们在我去巴黎考察期间的陪伴。在项目的紧要关头，我的父亲和简为我提供了电脑技术支持。在编写困难时期，我的岳母伊丽莎白·科默福德、布伦达·斯旺、莫琳和罗伯特·伯恩斯、迈克尔·贝尔和苏菲·里卡德都帮我分担了很多压力。

写书期间，我们的小女儿莉莉·杰茜卡·安妮塔降生了。她是一个小爆竹，拥有跟她母亲一样坚强的意志。因为她的存在，每个敲击键盘的深夜才变得有意义——除了她带给我们的快乐，我还要感谢她能整夜安睡！最后我想说，去年是最忙碌的一年，但或许也是我生命中最开心的一年。一切都要感谢海伦，是她的辛勤工作使得这本书成功写就。在我看来，若在1848年，她那好胜的性格无疑会让她成为站在街垒上的女性之一。我将感激和爱意写在书中，献给她。

我还想把这段文字献给祖父，祖父是一个伟大、宽宏、慷慨而又善良的人。还有我的妻兄约翰，他善良、绅士，是一个举止得体、值得信赖的朋友。他们在本书编辑的最后阶段突然离世。他们是我们永恒的幸福记忆，我们对他们万分想念。

迈克·拉波特

2008年4月于斯特林